붕괴의
다섯 단계

금융 위기에서 문화 붕괴까지,
위기를 돌파하는 새로운 삶의 시나리오

붕괴의
다섯 단계

THE FIVE STAGES OF COLLAPSE
: Survivors' Toolkit

드미트리 오를로프 | 홍기빈 옮김

궁리
KungRee

이 책에 보낸 찬사

· 근본을 꿰뚫는 혜안과 뻐딱한 유머가 한데 얽힌 이 책은 대단히 선동적이고 위험한 무기가 될 수 있다. 화염병을 '몰로토프 칵테일'이라고 부른다면 이 책은 '오를로프 칵테일'이라고 부를 만하다. 그는 뼈아픈 진실을 아이러니로 포장하여 우리에게 내놓는다. 현실적으로 지극히 중요한, 하지만 거의 보고되지 않는 사실들을 포함하여. 오늘날 활동하고 있는 최고의 작가 중 한 명인 그는 이 분야에서의 논의를 최상의 수준으로 보여주고 있다. 넘기는 페이지마다 생각하고 즐길 내용이 가득하며, 지금처럼 지극히 불확실한 시대에 그가 내놓는 조언은 깊은 친절에서 나온 것일 뿐만 아니라 놀랄 만큼 큰 도움을 준다.

— 앨버트 베이츠, 『바이오차가 해법이다The Biochar Solution』 저자

· 설령 내가 붕괴란 전혀 불가능하다고 믿는 사람이라고 해도 나는 드미트리 오를로프가 쓴 글은 무조건 다 읽을 것이다. 그냥 재미있으니까. 사실을 말하자면, 나는 모종의 그리고 어느 정도의 붕괴가 벌어지는 것은 거의 확고한 일이라고 믿는 사람이다. 오를로프는 붕괴의 여러 종류와 정도를 분해하여 보여줌으로써, 우리들로 하여금 벌어질 수 있는 일들에 대해 준비할 수 있게, 동시에 우리의 생존을 아예 불가능하게 할 만한 일들은 목숨을 걸고 미연에 방지할 수 있게 해준다. 실로 크나큰 도움을 주는 책이다.

— 리처드 하인버그, 탈탄소연구소 수석연구원,
『제로 성장 시대가 온다The End of Growth』 저자

· 붕괴의 전망에 대한 최근의 논의가 대부분 모호한 이야기 혹은 하나마나한 이야기로 흐르고 있는 이때에 오를로프의 이 책은 명징한 사유를 회복시켜주는 반가운 각성제 역할을 하고 있다. 너무나 읽기 쉬운 데다 현실 세계의 사례들에 굳건하게 뿌리박고 있으며 그 특유의 블랙 유머로 가득한 이 책은 산업 문명의 미래에 대해 관심을 두는 이라면 누구나 마땅히 읽고 소장해두어야 한다.

— 존 마이클 그리어, 『녹색의 마법Green Wizardry』 저자

· 이런 책을 쓰는 일은 누군가는 반드시 해야만 할 일이지만 정말로 끔찍한 일이었을 것이다. 이 죽어가는 세계를 합리적 사유의 접근법으로 다룬다는 일은 자칫하면 지독하게 따분하고 지루하고 화만 나게 만드는 책으로 끝나기 십상이다. 하지만 이 책은 그와는 거리가 먼 책이 되었다. 이 일을 드미트리 오를로프처럼 위트와 활달함과 경험이 넘치는 이가 맡아주어 너무나 다행이다.

— 마이클 C. 루퍼트, 『루비콘을 건너서Crossing the Rubicon』 저자

차례

붕괴의 일반론

Finance

Commerce

Politics

Society

Culture

붕괴는 터놓고 말하기 불편한 주제이다. 진지한 사람들이 한담으로 혹은 술자리 안주거리 삼아 이를 토론하기도 하지만, 그럴 때는 무언가 목소리를 낮추어 은밀하게 이야기를 나눈다. 마음이 잘 맞는 사람들만 모인 자리가 아니면 이 주제로 이야기가 나오는 일이 거의 없으며, 아이들이라도 섞여 있을 때에는 더욱 그렇다. 과학자, 공학자 그리고 최근에 와서는 금융계에서 일하는 사람들에게도 붕괴와 같은 이야기는 선뜻 꺼내기 힘든 대화 주제이지만 그렇다고 도저히 무시할 수도 없는 불편한 대상이 되고 있다. 이런 침묵이 강요되면서 방금 말한 전문가들은 갈수록 답답함을 느끼고 있다. 자신이 가진 데이터들에 기초하여 따져보면 볼수록 미래는 결국 붕괴라는 파국의 시나리오를 밟아나가고 있다고밖에 볼 수 없기 때문이다. 하지만 사업가, 정치가, 경제학자, 사회과학자, 심리학자, 교육자 같은 다른 전문가 집단에서는 이러한 생각을 너무나 부정적인 것이라고 보고 있다.

이러한 두 집단의 태도는 근본적으로 다른 두 가지 사유 양식을 대조적으로 보여주고 있다. 전자는 시스템 이론, 열역학 등 측량이 가능한 물리적 수량과 원리들에 입각하여 생각하도록 훈련받은 이들이다. 이들이 탐구하는 것은 여러 사실들이다. 그리고 거기에서 얻은 결과물들 자체는 긍정적인 것으로도 부정적인 것으로도 보지 않으며, 오로지 정확한지 아닌지만을 따질 뿐이다. 안됐지만 그러한 탐구의 결과물들이 사회에 어떻게 적용되는지는 일차적인 고려 대상이 아니다. 그런데 후자의 집단에서는 항상 변함없이 사회를 주체이자 객체로 놓는다. 이들은 사회를 전면에 또 중심에 놓으며, 물리학적인 고려 사항들과 원리들은 항상 부차적인 것으로 본다. 이들은 이런 것들을 이해할 만한 훈련도 받지 못했지만, 그럼에도 그것들을 그저 견해의 문제일 뿐이라고 여긴다. 이들은 붕괴라는 주제에 대한 논의를 사회에 직접적으로 어떤 결과와 영향을 미칠 것인가라는 관점으로 접근하려 든다. 장기적으로 볼 때 붕괴의 가능성이 얼마나 현실적인가라는 관점이 아니라, 그러한 주제를 논의할 경우 지금 당장 사회에 나타날 충격을 본다는 것이다. 그렇게 본다면 이 주제는 너무 부정적이며 사람들을 심란하고 우울하게 만들어서 패배주의에 젖게 만드는 것이다. 그들을 힐링해주거나 영감을 불어넣고 계몽하며 고상하게 만들거나 힘이 나게 만드는 주제는 분명 아니다.

이 두 종류의 전문가들 사이에는 하지만 아주 강력한 일치점이 하나 있다. 양쪽 모두 이 붕괴라는 주제에 자꾸 집착하다가는 자기들의 개인적 출세에 지장이 있을 것으로 보는 경향이 있다. 어쩌다가 붕괴의 가능성을 언급할 때가 되면 "우리가 … 를 하지 않는 한" 혹은 "우리는 … 를 해야만 한다"는 등의 단서를 꼭 붙여서 예방 혹은 회피할 수 있는 것이라고 강조하려 든다. 아마도 마음 놓고 붕괴를 논의할 수 있는 유일한 이들은 은퇴한 전문가이거나 정년 보장을 받은 대학 교수뿐인 듯하며, 후자의 경우에도 각종 프로젝트 연구 자금에 의존하는 이들은 또 예외이다. 그 반대쪽 극단에 있는 이들도 있다. 이 붕괴라는 주제가 훌륭한 틈새 시장이라고 보아 여기에 맞는 온갖 제품들과 서비스들을 생산해 내는 이들이다. 서점에 가보면 핵전쟁에서 살아남기 위해 지하 벙커를 꾸미는 방법에 대한 책도 있고 또 가게에 가면 그를 위한 각종 장비까지 팔고 있다. 또한 붕괴가 벌어졌을 때 자산 가치를 보호할 수 있도록 해 주는 각종 금융 상품들을 홍보하는 책자들도 부지기수이다. 하지만 이 양극단 사이에 있는 이들은 이러지도 저러지도 못하는 상황에 있을 때 가 많다. 이들은 실제로 여러 인간 공동체들의 붕괴가 벌어지는 현실 속 에 살고 있으며, 그로 인해 사람들의 사회 생활과 건강에 나타나는 끔찍한 일들을 무시할 수도 없는 이들이다. 하지만 이들은 일상적으로 이렇게 끔찍한 현실과 직면해야 함에도 불구하고 일자리에서 쫓겨나지 않기 위해서는 그 강요된 낙관주의를 앵무새처럼 읊조려야만 한다. 그래서 이들은 이 둘 사이의 인지적 부조화에 갈등을 느낄 때가 많다.

또 개인사의 차원에서 보아도 붕괴라는 주제를 잘못 꺼냈다가는 결혼과 가정 생활을 망쳐버릴 수 있다. 흔히 보이는 패턴으로, 남편이 이런저런 책을 읽다가 결국 붕괴가 진행 중이라는 확신에 이르게 된다. 갑자기 이렇게 근본적인 세계관 변화를 겪게 된 남편은, 붕괴가 임박하였으니 그에 대비하여 지금 당장 만사를 제쳐두고 뭔가 특별한 준비를 시작해야 한다고 믿게 된다. 그런데 그 준비 작업이라는 게 앞길이 창창한 직장을 때려치우고, 새로운 주거지를 그것도 먼 이국땅에다가 마련하고, 연금 적금 등 온갖 종류의 금융 자산을 몽땅 현금으로 바꾸어 그걸로 연장 및 도구, 비상 식량, 각종 비축물들을 사는 데 쓰며, 농삿일과 사냥을 배우며, 아이들을 학교에서 자퇴시켜 홈스쿨링으로 가르치며, 붕괴가 임박했음에 의구심을 표현하는 친지들과 모조리 연을 끊어버리며…

등등이다. 하지만 아내는 그냥 살던 대로 살아가기를 원한다. 가족과 친지들을 곁에 두면서, 겨울에는 열대 지방 휴양지로 놀러가고, 멋진 명품점에서 쇼핑도 하고, 아이들을 고급 사립학교와 여름 캠프에 보내고, 사회적으로 성공한 다른 부부들을 집으로 초대하여 식사도 하는 그런 생활 말이다. 그런데 남편은 오로지 붕괴라는 주제에만 생각이 꽂혀서 가족들을 어떻게 무사히 지켜낼 것인가에만 힘을 쏟는다. 남편은 갈수록 이상한 사람이 되어 남들 보기에도 창피할 지경이 된다. 그리하여 아내는 남편이 이 주제에 병적으로 집착하는 것에 질려 아예 붕괴는 이야기도 꺼내지 못하도록 신경질을 낸다. 나아가 도대체 자기가 결혼을 제대로 한 것인가도 의심하기 시작한다. 누구 남편은 **무슨** 일이 벌어지건 **항상** 잘하던데. 그러니 붕괴라는 게 딴 게 아니라 바로 이런 한심한 낙오자와 결혼한 상태가 바로 붕괴가 아니냐는 생각이 들게 되고, 해결책 또한 다름 아닌 이 사람과 헤어지는 게 아니냐고 여기게 된다. 이는 보수적인 진화의 전략이며, 대부분의 경우 제대로 먹히는 전략이기도 하다. 하지만 지구적 차원에서 산업 문명 전체가 붕괴하는 가운데에서도 과연 이 전략이 작동할까? 두고 볼 일이다.

이렇게 남자 쪽에서 큰 그림에 관심을 쏟고 (이를테면 대통령으로 누구를 뽑아야 하나 등) 아내는 자잘한 일들에 (이를테면 어떤 세탁기를 사고 어느 학교에 아이를 보낼까) 골몰하는 것은 모종의 패턴이라고 할 수 있다. 하지만 이러한 패턴이 뒤바뀌어 아내 쪽이 붕괴를 걱정하고 남편은 한사코 이를 부인하는 경우들도 있다. 어느 쪽이든, 부부 중 한 사람이 큰 그림을 그리면서 거기에 맞추어 생활 방식을 크게 바꾸려 들 경우 다른 쪽에서는 이를 받아들이지 않게 되어 있다. 여기에다가 아이들까지 있으면 더욱 제약이 많아진다. 붕괴 이후의 상황에 적응하는 데에 필수적인 생활의 장비 및 장치들은 붕괴 이전의 사고 방식에서 보자면 수준 이하의 삶인 듯 보일 수밖에 없기 때문이다. 예를 들어 미국의 대부분 지역에서 전기, 중앙 난방, 실내 상하수도가 들어오지 않는 곳에서 아이를 키우면 아동 학대로 간주된다. (붕괴가 진행되어 전기, 중앙 난방, 실내 상하수도, 경찰 보호 등의 정부 서비스 등등이 없는 삶에 적응하고 생존해야 할 상황이 벌어진다고 해도 정부 당국은 그러한 상황에 처한 여러 가정들을 긴급 대피소로 안내할 것이다. 심지어 불과 1백 년 전까지만 해도 그런 것들이 전혀 없었던 지역에서도.) 게다가 손자 손녀들까지 있는 3대의 가족이라면 서로에 대한 갈등과 불신이 더 늘어나게 될 것이다.

그리고 더 넓은 사회의 차원에서는 부부 사이나 가정 내부보다 훨씬 더 큰 간극이 존재한다. 한쪽에서는 붕괴라는 주제를 시스템 이론이나 여러 고상한 학문적 개념을 써서 냉철하고 학문적인 주제로 논하는 이들이 있는 반면, 다른 쪽에서는 붕괴라는 것을 스스로의 개인적 체험으로 몸소 겪은 이들이 있다. 붕괴가 시작되면 그 초기 단계에는 가장 가난한 이들, 가장 보호 장치가 없으며 가장 힘이 없는 동네들, 가족들, 개인들이 타격을 받게 된다. 붕괴가 벌어지면 산업과 서비스업에 종사하던 인원은 순식간에 굶주리는 신세로 밀려나게 되는 반면, 교육을 받은 전문직 종사자들은 잠시지만 심지어 아주 잘 살게 될 수도 있다. 그래서 붕괴는 이러한 초기 단계에서는 꼭 무슨 교훈극같이 느껴지기도 한다. 능력도 준비도 모자란 자들은 그에 상응하는 처벌을 받으며 반면 성실하고 성공적인 이들은 크게 상을 받는다는 그런 연극 말이다. 그리고 사회적 다원주의자들은 자기들이야말로 적자생존을 이룬 이들이라는 망상에 들떠 한없이 우쭐대며 기뻐한다. 하지만 이들의 기쁨은 금세 끝나게 되어 있다. 마치 홍수가 났을 때 처음에는 낮은 지대에만 물이 차지만 그다음 점점 물이 높은 데로 올라가다가 마침내 언덕 위까지 싹 쓸어버리는 것처럼, 붕괴 또한 결국에 가면 모든 이들을 덮쳐들게 되기 때문이다. 또 실제의 홍수 사태에서 그런 것처럼, 붕괴의 상태에서 생존을 가능케 하는 것은 경쟁이 아니라 협동이다. 만약 붕괴라는 건 그저 준비도 능력도 모자란 데다가 운까지 없는 자들이나 끔찍하게 겪는 일일 뿐 자기들에게는 그저 관찰과 분석이라는 고상한 취미 활동의 대상일 뿐이라고 생각하는 이들이 있다면, 조금만 더 기다려보라. 입을 다물 수밖에 없는 상태가 곧 찾아올 것이다.

이 모든 요인들 때문에 대부분의 사람들에게 있어서 붕괴에 대비하여 가족, 공동체, 전체 사회 및 국가 차원에서 무언가 중요한 조치가 취해질 것으로 기대하는 것은 무리한 요구가 되고 만다. 사회적 타성은 놀라운 힘을 가지고 있으며, 또 붕괴가 불가피하다는 것을 절대로 받아들이려 하지 않는 유전자를 타고 태어나는 이들도 많다. 또 이러한 진실을 일정한 수준으로 이해한다고 해도 그런 이해를 실제 행동으로 연결시키는 것은 거부하는 이들도 많다. 이들은 붕괴를 실제로 준비하는 사람들을 맞이 간 사람들로 여기며, 심지어 사회 질서를 해칠 위험 분자들로 여기기도 한다. 특히 권력과 힘이 있는 지위에 오른 사람들이 그럴 가능성이 크다. 이들은 자기들에게 한 자리 마련되어 있지 않은 미래의 전망을 좋아할 리가 없다.

붕괴에 맞서 준비를 갖출 수 있는 자유와 재량의 여지가 가장 큰 이들도 있으며, 이들은 대부분 미혼 남성들이다. 붕괴 상태에서도 신체적으로나 정신적으로나 아무 손상 없이 살아남을 가능성이 더 높고 또 새로운 환경에 적응할 능력을 갖춘 특정 유형의 성격들이 따로 있는 듯하다. 난파선이나 이와 비슷한 재난 상태에서 살아남은 이들을 보면 몇 가지 공통점을 발견할 수 있다. 일정 정도의 무관심─여기에는 고통에 대한 무관심도 들어간다─과 초연함은 분명히 도움이 된다. 그리고 아마도 가장 중요한 특징은 살아남고자 하는 의지일 것이며, 이는 생존 훈련이나 준비물은 물론 운수보다도 더욱 중요한 특징이다. 그다음으로 중요한 특징은 자립성일 것이다. 자기 말고 아무도 도와줄 이가 없는 고독한 상태에서도 꿋꿋이 버티는 능력 말이다. 반대로 가장 해로운 성격은 비합리성이다. 거의 불가항력의 상황을 보고도, 또 동료들이 아무리 말리고 심지어 완력으로까지 말린다고 해도 도무지 고집을 꺾으려 들지 않는 성격이 여기에 해당된다.

이는 전혀 놀랄 일이 아니다. 인간 본성에는 사회적 본능과 고독 본능 두 가지 요소가 모두 들어 있기 때문이다. 대부분의 사람들은 그저 사회적 본능만을 가지고 있을 뿐으로, 이들은 다른 이들과의 상호 작용으로부터 동기 부여, 규범, 각종 제약, 보상들을 끌어낸다. 반면 다른 쪽에는 스스로 동기 부여를 찾아내고, 자연으로부터 직접 보상을 얻어내며, 자기 스스로 부과한 것 말고는 어떤 제약에도 얽매이지 않는 소수의 외톨이들도 존재한다. 인간 본성의 진화 과정에서 더 높은 위치를 차지하고 있는 것은 물론 고독 본능 쪽이며, 인류는 지금까지 이 천재적인 외톨이 및 괴짜들의 노력을 통해 크게 전진을 이룰 수 있었다. 이들의 이름이 영원히 남게 된 이유는 바로 사회가 도저히 그들의 천재성의 불꽃을 꺼버리거나 그들의 창의성을 사회적 관성으로 눌러버릴 수 없었기 때문이다. 하지만 우리가 타고 태어나는 다른 한쪽의 사회적 본능은 사람들을 너무나 확실하게 용렬하고 순응적인 존재로 만들어버린다. 우리는 몇 개의 가족들로 이루어진 소집단 안에서 살도록 진화해왔다. 이 집단은 아주 작아서 몇 명의 천재적인 괴짜들이 나올 경우에도 그들의 목소리를 수용하고 또 자리를 마련해줄 수가 있다. 하지만 최근의 여러 경험적 사례들로 볼 때, 그렇게 작은 규모를 넘어서게 되면 짐승이나 다를 바가 없는 떼거리 근성에 지배당하는 것이 인간이라는 게 진리인 듯하다. 대규모의 인간 집단은 위험이 임박할 경우 패닉에 빠져 선불 맞은 소떼마냥 우르르 몰려다니는 경향을 띠며, 여기에서 숱한 이들이 깔려 죽고 밟혀 죽게 된다. 이런 것은 도저히 진화 과정의 정점이라고는 볼 수 없는 모습이다. 따라서 미래의 생존 시나리오를 그려본다면, 개인들 혹은 협동이 가능한 크기의 소규모 집단들에 방점을 둘 일이지 기성의 공동체, 지역, 국가, 인류 전체 등과 같은 대규모 단위에 기대를 둘 수는 없다.

누구의 의견도 소외되지 않도록 할 필요가 있다고 그래서 기꺼이 타협하고 합의를 도출해야 한다고 생각하는 이들은 사회적 타성이 얼마나 무서운 힘을 지니고 있는지를 이해해야 한다. 이는 실로 모든 것을 태산같이 무겁게 내리눌러 박살을 내버리는 힘을 가지고 있다. "사회전체의 여러 이해를 고려해야만 한다"는 말은 곧 "단호한 변화가 반드시 필요함에도 불구하고 이를 위해 스스로를 바꾸어나갈 의사와 능력이 없는 다른 이들 때문에 아무것도 못한다고 해도 어쩔 수 없다"는 말이다. 큰 규모의 집단으로 가면 붕괴에 대한 유의미한 논의는 완전히 사라지는 것이 보통이다. 논의되는 주제들은 재생 에너지, 유기농업, 마을 기업의 창업과 지원, 자전거 출퇴근 등 대안적인 수단들을 통해서 어떻게 하면 현행 시스템을 영구화할 수 있을까에 모아질 뿐이다. 이런 것들이 나쁘다는 것이 아니다. 단지 이런 것들에만 초점을 맞추다보면, 정작 필요한 일은 사회 전체를 근본적으로 단순화시키는 것이라는 더 큰 문제를 못 보게 되어버린다는 것이다. 이러한 사회의 근본적인 단순화라는 작업이 일련의 통제된 조치들을 통해서 달성될 수 있을 것 같지는 않다. 이런 식의 구상은 건물을 해체할 때에 땅속을 파서 폭탄을 심어 폭파시킨 후 불도저 등으로 잔해물들을 치우는 표준적인 절차를 무시하고, 벽돌 하나씩 그리고 한 번에 한 층씩 해체하라고 해체 작업반에게 주문하는 격이다. 복잡한 사회일수록 점진적으로 사려 깊게 해체하는 방법이 아니라 한 방에 때려 부수는 전통적인 방법이 훨씬 합리적인 것인 듯하다.

붕괴란 무엇인가?

—

이 책이 다루는 주제는 붕괴이다. 하지만 붕괴가 정말 일어날 것인지 그리고 언제 일어날 것인지를 논하지는 않는다. 우리가 이야기하려는 것은 붕괴가 어떤 모습을 띠고 나타나는가, 일단 시작되면 어떤 일들이 벌어지는가, 그리고 거기에서 살아남으려면 어떻게 행동해야 하는가이다. 붕괴의 가능성을 완고하게 부인하는 이들에게는 이러한 정보가 거의 관심을 끌지 못할 것이다. 하지만 혹시라도 그들 중에서 이 주제에 대해 좀 더 알기를 원하는 이가 있다면, 이 책에서 그 지름길을 찾을 수 있을 것이다. 하지만 지름길이라고 해서 더 쉽게 알 수 있다는 뜻은 아니다. 붕괴라는 것의 의미를 파악하는 데에 장애가 되는 것은 지적 능력이 아니라 심리적 태도이기 때문이다.

지구적 차원에서 산업 문명의 붕괴가 임박했음을 주장하기 위해서는 두 가지를 입증해야 한다. 첫째는 지구의 화석 연료, 철광석, 여타 산업 및 농업 투입물들, 깨끗한 물, 비옥한 토양 등의 부존량이 유한하다는 것을 설명하고 이 자원들 중 다수가 역사적으로 생산량의 최고점을 이미 지났거나 곧 그렇게 된다는 것을 증명하는 것이다. 둘째는 이러한 자원들의 회소성으로 인해 지구적 산업 경제의 성장도 불가능해질 것이며 따라서 그 결과는 몇 세기에 걸친 꾸준하고 지루한 상태 악화가 아니라 급작스런 붕괴가 되고 말 것임을 입증하는 것이다.

첫 번째 과제에 대해서는 여러 저서가 나와 있지만 이 주제를 다룬 특히 훌륭한 책으로 리처드 하인버그의 『모든 것의 최고 정점』을 꼽을 수 있다.[1] 이 저서는 21세기 내내 에너지, 농업 생산량, 안정된 기후와 인구 등이 모두 감소할 것임을 사실들을 차분하게 나열하면서 설명하고 있다. 하인버그는 이야기의 설득력을 배가시키는 데에 주력하는 반면, 크리스 클러그스턴은 2011년 자비로 출간한 저서 『희소성』에서[2] 더욱 직접적인 접근법을 취하고 있다. 클러그스턴은 선진국 경제가 필요로 하는 원자재와 1차 에너지 원천에 주목하면서 비재생 천연 자원들에 대한 미국 정부의 데이터를 철저하게 연구하였다. 그는 2012년의 최신판을 통하여 이제 필수적인 자원들 중에서 경제 성장의 지속에 충분한 자원은 딱 하나—알루미늄 제련에 필요한 보크사이트—만 남았다는 것을 보여준다. 그 결과 지구적 차원에서의 물질적 생활 수준의 (1인당 GDP로 측정) 개선율은 20세기 후반부의 연 평균 약 2퍼센트였다가 지난 10년간은 겨우 0.4퍼센트로 줄어들었으며 이제는 마이너스로 치닫고 있다는 것이다. 클러그스턴이 내놓는 예측치에 근거해서 본다면, 산업 문명을 유지하는 데에 필요한 비재생 자원들이 점점 더 희귀해지면서 21세기 중반이 되면 지구적 차원에서의 사회 붕괴가 촉발될 것이 거의 확실하다.

첫 번째 과제는 비교적 간단하다. 논박하기 힘들 만큼 명망과 신뢰를 갖춘 출처로부터 관련된 숫자를 모아 늘어놓기만 해도, 수리적 머리가 있고 산업 경제의 작동에 대한 전반적인 이해를 갖춘 이라면 그것이 무얼 의미하는지를 파악할 수 있다. 하지만 두 번째 과제는 수리 모델들을 통하여 이루어질 수밖에 없으므로 훨씬 더 어렵다. 이러한 모델의 최초의 예는 1972년에 출간된 『성장의 한계 *Limits to Growth*』에서 사용된 "세계 3 World 3" 모델이었다. 이는 비교적 간단한 모델로서, 당시 사용된 컴퓨터는 우리들이 지금 쓰는 스마트폰만큼도 안 되는 물건이었고 포함된 변수 또한 세계 인구, 산업화, 공해, 식량 생산, 자원 고갈 5개뿐이었다. 이 모델은 21세기 중반에 경제적·사회적 붕괴가 일어난다고 예언하였다. 그리고 2004년에 출간된 『성장의 한계: 30년 후의 업데이트』는[3] 30년이 지난 후 그러한 예언이 현실의 진행과 여전히 훌륭하게 일치하고 있음을 확인하였다. 수리 모델 일반의 예언 능력에 대해 본능적으로 불신을 갖는 이들이 많지만, 이 모델처럼 몇십 년이 지난 뒤에도 정확한 것으로 판명되었다고 한다면 그러한 불신도 어느 정도 가라앉을 것이다.

수리 모델은 질릴 정도로 복잡한 경우가 많다. 한 번 돌리는 데에 슈퍼컴퓨터로도 수십 시간이 필요할 수 있는 모델을 누구든 앉은자리에서 한 번에 이해하는 것은 절대로 불가능한 일이다. 이러한 엄청난 복잡성 때문에 도리어 불신을 일으키기도 한다. 그토록 많은 등식들과 파라미터 가운데에 무언가 잘못된 것이 있을 수밖에 없을 것이라는 생각 때문이다. 그런데 이탈리아의 피렌체 대학의 우고 바르디 Ugo Bardi 교수가 고안한 세네카 절벽 Seneca Cliff 모델은 가장 단순하고도 직관적 이해가 가능한 수준에서 붕괴를 모델화한 것이기에 이러한 복잡성을 띠지 않는다. 바르디의 목표는 수리 모델 작업을 조금이라도 아는 이라면 한눈에 쉽게 이해할 수 있을 만한 "인간 정신으로 감당할 수 있는 크기의 mind-sized" 모델을 만드는 것이었다. 바르디의 모델은 로마 시대 철학자였던 세네카의 다음과 같은 인용문에서 이름을 가져왔다고 한다. "모든 사물들이 사라질 때에 그것들이 나타났던 것과 마찬가지로 천천히 사라지게 되어 있다고 한다면 정신적으로도 강인하지 못하고 이룬 공적도 보잘것없는 우리들은 큰 위안을 받을 것이다. 하지만 실제를 보자면, 만물의 증가와 성장은 아주 느린 속도로 벌어지는 반면 파멸에 이르는 속도는 아주 빠르다."[4]

바르디는 자원과 자본이라는 단 두 개의 변수만 써서 자원의 활용과 고갈을 나타내는 아주 단순한 모델에서 시작한다. 여러 자원은 자본으로 전환하며, 그 비율은 남아 있는 자원의 양과 자본의 양 모두에 비례한다. 또한 자본은 시간이 지나면서 노후화한다. 이 모델은 단 한 장의 단순한 스프레드시트를 통해서 혹은 아주 짧고 단순한 컴퓨터 프로그램으로 돌려볼 수가 있으며, 그 결과로 좌우 대칭의 종형鐘形 곡선을 얻게 된다. 자본의 양은 경제의 크기를 나타내며, 이는 점진적으로 증가하여 정점에 도달하고 그 뒤로는 기초 자원이 고갈됨에 따라서 마찬가지로 점진적으로 감소해간다. (종형 곡선은 도처에서 나타나는 것으로 확률과 통계의 기초가 되며, 석유 고갈을 모델화하는 데에 쓰이는 허버트 곡선Hubbert Curve으로도 알려져 있다.) 그런데 바르디는 여기에 다시 "공해pollution"라고 이름 붙인 세 번째 변수를 추가한다. 이는 산업 문명을 운영하기 위한 간접 비용을 나타내는 것으로서, 단순히 공해만이 아니라 그것을 해결하기 위한 기간 시설과 관료 조직 등등을 모두 포함한다. 공해란 산업 경제가 기능하려면 반드시 있어야만 하지만 생산 역량에 기여하는 바는 없는 것들을 모두 포함한다. 이를 위해 자본의 일부가 전용되어야 하며, 그 크기는 자본의 양 그리고 이 세 번째 변수의 크기 모두에 비례한다. 자본과 마찬가지로 이 또한 시간이 지나면서 노후화된다. 이제 이 모델은 한쪽이 처진 비대칭의 곡선을 낳는다. 증가할 때는 점진적으로 올라가지만 감소할 때는 절벽처럼 급격히 떨어지는 곡선이다. 이 모델에서는 자원이 부족해짐에 따라 자본이 점진적으로 감소하는 게 아니라 그대로 붕괴하고 만다.

왜 이렇게 되는지를 직관적 수준에서 이해하고 싶다면 산업 문명을 떠받치는 기간 시설을 생각해보면 된다. 고속도로와 교량, 석유 운송 터미널, 정유소와 송유관, 공항, 항만, 전력망 등등. 경제가 팽창하면 이 모든 것들 또한 그와 함께 팽창하며, 병목이나 부족 사태 그리고 교통 체증이나 정전 사태를 피하려면 예비 시설까지 갖추어야만 한다. 하지만 자원의 희소성으로 경제가 수축하게 된다고 해서 이런 것들이 그에 따라 줄어드는 것이 아니다. 이런 것들은 다 일정한 규모로 건설되는데, 그 규모는 원하는 만큼 감축시킬 수 있는 것이 아니며 거의 완전 가동 상태에 가깝게 돌릴 때에만 규모의 경제를 실현하여 효율성을 발생시킬 수 있도록 설계되어 있다. 따라서 사용량이 줄어든다고 해도 그 유지 비용은 똑같이 유지되며, 경제에서 먹어치우는 비중은 점점 커져간다. 어떤 지점에 달하면 그 유지가 불가능하게 되어 아예 유지를 포기할 수밖에 없게 된다. 그렇게 되면 즉시 이런 것들은 기능을 멈추게 되며, 그에 따라 산업 경제 전체도 기능불능 상태에 빠진다.

또한 지구적 경제가 매일 기능할 수 있게 해주는 금융의 역할을 살펴본다면 붕괴의 역학이 어떠한 것인지를 좀 더 깊이 알 수 있다. 금융은 미래의 성장을 놓고 체계적으로 판돈을 걸면서 팽창하는 활동이기 때문이다. 즉 대단치 않은 일시적 후퇴들을 제외한다면 미래는 반드시 현재보다 부유하게 되어 있으며, 그 미래로부터 돈을 꾸어오는 기술이 금융인 셈이다. 이러한 미래에서의 차입은 금융 팽창의 자금으로만 쓰이는 것이 아니라 지구적 무역을 가능케 하는 모든 수송의 자금으로도 쓰인다. 국제 무역의 운송은 항상 한 나라의 상업 은행이 발행한 모종의 신용 증서를 다른 나라의 다른 상업 은행이 받아들임으로써 시작된다. 만약 경제가 상당 기간 동안 성장을 멈추게 된다면, 이렇게 미래의 성장에 판돈을 거는 행위도 수입을 올릴 수 없게 되며, 기존의 대출 중 상당량은 이자도 거두지 못하는 악성 부채가 될 것이며, 수많은 은행들이 지급 불능 상태에 빠져 더 이상 신용 증서들을 발행할 수 없게 될 것이며, 지급 능력이 있는 은행이라고 해도 더 이상 그 힘들어하는 은행들이 발행한 신용 증서들을 받지 않으려 할 것이다. 지구적 무역은 중단되며, 그렇게 되면 다시 지구적인 공급 사슬이 교란당하여 수많은 부품들 및 여타 산업의 투입물들에 부족 사태가 나타날 것이며, 이는 다시 제조업의 작동 과정들을 정지 상태로 몰아넣을 것이다. 이렇게 지구적 경제를 하나로 엮어주는 공급 네트워크와 무역 관계들이 무너지고 만다면 지구적 경제는 오래지 않아 회복 불능의 돌이킬 수 없는 지점으로 치닫게 될 것이다.

붕괴의 가능성이 대단히 높다고 하는 이유가 무엇인지에 대해 이런 식으로 설명하면 설득력은 높을지 모르지만, 어떤 이들에게는 가뜩이나 이해하기 어려운 주제에다 더 이해하기 어려운 설명을 늘어놓는 것으로 들릴 수 있다. 다행히도 세 번째의 설명 방식이 있으며, 시간이 지날수록 이것이 사람들에게 붕괴의 가능성에 대해 알려주는 방식 면에서 자원에 대한 여러 수치나 수리 모델에 대한 이야기를 늘어놓는 것보다 훨씬 더 생산적인 것으로 판명되고 있다. 그 방법은 바로 개인적 체험을 이야기하는 것이다. 그리스와 같은 경우에는 온 나라 전체가 의심의 여지없는 금융 붕괴, 상업 붕괴, 정치 붕괴로 빨려 들어가는 고통에 처해 있다. 사람들이 자기들 저축을 현금으로 찾아서 외국으로 송금하겠다고 아우성을 치며 줄을 서서 달려드는 바람에 은행들이 무너지고 있으며, 약국에는 약품이 모자란 상태이며, 그 밖에도 여러 수입품들이 바닥났다. 국민들이 선거로 선출한 공직자들은 쫓겨나고 대신 채권자들이 임의대로 임명한 이들이 그 자리를 차지하게 되었다. 미국과 같은 나라에서는 이러한 일들이 어떤 것인지 아직 실감이 나지 않겠지만, 그럼에도 불구하고 많은 사람들은 미래의 세상이 예전과 같지는 않을 것이라는 점을 깨닫기 시작하였다. 젊은이들은 대학 졸업장을 받아봐야 출세는커녕 제대로 된 직장도 확보할 수 없다는 것을 깨닫고 있으며, 나이든 이들은 은퇴 후 준비가 전혀 되어 있지 않다는 것을 깨닫고 있으며, 오랫동안 직장을 얻지 못한 실업자들은 아직 한창 나이에 자기들 이력이 끝장나고 말았다는 것을 깨닫고 있다. 이 사람들 중 다수는 이미 무언가 심각하게 잘못되었다고 이해하고 있지만, 미국이 이제 곧 얼마나 속속들이 환골탈태의 변화를 겪게 될지를 의식하는 이들은 소수에 불과하다.

붕괴는 언제 벌어질 것인가?

—

붕괴가 진행 중이라고 확신하게 되었다면, 그다음 질문은 당연히 이것이다. 그게 **언제** 벌어질 것인가? 애석하게도 이 질문은 충분히 나올 만한 질문임에도 명확한 대답이 없다. 무언가가 벌어질지의 여부를 예언하는 것이 무언가가 벌어질 시기를 예언하는 것보다 훨씬 더 쉽다. 낡은 교량이 있다고 하자. 콘크리트에는 금이 **쫙쫙** 가 있는 데다 곳곳에서 뭉텅이로 떨어져나가 그 속의 철근이 시뻘겋게 녹이 슬어 있는 게 다

드러나 보인다. 검사관은 이를 두고 "구조 결함"을 선언한다. 이 다리는 어느 시점에 분명히 무너지고 말 것이라는 이야기이다. 하지만 그 날짜는 언제인가? 이는 검사관이든 누구이든 알 수 있는 것이 아니다. 만약 대답을 해보라고 닦달을 한다면 그 검사관은 이런 식으로 말할지도 모른다. "글쎄요. 1년 안에 무너지지 않는다면 2년은 더 버틸 수도 있겠죠. 뭐 그렇게 오래 버텨준다면 또 한 10년은 더 버틸 수도 있고요. 하지만 그렇게 10년을 버티고 난 뒤에는 아마도 1년이나 2년 안에 무너질 겁니다. 그 다리가 **악화되는 비율**을 볼 때 그 시점이 되면 그 다리를 **무엇이 버텨주고 있을지** 전혀 알 수 없게 될 테니까요."

시기의 추정은 주관적인 것이 될 수밖에 없으며, 각자가 가진 인상에 기초하는 것이라고도 할 수 있다. 하지만 우리가 주의를 기울여야 할 객관적인 것들은 따로 있다. 구조물에 남아 있는 부분이 얼마나 되며 (콘크리트가 뭉텅이로 계속 떨어져나가 강물 속으로 떨어지고 있다면), 다리가 악화되고 있는 속도는 얼마나 되는지 (1개월에 얼마나 떨어져나가는지) 등을 파악하는 것이다. 대부분의 사람들은 그러한 여러 리스크를 평가하는 데 어려움을 겪는다. 두 가지 문제가 있다. 첫째, 사람들은 데이터가 많아야만 리스크를 더 정확하게 평가할 수 있을 것이라고 생각할 때가 많다. 이들은 자기들이 찾는 데이터를 구할 수 없는 이유가 그런 데이터가 애초부터 존재하지 않기 때문이라는 생각은 아예 하지 못한다. 이들은 그래서 관계가 있다고 생각하는 데이터들을 이것저것 더 많이 포함시키지만, 이 때문에 추정의 정확도만 더 떨어지게 된다.

두 번째 문제는 이 문제가 확률 게임이라고 그것도 공정하게 진행되는 확률 게임이라고 생각하는 사람들이 많다는 점이다. 『블랙 스완』의[5] 저자인 나심 니콜라스 탈레브는 이를 "게임 환상의 오류ludic fallacy"라고 부른 바 있다. 구조 결함을 가진 다리를 매일 차를 타고 넘나드는 것을 목숨을 건 도박이라고 말하기도 한다. 하지만 이게 정말로 도박과 같은 게임인가? 도박은 보통 확률 게임을 내포하고 있다. 누군가 사기 도박을 하는 경우를 뺀다면, 주사위를 굴리거나 동전을 던져서 나오는 확률로만 결정되는 게임 말이다. 세상에 존재하는 게임은 정말로 가지가지이며, 공정한 게임이란 그중 무시해도 좋을 만큼 아주 드문 특수한 종류의 게임일 뿐이다. 이런 게임을 하려면 특별히 고안되어 완벽하게 통제되는 단순한 환경을 마련해야 하며, 이를 위해서는 또 특별하게 고안되어 완벽하게 작동하는 기구가 필요하다. 누가 동전을 열 번 던졌는데 모두 앞면이 나왔다고 하자. 이는 이미 이 동전에 누가 장난을 쳐놓았을 가능성이 아주 높다는 것을 암시하고 있다. 그런데도 만약 당신이 그다음에 앞면이 나올 확률이 여전히 50퍼센트라고 생각한다면, 당신은 그 사기꾼의 먹잇감이 되고 말 것이다.

자연에 직접 맞서는 경우, 그것이 공정한 게임이 되는 법은 절대로 없다. 자연은 항상 사기를 친다고 말할 수도 있다. 당신이 카지노에 가서 어쩌다가 잭팟을 터뜨렸다고 해도 바로 그 순간 하늘에서 운석이 떨어져 그 카지노를 박살낼 수도 있다. 그런 일은 확률이 너무 낮아 무시해도 좋다고 생각할 수도 있겠지만, 현실은 그 반대이다. 이 현실 세계를 지배하는 것은 탈레브가 말하는 검은 백조이다. 사실 자연의 입장에서 보면 사기 도박을 하는 것이라기보다는 당신의 소중한 규칙 따위에 전혀 구애받지 않는 것뿐이라고 말하는 게 옳을 것이다. 하지만 당신은 그 규칙들에 매달리는 것 말고 다른 길이 없다. 어떤 교량이 만약 그 설계자의 머릿속에 있는 그림과 정확히 일치한다면 분명히 튼튼한 다리이다. 처음에 다리를 세웠을 때에는 그 두 가지가 거의 완벽하게 일치하지만, 시간이 지나면서 그 둘 사이에는 눈에 띄도록 불일치가 벌어지게 된다. 갈라진 금이 나타나기도 하며 구조 자체가 무너져가기 시작한다. 그리하여 대충 어느 시점이 되면 더 이상 안전한 다리가 아니라고 선언된다. 하지만 그 다리가 무너지는 그림은 애초부터 누구의 머리에도 존재하지 않는다. 그 다리는 분명히 굳건히 버티라고 설계된 것이지 무너지라고 설계된 것이 아니기 때문이다. 따라서 그 다리가 언제 무너질지에 대한 정보도 존재하지 않는다. 하지만 방법이 없는 것은 아니다. 그 둘의 불일치가 늘어나는 비율을 관찰하면 된다. 그리하여 그 비율이 선형적으로 늘어나다가 어느 순간 지수적으로 늘어나는 (즉 계속 두 배씩 불어나기 시작하는) 순간이 되면 붕괴가 임박했다는 것을 알 수 있으며, 그 다리가 버틸 수 있는 시간적 한계까지도 알아낼 수가 있다. 다리에서 떨어져나가는 시멘트 덩어리의 숫자가 계속 두 배로 불어나고 있다면, 그 다리의 마지막 조각이 강물에 떨어지는 순간도 계산할 수 있다. 그 시점을 넘어서 다리가 서 있을 리는 없다.

하지만 그러한 당신의 예측 또한 주관적인 것이다 (혹은 예언자로서의 당신의 운에 달려 있다고 할 수도 있겠다). 당신이 하고 있는 것이 여전히 확률 게임이기 때문이다. 그 다리의 약화 속도가 선형적임을 (즉 한 달에 한 덩어리씩 떨어져나간다는 것을) 알게 되면 당신은 앞으로도 선형적일 것이라는 추론을 외삽할 것이며, 만약 그 속도가 지수적이라면 (떨어져나가는 덩어리 숫자가 매달 그 전달보다 두 배 숫자로 불어난다면) 앞으로도 지수적일 것이라는 추론을 외삽할 것이다. 실제로 그렇게 될 수도 있겠지만, 운이 없다면 당신의 추론과는 전혀 다른 방향으로 일이 진행될 수도 있다. 그 두 가지 추론 모두가 철저하게 당신이 마음속에서 만들어낸 확률적 가능성일 뿐이며, 이는 예측할 수 있는 것이 아니라 당신의 주관에서 나온 것에 불과하다. 그런 것들을 "무작위적"이네 "혼돈적"이네 하는 통계학 용어로 불러봐야 달라지는 것은 아무것도 없다. 당신이 찾는 정보는 한마디로 애초부터 존재하지 않는 것이다.

요약해보자. 어떤 일이 벌어질 것이라는 예언이 놀랄 만큼 정확하게 들어맞는 일은 있을 수 있다. 예를 들어 모든 제국은 결국에 가면 예외 없이 붕괴하게 되어 있으며, 미국 또한 붕괴할 것이다. 방금 나도 예언을 내놓은 셈이다. 하지만 그 어떤 일이 언제 벌어질지는 정보 부족의 문제가 있기 때문에 예언하는 것이 불가능하다. 우리가 마음속에 가지고 있는 것은 어떤 것이 계속 존재를 이어가는 방식에 대한 모델이지 그것이 갑자기 사라지게 되는 방식에 대한 모델이 아니다. 하지만 사태가 악화되는 속도라든가 우리의 머릿속 모델과 현실의 간격이 벌어져가는 속도를 잘 관찰한다면 그날이 다가오고 있음을 알 수 있을 때도 있다. 첫 번째 유형의 예언—즉 무엇인가가 붕괴할 것이라는 예언—은 사람들로 하여금 절대로 잃어서는 안 되는 것들까지 잃어버릴 위험에서 벗어나게 해주므로 그 유용성이 지극히 크다. 하지만 그러한 선택의 가능성조차 없는 상황들도 있다. 이를테면 막 무너지기 직전인 제국의 시민으로 태어나는 경우처럼 말이다. 그리고 여기에서 두 번째 종류의 예언—무언가 금방 붕괴할 것이라는—이 아주 요긴해진다. 굽고 있는 고기를 언제 빼내야 타지 않을지를 알려주니까.

다시 한 번 강조하지만, 그러한 예언을 내놓는 과정이란 주관적인 것이다. 그러한 예언은 합리적 논리에서 전개된 것일 수도 있고 또 그저 무언가 목구멍에 간질거리는 느낌에 기초한 것일 수도 있다. 하지만 사람들은 무엇이 되었든 이론화하기를 좋아한다. 그래서 어떤 이들은 그 문제의 사건들이 무작위적 혹은 혼돈적이라고 선언하며, 그다음에는 무작위성과 혼돈성에 대한 수리 모델들을 만들어내기도 한다. 하지만 대규모의 "일어날 것 같지 않은" 사건들이 벌어질 시점은 무작위적인 것도 혼돈적인 것도 아니다. 이는 알려져 있지 않은 것일 뿐이다. 보통의 작은 규모의 사건들이라면 통계학자들의 평균화 작업을 통해 빠져나갈 길을 만들어낼 수도 있다. 이는 특히 보험 상품을 만들 때에 유용하다. 드물게 벌어지지만 예견할 수 있는 사건들에 대해 보험 상품을 만들어내는 것이다. 하지만 대규모의 사건들의 경우에는 당신의 보험 회사 혹은 재보험 회사를 완전히 망하게 하기도 한다. 그래서 화재 보험과 홍수의 보험은 있지만 (후자의 경우도 이제 미국에서 사라졌다. 이는 너무나 나쁜 리스크라서 이제는 이게 터지면 보험 대신 납세자들의 돈을 사용한다), 붕괴에 대한 보험은 있을 수 없다. 그 엄청난 리스크를 객관적으로 평가하는 것이 전혀 불가능하기 때문이다.

모두가 좋아했던 야구선수 요기 베라Yogi Berra의 말을 빌자면, "예언은 어렵다. 특히 미래에 대한 예언은 더욱 그렇다." 하지만 내 견해는 좀 다르다. 과거에 이미 벌어진 사건에 대해서도 예언이 어렵기는 마찬가지이다. 소련이 1991년 붕괴할 것은 아무도 예상하지 못했고, 이른바 "전문가"라는 이들은 완전히 뒷통수를 맞고 말았다. 이 붕괴의 근본 원인도 베일 속에 싸여 있지만, 그 사건이 왜 하필 정확히 그 시점에 벌어졌는가는 더더욱 완전히 미스터리이다. 소련 내부 정치 전문가들은 기껏해야 공산당 정치국 내부에서의 자잘한 권력 이동에만 목숨을 걸고 있었으며, 소련 전공 경제학자들은 자유 시장 자본주의가 사회주의 계획 경제보다 우월하다는 확신에만 가득 차 있었고, 군사 전략 전문가들은 전략 방위 구상SDI: Strategic Defense Initiative의 여러 장점들을 놓고 (그런 장점들은 존재하지도 않았다) 논쟁을 벌이기도 했지만, 막상 소련 전체가 주저앉고 사라져버리는 일에 대해서는 전혀 예측하지 못하였다. 마찬가지로 미국 내의 대부분 정치 전문가들은 오바마가 2012년 11월 재선될 것인지 아닌지의 확률에 대해 스스로의 추산을 확신하였다. 하지만 이들은 선거 자체가 열리지 않아 아무도 대통령으로 당선되지 못하는 사태의 확률은 계산하지 못하였다. 명심하라. 이러한 사태의 확률은 결코 0이 아니다. 그런 날이 올 것이라고 확신하는 것은 얼마든지 가능하다. 단지 시기를 모를 뿐.

붕괴의 단계에는 무엇이 있는가?

—

그래서 늦어도 21세기 중반까지는 붕괴가 벌어질 것이라고 확신하게 되었다고 하자. 그래도 충격, 경악, 걱정, 공포 등 별로 도움이 안 되는 여러 감정들을 극복하고 그러한 결론에 친숙해지기 위해서는 시간이 필요하다. 엘리자베스 퀴블러-로스Elizabeth Kübler-Ross는 슬픔과 비극을 친숙하게 받아들이기까지의 과정을 부인, 분노, 협상, 우울, 받아들임의 다섯 단계로 정의하였고, 이를 사랑하는 사람의 죽음이라든가 이력 쌓기의 급작스런 중단 등 다양한 형태의 개인적 손실에 적용하여 상당한 성공을 거둔 바 있다. 여러 사상가들 특히 제임스 하워드 쿤슬러James Howard Kunstler와 존 마이클 그리어John Michael Greer는, 장래에 대사변을 피할 수 없고 자원 고갈, 파멸적 기후 변화, 정치적 무능력 등의 결합으로 여러 제도와 생명 유지 시스템 자체가 무너지게 된다는 사실을 사회 전체가 (혹은 최소한 정보와 사유를 맡은 성원들이) 소화해가는 과정에도 퀴블러-로스의 모델이 무서우리만치 적확하다고 지적한 바 있다. 하지만 그러한 대사변의 구조를 좀 더 자세히 다루는 데에 특화된 논의는 지금까지 거의 없었다. 그 대신 "심각하고 장기적인 불황"에서 (경제 신문 기사에 아주 많이 나오는 문구) 시작하여 쿤슬러의 "장기 비상 사태 Long Emergency"를[6] 거쳐 갈수록 더 인기를 끄는 "서구 문명의 붕괴"에 이르는 일련의 주관적 판단들만 난무하고 있다. 그 와중에 포괄되는 주제도 너무 넓어져서 초점을 잃어가고 있다.

사회 경제적 대변혁의 전망을 받아들일 때 나타나는 단계들을 밟아 나가본 경험이 있는 이들에게는 이러한 감정 과잉의 문구들을 넘어서서 좀 더 정밀한 용어를 사용하는 편이 도움이 될 것이다. 여러 가지 붕괴를 유형별로 분류하는 것은 단순한 지적 유희 이상의 중요성을 가질 수 있다. 우리 중 누군가는 우리들이 가진 능력과 상황에 기초하여 일정한 단계에서 일시적으로나마 심지어 영구적으로까지 붕괴를 멈출 수 있는 계획을 구체적으로 짜낼 수도 있을 것이기 때문이다. 비록 현재와 같은 단계의 복잡성을 갖춘 사회 경제적 시스템은 더 이상 가능하지 않겠지만, 또 비록 조지프 테인터가 그의 저서 『복합 사회의 붕괴』에서[7] 지적하듯이 인류가 상황에 적응해나가다 보면 붕괴만이 올바른 대응 방법인 상황도 존재하지만, 그렇다고 해서 붕괴가 반드시 인구가 격감하고 생존자들도 외톨이가 되어 뿔뿔이 황야를 헤매면서 비참한 삶을 영위하는 사태로 이어지라는 법은 없다. 붕괴란 궤멸이 아니라 질서 있는 조직적 퇴각이라고 생각할 수도 있는 것이다. 아예 붕괴를 하나의 이행기라고 생각하는 게 유용할 수도 있다. 즉 금융 자본주의, 소비주의, 판에 박힌 뻔한 정치 등이 붕괴하고 그런 것들에 전적으로 기대고 있는 문화 및 사회가 함께 붕괴하는 이행기라고 볼 수도 있다. 그리고 그것이 이미 우리에게 계획되어 있는 (따라서 우리가 굳이 더 무슨 계획을 세울 필요도 없는) 미래일 수도 있다는 것이다.

나는 붕괴의 여러 유형에 대한 분류학을 도입하려는 노력 속에서 붕괴를 다섯 개의 단계로 정의하였고, 그 각각을 우리가 붕괴에 얼마나 준비가 되어 있는지를 가늠해보고 또 그 준비 상태를 개선하기 위해 무엇을 해야 할지를 아는 데 도움을 줄 이정표 또한 제시하였다. 나의 분류는 퀴블러-로스의 모델처럼 각각의 단계를 특정한 감정에 결부시키기보다는 현재 상태status quo에 대한 신뢰와 믿음의 수준이 깨어지는 수준과 연결시켰다. 각각의 단계마다 환경에는 물질적인 관찰 가능한 변화들이 야기되며 그러한 변화가 설령 점진적으로 벌어진다고 해도 사람들의 정신은 아주 빠르게 변화하는 것이 일반적이다. (진짜 바보가 아닌 한) 누구도 거짓말이라고 판명 난 것을 끝까지 믿는 바보가 되고 싶어 하지 않는다. 이 점은 어느 문화에서나 보편적으로 나타나는 바다.

1단계 | 금융 붕괴

"정상적 영리 활동business-as-usual"에 대한 믿음이 사라진다. 이제 미래가 과거와 닮은꼴이라는 가정은 사라지며, 따라서 리스크의 평가나 금융 자산의 보증도 완전히 불가능해진다. 금융 기관들은 지급불능 사태에 빠지며, 사람들의 저축은 깡그리 소멸하며 자본도 얻을 수 없게 되어버린다.

2단계 | 상업 붕괴

"시장에 가면 다 있다the market shall provide"는 믿음이 사라진다. 화폐는 가치절하를 겪거나 희소한 상태가 되며, 각종 상품 사재기가 벌어지며, 수입에서 소매업까지 이어지는 연쇄 고리가 모두 끊어지며, 기초 생필품의 품귀 현상이 광범위한 일상적 상태가 된다.

3단계 | 정치 붕괴

"정부가 당신을 돌보아준다"는 믿음이 사라진다. 기초 생필품을 시장에서 살 수 없는 상태가 만연하면서 정부가 이를 해결하려고 여러 시도를 벌이지만 아무런 효과를 내지 못하게 되며, 이에 기성 정치권은 정당성과 중요성을 상실하게 된다.

4단계 | 사회 붕괴

"이웃들이 당신을 돌보아준다"는 믿음이 사라진다. 이 권력의 진공 상태를 자선 기관이나 그 밖의 여러 집단 등 지역의 사회 기관들이 메우게 되지만, 자원이 바닥나거나 내부 갈등으로 실패하게 되는 일이 벌어진다.

5단계 | 문화 붕괴

인간의 선한 마음에 대한 믿음이 사라진다. 사람들은 "친절, 베풂, 배려, 애정, 정직성, 환대, 연민, 나눔" 등의 능력과 가능성을 잃어버리게 된다. 가족은 해체되며 개개인으로 원자화된 사람들은 희소한 자원을 놓고 경쟁을 벌인다. 이제 "내가 하루 더 살려면 네가 오늘 죽어야 한다"가 새로운 행동 원리가 된다.

방금 열거한 인간 미덕의 목록은 콜린 턴불Colin Turnbull의 『산 사람들 *The Mountain People*』에서 가져왔으며, 나는 문화 붕괴에 대한 장 뒤에 나오는 이크Ik족에 대한 사례 연구에서 이를 좀 더 논의할 것이다. 또 위의 행동 원리는 솔제니친의 『굴락 군도*The Gulag Archipelago*』에서 가져온 것이다.

이러한 사태는 앞 단계에서의 실패가 누적되면서 빚어지는 것임을 쉽게 알 수 있다. 붕괴의 각 단계는 쉽게 다음 단계로 이어지게 되며, 심지어 중첩될 수도 있다. 소련 붕괴 이후의 러시아에서는 이러한 과정이 3단계에서 멈추었다. 여러 다른 민족들마다 마피아들이 창궐하였고 심지어 군벌로까지 발전하는 등의 심각한 문제들이 있었지만, 결국에는 정부가 이들을 이겨내고 권위를 회복하였다.

1단계나 2단계에서 사태를 멈추려는 노력은 필시 에너지 낭비일 뿐이며, 모두 함께 힘을 모아 차라리 3단계에서 방어선을 구축하는 것이 나을 것이며, 4단계에서는 더 밀리면 죽는다는 결사항전의 태도로 방어해야 할 것이다. 5단계로 발전하는 것은 한마디로 물리적 생존의 문제가 되기 때문에 어떻게 해서든 막아야 하기 때문이다. 지역에 따라서 (특히 인구 밀도가 높은 지역 그리고 위험한 핵물질 및 산업 시설이 있는 지역) 3단계의 붕괴도 반드시 회피해야 하는 곳이 있으니, 여기에서는 질서를 유지하고 재난을 피하기 위해 국제 평화 유지군이나 심지어 외국 정부와 군대라도 필요하다면 불러들여야 한다. 또 어떤 지역에서는 3단계에서도 무한정 번영을 누릴 수도 있으며, 인구 밀도가 성긴 지역에서는 4단계가 되어 환경이 극도로 파괴된 상황에서도 사람들이 무한정 생존할 수가 있다.

곧바로 5단계를 준비할 수도 있겠지만, 이는 너무나 비인간적인 일로 느껴질 것이다. 3단계와 4단계에서의 생존을 준비하는 것이 좀 더 합리적으로 느껴질 것이며, 혹시 개인적으로 이를 계기로 출세를 도모할 계획이 있는 이라면 처음부터 노골적으로 3단계를 준비하는 것도 합리적일 것이다. 그렇지만 이런 일들은 독자 여러분들이 알아서 생각할 문제로 남겨두겠다. 내가 희망하는 바는, 붕괴에 대해 이렇게 구체적인 단계들을 명확히 정의함으로써 "서구 문명의 붕괴" 따위의 모호할 뿐만 아니라 알고 보면 전혀 말도 안 되는 개념들에 휘둘리고 있는 현재의 붕괴 논의보다는 좀 더 구체적이고 유익한 논의를 해보자는 것이다.

1장

금융 붕괴

1단계 금융 붕괴. "정상적 영리 활동business-as-usual"에 대한 믿음이 사라진다. 이제 미래가 과거와 닮은꼴이라는 가정은 사라지며, 따라서 리스크의 평가나 금융 자산의 보증도 완전히 불가능해진다. 금융 기관들은 지급불능 사태에 빠지며, 사람들의 저축은 깡그리 소멸하며 자본도 얻을 수 없게 되어버린다.

붕괴의 처음 세 단계가 금융 붕괴, 상업 붕괴, 정치 붕괴임을 생각해보면 그중 금융 붕괴가 제일 처음에 올 수밖에 없으며 어느 정도는 이미 시작되어 있다는 점을 명확히 알 수 있다. 상업 붕괴는 재화 및 서비스의 물질적 흐름이 교란되는 데에서 생겨나며, 정치 붕괴는 상업 붕괴의 여파로 정부가 더 이상 시민들에 대한 여러 의무를 수행할 수 없게 되었을 때에 생겨난다. 하지만 금융 붕괴는 그저 미래에 대한 몇 가지 가정들이 사실이 아니라는 게 판명되기만 해도 터질 수가 있다. 금융이란 물질적 시스템이 아니라 정신적 구성물이며, 그 점에서 카드로 지은 집을 닮아 있다. 이 비유를 조금만 더 확장해서 말한다면, 카드를 계속 쌓아 올릴 수 있는 동안에만 안정성을 유지할 수가 있다. 즉 지속적인 신용 팽창을 경제 성장이 떠받쳐주는 동안만이다. 하지만 우리가 들어서고 있는 시대는 이제 대단히 다양한 물질적 압박 요소들이 전 세계에 걸쳐 나타나고 있다. 그 요소들은 화석 연료, 철광석, 인산염, 깨끗한 물, 경작지 등의 고갈, 기후 변화의 가속화로 야기되는 혹서, 홍수, 가뭄으로 인한 대규모 혼란, 식량 가격이 치솟을 때마다 전 세계를 휩쓰는 정치적 불안정성과 혼란까지 다양하다. 이러한 모든 요소들을 결합해보면 지구적 경제의 성장 전망을 장밋빛으로 보기는 대단히 어렵다. 또 경제 침체가 장기화되고 그 뒤를 이어 지속적인 경기 수축이 벌어지게 되면, 항상 더 많은 부채와 더 많은 성장을 요구하는 금융 시스템은 치명적 타격을 입게 된다.

미국, 유럽, 그 밖의 지역에서 각국 정부가 2008년 금융 위기 이후 사태를 완화시키기 위해 취했던 전략은 "확장하고 화장하라extend and pretend"는 말로 요약할 수 있는데, 이는 그 성격을 상당히 정확하게 묘사하고 있다. 정부가 뒷받침하는 채무 보증을 사방으로 확장하고, 경제 성장이 곧 회복될 것 같은 모습으로 예쁘게 화장한다는 것이다. 룩셈부르크의 수상인 장클로드 융커Jean-Claude Juncker는 유로 그룹Euro Group의 의장이자 선출된 지도자로서는 유럽에서 가장 오래 복무하고 있는 이로서, 이러한 사태를 다음과 같은 유명한 말로 훌륭하게 요약하고 있다. "정말 심각해지면 거짓말을 할 수밖에." 내가 믿기로 그가 뜻한 바는, 금융의 본질은 우리가 서로서로 또 우리 스스로에게 하는 약속에 불과하다는 것이다. 만약 그 약속들이 비현실적인 것임이 드러난다면, 금융 전문가들과 경제학자들의 모든 이야기 또한 지금까지 우리가 서로와 나누었던 거짓말에 불과한 것이었음이 드러나버린다. 하지만 이러한 거짓말들을 거짓말이라고 인정해버린다면 우리 모두가 상당히 체면을 구기게 되므로, 우리는 어떻게 해서든 그 거짓말들을 계속 믿고 싶어 하게 되어 있다. 그래서 우리는 계속해서 경제학자와 금융 전문가들의 말에 귀를 기울이며, 어떻게든 이들의 이야기를 믿어보려고 안간힘을 쓴다. 물론 경제는 올해 말 혹은 내년 초에라도 회복될 수도 있고, 경제가 회복되기만 하면 우리가 금융이라는 이름으로 미래를 놓고 벌였던 묻지 마 도박 게임도 다시 시작될 것이다. 물론 이는 그저 금융의 문제일 뿐 사회 문제나 정치 문제가 아니다. 그냥 납세자들의 혈세를 주입하여 그저 금융 시스템을 떠받치기만 하면 되는 문제일 뿐이라는 것이다. 하지만 이 모든 이야기들은 다 거짓말이다. 이 거짓말들 덕분에 우리가 기분이 좋아지기는 하지만 그것도 잠시뿐이다.

문제의 뿌리

—

좀 더 근본적인 차원에서 보자면, 금융 붕괴의 근본 원인은 고리대 혹은 이자 수취usury이다. 이자 수취라는 말 자체가 도덕적·종교적 시각을 드러내는 것이라고 여길 수도 있으며, 지구적 금융 붕괴의 문제를 이런 시각에서 접근하는 건 무지하고 대책 없는 이상주의라고 볼 수도 있다. 하지만 이러한 시각이 유의미할 뿐만 아니라 정확하다는 것을 곧 알게 될 것이다. 이자 수취 즉 이자를 받고 돈을 빌려주는 것은 성경에서도 이슬람에서도 금지되어 있으며, 오늘날에 이르도록 그 금지 혹은 제약의 역사는 오래도록 이어져왔다. 예를 들어 영국에서는 까마득한 옛날부터 이자 수취가 금지였다. 13세기 헨리 3세는 고리대금업자의 소유를 몰수하였고 이들을 콘월 공작에게 넘겨주어 가죽을 벗기거나 내장을 빼내도록 하였다. 14세기 에드워드 4세는 이자 수취를 행하는 자들을 처형하는 법을 시행했다. 두 세기 후 헨리 8세는 10퍼센트 이

하의 이자로 행해지는 대부는 예외로 허용했다. 낮은 이자에다가 또 대부의 변제도 법으로 강제되는 것이 아니긴 했지만, 최소한 채권자가 참수를 당하지는 않게 된 것이다. 이러한 예외는 하지만 일시적인 것이었고 그 후에 즉위한 메리 1세는 고리대금업자들에 대해 "참수하라!"의 정책을 엄격하게 고집하였다. 이러한 상태는 오래 계속되었지만, 1694년이 되면 윌리엄과 메리 2세가 왕국 전체를 담보로 돈을 꾸어 영구적으로 이자를 지불하게 된다. 헨리 8세와 엘리자베스 여왕이 정했던 이자율 상한선도 계속 유효하게 남아 있었지만, 1854년이 되면 모든 고리대 관련법이 철폐된다. 영국 하원 보고서에 따르면 2011년 현재 그래도 계속 조금씩이나마 성장하고 있다고 여겨지는 영국 경제의 "총 부가 가치"에서 9.4퍼센트가 금융 부문에서 나오고 있다. (내 생각으로는 금융 부문에서 나오는 부가 가치의 기여분은 오히려 총 부가 가치에 더할 것이 아니라 빼야 하며, 그렇게 되면 영국 경제는 계속 수축하고 있는 셈이다.) 아마도 영국의 목표는 후손 세대들에게 기꺼이 훌륭한 반면교사가 되어 감사를 받으려는 것이리라. 그리고 이 점에서는 아주 큰 성공을 거두고 있다 할 것이다.

시간이 지나면서 부가 증가한다는 생각은 물리 법칙에 위배된다. 황금 그리고 잘 알려지지 않은 한두 가지 금속들과 몇 가지 보석 등 자산으로 치부되는 것들은 분명히 녹이 슬거나 변색되는 것이 아니지만 그렇다고 시간이 지나면서 크기가 늘어나는 것도 아니다. 그냥 다른 물체들보다 더 큰 가치를 가지게 되는 것뿐이다. 우주의 다른 모든 것들은 시간이 지나면 부식당하며, 에너지를 잃고 또 산산이 흩어지게 된다. 물론 예외가 없지 않지만, 열역학 법칙에 따르면 이런 예외들은 모두 국지적이며 일시적인 것들에 불과하다.

이런 현실이 좋을 수도 싫을 수도 있겠지만 이를 바꿀 수 있는 방법은 없다. 오히려 우리는 갈수록 더욱 지구적 금융에 의존하고 있으며, 이것의 기초는 은행들이 이자를 받고서 대부해줌으로써 창출되는 명령 통화fiat currencies(즉 금, 은, 토지 등 전통적인 고정적 가치 저장 수단 어떤 것으로도 뒷받침되지 않는 통화)이다. 만약 이자를 받고 대출해주는 제도가 사라진다면 우리의 저축, 연금, 정부의 안전 서비스, 우리가 먹을 곡물의 경작, 우리가 의존하는 수입품의 국제 무역 자금 융통 등 모든 활동이 중단될 것이며, 따라서 어떤 서방 국가이든 이자 수취를 없앤다는 것은 곧 경제적인 자살 행위가 된다.

게다가 이자율을 제한하는 것도 가능하지 않다. 시장 참여자들은 "리스크 프리미엄" 즉 어떤 부채가 얼마나 위험한지에 대해 자신들이 생각하는 만큼 이자율을 매길 수 있어야 한다고 요구하기 때문이다. 스페인 국채 이자율이 지금 7퍼센트로 (많은 이들은 이를 지나친 고금리라고 본다) 치솟고 있는 것은 시장이 이러한 금리를 요구하기 때문이다. 국가 부도 사태를 맞을 위험이 큰 스페인으로서는 스스로의 국채를 팔기 위해서는 채권 투자자들로 하여금 그러한 위험에 대해 보상해주어야만 한다. 사실상 스페인은 그 채권자들에게 스페인 국가 부도 사태에 대비하는 보험을 들어주어야 하며, 그러한 보험의 비용이 너무 커지게 되면 스페인은 더 이상 차입을 계속할 수 없어 부도를 선언할 수밖에 없다. 하지만 이러한 리스크 프리미엄을 모종의 보험이라고 보는 것은 보험의 개념을 오용하는 것이다. 보험이란 자기 소유물들의 안전을 위해 다른 누군가에게 돈을 내는 것이지만, 이자 지불이란 자기는 아무 보장도 없는 상태에서 다른 이의 소유물들의 안전을 위해 그들에게 돈을 내주는 행위인 것이다.

이자를 바라보는 또 다른 논리적 오류 하나는 이를 채권자 돈을 꾸어주는 바람에 그 자신이 그 돈을 일정 기간 동안 사용하지 못하게 되는 것에 대한 보상이라고 보는 관점이다. 물론 케이크는 아껴두든가 먹어버리든가 둘 중 하나뿐이다. 그런데 그 케이크를 이자를 받고서 꾸어준다면 선택은 먹어버리든가 아니면 그것을 먹지 않은 대가로 케이크 한쪽 반을 얻게 되든가가 된다. 그냥 인간의 정상적인 행태는 배가 고프면 그냥 먹어버리고 고프지 않으면 남들과 나누는 것이다. 그런데 탐욕을 채울 목적으로 욕망을 절제하는 자들에게 (이것이 바로 수전노 구두쇠의 정의이다) 보상을 주게 되면, 이는 곧 모종의 악덕을 조장하는 일이 된다. 악덕 이야기가 나왔으니 한마디 더 하자면, 이자를 받고 돈을 빌려주는 행위는 나태 또한 조장하게 된다. 빌려주는 사람은 전혀 일할 필요가 없게 되며, 꾸어간 사람은 어차피 돈을 벌어봐야 이자를 지불하고 나면 남는 것이 적다는 것 때문에 또 일을 적게 하게 된다.

윤리적 관점에서 보자면 이자 수취가 도저히 정당화될 수 없다는 것이 명백하다. 하지만 이를 놓고 도덕적으로 고찰을 벌인다는 짓 자체가 아마 전혀 빗나간 짓일 것이다. 이자 수취는 그냥 시스템에 제도화되어 있는 폭력의 한 형태라고 즉 이자를 받고 돈을 빌려주는 일은 강탈의 한 형태라고 보는 것이 가장 좋다. 모든 돈을 다 가진 집단과 돈이 하나도 없어서 살 수가 없게 된 집단이 있다면, 전자는 후자에게 돈을 일시적으로 사용하도록 하고서 여러 가지를 지불로 뜯어낼 수가 있게 된다. 부정한 돈벌이질이 모두 그렇듯이, 돈을 꾸어주는 사람은 이 강탈 행위가 어쩌다 한 번으로 그치는 일이 아니라 영구적으로 자기에게 공물이 들어오도록 보장하는 장치로 바꾸어놓을 것을 목표로 삼게 된다. 그를 위해서는 채무자를 영구적인 채무의 함정에 몰아넣어 결코 빚을 갚지 못하게 만들고, 그래서 자신의 계약 노비로 만들어버려야 한다.

이자를 대가로 하는 대부 행위에 대한 가장 합리적인 관점은 다음과 같은 것이다. 이자 수취란 인간의 약함과 악덕에서 생겨나는 한탄스러운 결과물이다. 하지만 대부분의 악덕과 마찬가지로 이 악덕 또한 근절이 가능한 것은 아니므로 통제의 대상이 될 뿐이다. 그리하여 우리는 고리대 상한선—즉 최대 이자율 상한선—을 경제 성장률 예측치보다 약간 아래로 정한다. 그렇게 되면 부채의 성장률은 전체 경제 성장률을 넘지는 못하게 될 테니까. 그런데 이렇게 접근하게 되면, 경제 성장이 정체되고 오히려 마이너스가 되는 순간에는 어떻게 해야 하느냐는 흥미로운 질문이 나오게 된다. 이자율도 0이 되거나 심지어 마이너스 금리가 되어야 한단 말인가? 이 논의는 대개 현실과 무관한 학문적인 것에 불과하다. 미국의 여러 주에서는 사실 고리대 상한선이라는 것이 철폐되었고, 그게 남아 있는 곳이라고 해도 최고 금리는 경제 성장률보다 훨씬 높은 지점에서 요지부동으로 고정되어 있기 때문이다. 이런 제도 자체가 사람들이 "고리대"라는 말의 의미를 아직 기억하던 어제의 세계에서 나온 잔여물일 뿐이다. 하지만 도덕적 훈계는 이 정도로 끝내자. 이자 수취가 금융 붕괴를 필연적인 것으로 만든다는 것은 간단한 숫자 계산만으로도 충분히 설명할 수 있다.

잘못된 계산

—

어떤 금리이든 0을 넘는 이자율로 돈을 빌려주게 되면 결국 이로 인해 디플레이션의 붕괴가 벌어지고, 그 뒤로는 짧지만 아주 고통스러운 하이퍼인플레이션의 일격으로 끝장이 나게 된다고 말할 수 있다. 0보다 큰 이자율이 유지되려면 지수함수와 같이 급격한 경제 성장이 벌어져야 하며, 지수함수의 성장이란 그 성장하는 게 무엇이 되었든 어디에서나 동일한 결과를 낳게 되어 있다. 바로 붕괴이다. 왜냐면 이는 지속적인 핵폭발과 같은 소수의 특이한 경우들 말고는 우주 내의 그 어떤 지속 가능한 물리적 과정도 금세 앞질러버리게 되어 있으며 결국은 우리의 부채도 우리 자신도 경제 성장까지도 몽땅 날려버리게 되어 있기 때문이다.

이 점을 보여주기 위해 사고 실험을 하나 해보자. 우리가 지구 위의 모든 기술적 문제를 해결하고 앞으로 나아가 우주에 식민지들을 건설하고 전체 태양계를 장악할 뿐만 아니라 은하계 아예 다른 은하계들, 결국은 전체 우주를 장악한다고 하자 (우주가 꼭 무한하라는 법이 없으니 그 경우에는 또다시 궁극적인 붕괴의 문제가 나타나겠지만, 당분간 이는 접어두자). 모두 알고 있듯이 우주 제국을 유지하는 데에는 많은 돈이 들며, 이를 구축하려면 (먼저 은행으로 하여금 우주 제국 구축이 리스크가 별로 높지 않은 사업이라는 점을 갖은 방법으로 납득시킨 후에) 초입 특별 할인 금리로 돈을 많이 빌려야 한다. 이 제국을 광속에 약간 못 미치는 속도로 (왜냐면 유한한 질량을 광속으로 가속시키려면 무한대의 에너지가 필요하니까) 팽창시킨다고 가정해보자. 이 우주 제국이 설령 3차원 모두에서 광속으로 팽창한다고 해도 그 증가속도는 t^3 (광속의 3제곱)에 불과하다. (우리의 최초의 정복 대상인 태양계와 은하계가 모두 입방체가 아니라 납작하므로 우리의 제국이 2차원으로 팽창할 수밖에 없다는 사실은 무시하자.) 그동안 우리 제국의 부채는 D^t로 (부채 원금의 시간 제곱) 불어날 것이다. 문제는 바로 여기에 있다. 부채 원금이 얼마이든, 시간이 지남에 따라 부채의 증가 속도는 반드시 제국의 증가 속도를 능가하게 되어 있다는 것은 수학적

확실성으로 보장되는 사실이라는 것이다. 지수함수의 증가 속도는 그 어떤 물리적 과정도 넘어선다.

$$D^t \gg t^3$$

이 제국의 엔지니어들이 이 문제를 풀기 위해 온힘을 다하여 머리를 짜낸다. 그들의 연구 개발비를 대기 위해 부채를 또다시 더 낼 수밖에 없었지만, 그래도 그 덕에 결국 이들은 "워프 항법"을 발명해낸다. 이제 우리의 우주 제국은 빛보다 더 빠른 속도로 팽창할 수 있게 된 것이다. 그런데 그렇게 한다고 해도 부채는 늘어만 가게 되었으니, 이들도 놀라 자빠지고 말았다. 결국 이들도 그 이유를 알게 되었다. 심지어 "워프-10" 즉 광속의 열 배로 제국이 팽창한다고 해도, 부채는 여전히 그보다 빠르게 증가한다.

$$D^t \gg (10t)^3$$

어떤 천재적인 엔지니어가 정말로 천재적인 아이디어를 짜내어 급기야 "워프-11"을 발명하였다 (그는 록 그룹 스파이널 탭의* 팬이었던 것이다). 그러자 모든 이들이 이 발명 덕분에 제국의 성장률을 "한계 너머로 밀고 나가줄 추가 동력that extra push over the cliff"이 생겼으니 결국 부채의 팽창률도 따라잡을 수 있을 것이라는 희망을 갖게 되었다. 하지만 이 또

---

* 　스파이널 탭은 80년대의 록 그룹으로, 그들의 다큐멘터리 영화에 보면 기타리스트가 자기 기타 앰프의 볼륨을 최고 숫자인 10을 넘어 11까지 올리겠다고 말하는 장면이 나온다. "that extra push over the cliff"는 그 기타리스트의 말에 나오는 표현이다.

한 허사로 끝나고 말았다. 왜냐면

$$D^t \gg (11t)^3$$

엔지니어들은 당황하여 다시 칠판에다가 복잡한 식을 쓰기 시작했다. 그때 누군가가 옛날에 자기가 본 영화 〈버커루 반자이의 8차원 세계 모험The Adventures of Buckaroo Banzai Across the 8th Dimension〉을 떠올렸고, 여기서 멋진 생각을 해냈다. 영화에서 버커루가 단단한 물질을 뚫고 들어가 3차원 세계가 아닌 8차원 세계를 돌아다닐 수 있었던 바로 그런 전기 회로를 발명하자는 것이다. 그렇게 되면 우주 제국도 동시에 8개의 차원에 걸쳐 팽창할 수 있게 되니까! 이들은 작업에 착수하여 곧 진동단층기Oscillation Overthruster를 뚝딱뚝딱 만들어냈다 (게다가 이는 리자도 박사의 발로 조작하는 태산만 한 커다란 클루지가 아니라 자동차 담뱃불 소켓에 연결하는 버커루의 완전 자동 12볼트 장치이다). 그리고 "워프-11"로 진동단층기를 사용할 때 상대성 이론 때문에 발생할 이상한 효과들에 대응하기 위해 좀 더 노력이 필요했다 (버커루의 장치는 그냥 마하-1이 살짝 넘는 수준에서만 시험을 거쳤을 뿐이었다). 하지만 일단 이 장치를 쓸 수 있게 되자 우주 제국은 광속의 11배로 8차원에 걸쳐 팽창하기 시작하였고, 붉은 렉트로이즈 족이 사는 혹성 10까지 재빨리 정복하여 모두 노예로 만들어버렸으며, 그 밖에도 수십억의 노예가 새로이 생겨났다. 하지만 슬프게도, 이러한 속도로 제국이 팽창한다고 해도 부채의 증가 속도를 따라잡기에는 여전히 어림도 없다는 것이 판명되었다. 왜냐면…

$$D^t \gg (11t)^8$$

몇 가지 시도와 탐험이 더 있었지만 모두 실패하였다. 엔지니어들은 본래 수학자들을 불신하는 족속들이지만 이제는 어쩔 수 없이 수학자 한 사람을 팀에 합류시켰다. 어째서 이 문제가 계속 터지는지를 설명하려면 수학자가 필요할 것이라고 생각한 것이다. 그 수학자는 우선 칵테일을 주문하여 그 엔지니어들을 곤드레만드레로 취하게 만들어서 아주 나쁜 뉴스도 받아들일 수 있도록 준비해 놓았다. 그 뒤에는 칵테일 냅킨을 한 장 집어들고 거기에 증명 과정을 미친 듯이 써내려가기 시작했다 (여기에서는 생략하겠다). 그의 증명은 유한한 숫자의 차수로 유한한 속도로 증가하는 유한한 것의 증가율은 결국 지수함수로 팽창하는 부채를 절대로 따라잡을 수 없다는 것을 보여주고자 하는 것이었다. 그러고 나서 그는 이렇게 말한다. "무한대의 영역으로 진입하게 되면 훨씬 더 재미있어집니다." 그러고는 더욱더 수수께끼 같은 말을 남긴다. "나중에 언제든 여기에다가 양자 이론의 환치 계산법을 적용할 수가 있죠."

공학자들은 충격을 받아 일단 그 수학자를 내보낸다. 그다음엔 지푸라기라도 잡는 심정으로 무당을 한 사람 고용한다. 그 무당은 공학자들의 문제가 무엇인지를 듣고 나서 해가 진 뒤에 설명을 내놓을 터이니 기다리라고 한다. 해가 지자 그 무당은 모든 곳에 전기를 끊어버리고 함께 주차장 한가운데로 나가서 자기를 둥그렇게 둘러싸라고 말한다. 칠흑같은 어둠에 눈이 익을 때쯤 그 무당은 하늘을 가리키며 이렇게 말한다. "저 위의 별들과 우리들 사이의 암흑을 보시오. 볼 수 있소? 거기엔 아무것도 없다오. 이제 별들을 보시오. 존재하는 건 저게 다라오."

엔지니어들 또한 자신들이 볼 수 있는 시야의 한계는 우주의 크기―

이는 무한일 가능성이 아주 크다―가 아니라 우주의 연령과 광속에 의해 정해진다는 것을 모두 알고 있었으므로, 그 무당에게 가라고 하고서 다시 술을 퍼마시기 시작했으며, 곧 지독한 숙취에 신음하게 되었다. 그중 익살꾼 왈가닥 한 사람이 "바보야, 문제는 시간 승수로 늘어나는 부채 원금이야!"라고 플래카드에 써서 사무실 벽에 모두 볼 수 있도록 붙여놓았다. 그런데 그중 한 사람이 1895년 H. G. 웰스가 출간한 소설 『타임머신』의 애독자라서 또 하나의 천재적인 아이디어를 내놓았다. 타임머신을 발명해서 옛날로 돌아가 제국의 부채를 갚아버리면 되지 않을까? 그렇게 과거로 돌아가서 그동안 부채를 졌던 모든 시점으로 정확히 돌아가서 딱 원금씩만 바로 갚아버린다면, 마침내 자기들을 궁지로만 몰아넣던 수학 공식도 자기들에게 유리한 쪽으로 돌아서지 않겠는가? 하지만 현금이 워낙 모자란 판이라 이들은 타임머신의 개발 비용으로 또 큰 액수의 돈을 대출로 당길 수밖에 없었다. 그런데 이제는 빚을 줄 만한 이들이 모두 이 프로젝트는 "너무 리스크가 크다"고 선언하면서 도망가버렸다. 그리하여 결국 제국은 부도 사태에 처하고 말았다. 그러자 곧 성간 여행으로 산소를 계속 운송할 자금을 확보할 수 없게 되었고, 결국 이들은 모두 질식사로 떼죽음을 하고 말았다.

이 이야기의 교훈은 다음과 같다. 타임머신을 제작할 돈 그리고 그 타임머신으로 과거로 돌아가 대출 원금을 갚아버릴 돈을 가지고 있다면, 이자를 갚기로 하고 대출을 받는 것도 얼마든지 괜찮다. 그게 아니라면 절대로 할 만한 일이 못 된다.

금융 붕괴의 근본 원인으로 되돌아가자. 이자 수취 즉 이자를 받고 대출을 해주는 행위는 경제가 팽창하고 있을 때에만 현실성을 갖는다. 일단 경제 성장이 멈추게 되면 원리금의 부담으로 경제는 안으로 무너지게 된다. 단테의『신곡』지옥 편에서 고리대금업자들이 지옥의 일곱 층위에서도 맨 아래의 구덩이에 갇혀 있는 것도 결코 우연이 아니다. 역사상 많은 시대와 장소에서 이자 수취는 금지된 바 있었다. 오늘날 미국에서도 일부 주에서는 금리 상한이 정해져 있으며, 이론적으로는 이 상한 금리를 그 주의 경제 성장률에 (물론 경제 성장이 벌어지고 있다면 말이지만) 연동시켜 놓는다면 분명히 부도 사태를 방지하는 데에 도움이 될 것이다. 하지만 일부 주들에서는 그 금리 상한이라는 것이 말도 안 되게 높은 수준이며 (매사추세츠 주의 경우 20퍼센트) 아예 없는 주들도 있다. 올바른 이자 수취 상한선은 0퍼센트이다. 무한히 계속될 수 있는 성장 따위란 존재하지 않으며, 경제 성장이 언제 침체되고, 멈추고, 심지어 마이너스로 돌아설지를 정확히 예측하는 일은 불가능하기 때문이다.

큰 부도 작은 부도

—

그래서 종국에 가면 국가 부도 사태가 터질 것이라는 점은 누구나 알고 있지만, 그 정확한 시점을 확실히 아는 이는 아무도 없으며, "부도 리스크"니 "리스크 프리미엄"이니 하는 것들은 실제로는 존재하지도 않는 거짓말일 뿐이다. 이런 말들은 그저 국제 금융이라는 짐승의 야수적 본색을 반영하는 것들일 뿐이다. 어떤 나라의 국가 부채가 아주 크지만 그 나라 경제의 크기가 줄어들고 있다면 국가 부도 사태가 불가피하다. 그리고 일단 부도 사태가 벌어지면 그 나라에 돈을 빌려준 채권자들은 돈을 빌려주면서 아무리 큰 "리스크 프리미엄"을 뽑아냈다고 해도 큰 손실을 보게 되어 있다. 그리고 가장 중요한 사실은, 그 나라로 하여금 일정한 "리스크 프리미엄"을 지불하도록 강요하게 되면 그에 정비례하여 그 나라의 국가 부도 사태의 시점도 앞당겨진다는 것이다. 어떤 나라에 빌려줄 때 "리스크 프리미엄"을 매긴다는 일은, 어떤 사태가 터질 리스크를 낮추기 위한 완화 전략이 바로 그 사태를 더 빨리 터지도록 만들게 설계된 전략이라는 기묘한 논리적 모순을 내포하고 있는 것이다.

국가 부도 사태는 이미 여러 번 일어난 바 있다. 한 예로 1998년 8월에 벌어졌던 러시아의 국가 부도 사태는 그 자체만으로는 그다지 큰 사건이 아니었다. 하지만 이 사태로 인해 대규모 헤지 펀드였던 롱텀캐피털매니지먼트가 갑자기 쓰러지는 일이 벌어졌다. 이 헤지 펀드는 러시아 투자의 리스크에 대해 일정한 몇 가지 가정을 취하고 있었고, 그에 근거하여 큰 이윤을 거두기 위해 아주 많은 숫자의 금융 계약을 맺었다. 그런데 거기에 들어간 액수가 워낙 컸기 때문에 이것이 러시아 정부의 행동을 그 헤지 펀드가 애초에 취했던 가정들과 달라지도록 만들었다. 그러자 롱텀캐피털매니지먼트는 스스로 맺은 계약들을 파기할 수밖에 없게 되었고, 이로 인해 지구적 금융 시스템 전체가 마비 직전까지 몰려가게 되었다. 상당한 크기를 가진 한 부분이 무너지게 되면 언제나 시스템 전체에 이런 일이 벌어지는 것이 지구적 금융이다. 이러한 메커니즘은 아주 신비로운 것처럼 보일지 모르지만 원리상으로 보자면 아주 간단하다. 모든 시장 참여자들은 리스크에 대해 각자 스스로의 평가와 생각을 가지고 있으며, 계약을 체결할 때에는 그에 근거하여 가급적 자기가 감수해야 할 리스크를 줄이려고 들게 마련이다. 약간의 변동이 생긴다고 해도 그로 인해 잃거나 따게 되는 돈은 전체 액수의 극히 일부분이 되도록 만든다는 것이다. 하지만 이 시장 참여자들 중 하나라도 파산하게 되면 그들 중에는 적은 액수만 잃는 게 아니라 걸었던 돈 전부를 잃게 되는 이들이 있게 마련이다. 하지만 이들 중 하나가 투자에 실패하게 되면 큰돈을 잃는 이들이 나오게 마련이다. 그런데 그 잃은 돈은 또 어디에선가 꾸어온 돈이므로 (금융판에 들어오는 모든 이들은 쥐꼬리만 한 자기자본을 가지고 엄청난 대출을 끌어와서 그걸로 판돈을 키우는 것을 게임 규칙으로 삼는다), 그 결과로 계단형 실패가 나타나게 된다. 1998년에는 미국 연방준비제도(연준)가 이 위기에 개입하여 롱텀캐피털매니지먼트에 대한 구제금융을 조직해냈다. 이런 종류의 구제금융으로는 처음이었지만, 그 후에도 이런 식의 구제금융이 계속 행해졌다.

하지만 주목해야 할 것은 러시아 국가 부도 사태의 배후에 있었던 "리스크 프리미엄"이다. 러시아는 단기공채Government Short-term Obligations라고 불리는 단기적 금융 상품을 국제 금융 시장에 팔아서 자금을 융통하고 있었다. 그 단기공채의 만기가 돌아올 때가 되면 러시아 정부는 항상 그 공채를 모조리 만기연장시켜 버리고 게다가 더 많은 단기공채를 팔아치웠다. 이런 식의 행태가 용납되려면 매번 이자율이 올라갈 수밖에 없었다. 그러다가 마침내 1998년 만기연장이 불가능하게 되자 부도 사태가 터진 것이다. 이 시점이 되면 아주 아둔한 투자가라고 해도 러시아의 금융 행태가 완전히 피라미드 사기라는 것을 알 수가 있었고, 그 결과 금리를 무려 3백 퍼센트로 올려도 만기연장이 불가능해졌다. 여기에서 세 가지 주목할 만한 사실이 있다. 첫째, 이런 피라미드 사기는 패닉을 일으키는 사람들의 숫자가 일정한 임계량에 달하기 전까지 얼마든지 계속될 수 있다. 둘째, 일단 그러한 임계량의 패닉이 현실화되면 피라미드 전체가 대단히 급작스럽게 무너져버린다. 셋째, 이 피라미드는 그보다 훨씬 더 큰 지구적 피라미드의 한 조각일 뿐이므로, 이 피라미드의 붕괴는 그것만으로 끝나는 법이 없다. 결국 사태가 돌이킬 수 없는 지경에 이르러 전 지구가 휩쓸려 들어가는 꼴을 막기 위해서 각국 정부와 중앙은행이 개입하여 엄청난 양의 신규 부채를 발행한다 (이는 사실상 그 리스크 프리미엄을 다 흡수해주는 꼴이 된다).

그로부터 10년 후 미국에서 발생한 서브프라임 위기의 결과 리먼 브러더스가 파산하게 되었고, 이때가 되면 손실을 땜빵질하여 금융 시스템 붕괴를 막기 위해 발행해야 하는 신규 부채의 양 또한 정말 아찔할 정도의 크기로 불어난다. 수전 조지의 『누구의 위기이며 누구의 미래인가?』의[8] 추산에 따르면, 2008년에 행해진 구제금융의 부채를 1초에 1달러의 속도로 갚는다고 해도 다 갚으려면 50만 년이 걸린다고 한다. 이 엄청난 숫자도 놀랍지만, 그보다 훨씬 더 중요한 사실은 2008년에 시작된 위기가 지금 전혀 끝나지 않았다는 점이다. 이제 구제금융은 지구적 금융의 구조적으로 장착된 장치가 되어버렸다. 이 시스템은 더 이상 자기 안정성을 갖고 있지 못하다. 그것이 존속하려면 여러 나라의 정부와 중앙은행이 계속적으로 협력하여 개입해야만 한다. 구제금융, "양적 완화", "유동성 주입" 등 오만가지 완곡어법과 미사여구가 난무하지만, 그 본질은 지급불능에 빠진 금융 기관들이 계속 작동할 수 있게 해주기 위해 돈을 찍어서 내주는 것일 뿐이다. 즉 지금의 금융 시스템은 그 스스로의 장치들로만 굴러가도록 내버려두면 그 즉시 붕괴할 만한 상태에 있다는 것이다. 게다가 이런 식의 여러 개입이라는 게 지속가능한 것도 아니다. 정부의 입장은 항시적으로 금융 시스템의 뒤를 보아주면서 그 손실을 땜빵해주는 것이지만, 이는 개입이 반복될수록 점점 더 유지되기 어려워지고 있다. 비록 미국은 지금도 역사상 가장 낮은 금리로 돈을 빌릴 수가 있지만, 이는 미국이 그리스나 스페인보다 채무 상환 능력이 뛰어나서 그런 것이 아니라 금융 시장에서는 미국이 부도를 낼 리가 없다고 생각하기 때문이다. 미국은 "살처분될 말들 중에서 그나마 가장 상태가 나은 말the best-looking horse at the glue factory"이라고 묘사되어 왔다. 미국은 큰돈이 결국 돌아오는 곳이다. 미국 연준은 이제 무한히 돈을 찍어 금융 자산 매입을 할 것임을 공언하였고 이에 따라 미국 달러화의 전망도 어두워지고 있다. 하지만 미국 달러화가 여전히 세계 대부분 지역에서 준비 통화로 쓰이고 있으므로, 달러화의 전망이 어두워지면 전 세계의 모든 불환 통화의 전망도 어두워지게 된다. 러시아가 한 예이다. 러시아 중앙은행의 외환 보유고는 지금 유통되고 있는 모든 루블화를 사버리고도 남는 양에 달하지만, 그 외환 준비 통화 자체의 가치가 뚝 떨어져버린다면 그 통화로 루블화를 매입하여 방어한다는 것이 효과가 없어진다. 마치 이루어질 수 없는 연인 한 쌍이 절벽 반대편에서 서로를 향해 뛰어서 꼭 끌어안고 뛰어내리는 형국이다. 러시아가 (다른 나라들과 함께) 지금 금을 사 모으는 데에 바쁜 이유가 이것이다.

화폐의 종언

—

금융으로 재주를 피우는 자들은 이렇게 말할 것이다. 자기들이 가진 여러 모델 덕분에 리스크를 계량화하는 것이 가능하며, 여러 금융 상품들을 섞어서 구조화하면 사실상 리스크를 없애버릴 수가 있다고. 노벨상 수상자이자 파생상품 가격 결정 방법인 블랙–숄스 모델을 만든 이의 한 명으로서, 롱텀캐피털매니지먼트 파산 사건뿐만 아니라 지금 진행 중인 다수의 금융 사태의 배후 인물인 마이런 숄스Myron Scholes의 말을 들어보자. 그는 리먼 브러더스 사태가 터지자 이렇게 말한 바 있다. "대부분의 기간 동안에는 당신의 리스크 관리가 제대로 작동합니다. 하지만 리먼 브러더스 붕괴 이후의 현재처럼 시스템 차원의 사건이 벌어지게 되면, 어느 은행의 리스크 관리 시스템도 다 불완전해 보이게 되죠." 문제는 그런 시스템 차원의 사건이라는 것이 오늘날에는 일상적으로 벌어지는 다반사라는 것이다. 롱텀캐피털매니지먼트, 리먼 브러더스, AIG, MF글로벌, PFG 등등의 사건들을 보라. 이들이 리스크를 수량화하는 모델들은 다양하지만, 이렇게 점차 늘어가는 "시스템 차원의 사건들"의 확률과 심각도를 고려하는 일에는 하나같이 젬병이다. 그래서 이제 경제학자들이나 금융 기술자들이 "리스크"라는 용어를 쓸 때 더이상 그들이 무슨 뜻인지를 알고 쓰고 있다고 가정할 이유가 없다. 당신의 포트폴리오가 어떤 리스크를 가지고 있는지에 대해 한두 가지 조언을 해줄 수는 있겠으나, 그 포트폴리오가 수익을 내게 해줄 이 시스템 자체에 어떤 리스크가 있는지에 대해서는 아무 말도 해줄 능력이 없는 것이다.

한 세기에 걸친 경제 성장의 물결 속에서 거품처럼 만들어진 화폐는 일단 경제 성장이 끝나고 나면 아무 데도 갈 곳이 없어진다. 그리고 경제 성장이 종말에 달했다는 것을 보여주는 지표들은 차고 넘친다. 지난 1세기 정도를 돌이켜보면 몇 개의 중요한 파라미터들이 실로 지수함수와 같은 폭발적 증가를 나타냈으며, 또 그것들이 서로 연관되어 있다는 것을 관찰할 수 있다. 그 첫 번째는 화석 연료 그중에서도 석유가 운송 및 폭넓은 산업 용도로 쓰이는 양이 폭증했다는 것이다. 두 번째는 지구적 인구의 증가이다. 세 번째는 부채의 증가 혹은 좀 더 구체적으로 말해서 창출된 대출액의 증가이다. 어떤 경제학자들은 돈이 세상을 돌아가게 만든다고 생각하지만, 다음과 같은 간단한 실험만 해보면 그딴 생각일랑은 당장 떨쳐버릴 수 있을 것이다. 석유 탱크에다가 달러 지폐를 잔뜩 채우고서 차를 몰아 과연 얼마나 멀리 갈 수 있는지 보는 것이다. 경제 성장이 벌어지는 이유로 훨씬 더 가능성이 높은 것은, 천연 자원 특히 그중에서도 에너지를 지속적으로 더 많이 사용할 수 있었다는 것 때문이었다. 우리의 현존하는 산업 문명의 에너지는 화석 연료에서 나온다. 각종 재생 에너지도 있기는 하지만 그 사용량을 모두 합쳐봐야 전체의 1퍼센트에도 훨씬 못 미친다. 이렇게 지수함수와 같은 폭증세를 보인 인구, 에너지, 부채라는 세 가지 파라미터들을 보면, 이것들이 아주 명백한 방식으로 서로 연결되어 있다는 결론을 피할 길이 없다. 에너지는 경제 성장을 추동하며, 경제 규모가 커지면서 더 많은 인구를 부양할 수 있게 되며, 이것이 장래에 경제가 더욱더 성장할 것이라는 희망을 낳으면서 부채 총액도 증가하게 된다는 것이다.

21세기가 밝아온 지 10년도 채 되지 않아 이 중 하나가 끝이 났다. 전 지구의 석유 사용이 사상 최초로 상향세가 꺾이게 되었으며, 더욱 최근에 와서는 아예 성장을 멈추어버렸다. 그 이유는 지질학으로서, 저렴하고 쉽게 얻을 수 있는 유전 대부분이 이미 고갈되어 버린 것이다. 물론 땅속에는 아직도 석유 매장량이 풍부하지만, 이를 시장으로 가져오려면 그 가격이 높아져서 결국 경제에 확실하게 손상을 입힐 만한 수준이 될 수밖에 없다. 역사를 보면 GDP에서 석유에 지출되는 비중이 6퍼센트를 넘을 경우 경기 침체가 나타나게 됨을 알 수 있다. 얻을 수 있는 석유의 양이 줄어들게 되면 끝장이라고 생각하는 데에는 충분한 근거가 있다. 석유 지질학자들이 새로운 유전을 찾아내는 속도보다 세계의 석유 사용량이 늘어나는 속도가 훨씬 빨랐다. 이제 새로이 발견할 수 있는 초거대 유전 지역—이를테면 오늘날에도 모든 석유의 4분의 1을 생산하고 있는 그런 지역—이 남아 있을 확률은 아주 낮으며, 오늘날에는 전 세계의 석유 소비를 단 며칠밖에 지탱할 수 없을 정도의 유전 지역만 발견되어도 샴페인을 터뜨리는 지경에 이르렀다.

　석유 사용량이 증가하다가 이제 감소하게 되었으니, 경제 또한 성장을 멈추고 수축하게 되며, 미래에 대한 낙관적 전망에 기초하여 대출로 생겨났던 화폐 자원도 고갈되기에 이른다. 인구 또한 종국에 가면 감소의 과정으로 접어들게 될 것이다. 내 추측이지만 이는 출산율의 저하를 통해서가 아니라 사망률의 상승을 통해 벌어지게 될 것이다. 우리는 인간이 아주 특수한 동물이라고 생각하는 경향이 있으며 또 실제로 우리 중에는 특수한 존재들도 없지는 않다. 하지만 인류라는 종 자체도 인구의 폭증과 사멸이라는 문제 앞에서는 별쫑난 동물이 아니다. 인구가 영원토록 증가할 것이라는 생각은 이 유한한 지구 위에서 영원히 경제가 성장할 것이라는 생각만큼이나 근거가 없다. 화석 연료 사용이 폭발적으로 증가하면서 그 뒤를 따라 인구의 폭발적 증가가 이루어져왔다. 화석 연료의 사용은 이제 감소하고 있다. 그렇다면 인구 또한 감소하게 되는 게 당연하지 않겠는가?

　이런 전망이 당신을 너무 우울하게 만든다면, 더 이상 생각하지 말 것. 그러면 당신의 우울함도 금세 사라지게 될 것이라고 보장해드린다. 돌림병, 세계 대전, 이민 물결, 기근 등과 같은 사태를 버티고 살아남은 이들이 해주는 이야기에 따르면, 설령 급작스러운 사회적 손실이 벌어져도 대부분의 사회는 전혀 티도 내지 않고서 이를 가볍게 흡수해버릴 수가 있다. 소련이 붕괴한 직후 러시아에서는 사망률이 엄청나게 급증하는 일이 있었지만, 영안실과 화장터에서 일하는 이들을 빼면 이를 직접 감지한 이들은 아무도 없었다. 몇 년이 지나고 나서 사람들이 옛날 졸업사진을 볼 때 비로소 그 사진 속 사람들 중 절반이(!) 사라졌다는 것을 깨달았을 뿐이다. 사망률이 폭증하는 사태에서 살아남으면서 가장 고통스러운 것은 무슨 일이 벌어지고 있는지를 제대로 알게 되는 것이다. 하지만 살아남은 이들은 이러한 경험을 금세 잊어버리고 다시 아이들을 낳기 시작하게 되어 있다.

　인구, 화석 연료의 사용, 경제 활동 등은 점진적인 속도로 줄어드는 일이 가능하다. 하지만 화폐는 그렇게 될 수가 없다. 에너지, 경제, 인구 등과 달리 화폐는 단지 관념일 뿐이다. 따라서 일단 그것이 무너지게 되면 그 붕괴는 재난과 파국의 양상을 띨 수밖에 없다. 은행들은 장래에 경제가 성장할 것이라는 기대에서 대부를 행한다. 대출을 받는 이들은 (기업들이건 각국 정부이건 똑같이) 일시적인 경기 침체를 견뎌내려고 애를 쓴다. 그래서 지출을 줄이면서 더 많은 부채를 얻어 경제의 후퇴를 만회하려고 한다. 그런데 만약 경기 침체가 장기적 추세의 일부임이 판명된다면 기왕의 부채는 부도가 불가피해지며 이에 디플레이션 사태가 야기된다. 은행들은 경제 성장의 자금을 대도록 설계된 것이기에 일시적인 경기 침체는 견뎌낼 수 있을지 몰라도 전 지구적 규모에서 지속적으로 경제의 수축이 벌어진다면 모두 다 죽을 수밖에 없다. 이 은행들의 대출 포트폴리오가 악성 자산으로 변하면서 디플레이션 사태가 야기되며, 그 사태 속에서 은행들은 모두 파산하게 된다. 이들의 사내 보유 이윤과 자기자본은 그들의 대출 포트폴리오에 비하면 극히 작은 일부에 불과하다. 경제가 수축하고 있는 상황에서는 모든 은행들이 무너질 수밖에 없다. 하지만 이 과정은 지금까지는 각국 정부와 중앙은행이 지탱해주는 덕에 억누를 수가 있었다. 하지만 이러한 과정이 영원히 계속될 수는 없다. "궁극적으로는 중앙은행이 가동할 수 있는 장치란 무한정의 화폐를 찍어낼 능력뿐이다. 하지만 이럴 정도의 지경이 되면 화폐에 대한 사람들의 신뢰가 이미 박살이 난 상태이므로, 이는 실패가 이미 정해진 일이다." 데이비드 코로위츠의 "상쇄"에 나오는 구절이다.[9] 중앙은행의 제어판에는 패닉 상황에서 쓸 수 있는 버튼이 하나뿐이며, 그 이름은 "돈을 찍어라"이다.

중앙은행은 스스로가 통제하는 통화의 신뢰성을 파괴하지 않으면서 그 가치를 천천히 잠식하려고 시도한다. 그리고 이 과업에서 지금까지 상당한 성공을 거두었다. 미국 달러화가 금으로 상환되는 마지막 시점은 1971년이었거니와, 그 당시 1달러는 금 1온스의 20분의 1의 가치를 가지고 있었다. 그런데 40년이 흐른 지금 그 가치는 금 1온스의 1600분의 1로서, 1971년 가치의 1퍼센트가 조금 넘는 정도이다. 하지만 이는 그저 흔해빠진 인플레이션일 뿐이며, 상황이 좋은 시절에 불환 통화가 보통 어떻게 행동하는가를 보여줄 뿐이다. 실제로 중앙은행은 아예 목표 물가인상률이라는 것을 가지고 있으며, 소량의 인플레이션 정도는 건강한 것으로 간주한다. 예를 들어 유럽 통화 연합의 기초인 마스트리히트 조약을 보면 1년에 3퍼센트까지의 물가인상률을 제시하고 있다. 하지만 경제가 어려울 때에는 불환 통화에 대한 신뢰가 완전히 무너지는 경향이 있으며, 그에 따라 급작스럽고 황당한 사태를 만들어내기도 한다. 1923년 후반기 독일에서는 평균 3일에 두 배로 물가가 뛰었다. 조세 수입은 0으로 쪼그라들었기에 국가는 순전히 돈을 찍어내는 데 의존할 수밖에 없었다. 짐바브웨는 좀 더 최근에 나타난 하이퍼인플레이션의 사례일 뿐만 아니라 더욱더 황당하게 진행되어 이전의 모든 기록을 갱신해버렸다. 하지만 짐바브웨 이전의 기록 보유자는 독일이 아니라 헝가리였다. 헝가리에서는 1931년의 1 금화 펭괴가 1946년에는 1해3천경 (이는 1.3×10^{20}) 지폐 펭괴로 뛴 바 있다. 하이퍼인플레이션이란 단순히 끔찍한 인플레이션을 말하는 게 아니다. 이렇게 되면 화폐의 정의 자체가 바뀌어버리기 때문이다. 화폐는 교환의 매개수단으로서는 계속 기능하지만 (물론 사람들은 불만에 차 있고 또 오래 가지도 못한다), 가치 저장 수단의 기능은 사라져버린다.

　이에 반대되는 과정이 존재한다. 디플레이션이다. 이는 유통 중인 화폐가 시중에 나와 있는 재화 및 서비스의 양에 비하여 줄어드는 과정이다. 사실 이는 전혀 나쁜 것이 아닐 수도 있고, 특히 하이테크 분야 같은 곳에서 항상 일어나는 일이기도 하다. 지금 시중에 나와 있는 컴퓨터는 어떤 것이든 20년 전과 비교하면 모두 훨씬 더 강력하면서 훨씬 더 싸지만, 이를 두고 불평하는 이는 아무도 없다. 사실 사람들은 이렇게 될 것을 기대하는 데 익숙해졌다. 디플레이션이 하이테크 장난감에만 국한된 현상도 아니다. 조개껍데기와 코코넛의 교역이 이루어지는 열대 지방의 한 섬을 상상해보라. 둘 사이의 교환 비율은 그 해에 생산된 조개껍데기와 코코넛의 숫자에 따라 등락할 것이다. 불환 통화가 생겨나기 전에는 화폐가 귀금속 주화로 되어 있었으니, 화폐와 재화의 교환 비율은 귀금속의 채광과 화폐로의 주조가 얼마만큼 일어나는가와 그 해의 농사 작황이나 생산 능력의 비율에 따라 결정되었다. 디플레이션은 19세기까지만 해도 완전히 정상적인 현상으로 간주되었으며, 금과 은의 양이 비교적 일정했음에도 경제는 계속 팽창하였다. 하지만 금광 붐의 기간처럼 금의 채광이 다른 산업에서의 생산량 증대를 넘어서게 될 때마다 화폐와 재화 및 서비스의 비율은 반대 방향으로 변동하였고 인플레이션이 나타났다. 즉 귀금속 소유자들이 다른 유형의 자산 소유자들에 비하여 약간 더 부유해지거나 약간 더 가난해지거나 했다는 뜻이다. 하지만 이는 소소하고 또 점진적인 변화였기 때문에 크게 혼란을 일으키지는 않았다. 황금이 유발한 디플레이션 때문에 붕괴가 벌어진다는 것은 있을 수 없는 일이며, 반대로 하이퍼인플레이션이 벌어졌던 예는 하나뿐이다. 1324년 말리의 황제 무사 1세는 메카로 순례를 떠나면서 6만 명의 수하와 1만 2천 명의 노예에게 150만 트로이 온스가 넘는 금괴를 운반시켰고, 80마리의 낙타에게 수천 파운드의 사금을 운반시켰다. 그래서 지나가는 도시와 사원에 이를 기부하였고, 그 결과 그가 지나가는 자리마다 인플레이션으로 경제가 초토화되는 일이 벌어진 바 있다.

그런데 시장 참여자의 대부분이 아주 무거운 빚더미에 깔려 있는 경제에서는 전혀 다른 종류의 디플레이션이 벌어진다. 돈을 빌려준 사람은 인플레이션에서 손해를 보고 돈을 꾼 사람은 디플레이션에서 손해를 보게 되어 있다. 하지만 결정적인 차이점은, 디플레이션의 경우 원리금 변제가 더 이상 계속될 수 없게 된다는 데 있다. 물가가 떨어지면 영업 이익과 세수도 줄어들게 되며, 이렇게 각종 수입이 줄어들게 되면 부채의 원리금 변제를 이어나가는 데 필요한 만큼의 수준 아래까지 떨어지게 되며, 이에 부도율이 치솟게 되고 디플레이션은 곧 디플레이션 붕괴 혹은 하이퍼디플레이션으로 치닫게 된다. 이러한 상황에서는 신용으로 창출되어 대출되었던 돈이 그냥 공중으로 사라져버리게 된다. 이는 점진적이고 온건했던 19세기의 디플레이션과는 전혀 질적으로 다른 것이다. 옛날의 디플레이션은 그냥 화폐의 가치가 올라가는 것이었지만, 이제 디플레이션은 그냥 화폐가 소멸하는 것이다. 금융 시스템이 화폐를 꽁꽁 가두어놓고 더 이상 새로운 신용을 창출하지 않기 때문이다. 새로운 신용이 창출되지 않으면 상업도 정지된다. 대부분의 상품은 은행의 신용이 있어야 선적이 가능하기 때문이다. 한편 소득은 급작스럽게 감소하며, 그렇게 되면 곧바로 세수도 0으로 떨어진다. 여러 금융 기관들이 소멸된 상태이니 정부로서는 더 이상 적자 재정―이미 100퍼센트에 가까운 상태이다― 을 융통할 자금의 차입을 계속할 수가 없게 된다. 그렇게 되면 남은 방법은 화폐를 찍어내는 것뿐이며, 이는 하이퍼인플레이션을 야기시켜서 불과 몇 달이면 막다른 골목에 다다르게 된다. 이렇게 되면 우리는 완전히 새로운 멋진 신세계로 들어서는 것이다. 지폐는 넘쳐나지만 그 가치는 재생지와 마찬가지로 무게에 비례한다. 금융은 사라지며 상업은 정지되며 정부는 마비된다.

붕괴의 단계로 예상되는 순서가 대략 금융 붕괴, 상업 붕괴, 정치 붕괴로 이어지는 이유도 여기에 있다. 이 처음 세 단계가 끝까지 진행되고 나면 모든 이들은 사회와 문화를 최대한 보전하는 일에 전력을 기울여야만 하며, 이를 위해 완전히 새로운 양식을 도입하여 새롭게 시작해야만 한다. 금융은 이제 튼튼한 신뢰가 전제된 배타적인 울타리 내에서 비밀리에 마련되는 여러 제도와 거래의 모습을 띨 것이며, 상업은 비공식적이며 인격적인 대면 관계에서 주로 공물, 선물 증여, 물물교환의 형태로 이루어질 것이며, 또 정치 생활은 작은 지역 수준에서 자생적으로 생겨나는 자치 형태들로 이루어질 것이다.

지구적 금융이나 지구적 상업 거래는 물론 붕괴 이전의 국가와 조금이나마 닮은 국가-법률 관계를 재건하려는 노력은 무의미한 짓이 될 것이다. 이런 것들은 화석 연료를 사용하던 비약적인 경제 발전의 시대에 함께 진화해온 시스템들이므로, 그러한 성장의 시대가 종결되면 즉시 붕괴하게 되어 있다. 이때가 되면 그런 시스템들을 재건할 물적 토대 자체가 더 이상 존재하지 않을 것이다. 화석 연료는 한 번 쓰고 나면 재생이 되지 않는 자원이건만 인류는 이를 갈수록 더 빨리 써서 없애버리고 있으며, 철광석, 깨끗한 지하수, 바다의 어장, 경작 가능한 토지 등도 그 운명을 뒤따르고 있다. 그 뒤에는 결국 자연—즉 파괴당하고 그나마 남은 자연—과 균형을 이루는 삶으로 회귀하려는 노력이 나타날 수밖에 없다.

또한 화석 연료를 소모하는 지구적 규모의 산업 체제, 컨테이너, 유조선, 대량 선적, 미국의 대륙 횡단 고속도로 시스템, 전력망 등을 재건하려는 노력도 아무런 의미가 없을 것이다. 이러한 모든 것들을 지탱하는 인프라는 아주 거대한 지구적 경제의 일부로서 설계된 것들이다. 따라서 일단 경제의 규모 자체가 작고 지역적이며 또 크게 부유하지도 않게 된 상태에서 이러한 인프라를 건설하려 든다면 심각한 **마이너스**의 규모의 경제가 나타나게 될 것이다. 선박이 1년에 기껏 몇 번 그것도 화물도 많이 싣지 않은 채 오가는 정도라면 대규모 컨테이너 선박함대와 컨테이너 항구의 네트워크를 유지하는 것이 수지가 맞지 않는다. 또 원유를 정제하는 공장 시스템도 1년에 기껏 몇 주 정도 돌아가는 정도라면 굳이 유지할 이유가 없다. 전력망은 하루에 몇 시간 정도 전기가 공급되는 정도로 부분적으로 운영할 수 있겠지만, 이를 유지하는 데 따르는 이점은 전력 공급이 더 이상 안정적이지 못한 상황에서 대부분 사라진다. 기존의 철도 레일과 운반 차량의 일부를 사용하는 것도 가능하다. 이런 식으로 예전 산업 시대에 건설된 인프라는 이제 더 이상 본래의 기능이 아니라 거기에서 이것저것 뜯어내어 완전히 새롭게 창의적인 방식으로 재활용하는 데에 쓰이게 될 것이다.

현물로 바꾸어 버리는 것도 선택지
—

이렇게 우리의 현 지구적 금융 시스템은 이자를 받는 대출 행위 그리고 지구적 경제의 무한한 성장이라는 전제에 기초한 것이며, 그런 무한 성장이라는 것이 벌써 비현실적인 것이 되고 있다고 보는 이들이 늘어나고 있다. 그렇다면 금융 시스템은 투자가들이 자기 돈을 지키기에는 점점 위험한 장소가 되고 있다고 생각하는 게 합리적이지 않을까? 은행 계좌의 잔액이든, 채권이든, 주식이든, 심지어 은행 금고에 예치해둔 황금이든, 당신은 돈을 보유하고자 한다. 나중에 쓰고자 해서든 아니면 그냥 돈을 깔고 있는 게 즐거워서이든. 그리고 그 돈이 공중에서 연기처럼 사라지는 것을 원하지는 않을 것이다. 그래서 상황을 쭉 예의주시해 보았더니 아무래도 이 금융 시스템이 언젠가 폭발할 시한 폭탄이라는 판단이 섰다고 하자. 그렇다면 당신의 달걀을 "금융"이라는 이름의 바구니 하나에 몽땅 넣어두는 건 좀 말이 안 되는 짓이 아닐까? 지금 그 바구니가 자유 낙하로 추락하고 있지 않은가? 그렇게 추락하며 바구니가 흔들리는 바람에 달걀 몇 개는 벌써 깨어졌다. 롱텀캐피털매니지먼트, 리먼 브러더스, AIG, MF글로벌캐피털, PFG 등등이 줄줄이 혼란을 겪었고, 지금 이 글을 쓰는 순간에는 나이트캐피털에서 난리가 나고 있다.

우리 중에서 아직 저축이 좀 남아 있는 이들은 참으로 곤란한 선택의 기로에 서 있다. 돈을 계속 금융 기관에 맡겨도 될까 하는 고민이 그중 하나이다. 그래봐야 그 결과는 이미 형편없다는 것이 드러났으며, 계속 이렇게 하다가는 갈수록 돈이 줄어들어 마침내 저축이 몽땅 없어지는 일까지 벌어질 수 있다. 퇴직 후 노후 저축을 모조리 금융 기관에다가 맡기고 편안한 노후를 기대했던 수많은 이들이 자신들의 기대가 어림도 없게 된 현실에 직면하고 있다. 어떤 이들은 아예 자기들 돈에 접근도 못 하게 되었다. 지금은 무너진 MF글로벌은 돈을 맡긴 사람들의 돈을 사실상 몰수해버린 상태이다. 그 돈은 뉴저지의 상원의원 및 주지사 출신으로 MF글로벌의 수장이었던 존 커진Jon Corzine이 개인적 도박이나 다름없는 짓을 벌이다가 뒤집어쓴 빚을 갚는 데 쓰였다. 가게의 종업원이 계산대의 돈을 꺼내어 자기 로토 복권을 사는 짓은 불법이지만, 존 커진과 그의 금융 엘리트 경영자 무리들은 본질적으로 똑같은 짓을 얼마든지 해도 괜찮다고 설쳐대고 있는 것이다. 이들은 그동안 쭉 정치가들에게 정치 자금을 집어줄 수 있었고, 비록 암묵적이고 비공식적이긴 하지만 완전한 기소 면제권을 부여받아왔으며, 이에 갈수록 투자자들의 자본을 더 크게 몰수할 수 있는 터를 닦아왔다. 법적 처벌을 받을 위험이 이렇게 적고 돈을 훔칠 유혹이 이렇게 크다면 세상에 이런 짓을 말릴 방법이 무엇이 있겠는가? 사람들이 끝도 없이 몰려들어 자신들의 알토란 같은 저축을 스스로 맡아 달라고 애원하는데 이를 막을 방법이 있겠는가? "우리는 여러분의 돈을 훔쳐갈 것입니다"라고 네온사인을 번쩍인들 그게 먹히겠는가? 진화 법칙에 비추어볼 때 생태계의 포식자들은 피포식자 집단 내에서 약하고 느린 개체들을 솎아내고 잡아먹어 그집단을 건강하게 유지하는 의무를 부여받았다고 할 수 있다. 똑같이 본다면, 이들은 여전히 자기들을 믿고 돈을 맡기는 한심한 이들에게서 돈을 싹 훔쳐내는 본능의 욕구를 따르는 것을 자신들이 부여받은 의무라고 우길 수도 있을 것이다.

이렇게 헛꿈에서 깨어나 정신을 차려보면 금융 기관에 돈을 모두 맡기는 것이 알거지 상태로의 전락이라는 위험을 안고 있다는 점을 깨닫게 된다. 그렇다면 우리는 우리 돈을 스스로 관리하면서 지구적 경제 가운데서도 아직 빠르게 성장할 것이라고 생각되는 부분에 투자할 수도 있다. 예를 들어 얼마 전까지는 셰일가스 쪽이 괜찮은 투자로 여겨졌었다. 하지만 이 분야에서 가장 큰 기업인 체사파크 에너지Chesapeake Energy

가 손실을 줄이기 위해 드릴 작업 중지 결정을 내리면서 이쪽도 이제는 시들었다. (또 셰일가스의 드릴 작업은 엄청난 환경 파괴가 수반되므로 이로 인한 양심의 가책도 겪어야 한다. 또 팔아봐야 손해만 낼 가스 생산에 투자한다는 것은 이제 바보짓이 되었다.) 지구적 경제 전체의 풍경을 볼 때 설령 성장하는 곳이 있다고 해도 이제 빠르게 그 수명이 끝나가고 있는 듯하다. 이런 곳에 투자하는 것은 투자라기보다는 "게임"에 가까우며, 셰일가스만큼이나 끝이 뻔히 보이는 게임일 뿐이다. 성장을 맛보고 있는 또 다른 부문으로는 총기류 부문이 있다. 학교에서 총기 난사 사건이 벌어질 때마다 총기류 판매는 늘어난다. (코네티컷 뉴타운에서 최근에 총기 난사 사건이 벌어졌을 때, 범인이 아이들을 죽이는 데 사용한 총기인 부시마스터 라이플이 모든 총기류 상점에서 불티나게 팔려 품절되었다고 한다.) 이렇게 총기류 부문에서는 아직 이윤이 나올 여지가 분명히 있다고 보이지만, 여기에서도 (잠재적으로) 사람을 죽여서 이윤을 얻는다는 것이 대부분의 사람에게는 양심에 걸리는 일일 수밖에 없다. 게다가 특히 미국의 경우 이미 총기류는 팔릴 만큼 팔린 상태이다. 생존에 필요한 재화들 즉 생존재를 생산하는 것이 또 다른 성장 산업이며, 이는 앞의 두 경우만큼 비난받을 성격의 일은 아니지만, 이를 사들이고 쌓아두는 사람들의 심리 또한 공포에서 나오는 것이니 결국 사람들의 공포를 먹고 사는 장사이며 따라서 훌륭한 사업이라고 말할 수는 없다. 어쨌든 이 "게임들" 모두가 리스크를 안고 있으며, 그걸 무릅쓰고 겨우 수익을 내봐야 몇 푼 되지도 않을 뿐더러 그다음에는 또 무슨 "게임"에 뛰어들어야 하나라는 문제가 또다시 닥치게 된다.

사람들의 공포와 환경 파괴에서 이윤을 얻는 짓이 자꾸 마음에 걸린다면, 각종 녹색 기술 분야에 투자할 수도 있다. 여러 마케팅 연구에 의

하면, 일반인들의 마음속에는 환경 파괴의 죄의식이 억눌려 거대한 저수지를 이루고 있으니 이를 광고 회사와 마케터들이 아주 잘 활용할 수 있다고 한다. 하지만 "녹색" 소비재는 환경을 망치고 있다는 사람들의 죄의식을 덜어주는 데는 도움이 될지 몰라도, 그것을 만들고 파는 과정에서 사용되는 비재생 자원들은 마찬가지로 고갈될 것이며, "녹색" 쓰레기 매립지도 넘쳐날 것이 분명하다. 이는 또다시 도덕적 딜레마를 낳는다. 자연 환경을 살리고 또 소비재를 굳이 얻지 않아도 살아갈 수 있는 삶의 방식을 준비하는 데에 소비재를 사고파는 방법을 쓴다? 이보다는 소비를 최소한으로 줄이는 것이 훨씬 더 나은 방법일 것이다. 하지만 이 방법은 넘쳐나는 돈을 어디에 투자할 것인가라는 문제의 해결에는 전혀 도움이 되지 않는다. 가장 환경 친화적인 최고의 녹색 기술은 소비재에 녹아 있는 기술이 아니다. 이는 나무라고 불리는 녹색의 생물이 사용하고 있는 기술이며, 엽록소라는 녹색 물질이 갖고 있는 모종의 마법과 같은 성질들에 기대는 기술이다. 그러니 "녹색"의 정신을 살리고 싶다면 나무를 좀 더 심는 것도 괜찮은 선택일 것이다. 이는 나무를 심는 이의 마음을 편하게 해주는 장점이 분명하니까. 그런데 문제는 나무가 우리를 필요로 하지는 않는다는 것이다. 나무들은 알아서 씨를 뿌리고 자라난다 (물론 다람쥐나 새 등등의 동물들이 좀 도와주어야 한다). 더욱이 이는 금융적 투자의 대상이 되지도 않는다.

그러니 "현물로 바꾸어 버리기"가 낫다는 논리가 성립하게 된다. 당신의 돈을 경제 전체에서 완전히 뽑아내서 오랜 시간이 지나도 가치가 유지되는 물품들을 사버리는 것이다. 디플레이션 상황에서는 모든 것이 가치가 계속 떨어지며 모든 이들이 점점 더 가난해지지만, 가치가 있는 물품들을 쥐고 있다면 가난해지는 속도를 줄일 수가 있으며, 저축을 금융 기관에 맡기거나 그냥 화폐 형태로 쥐고 있다가 몽땅 날리는 이들보다는 훨씬 덜 가난해질 것이다. 당신의 저축도 사라질 것임은 분명하다. 하지만 한 번에 사라지는 일은 없을 것이며 몽땅 사라지는 일도 없을 것이다.

순전히 교훈적인 목적에서 약간의 현금은 쥐고 있을 필요가 있다. 나의 증조할머니는 내가 일곱 살 때 돌아가셨지만, 나는 그녀가 장롱에 조금 쌓아두었던 케렌카kerenka 지폐를 가지고 놀았던 기억이 지금도 뚜렷하다. 1917년 7월에서 11월까지 러시아는 알렉산드르 케렌스키 수상—11월의 볼셰비키 혁명 당시 여자로 혹은 뱃사람으로 (설이 분분하다) 변장하여 러시아를 빠져나갔다—이 이끄는 임시 정부의 치하에 있었거니와, 케렌카는 그때 발행되었던, 액면가는 말도 안 될 만큼 고액이었지만 실제 가치는 전혀 없는 지폐였다. 내가 할머니에게서 얻은 지폐는 1만 루블짜리였다. 어린 나에게 이는 아주 큰돈으로 느껴졌지만, 이게 아무런 가치도 없는 종잇장이니 가져가서 그냥 책갈피로 쓰라는 (나는 실제로 그렇게 했다) 할머니 말씀에 크게 놀랐다. 1990년대에 들어 러시아에서는 다시 이 지폐를 발행했지만, 이번에도 마찬가지로 발행되자마자 가치 없는 종잇장이 되고 말았다.

그러니 당신도 달러, 유로, 루블, 위안 지폐 몇 장쯤은 기념품으로 가지고 있어야 한다. 이 지폐들이 가치가 없어질 시점에서 가장 큰 액수로 발행된 지폐로 말이다. 그래서 나중에 여러분의 증손들에게 보여주면서 "상상이나 가냐? 이 못생긴 종잇장이 엄청난 소유물일 때도 있었단다!"고 말해주는 것이다. 그러면 당신의 증손자 증손녀들은 필시 당신을 참 옛날 사람에 노친네라고 생각할 것이지만, 어차피 그때가 되면 당신은 실제로 늙은이가 되어 있을 것이니 억울할 것도 없다. 하지만 그 옛날 화폐를 몇 상자씩 가득 채워서 보관하는 것은 도움이 되지 않을 것이다. 그러면 당신의 증손들은 당신이 정말로 노망이 났다고 생각할 것이기 때문이다. 제정신인 사람 누가 그런 쓰레기를 쌓아두고 있겠는가? 이들에게 이러한 교훈을 전해두는 것은 중요한 일이다. 왜냐면 당신이 죽고 난 뒤 또 무슨 한심한 녀석이 민족 지도자 흉내를 내면서 못생긴 종이들을 뿌려댈 가능성이 있기 때문이다. 옛날에 죽은 사람들의 얼굴, 프리메이슨의 상징들, 큰 숫자들이 박힌 종이들을 찍어내고서는 사람들에게 이를 모든 거래의 교환 매개체로 사용하라고 명령하는 것이다. 이때를 대비하여 당신의 증손들에게 이런 짓은 모두 사기라고 조기 교육을 잘 시켜둘 필요가 있다. 이는 국가가 동원하는 폭력의 위협으로 뒷받침된다는 점에서 공식적 사기극이지만, 사기극이라는 본질은 똑같다.

또한 이 사기극을 우회하는 방법도 알려줄 필요가 있다. 그 핵심은 증서 쪼가리를 꼭 쥐고 있다든가 이를 금융 기관에다가 맡긴다든가 등을 거부하는 것이다. 이런 종잇장들이 아직 가치를 가지고 있는 동안 그것들을 사용하여 시간이 지나도 가치가 떨어지지 않는 물품들을 사두는 것이다. 이럴 때 가장 올바른 투자는 금과 은을 (금융 기관이 발행한 보관 증서와 같은 명목상의 금속도 아니며, 또 금융 기관의 금고에 들어 있는 금속도 아니다. 당신이 물질적으로 손에 쥘 금속을 말한다.) 지금이나 지괴 형태로 (즉 1온스 단위의 주화로) 보유하는 것이라는 선전을 흔히 들을 수 있다.

하지만 금과 은을 축장한다는 데에는 몇 가지 문제점이 있다. 첫째, 이런 것들은 진짜 화폐이다. 정부에서 찍어낸 가짜 지폐가 아니라 지구 표면에서의 부존량이 비교적 희소하다는 사실과 현재까지의 채광에 의해 상당히 고갈이 진척된 상태라는 사실에 (금은 이제 1백만 개의 돌을 깼을 때 세 개 정도의 비율로 채광되고 있으며, 은은 구리 등등의 채광에 부수적으로 얻어지고 있으며 이 또한 농축된 광석을 얻기가 어려워지고 있다) 근거한 영구적인 부의 축장 수단이다. 고대 페르시아나 비잔틴 제국의 주화에 들어 있는 금은이나 오늘날 캐나다 정부가 발행한 기념 주화나 남아프리카 공화국이 발행한 크루거랜드 금화에 들어 있는 금은이나 똑같다. 금속의 중량으로 따져보면 그 가치는 결코 변하지 않으며, 게다가 시간이 지나면 화폐 가치가 덧붙기도 한다. 금과 은은 이렇게 실제의 화폐이므로 정부가 찍어낸 가짜 종이 화폐와 경쟁하며, 그렇기 때문에 정부로서는 달가울 수가 없다. 정부의 가장 중요한 특권 하나는 통화를 통제함으로써 이익을 얻을 수 있는 능력인 주조세seigniorage인데, 귀금속은 이러한 정부의 능력을 잠식하게 되어 있다. 보통은 정부가 이에 대해 걱정하지 않는다. 금의 전체 양 자체가 크지 않아 정부의 작동에 심각한 충격을 줄 수가 없기 때문이다. 하지만 정부가 찍어낸 종이 통화가 급격한 가치 절하를 겪고 있다면 혹은 지불 능력 함정에 빠져 있거나 여타 금융적으로 절박한 상황에 처하게 된다면 정부로서는 자국 시민들이 보유한 황금을 모조리 몰수하는 쪽으로 움직이기 쉽다. 이것이 1933년 4월 루스벨트 대통령이 행정명령 1602호를 통하여 행했던 바이다. 은행의 대여금고에 접근하는 일은 무조건 정부 기관원의 입회 하에서만 가능하게 되었으며, 그 기관원들은 대여금고에서 황금이 발견될 때마다 모두 재빨리 가져가버렸다.

금화·은화 및 금괴·은괴는 또한 절도에 취약하다. 이들은 고도로 집중된 운반 가능한 가치 저장 수단이다. 추한 모습은 아니지만 모습을 드러내는 일이 거의 없으며, 너무 번쩍거려 눈에 띄어서 쉽게 내놓을 물건이 아니기에 비밀리에 축장되는 것이 보통이다. 또 이는 비교적 흔한 물건이 아니기에 믿을 만한 사람들 사이에서는 구매자·판매자를 찾기가 힘들 때가 많으므로, 낯선 이들과의 조심스런 거래를 벌일 수밖에 없을 때가 많다. 또 아무짝에 쓸모가 없는 물건이 되어버릴 수도 있다. 사회 혼란 상태에서는 금화·은화를 축장하고 있어봐야 그것으로 아무것도 할 수 없게 될 때가 많으며, 이럴 때에는 정원에 있는 조각상 아래의 땅속에 파묻어버리기도 한다. 영국에서는 옛날 로마인들 거주지를 발굴하게 되면 로마 말기의 황금을 담은 항아리가 요즘까지도 주기적으로 나오기도 한다. 이 마을의 주민들은 그들의 제국이 붕괴하고 암흑 시대가 덮쳐오던 시대에 자기들이 축장했던 귀금속으로 아무런 득을 볼 수가 없었던 것이다.

그렇기 때문에 금화는 여러 비정상적인 상황에서 유용성을 발휘하기도 한다. 인질이 몸값을 낼 때, 밀항을 위해 선장에게 무언가를 바쳐야 할 때, 또 무언가 부피가 작으면서도 확실한 가치를 가지고 있으면서도 추적이 불가능한 것으로 거래를 해야 하는 상황이다. 하지만 그게 다다. 금화는 미학적·문화적 가치가 결여되어 있으며, 사람들이 거기에 부여한 가치는 모두 그 재료의 희소성에서 나오는 것일 뿐이다. 금화는 도둑을 불러오는 물건이며 따라서 꼭꼭 숨겨서 보관해야 할 물건이다. 이를 마구 과시하는 것은 위험할 뿐만 아니라 쌍스러운 짓이다. 지폐나 마찬가지로 금화는 일반적이며 몰인격적인 특성이 있어서 선물로 주었다가는 욕만 먹기 십상이다. 요컨대, 금화는 참으로 볼품없는 물건이다.

가치를 집중시킨 저장 수단으로 기능할 수 있고 또 실제로 기능하고 있는 물건들은 그 밖에도 많이 존재하며, 이들은 필요할 경우엔 교환의 매개체로 사용하도록 만들 수도 있으며, 실생활에서도 쓸모가 있고 미학적으로도 즐거움을 주며 문화적인 의미도 있을 뿐만 아니라 심지어 지극히 인격적인 성격을 띠기도 한다. 이들의 가치는 그 아름다움, 희소성, 유일무이성, 수준 높은 장인공의 숙련된 솜씨 등에서 나온다. 장신구, 담배케이스, 스너프 박스 등과 같이 귀금속과 보석류로 만들어진 물품들은 모종의 통화에 가장 가까운 물건들이며 또 화폐로 기능할 때도 많다. 하지만 이들의 가치 대부분은 그 희소성, 장인의 솜씨, 특출한 기원과 내력 등에서 나오는 것이다. 은판, 그림, 석상, 화병, 진귀한 서적, 악기, 명검, 골동품, 그 밖에 역사적 의미를 가진 모든 종류의 수집품들은 시간이 지나도 큰 가치를 유지하게 되어 있다. 정치적 격변, 점령, 내전 등과 같은 시대에 이런 물품들이 도둑을 맞거나 몰수 혹은 강탈당한다고 해도 그 독특하고 특이한 가치는 사라지지 않기에 시간이 지나면 진품임이 확인되어 그 본래 주인에게 돌아갈 수 있다. 이것들은 또 세상에 하나밖에 없는 독특한 물건들이므로 선물로서도 아주 훌륭하고 사려 깊은 것이 된다.

그 밖에도 여러 다양한 가치의 저장 수단들이 존재한다. 현재의 시점에서 볼 때, 에너지가 집약된 여러 형태의 물체들은 갈수록 희소해지고 또 가격도 올라갈 것이라고 예측하는 것이 합리적이다. 이는 곧 에너지 자체가 장시간에 걸쳐 가치를 저장할 수 있는 훌륭한 수단이 된다는 말이다. 하지만 에너지를 직접 저장할 수 있도록 해주는 선택지는 몇 개 되지 않는다. 원유는 (당연히) 몇 백만 년을 똑같은 상태로 가지만, 원유 정제 시설을 소유하지 못했다면 이건 거의 쓸모가 없다. 화약은 에너지가 큰 것은 분명하며 습기만 없다면 영원히 보존이 가능하지만, 요리, 난방, 조명 등의 용도로 (안전하게) 사용할 수가 없으므로 경제적으로는 쓸모가 제한적이다. 영원히 보존되는 연료란 고체이거나 발화점이 낮은 액체들일 때가 많으며, 이러한 물질은 몇 가지 되지 않는다. 석탄, 숯,

유리병에 든 알코올, 장작, 파라핀 왁스, 부탄 등의 정도이다. 디젤과 케로신 등은 시간이 지나면 생물학적으로 분해되어 버리며, 가솔린과 그 이상의 증류 물질들은 너무 발화점이 낮고, 메탄과 프로판 등의 가스는 대량으로 보존하려면 너무 비용이 들고 또 시간이 지나면 누출된다. 고체이거나 발화점이 낮은 액체로서 시간이 지나도 생분해되지 않는 형태의 에너지 물질이라면 잔뜩 쌓아놓고 가치의 저장 수단으로 사용할 수 있으며, 엄혹한 시기가 찾아온다면 파라핀 한 덩어리가 아무짝에 쓸모없는 금 한 덩어리보다 더 가치가 올라갈 것이라고 상상하는 것도 얼마든지 가능한 일이다.

만드는 데에도 많은 에너지가 들어가고 또 시간이 지나면서 에너지 자체의 가치가 올라감에 따라 가치가 증가하는 물체들은 그 밖에도 여럿 존재한다. 표준화되어 동질적인 생산물로서 대량으로 쌓아놓을 수 있는 것들로는 알루미늄, 통판, 쇠사슬galvanized chain과 와이어 로프, 주입장치fastener와 삭구 장비rigging supplies 등이 있다. 이러한 물건들이 이미 산더미같이 쌓여 있는데도 사람들이 그 가치를 전혀 깨닫지 못하는 경우도 있다. 한번은 내 보트를 고치려고 소형선박 수리장에 배를 끌고 간 적이 있었다. 그 수리장은 좋았던 시절을 이미 한참 지나 쇠락하고 있었다. 허리케인으로 밀려온 것들을 대충 불도저로 밀어놓은 쓰레기 더미가 여기저기 있었다. 그 나머지 공간에는 버려진 지 오래되어 선체가 녹슬어 있는 요트들이 빽빽이 들어서 있었고, 그 사이를 비집고 나무까지 자라나고 있었다. 그나마 좀 상태가 나은 요트 안에는 사람들이 살고 있었다. 이들은 가끔 그 수리장에서 일을 하기도 하지만 벌이라고 해봐야 집세나 겨우 내는 정도로 여기저기 벤치에 늘어 앉아 맥주를 마시며 소일하고 있었다. 수리장은 빈민촌 길 건너편에 있었고 무시무시한 개들로 불법 접근자를 막고 있었다. 이 수리장의 주인장은 자신이 빈털터리 상태라고 푸념을 늘어놓기 시작했다. 나는 그에게 물었다. 그의 수리장에 버려진 보트들이 쌓여 있는데 그 선체 용골에 있는 납으로 된 바닥짐의 가치를 계산에 넣은 것이냐고 (마침 당시 납 가격이 하늘로 치솟고 있었다). 나는 그를 위해 대충 종이에 끄적거려 얼추 그 가치를 계산해주었고, 그의 눈은 기쁨으로 번쩍였다. 그는 금덩어리를 (사실은 납덩어리를) 깔고 앉아 있었건만 이를 모르고 있었던 것이다! 그때 이후로 배를 손보러 갈 일이 무수히 많았지만, 주인은 내게 돈을 받지 않았다.

이렇게 일반적 유용성을 가진 품목들 말고도, 여러 종류의 유용한 물건들을 만들어놓으면 자본을 보유하는 좀 더 전략적 사고가 가능할 것이다. 예를 들어 토양이 기름지고 강우량도 안정된 지역에서는 삽, 쇠스랑, 괭이, 낫 등의 농기구를 만들어 쌓아두는 게 합리적일 수 있다. 언젠가 사람들이 농기계의 도움 없이 옛날 방식으로 농사를 짓게 되는 날이 오기를 기다리는 것이다. 또는 범선이 다시 쓰일 날이 올 것을 내다보고 연안 무역에 쓰일 범선의 제작과 정비에 필요한 산업 제품들을 쌓아둘 수도 있다 (특히 내가 관심을 두는 영역이기도 하다).

이런 것들 외에도 많은 가치 저장 수단들이 있으며, 먼 훗날이 아닌 오늘날에도 이런 것들은 은행과 금융 회사의 내부 컴퓨터에 전자 신호로 입력되어 있는 명목만의 덧없는 가치보다는 훨씬 더 낫다. 전자는 물질적이며 유형적인 자원들이지만, 후자의 가치란 현재의 상태가 (우리는 이것이 아주 취약하며 지속가능하지 못하다는 것을 알고 있다) 영원히 계속될 것이라는 전제 위에 성립하는 가상적·가설적 가치에 불과하다. 일단 불환 지폐가 종잇장이 되어버리는 날, 어떤 공동체가 만약 그러한 여러 가치 저장 수단을 물질적으로 소유하고 있다면 내부적인 교환 수단을 새롭게 창조해내는 것도 가능하다. 이를 좀 더 자세히 논하겠다.

화폐의 대체물

—

어떤 공동체가 스스로의 독자적인 가치 저장 수단과 교환 수단을 유지하려면, 먼저 그 공동체가 신뢰를 기반으로 존재해야 한다. 게다가 그 공동체는 강력하고도 응집력이 있는 공동체로서 공통의 정체성을 공유하면서 또 강력한 공통의 이해와 존경과 신뢰를 공유해야만 한다. 이는 결코 그냥 주어지는 것이 아니다. 그런 공동체가 생겨나려면 먼저 강한 가족들이 있어서 이들이 함께 뭉쳐야만 한다. 그런데 이 강한 가족들이라는 것도 마찬가지로 그냥 주어지는 것이 아니다. 강한 가족은 또한 강력한 가족 성원 간의 유대를 필요로 한다. 신께서 하나로 뭉치도록 명하신 것이 가족이라면 그 어떤 은행가도, 금융 설계사도, 회계사도, 부동산 관리인도, 유언 관리 판사도 찢어놓을 수가 없다. 가족 및 공동체가 어떤 방식으로 금융 기관들과 불환 통화의 몰락 이후에도 존속할 수 있는지를 논의하기 전에 먼저 그러한 가족과 공동체가 어떠한 것이어야 하는지부터 논의해보자.

경제적으로 발전한 선진국에서는 가족 내에 존재하는 경제적 관계가 간과되는 경향이 있다. 예전에는 가족들 내에서 또 서로 이웃끼리 비공식적으로 제공하던 서비스들 대부분이 오늘날에는 특수 직종으로 변해왔다. 육아에서 노인 돌봄에 이르기까지 모든 것을 저임금의 낯선 이들을 고용하여 해결할 수 있으며, 이를 위해 개인이나 공공이나 엄청난 비용을 지불한다. 대가족이 해체되어가는 과정에서 아무것도 남지 않은 것이다. 모든 개인들이 (설령 부부 사이라 할지라도 많은 경우) 따로따로 은행 계좌를 자기고 있으며 공유하는 재산은 거의 없다. 우리 모두가 전력을 다해 추구하는 이상이라는 것을 가만히 보면 우리를 모두 모종의 비인격적 시스템에 지배되는 원자화된 개인으로서 기능하도록 만드는 것을 그 내용으로 삼고 있다. 그리고 개인들 사이의 모든 거래마다 일종의 금전적 매개자가 끼어들도록 하는 것이 추세이다. 아주 내밀하고 인격적인 활동들 심지어 인간이 타고나는 활동들―배우자와 성관계를 맺거나 아기에게 모유 수유를 하는 등―조차도 광범위한 "전문가들"이라는 자들이 끼어들어 조언을 늘어놓으며, 우리는 그 조언을 얻기 위해서 신용카드를 그어대야만 한다.

이제 금융을 제자리로 돌려보내자. 부동산의 증여와 같은 큰 액수의 거래를 하면서 큰돈을 조건부 날인 증서로 보유해야 할 필요가 있다면 은행을 끼고 일을 진행하는 것이 합리적일 수 있다. 물론 이것도 낯선 이들과 거래를 벌일 때로 한정된다. 그런데 지금의 추세는 아주 작은 시시콜콜한 일들까지 금전적인 "세금"을 치르는 쪽으로 가고 있다. 카드 혹은 이런저런 종류의 전자 화폐로 돈을 지불할 때마다 우리는 모종의 시스템에다가 먹이를 바치고 있는 셈이다. 그 시스템은 우리에게 편리함을 가져다주지만 분명히 대가를 치르도록 한다. 월급으로 입금된 돈을 모조리 현금으로 바꾸어 지갑에 넣고 현금을 쓰고 다닌다면 아주 드문 일이겠지만 강도라도 만나 큰돈을 잃을 위험을 안게 된다. 그래서 우리는 은행에 돈을 넣어두고 플라스틱 카드를 들고 다니는 방법을 택한다. 하지만 이 경우엔 카드를 그을 때마다 2.5퍼센트의 비율로 확실하게 강탈을 당한다. 이를 액수로 환산해보면 매년 1주일치 봉급을 몽땅 뺏기는 셈이 된다. 상인들은 신용카드 수수료를 뽑기 위해 거기에 해당하는 만큼 가격을 올린다. 하지만 그렇다고 해서 현금으로 낸다고 깎

아주는 일도 거의 없다 (아직 이렇게 하는 주유소들이 있지만 10퍼센트도 안된다). 하지만 주목해야 할 사실이 있다. 금융 질서의 혼란이 기미라도 보이는 날에는 당장 "카드 사용 불가"라는 손으로 급하게 쓴 팻말이 도처에서 가게 쇼윈도에 붙는다는 점이다. 하루아침에 현금이 왕이 되며, 현금 없이 신용만 많이 갖고 있는 이들은 졸지에 왕따가 된다.

그런데 금융이 모든 것에 스멀스멀 침투하는 경향이 지배하면서 당신의 등가죽은 또 한 겹 통째로 벗겨져 나간다. 집을 살 때 20퍼센트만 지불하고 나머지를 몇십 년에 걸쳐서 분할 상환하게 되면 당신이 지불할 돈은 그 집의 판매 가격의 두 배 이상으로 뛰어오른다. 차라리 집을 살 생각이 있다면 사고자 하는 집보다 작은 집에 세를 들어라. 집을 샀을 경우 매달 내야 할 주택담보대출 원리금보다는 월세가 더 적게 들 것이다. 그 차액을 모아두었다가 현금으로 집을 사라. 아무런 융자나 담보 없이 온전히 당신 소유의 집을 갖게 되기까지 걸리는 시간이 최소한 절반으로 줄어들 것이다. 그런데 문제가 하나 더 있다. 맞는 방식으로든 (저축으로) 그릇된 방식으로든 (주택담보대출로) 집을 사서 융자도 담보도 없는 상태에 도달하면 이제 사람들은 어떻게든 다시는 빚을 지지 않으려고 노력하는 삶을 살게 될까? 그 집을 대대손손 물려주면서 살까? 그러다가 3대가 함께 사는 대가족이 되어도 어떻게든 복닥거리면서 집 한 채로 해결을 보려고 노력하며 살까? 정 안 되면 집 근처에 방 하나를 더 세내는 한이 있더라도? 그렇지 않다. 우리가 보는 바, 요즘 사람들은 그런 식의 삶의 패턴을 보이지 않는다. 장성한 아이들은 따로 독립하여 또 새로 대출을 받아 자기들 집을 사며, 부모들은 집을 담보 잡혀 노후 연금으로 전환시키거나 아니면 그 집을 팔고 작은 아파트나 빌라를 살 것이다. 이런 식의 생활은 마침내 이들 모두가 금융 기관에 피를 모두 빨리고 파산하여 집이 몰수당하는 날까지 계속될 것이다. 그러는 가운데에도 또 이들은 자동차 구입 대출을 받고, 각종 보험에 들어 다달이 납부금을 내고, 카드빚을 돌려 막고, 온갖 종류의 할부금을 갚느라고 정신없는 삶을 살 확률이 높다. 그리고 잊지 말아야 할 것이 또 하나 있다. 그 부모들은 아마도 조만간 아무 가치도 없게 되어버릴 사적인 노후 연금에 미친 듯 매달릴 것이며, 그러는 가운데 아이들이 자동차, 집, 대학 등록금 등으로 또 빚더미에 앉는 것을 보아도 그대로 방치할 것이다. 이렇게 되면 이제 숨만 쉬려고 해도 이자를 바쳐야 하는 그런 삶을 사는 인간들로 변하게 된다! 이렇게 스스로 자기 재산을 내놓지 못해 안달이 난 사람들로 넘쳐난다면 성자가 아니고서야 도둑놈이 되지 않을 도리가 있겠는가! 이 무슨 광란인가!

아마 이렇게 이야기하는 나를 대책 없는 구닥다리라고 여길 것이다. 기꺼이 바라는 바이다. 하지만 그렇게 생각하지 않는 이들도 소수 있을 것이다. 왜냐면 우리들 중 일부는 먼저 저축을 하고 나서 지출을 해야 한다든가, 무얼 사든 돈을 먼저 내라든가, 절대 빚을 지지 말라든가 (정말로 비상 사태에만 돈을 꿀 것이며, 그때에도 오로지 채무를 신속하게 청산할 수 있다는 확신이 있을 때만 꿀 것), 개인적으로 알지 못하는 이들과 절대 사업을 하지 말라든가 하는 등의 윤리를 가르쳐주려고 애쓴 (하지만 대부분 실패한다) 할아버지나 증조할아버지가 있었을 것이기 때문이다. 옛날에는 (그리고 좀 더 전통적인 문화를 유지하는 곳에서는 오늘날에도) 그러한 이들을 원로라고 불렀다. 자치의 전통이 유지되는 시골의 비공식적 시스템들에서는 가족 안팎으로 유일한 권위의 원천이 그 원로들일 때가 많다. 현대 사회처럼 젊음을 숭배하는 문화에서는 이러한 관행이 어처구니없는 꼰대짓으로 보일 것이다. 나이가 많아야 지도자가 된다니.

하지만 나이든 이들이 젊은이들보다는 권력을 쥐는 데 더 나은 후보자가 될 때가 많다. 왜냐면 사람은 나이가 들어가면서 자기도취에 빠질 기회도 적어지며 사악한 유혹에 걸려들 일도 점점 적어지게 마련이며, 그래서 나이든 이들이 이기심이나 부패 가능성이 덜한 경향이 있기 때문이다. 나이든 이들은 신중하고 조심스럽다. 그래서 지금까지 살아 있는 것이며, 그렇지 않은 이들은 젊어서 요절하게 마련이다. 이들은 다른 무엇보다도 미래와 (그들의 손자 손녀들) 스스로가 남기는 것들에 (즉 손자 손녀들이 물려받게 될 것들) 신경을 쓰게 된다. 물론 나이가 들었다고 해서 꼭 지혜로운 사람이라는 법은 없으며, 노인들이 꼭 지혜로운 사람이라서 훌륭한 지도자라는 말도 아니다. 이들의 중요한 특징은, 지도자의 품성으로서는 치명적 약점이 되는 젊은이들만의 특징이 없다는 것뿐이다. 욕망과 야망, 난폭한 방종과 무책임성, 충동적 성격, 지나친 경쟁심과 개인의 불멸의 환상 따위의 것들이다. 지도자로서의 품성을 가르치는 가장 좋은 선생이 경험이라고 생각하는 이들이 많지만, 그게 아니다. 지도자로서의 품성은 무수한 실패와 역경을 겪어서 힘이 다 빠져 소모되면서 갖추게 되는 것이다. 지도자가 할 역할의 90퍼센트는 그저 그 자리에 나타나 존재를 드러내는 것이다. 늙은이가 되도록 건강과 평판을 망치지 않은 채 살아남았다는 것 자체가 바로 지도자로서의 자격을 갖추었다는 말이 된다. 물론 젊음을 숭배하는 현대 사회에서는 늙은이들까지도 젊은이들을 "따라잡으려고" 기를 쓰며, 게다가 특별히 큰 잘못이나 큰 공을 이루지 않더라도 거의 모든 이들이 노년까지 살아남으며, 그래서 자기가 나이가 든 줄을 스스로 의식하지 못하고, 패가망신에 가까운 실패를 보고 난 다음에도 은퇴할 줄을 모르고 시도와 시도를 거듭한다. 이런 사회에서는 사람이 나이가 들어도 철 들 줄 모르며, 죽음과 실패라는 것의 교훈적 가치도 모두 사라진다. 나이든 바보야말로 최악의 바보이며, 결코 훌륭한 원로가 될 수 없다.

내가 하고 있는 이야기가 너무 이상주의적이라서 전혀 도움이 안 된다는 생각이 들 수도 있겠다. 강한 결속을 유지하는 대가족이 모든 자원을 공유하며, 원로가 전체의 회의를 주재하는 의장이 되며, 이 원로들의 평의회를 통해 자치를 이루며 강한 결속의 공동체를 유지한다니. 이런 공동체는 이미 오래전에 사라졌다고 생각할 것이다. 하지만 그렇지 않다. 전 세계에 걸쳐 이런 종류의 공동체는 얼마든지 풍부하게 존재한다. 이런 공동체들은 그저 경제 성장이라는 마약에 중독되지 않은 가족들 및 공동체들로서, 그 이유는 그저 보수적이기 때문일 수도 있고, 척박한 환경 때문일 수도 있고, 둘 다일 수도 있다. 이들은 붕괴 이후에 사방에 나타날 것이다. 하지만 이런 종류의 가족들과 공동체들은 서유럽이나 북미에서는 재건되기가 상당히 어려울 것이다. 이곳에서는 이미 핵가족이 지배적인 가족 형태가 되어 있다. 부모들은 아이들이 장성하여 "독립"하기만 기다리고 있으며 또 아이들은 빨리 어른이 되어 부모를 버리게 되는 날만을 기다린다. 노인이라는 이들은 자기의 "독립"을 보존하는 데 혈안이 되어 있지만, 그렇게 할 돈도 없고 정신적 강단도 없는 상태이다 보니 그저 자기 한 몸뚱이 돌보는 데에만 온 신경을 쏟는 이들로서, 도저히 어른이라 불릴 자격이 없는 이들이 많다. 한마디로, 독립적이고 강인한 개인주의자들인 양 허세를 부리지만 알고 보면 소비 경제와 정부의 각종 서비스 없이는 전혀 생존할 수 없기에 여기에 비굴할 만큼 의존하고 있는 무차별한 떼거리일 뿐이다. 이렇게 이상과 당위 사이에 넓게 벌어진 틈은 갈수록 더 커져 메우기 힘들어지고 있다. 친척들과 공동체를 팽개치고 지구적 금융의 격랑에 몸을 던진 이들, 가진 경험이라고는 거품 경제의 파도 위를 서핑 보드로 타본 것밖에 없는 이들은 높은 나무에 올라간 수백만 마리의 고양이들이나 마찬가지이다. 이들 모두를 구해낼 소방대원이 있을 리 없고, 그렇다고 자기들 힘으로 땅에 내려오지도 못한다. 이들은 자기들이 나무를 오르는 속도보다 항상 더 빠른 속도로 자라는 마법의 나무가 있다고 배우며 자란 이들이다.

그 대안으로 내가 이야기하려는 것은 무슨 가상의 금융 질서를 가진 유토피아 같은 것이 아니다. 나는 이제부터 모든 인간 문화에 보편적으로 나타나는 성공적인 조직을 묘사할 것이다. 가족은 최소한 3대가 함께 모여 서로의 자원을 공유하면서 전체 집단의 최상의 이익이라는 차원의 고려를 통해 그 자원을 배분한다. 그렇게 스스로 자치를 행할 역량을 가진 가족들이 모여서 하나의 공동체를 형성한다. 전통적인 자치의 형태는 앞에서 말한 이유에서 주로 원로들의 평의회라는 형태를 띠었다. 이러한 가족과 공동체가 어떻게 작동하는지에 대해서는 나중에 사회적·문화적 붕괴를 다루는 장에서 더 많이 논의할 것이며 사례 연구도 자세히 소개하도록 하겠다. 여기서는 그저 은행, 투자 회사, 공식적 교환 수단에 대한 합법적 접근 따위가 없어졌을 때 금융 문제들을 어떻게 다룰지를 묘사하는 선에서 그치고자 한다. 그런데 그렇다고 해서 환상이나 비현실적 이상주의에 빠져 있는 것으로 보이고 싶지는 않으니, 다음의 질문에 당연히 답을 해야만 한다. "도대체 그렇게 할 만큼 사람들이 서로를 신뢰하는 일이 벌어질까?" 답은 이렇다. "나 자네 할아버님과 친구였네"라는 말 한마디가 그 어떤 VIP 패스, 대학 졸업장, 유명한 가문 등보다 더 무게를 갖는 세상에서는 얼마든지 그런 일이 벌어질 수 있다. 이러한 세상은 이미 우리 주변에 얼마든지 존재하고 있으며, 단지 우리들이 의식하지 못하고 있을 뿐이다. 그리고 우리 대부분은 이러한 세상을 보는 법을 배우지도 못했고, 어떻게 여기로 들어갈 수 있는지도 모르고 있다.

우리가 실제로 썼던 방법

—

우리 가족은 1976년 소련을 떠났다. 우리가 출국 허가를 받았던 이유는 소련 정부가 1974년 미국 무역법1974 Trade Act의 (이는 2012년 훨씬 더 불쾌한 마그니츠키 법Magnitsky Act으로 대체되었다) 제 4편에 대해 미국 정부가 덧붙인 잭슨-배닉 개정조항Jackson-Vanik amendment에 따르려고 했기 때문이었다. 이 개정조항은 시장 경제를 채택하지 않으면서 또한 이민을 제한하는 나라들에 대해서는 최혜국 대우를 부인하는 내용을 담고 있었다. 소련 정부는 이 기회를 이용하여 체제 저항자들과 그 밖에 바람직하지 못한 이들을 비교적 우호적인 방법으로 출국시키는 모종의 안전 밸브로 삼고자 했으며, 미국 정부는 소련의 각종 전문가들을 미국으로 와서 일하도록 꾀어내어 소련 내에 두뇌 유출을 유발하고자 했다. 미국 측은 그러면서 소련 전문가들에게 전문직종 일자리를 보장하겠다고 약속했지만, 거의 다 빈말이었다. 지금도 생생하게 세부적인 것까지 기억이 난다. 우리 가족은 1975년 크리스마스 이브에 소련 내무부의 보레이코Sergeant Boreiko라는 이로부터 출국 서류가 완비되었다고 알리는 전화를 받았다. 우리 가족의 이민이 허용된 표면상의 명분은 미국에 있는 가족들과 다시 합칠 수 있도록 허용한다는 것이었지만, 이는 거의 다 꾸며낸 것이었다. 당시에는 미국에 이스라엘인 할머니가 있다는 식으로 꾸며서 그 할머니 이름으로 가족 이민 초청장을 위조하는 서비스 사업이 있었다. 유대인 피라고는 전혀 섞이지 않은 이들이라고 해도 이러한 초청장을 천연덕스럽게 내밀었고, 소련 당국은 또 이를 묻지도 따지지도 않고 승인해주었던 것이다.

우리 부모님은 저축이 별로 없었지만, 가족 전체로 보면 루블화로 저축한 양이 상당했기에 이를 미국으로 가지고 가고자 했다. 하지만 돈을 외국으로 송금하는 공식적인 방법은 존재하지 않았다. 소련 국민들은 외환 소유가 허용되지 않았고, 루블화는 외국 화폐와 태환되지도 않는 데다가 심지어 소련 밖으로 반출도 허용되지 않는 폐쇄적 통화였다. 하지만 그럼에도 불구하고 송금은 다양한 방법을 통해 이루어졌다.

첫 번째 방법은 루블화로 보석류, 카메라, 시계 등등을 구입하여 이를 서방 세계에 도착한 뒤 필요할 때마다 팔아버리는 것이다. 예를 들어 소련제 35밀리미터 SLR 카메라는 기계 장치도 튼튼할 뿐만 아니라 아주 뛰어난 칼 자이스Carl Zeiss 렌즈를 (동독 예나Jena에 있었던 자이스 공장은 2차 대전 이후 키에프로 이전하였다) 장착하고 있었기에 서방에서도 높은 가치로 평가받았다. 나중에 소련에서 나온 이민자들이 상당한 숫자로 서방 세계에 정착하게 된 다음에는 또 다른 송금 방법이 도입되었다. 우리 중에는 러시아에 있는 친척들에게 돈을 보내고자 하는 이들도 있었고 또 러시아의 친척들로부터 돈을 받고자 하는 이들도 있었다. 해결책은 단순했다. 미국 쪽에 있는 양측 사이에 달러로 송금이 이루어지고, 소련 쪽에 있는 양측 사이에서는 그 반대 방향으로 루블화 송금이 이루어지는 것이다. 이때 액수는 양쪽이 원하는 송금 액수 중 적은 쪽으로 맞추어지게 된다. 이런 식의 물물교환-송금은 간헐적으로만 벌어질 수가 있다. 우선 이렇게 원하는 바가 맞아떨어지는 짝을 만나야만 하며, 또 송금의 타이밍이나 액수도 서로 맞아야 하기 때문이다. 이도저도 여의치 않을 때 쓰는 방법은, 신규 이민자들의 이민 가방에다가 고가품들을 싣는 방법으로 수출을 계속하며, 외국에서 온 여행자들이 후하기 이를 데 없이 선물을 한아름 안고 들어오는 식으로 고가품을 수입하는 것이었다.

이민자들이 서방 세계에서 일단 시민권을 획득하게 되면, 러시아에서 돈을 송금해서 빼내오는 또 다른 가능성이 열리게 된다. 소비에트 정부가 보유하고 있는 달러화를 토해내도록 머리를 쓰는 것이다. 앞에서 서술한 방법 중 하나를 써서 소련 내로 낙하산을 날려 일정한 액수의 돈을 "공중 투하"시킨다. 이 돈을 받은 소련 시민은 그 액수만큼의 돈을 외국에 살고 있는 가까운 친척에게 유증하겠다는 내용의 유서를 쓴다. 그 사람이 죽은 뒤에는 소련 정부도 국제법 때문에 어쩔 수 없이 그 유증한 만큼의 돈이 외국으로 나가도록 도와야만 한다. 이 수법이 특히 유용해지는 이유가 있다. 소련 정부가 공식적으로 선포한 루블화와 달러화의 환율은 거의 1 대 1이었는데, 이는 루블화의 가치를 말도 안 되게 높게 평가하는 "허영과 허풍" 환율이었던 것이다. 이 환율은 정상적인 금융 거래에는 사용되지 않았고, 그저 신문과 매체에 소련 통화가 얼마나 강력한지를 자랑하고 소련 경제의 힘을 서면상으로 부풀리는 목적으로만 쓰이는 환율이었다.

여기서 명심해야 할 점은, 이 모든 거래가 비공식적인 거래였을 뿐만 아니라 소련의 법으로 볼 때 불법이었고, 이를 막으려고 드는 KGB의 감시의 눈길이 번득이고 있었다는 점이다. 국제 전화는 모조리 도청되었고, 모든 서신은 몰래 개봉되어 내용이 검열되었다. 따라서 잡히는 일이 없도록 모두 대단히 조심해야만 했다. 정치범이 되어 수용소로 가는 것은 그래도 명예로운 일이었지만, 잡범 그것도 경제 사범으로 수용소에

가는 것은 전혀 다른 성격의 문제였다 (이 또한 명예로운 일로 보아주는 이들이 있었지만, 그건 다 전문 범죄자들이었다). 따라서 이러한 거래의 어떤 것도 명시적으로 문서화될 수 없었고, 거래에 참여하는 이들은 철의 장막으로 완전히 가로막힌 상태였기에 (1988년 이전에는 이민 나간 이들이 소련을 다시 방문하는 것이 금지였고 대부분의 소련 시민들은 외국 여행이 허용되지 않았다.) 이들이 서로 얼굴을 보고 협상을 벌이는 일 또한 불가능했다.

여기서 분명히 어떤 독자는 미국 냉전 시대에 굴러다녔던 싸구려 소설들에서 읽었던 내용이 자연스레 떠오를 것이다. 다양한 종류의 비밀 코드와 커뮤니케이션 기술들을 동원하면서 스파이 대 스파이의 쫓고 쫓기는 게임으로 KGB의 추적을 따돌리는 이야기 말이다. 또 어떤 이들은 반대로 KGB가 별 능력도 없고 완전히 군기가 빠진 나머지 이 모든 비밀 통신들이 마구 이루어지는 것을 그냥 내버려두었다고 생각할 수도 있겠다 (확언하건대, KGB는 결코 그렇지 않았다). 그러한 교신이 실제로 벌어지는 현장을 본 나로서는 그런 생각은 모두 내려놓으시라고 주저 없이 말할 수 있다. 실제로 사용된 기술은 오직 말과 펜과 종이뿐이었고, 그럼에도 불구하고 그렇게 만족스런 결과를 얻을 수 있었던 것은 순전히 정신적 강단과 연대의 힘이었다.

내가 목격했던 기술의 한 예는 심층 암호steganography였다. 이는 "메시지를 보내는 이와 그것을 받도록 되어 있는 이를 제외하면 누구도 비밀 메시지의 존재 자체조차 의심할 수 없도록 은폐된 방식으로 기록을 행하는 기술 및 과학으로서, 모호함을 통해 비밀을 보장하는 한 형태이다. 이 말은 그리스어에서 온 말로 '은폐된 쓰기'를 뜻한다. 이 말은 '숨겨진 혹은 '보호된'을 뜻하는 그리스어 steganos(στεγανός)와 '쓰기'를 뜻하는

graphei(γραφή)가 합쳐진 말이다."[10] 이렇게 쓰인 메시지는 겉으로 보면 아무 이상한 것도 없어 보이며 시시하고 심지어 짜증이 날 정도로 쓸데없는 소리이다 (그렇지 않은 몇 가지 세부 내용들도 있지만 여기에 묻혀 그냥 간과되고 만다). 하지만 그 내부에 감추어진 사적인 메시지는 오로지 그것을 받기로 되어 있는 이만 알아볼 수 있으며, 그 사람은 이미 사전에 그것을 해독할 지식을 가지고 있다. 여기서 핵심적 보안 사항은 메시지를 받는 이가 이게 어떤 메시지라는 점을 알아야만 한다는 것이며, 그것을 해독하는 기술은 그다지 중요한 사항이 아니다.

나의 어머니와 할머니는 여러 장의 두꺼운 편지를 정기적으로 주고받았던 데다가 전화 통화까지 정기적으로 했다. 이들은 날씨 이야기부터 어제 읽은 책 이야기를 거쳐 아침에 무얼 먹었는지까지 별의별 이야기를 다 나누었다. 또한 이들은 도자기 세트에 신기할 정도로 집착하는 것으로 보였다. 누가 누구에게 어떤 차 그릇 세트를 선물로 보냈으며, 이를 누가 보고 너무 마음에 들어했으며, 그 비슷한 그릇 세트를 누가 가지고 있었던 적이 있었으며, 그런 걸 원하면 누구한테 살 수 있는지, 또 값이 얼마나 되는지, 금이 가거나 깨진 컵이 몇 개나 되는지, 고칠 수 있는지 어떤지, 누가 그릇 다루는 게 서툴러서 컵을 깼는지, 또 이 깨진 컵을 접착제로 붙여서 새 것처럼 만드는 기술이 누구에게 있는지 등등등. 그냥 들으면 좀 모자라는 두 푼수 아줌마들이 괜히 장식물에다가 추억과 감정을 담아 한없이 풀어내는 수다일 뿐이다. 하지만 사전 지식을 가지고 있는 이가 들으면 온갖 비밀의 의미들로 가득 차 있는 이야기이다. 컵 하나는 1천 달러이다. 차 세트 여러 벌은 곧 수만 달러이다. 금이 간 컵은 곧 들어간 비용이다. 깨진 컵은 깨진 협상이다. 사람을 언급할 때는 성명을 다 대는 법 없이 비공식적인 약칭과 애칭으로, 시간과 장소는 항상 사적으로 공유하는 추억을 통해 언급된다. 하지만 수프나 케이크의 레시피와 같은 일반적 관심사에 대한 이야기도 나오고 또 어떨 때에는 KGB 검열관에게 직접 전하는 코멘트도 슬쩍 나온다. 이를테면 "혹시 누군가 이 편지를 읽는 이가 있다면 그 사람도 틀림없이 여기에 흥미를 느낄 거야!" 같은 식이다. 이렇게 악의 없고 순진해 보이는 이들이 비밀리에 흉측한 음모를 꾀하고 있다고 누가 의심하겠는가? 심지어 KGB도 의심하지 않았던 것이다!

전표, 금화, 재고품

—

은행도 통화도 없다면 교역을 어떻게 행할까? 우선 큰 부피의 금속을 가지고 다니는 것은 불편할 뿐만 아니라 위험한 일이며, 게다가 교역할 물건들을 모두 대표할 수 있을 만큼 충분한 유통량이 되지 못하는 게 보통이다. 지역에서 유통될 지폐를 찍어내고 이를 귀금속으로 뒷받침하는 게 어떨 때에는 가능하지만, 이러한 일을 수행할 만큼 권력과 신뢰를 갖춘 권력체가 존재하지 않을 때에는 어떻게 할 것인가? 이때 필요한 것은 어떤 중앙 권력과도 관련 없이 독자적이면서 또 교역 당사자들 사이의 제한적인 신뢰에 기초해서도 작동할 수 있는 특수 시스템을 임기응변으로 만들어내는 일이다.

제임스 클라벨James Clavell은 그의 1993년 소설 『외국인Gai-Jin』에서 1860년대 일본에서 나타났던 이러한 시스템을 묘사한 바 있다. 배경은 미국의 페리 제독이 함대 포격의 위협으로 일본을 개방시켜 국제 무역이 시작되었을 때이다. 소설의 사건 대부분은 일본에 자기들 물건을 수입하여 판매하려고 했던 미국, 영국, 프랑스, 네덜란드, 러시아 무역상들이 모여 살던 작은 무역 전초 기지에서 벌어진다. 이 무역상들은 서로를 믿지 않지만 얼기설기 만들어진 하나의 공동체 안에서 함께 붙어 살다보니 또한 협동을 하지 않을 수 없는 상태였다. 이들의 본거지인 무역항은 제일 가까운 곳이래야 바다로 몇 달을 항해해야 도착할 수 있는 먼 거리에 있다. 교신은 항상 늦고 어떨 때에는 아예 불가능하여 금융 시장이나 여러 상품 가격에 대한 최신의 정보를 얻을 수가 없다. 또 이들은 서로 다른 나라에서 주조한 주화들은 절대로 사용하려 들지 않았다. 그랬다가는 가장 머릿수가 많은 집단이 (당시에는 영국인들) 부당하게 이득을 볼 것이기 때문이다.

그래서 이들은 통화 대신 전표(종이쪽지)를 쓰고 이것을 정화(금화와 은화)와 재고 상품(온갖 종류의 귀중품과 상품들)으로 뒷받침하는 방법을 사용하였다. 전표는 누가 누구에게 얼마를 (보통 금이나 은의 중량으로 표시한다) 어느 날짜에 지불한다는 내용과 서명을 담은 종이쪽지이다. 매달 말 회계사들이 이 전표들을 모두 거두어들여 서로 간에 청산을 행하며, 그것들로 청산되지 않은 잔액은 각자 금고 안에 보관하고 있는 금화 및 은화를 꺼내어 무장 경비로 서로에게 호송하여 해결한다. 이때 금화 및 은화가 충분치 않은 경우가 많았고, 그러면 매달 말 부채를 청산하기 위해서 각종 재고품을 쓸 수밖에 없었다. 재고품조차 충분치 못할 때에는 부채가 다음 달로 이월되거나 아니면 일정한 다른 재산을 교환할 수도 있었다. 이렇게 교환 수단은 무에서 즉시 만들어낼 수 있으며, 이때에는 펜과 종이쪽지, 금화 및 은화, 그 밖에 가치가 인정되는 다양한 여러 사물들만 있으면 충분하다.

이러한 시스템에서는 어떤 통화도 유통되고 있지 않으며, 화폐 인쇄 동판도 또 현금 호송 무장 차량도, 은행 지점도 현금 인출기도, 위조 지폐를 잡는 경찰도 필요가 없다. 거액의 연봉을 받아가는 은행가도 없으며, 만약 모두가 월말마다 자기가 발행한 전표를 수거한다면 심지어 회계사도 필요가 없다. 전표를 훔칠 수도 있겠으나 이런 일이 벌어지는 경우는 거의 없다. 훔쳐봐야 아무런 가치가 없기 때문이다. 매달 말 모든 전표는 수거되어 버리므로 계속 유통되는 통화가 있는 것은 아니며, 부채가 자동적으로 연장되는 것도 아니다. 사람들 또한 급하게 결제해야 할 필요가 있거나 무언가 다른 사정이 있지 않은 한 1개월이나 그 이상의 기간 동안 전표를 그냥 쥐고 있는 것에 기꺼이 동의할 수가 있다. 또 어떤 거래가 틀어졌을 경우 관계까지 망가지는 것을 피하기 위해 그 전표를 파기해버리는 데 동의할 수도 있다. "정부의 완전한 신뢰와 믿음"으로 뒷받침되는 법정 화폐의 개념 따위는 존재하지 않는다. 그래서 이러한 시스템은 정부가 신뢰도 믿음도 얻지 못하는 상황, 그래서 그 어떤 유용한 서비스도 제공하지 못하고 아예 존재하지 않는 상황에서 아주 유용할 수가 있다. 그냥 두 사람 사이에 개인 간의 약속만이 존재할 뿐이며, 둘 중 한 사람이 다른 사람을 신뢰하여 약간의 외상을 이자 없이 월말까지 제공하는 것이다. 또 둘 중 누구도 어떤 귀중품이나 양도 가능한 물품을 운반하는 게 아니므로 안전하기도 하다. 또 아무리 액수가 큰 거래라고 해도 전표의 숫자만 크게 쓰면 그만이니 얼마든지 규모를 키울 수가 있다.

범죄 집단들도 비슷한 시스템을 사용한다. 암시장 거래자들 그리고 공식적 통화나 은행 기관을 이용하는 게 불편하거나 위험한 경우들에서도 그렇다. 이와 같은 시스템은 두 가지 방법으로 수정된다. 첫째, 전표가 없다. 둘째, 월말이라는 (혹은 다른 어떤 정기적인) 결제의 주기가 존재하지 않는다. 전표는 종이로 된 흔적을 남기는 짓이니 위험이 따른다.

사람들은 그 대신 거래를 유지하면서 부절符節이 될 톨리 막대기tallies 따위를* 쥐고 자기들 세계의 불문율에 의지하는 쪽이 (도둑들의 세계에는 나름의 명예와 규율이 강제력을 갖는다. 우호적으로 거래가 완료되지 못하면 피를 보는 수밖에 없기 때문이다) 훨씬 더 안전하다. 월말 결제라는 주기가 위험한 이유는, 다양한 가치 저장 수단이 임자를 바꾸어 이동하는 게 언제인지를 모두가 알게 되므로 언제 금고나 호송 차량을 털지 스케줄을 잡을 수 있게 되기 때문이다. 이러한 시스템은 아주 탄력적이며, 불법화에도 타격을 받지 않는다. 따라서 정부이건 마피아 및 그 밖의 어떤 폭력 조직이건 멋대로 좌지우지할 수가 없다. 이를 시사하는 증거는 아주 많다.

끝판의 시나리오 하나

—

금융과 수입 무역으로 굴러가는 지구적 경제의 끝판이 어떻게 될지를 둘러싸고 가능한 시나리오를 하나 살펴보자. 지구적 금융이 또 한 번 2008년과 같이 "똥 밟는 사태whoopsie"가 벌어진다고 가정해보자. "신용 사태"가 벌어지고 화폐 시장이 꽁꽁 얼어붙고 등등… 이 시나리오는 현실에서 이미 한 번 예행 연습이 이루어진 바 있지만, 그 이후 재연 방지를 위해 이루어진 것은 아무것도 없다. 그때 발생한 모든 악성 부채를

---

*　　나무 막대기에 (V자로 갈라진 가지일 때가 많다) 금을 그어 부채의 액수를 표시한 뒤 이를 두 쪽으로 쪼개어 채권자가 한쪽을 (스톡stock이라고 한다) 채무자가 다른 쪽을 (스터브stub라 한다) 가져간다. 채권자는 이를 환어음처럼 다른 사람에게 지급 결제를 행하는 수단으로 쓸 수가 있다. 누구든 이 스톡을 가진 이가 채무자를 찾아오면 양쪽을 맞추어 진짜임을 확인한 뒤 채무자가 지불을 행하고 막대기를 불태워버린다. 이 톨리 막대기는 중세 때 이후 영국 등 유럽의 군주들이 재정 지출과 조세 지불의 방법으로 광범위하게 사용하였다.

중앙 정부가 떠안는 일시적인 땜방 조치들만이 있었을 뿐이다. 지금 달라진 것이 있다면, 정부가 쥐고 있었던 모든 마법의 탄환을 이미 다 쏘아버렸다는 것이다. 죄를 지은 책임자들은 여전히 체포되지 않았고, 오히려 위기 이전보다 더욱 부자가 되어 있다. 따라서 이들은 다음 위기가 오면 더욱 부자가 될 것이라고 생각하고 있을 것이다. 지난번 아들 부시 대통령이 했던 말은 유명하다. "만약 돈을 더 풀지 않으면 이놈들이 쓰러져버릴 수도 있습니다." 그래서 돈이 풀렸고 그 이후로 계속 더 많이 풀리고 있다. 하지만 그 한계는 과연 어디까지인가? 어느 시점에 가면 전 세계 모든 대륙에서 다음과 같은 끔찍한 이야기가 들릴지 모른다. "당신의 화폐는 여기에서는 아무 가치도 없습니다."

그로부터 불과 1주일 후 은행들은 모두 문을 닫는다. 현금 지급기에는 현금이 떨어진다. 마트의 선반들은 텅 비고 주유소에 기름도 떨어지기 시작한다. 몇 상점이 문을 열기는 하지만 물건을 사려오는 사람들도 없다. 식량과 총탄만 팔린다. 거기에서는 더 이상 카드를 그어 대봐야 소용도 없다. 그러자 무언가 벌어진다. 정부가 나서서 위기 관리 특별 대책 본부를 구성하였고, 은행들을 국유화하고 재평가하여 다시 열어서 사람들의 신뢰를 회복하겠다고 발표하는 것이다. 요컨대 정부는 지구적 경제 전체가 난리가 난 상황에서 자기들 영토 안에서만 다른 수단들을 동원하여 일방적으로 사태를 정상화시키려 들 것이다. 은행들은 다시 문을 열지만 중무장한 경비원들이 지키고 있으며, 수많은 사람들이 자기들의 저축을 인출하려다가 체포된다. 은행들은 다시 문을 닫고 폭동이 벌어진다. 정부는 상업을 한 방에 되살릴 다음 조치를 취한다. 예금주들에 대한 지급 보증을 내걸고서 그들에게 현금을 그냥 나누어 줘버리는 것이다. 여기에 들어가는 현금은 그냥 인쇄기로 찍어 마련한 것이다. 이제 사방에 현금이 넘쳐나고 누구나 돈을 가지고 있지만, 국제적인 공급 사슬이 이미 끊어졌고 또 송유관도 텅 빈 상태이므로 마트 선반에는 식료품이 없으며 주유소에는 기름이 없다. 국제 무역을 되살리기 위해서는 국제적 신용이 되살아나야 하며, 이는 다시 상업 은행들이 정상 영업을 재개할 것을 요구하지만, 그러기 위해서는 국제적 공급 사슬과 소매업이 정상적으로 기능해야만 한다.

맨땅에서 다시 시작하는 매뉴얼

—

이런 일이 벌어질 것을 당신이 알고 있다고 가정하자. 그래서 당신의 확대가족 전체를 데리고 당신이 알고 또 신뢰하는 사람들이 있는 장소로 이주한다고 하자. 당신은 이미 그 전에 지구적 경제가 무너진 상황에서도 비교적 안락하고 품위 있게 살 수 있도록 함께 협동하고 물물교환을 행할 친구들의 탄력적 네트워크를 창출하기 위하여 많은 돈과 시간을 투자해놓았던 것이다. 국가 통화는 사방에 넘쳐나지만 그 가치는 종이값밖에 안 되므로 사업 거래에 쓰려면 트럭으로 싣고 다녀야 할 판이다. 물물교환을 통해 생존을 할 수도 있지만 이는 최선의 선택이 되지 못할 때가 많고, 분명히 사적인 교환 수단이 무언가 필요할 것이다.

그래서 앞에서 우리가 이야기한 종류의 시스템을 만들어내고자 한다. 전표 그리고 금화 은화에 (당신이 금화 은화를 가지고 있다면) 기초한 폐쇄적인 1 대 1 교역 시스템이다. 이 시스템을 시작하기 위해서 우선 가치가 있는 것은 무엇이든 내놓겠다고 서약한다. 보석류, 수집품, 골동품, 박제품, 신기한 작은 물건, 무기, 총탄, 각종 연장, 미라 머리, 야구 카드, 포도주, 유명인사의 사인, 고래의 성기뼈⋯ 가능한 것은 사실상 무한정으로 많다. 이런 것들 하나하나의 가치는 당신이 거래하는 사람에 따라 달라진다. 할아버지가 남겨주신 메달은 그를 알았던 이에게 좀 더 가치가 있을 것이다. 조양은이 휘둘렀던 사시미 칼은* 조양은과 사업 거래를 맺었던 이들에게는 좀 더 추억이 많은 물건일 것이다. 거래를 하면서 이따금씩 차액이 발생하여 그걸 메울 필요가 생기면 거래하는 상대방에 따라 그때그때 다른 물건들로 결제하겠다고 서약하면 된다. 그 물건의 가치는 그 서약이 벌어질 때에 평가하여 합의한다. 그다음으로 필요하다면 각자 전표를 써둔다. 여기에 다른 사람들도 들어와서 이 교역 시스템이 집단 전체를 포괄하게 될 수도 있고, 그중 누가 결제 능력이 없어지면 그 기간만 일시적으로 제외시킬 수도 있다. 하지만 이 배제라는 행동을 취하는 주체는 각각의 개인들이다. 각자는 개별 거래를 할 때마다 전표를 받아들일 것인지의 여부를 결정하는 것이다.

이 시스템의 여러 혜택 중 하나는, 사람들이 가진 소유물의 가치가 하락하는 불가피한 현상을 피할 수 있게 해준다는 것이다. 화폐 공급이 달리면 사람들은 자연스럽게 가지고 있는 것들을 필요한 것과 바꾸는 물물교환에 의존할 수밖에 없게 되며, 이때 자기 소유물의 가치는 떨어지게 된다. 그런데 우리가 말하는 접근법을 사용하면 가치가 있는 품목들을 가급적 장기간 시장에서 멀리 유지할 수 있으며, 그냥 헐값에 팔아버리는 대신 그 품목의 공정한 가치에 동의하는 사람들과 서약을 통하여 교환하는 방법으로 처분할 수가 있는 것이다.

이러한 단일의 교역 시스템이 충분한 크기로 성장하면, 좀 더 가치가

---

* 원문은 Mack the Knife. 브레히트의 뮤지컬 〈서푼짜리 오페라〉에 나오는 인물로, 거기에 삽입된 쿠르트 바일의 음악으로 유명해졌다.

집중되어 있는 저장 수단들을 보관하고 지키기 위해 마을 금고를 만드는 것이 필요하게 된다. 이렇게 되면 월말이 되어도 아무것도 실제로 운반할 필요가 없다. 공동체들끼리 서로 교역을 맺기로 결정할 경우에는 서로의 금고에다가 가치 있는 물건들을 보관하기로 협정을 맺을 수가 있다. 그러면 그 두 공동체도 전표를 써서 교역을 행하며, 또 아무것도 운반하지 않으면서 결제를 행할 수가 있다. 둘 사이에 심각한 무역 불균형이 생겨났을 때에만 단단히 무장한 호송대로 단 한 번 두 금고 사이에 운반을 행하는 것으로 충분히 그것을 청산할 수 있게 된다.

이러한 시스템은 중세에나 있었던 것으로 느껴질 수도 있겠다. 실제로 이는 중세에 존재했던 시스템이었다. 그다음에는 서양 제국주의가 나타났고, 제국주의적 팽창을 일삼은 국민국가들은 화석 연료로 추동된 산업화, 원자재를 생산하는 플랜테이션, 공산품 수출을 소화해주는 식민지 시장 등을 통해 부유해졌다. 종국에는 지구적 경제가 나타났다. 그리하여 지구적 금융, 복잡하게 얽힌 채 온 지구를 뒤덮은 공급 사슬, 가장 인건비가 싼 지역으로 끊임없이 이동하는 공장 등도 함께 나타났다. 초국적 기업과 초국적 금융 기관들이 나타나 각국 정부를 궁극의 권력 중심 자리에서 밀어내버렸다. 대규모의 무역 불균형은 산더미처럼 쌓여가는 국채 발행으로 표출되었다. 그리고 국채의 가치는 그 발행국이 얼마나 더 많은 부채를 얼마나 더 빨리 발행할 수 있는가의 능력으로 결정되었다. 하지만 이렇게 계속 부채를 발행하는 일은 경제 성장이 지속되는 한에서만 가능한 일이다.

따라서 이 모든 역사의 흐름이 역전되어 원점으로 돌아가는 일에 너무 충격을 받지 말아야 한다. 그 원점은 바로 이 모든 근대의 발전에 선행했던 고대의 무역과 금융이라는 풍부한 전통이다. 이는 오직 작은 규모에서만 작동하지만, 바로 이것이야말로 지구적 경제의 파산 속에서 지역 경제를 되살리는 데에 필요한 요소이다. 이는 대학 및 경영대학원과는 아주 다른 기술을 필요로 하며 또 사고방식도 철저하게 달라야 한다. 하지만 이 책을 읽고 계신 여러분이 원하는 게 바로 이 새로운 사고방식과 기술이니 이를 익혀두실 것을 나는 감히 소망한다.

금융의 전횡을 조심하라

—

가치 있는 물건들을 사용하여 교역을 행한다는 것은 화폐를 둘러싼 여러 사회적 제도들 가운데서도 가장 오래된 관행으로서, 화폐의 사용보다 몇천 년 더 일찍 시작된 것이다. 우리가 화폐라고 간주할 수 있는 최초의 예들, 즉 군주의 얼굴이 찍혀 있는 "법정 화폐coin of the realm"는 백성들로부터 공물을 뜯어내는 과정을 순탄하게 합리화하기 위해 도입되었다. 즉 세금을 부과할 때에 그 세금의 가치를 매기는 수단으로 이법정 화폐가 사용된 것이다. 그러자 또 백성들은 세금을 지불하기 위해서는 그 화폐를 손에 넣어야 하게 되었고, 그를 위해서는 화폐를 얻기위해 노동을 팔든가 아니면 재화를 화폐와 바꾸어야만 하게 되었다. 보통 군주들은 주화의 주조에 대해 독점권을 유지하였고, 상황의 필요에 따라 가능한 한 많게 혹은 적게 주화를 찍어낼 수 있는 힘을 권력의 기초로 활용하였다. 그런데 근년에 오게 되면 주조권seigniorage—화폐를 주조하거나 찍어낼 수 있는 특권—은 금융 시장에 의해 심각하게 잠식당하였다. 오늘날 각국 정부는 재정 적자를 메울 돈이 필요하면 사적 자본을 끌어와야만 하며, 그들이 요구하는 대로 이자를 갚겠다고 약속해야만 한다. 하지만 화폐의 창출은 오늘날에도 여전히 국가가 독점하는 권력으로 남아 있다. 버나드 본 놋하우스Bernard Von NotHaus라는 이는 리버티 달러Liberty Dollars라는 것을 설계하였다가 15년 형에 처해졌다. 그가 지은 죄는 미국 달러화와 경쟁하도록 설계된 통화를 만들어내고 유통시킨 것으로서, 국내의 테러리즘에 비유되었다.

하지만 대안적 통화를 만들어내고픈 욕망은 항상 존재한다. 따지고 보면 사실상 모든 정부는 찍고 싶은 만큼 지폐를 찍어내는 짓들을 하고 있지 않은가. 돈을 좋아하는 사람들은 많지만, 이 시스템이 저축자들에게 불리하고 정부에 유리하도록 조작되고 있다는 사실을 좋아할 사람은 없다. 미국이 금본위제를 폐기한 지난 41년 동안 미국 달러화는 그 가치를 8천 퍼센트나 잃었다. 그래서 자기들의 저축이 눈앞에서 증발해버리는 꼴을 보고 싶지 않은 이들은 좋든 싫든 금융 시장으로 나와 도박판에 뛰어들지 않을 수 없게 된다. 많은 사람들이 원하는 것은 정직한 돈이다. 시간이 지나도 가치를 잃지 않고, 타락하고 탐욕스러운 정부 공직자들에 의해 통제되지 않는 돈 말이다. 이러한 목적에서 고전적 자유주의 경제학자이자 철학자인 프리드리히 하이에크는 화폐 가치의 장기적 안정성에 전념하는 초국적 기관이 운영하는 통화를 도입하여 통화를 국가로부터 떼어내고 국가의 화폐 독점을 종식시키자고 제안한 바 있었다. 이 제안은 절망적일 정도로 비현실적이다. 사람들은 항상 돈의 유혹을 느끼며 기회만 주어지면 어떤 시스템이든 이용해 먹으려 들 것이다. 설령 그 시스템이 처음부터 정직성의 전범으로서 설계되었다고 해도 말이다. 게다가 화폐 시스템처럼 독점적 관행에 쉽게 지배당할 수 있는 것을 비정부 초국적 기관들이 다스리게 해놓는다면, 처음 의도와는 달리 모종의 전횡적인 국제 금융 체제가 생겨나는 정반대의 결과가 나올 수 있다. 프랭클린 루스벨트가 1936년 10월 31일의 연설에서 말한 바 있듯이, "조직된 금융 세력이 지배하는 정부는 조직 폭력배들이 지배하는 정부만큼이나 위험한 것"이다.

금융의 횡포는 금융 시장이 완전히 고삐가 풀려 정치적 개입 없이 멋대로 돌아가도록 허용되면서 자연스럽게 생겨난 부산물이라고 할 수 있다. 미국 달러화와 유로화처럼 거의 보편적으로 인정되는 안정된 통화를 갖게 되면, 부가 주변부에서 실질적으로 유출되어 중심부 쪽으로 빨려나가는 가운데 전자는 빈곤해지고 후자는 더욱 부자가 되는 일이 계속되다가 마침내 전자가 붕괴해버리는 실로 의도치 않은 결과가 나오게 된다. 라틴아메리카와 아프리카에서 수많은 나라들이 줄줄이 넘어졌던 부채 위기가 이러한 사실을 증언한다. 좀 더 최근에 들어 금융 붕괴의 불길한 가능성이 더 크게 다가오면서 무대는 주변부에서 중심부로 옮겨왔으며, 아일랜드, 스페인, 포르투갈, 그리스 등의 나라들이 여기에 등장하게 되었다. 그리스는 지금 여러 면에서 붕괴 이후의 상태에 들어서 있다. 그곳의 실업률은 30퍼센트에 육박하고 있으며, 인구 중 다수가 이민을 떠나고 싶어 하지만 그렇게 할 경제적 여력이 없다. 스페인도 똑같은 방향으로 표류하고 있으며 그 멀지 않은 뒤를 이탈리아가 따라가고 있다. 유로화는 누가 보기에도 수리가 불가능한 결함투성이라는 게 분명해졌지만, 유럽의 정치가들은 이미 벌어진 사태를 마법사의 도제들처럼 전혀 해결할 줄 모르고 쩔쩔 매고 있다.

유로화의 결함은 정확히 무엇인가? 마스트리히트 조약에 따라 유로존 회원국들은 연간 인플레이션을 3퍼센트 이하로 유지해야 하며, 연간 재정 적자는 GDP의 3퍼센트 이하 그리고 정부 부채는 GDP의 60퍼센트 이하로 유지해야 한다. 이 중에서 지켜졌던 것은 목표 인플레이션뿐이었다. 왜냐면 유럽중앙은행이 통제한 정책이 이것뿐이었기 때문이다. 나머지 둘은 각국 정부가 추구하는 여러 정책에 영향을 받았다. 그 결과 그리스의 부채는 GDP의 160퍼센트로 이탈리아의 부채는 120퍼센트로 올라간 상태이다. 하지만 아마도 가장 큰 설계의 결함은 마스트리히트 조약의 이른바 "사회헌장social chapter"일 것이다. 이는 회원국들에게 노동자들에 대한 공정한 보수 그리고 보장 노령 수당 등을 보장하도록 요구하고 있지만, 이미 생겨날 때부터 사문화된 조항들이었다. 이러한 사회적 목적도 유명무실해지자 비록 명시적으로 언명되지는 않았지만, 결국 누구의 눈에도 자명한 유로화의 목적은 바로 독일을 부유하게 만드는 것이 되었다.

아마도 완벽한 화폐를 찾는 일은 본질적으로 잘못된 일일 것이다. 화폐라는 개념 자체에 깊은 결함이 있기 때문이다. "돈은 냄새가 없다"는 말이 있다. 화폐의 작동은 그 돈을 어떻게 벌었는지와 전혀 무관하게 굴러간다는 뜻이다. 하지만 이러한 사고방식은 현실을 부정하는 것이다. 화폐는 코가 떨어질 만큼 냄새가 쩔어 있는 물건이다. 탐욕과 공포의 냄새, 그리고 그것을 벌어들인 땀과 그것을 빼앗는 데 흘린 피의 냄새이다. 친구 관계와 결혼을 망치는 원인 가운데 큰 것이 돈 문제를 둘러싼 의견 대립이다. 돈에는 범죄가 그림자처럼 따라다닌다. 한 사회 내에 돈이 많을수록 각종 사회적 불평등도 더 심해진다. 금융화가 벌어지면서 각종 인간관계는 종이 쪽지 위에 찍힌 숫자의 문제로 또 그 숫자들을 기계적으로 다루는 맹목적 계산법으로 환원되어 비인간화되었다. 이 허깨비 같은 숫자 놀음에 빠진 이들은 다른 이들을 비인간화하였고 그러면서 자기 자신의 인간성도 상실하게 되었을 뿐만 아니라 계속해서 여러 다른 비인간화 작업을 수행하게 된다. 요컨대 화폐란 사회적으로 볼 때 독성 물질인 것이다. 말할 것도 없이 이는 중독성이 강하다. 화폐를 더욱 순화시키고 정제하겠다는 시도 자체가 마약을 정제하여 더 강력한 마약을 얻겠다는 시도와 비슷하여, 당신을 무언가 도움이 될 만한 방향으로 이끌게 될 것 같지는 않다.

화폐를 지역 경제로부터 부를 뽑아내는 주된 도구가 아니라 지역의 필요에 복무할 수 있도록 화폐의 작동 방식을 바꾸어보자는 논의가 있었고, 이에 관해 쓰인 책도 꽤 많다. 마이클 슈먼의 『지역적 의미를 담은 지역 화폐Local Dollars, Local Sense』가[11] 좋은 예이다. 그런데 이 책에는 화폐 자체가 과연 필연적인 이유가 무엇인지에 대해서는 거의 이야기가 없다. 화폐가 필연적이라는 생각은 당연한 것으로 전제하고 있다. 하지만 전 세계에 걸쳐서 보면 화폐가 거의 혹은 전혀 없으면서도 빛나게 번성하는 공동체들이 여럿 존재한다. 이 공동체들에서는 돈을 써야 할 특별한 경우를 대비하여 마당 어딘가에 주화를 가득 담은 항아리를 묻어놓을 뿐 일상적으로는 거의 사용하지 않는다. 아테네와 다른 그리스의 도시들은 경제 위기로 초토화되어 있지만, 에게해의 작은 섬들로 가면 신선한 농작물과 어류가 여전히 넘쳐나는 가운데 사람들은 금융 위기라는 게 있었는지조차 까맣게 모르고 신나게 살아가는 경우가 여럿 있다. 마찬가지로 멕시코의 디스엠반카도스disembancados는 1994년의 페소화 붕괴를 거의 느끼지도 못하고 지나가버렸다. 이들은 스스로 자기들이 먹을 양식을 재배하고 잡으며 그것을 이웃들과 물물교환하면서 살아가므로, 화폐란 거의 쓸 일도 없었기 때문이다.

화폐가 없으면 어떤 일은 대단히 하기 어려워진다. 도박, 범죄적 고리대, 뇌물, 사기 등이 예이다. 또 부를 축장하는 일도 어려워지며, 어떤 공동체에서 부를 뽑아내어 편리하게 압축된 형태로 다른 곳으로 옮겨가는 일도 어려워진다. 화폐를 사용하게 되면 이는 부채를 창출하는 것이니 화폐를 창출하는 이들에게 권력이 넘어가게 되며, 또한 동시에 부채를 청산하는 것이니 화폐를 없애는 이들에게 권력을 넘겨주게 된다. 또한 우리는 현실의 물질 세계와 직접 상대하는 게 아니라 자의적 규칙과 숫자의 연산으로 꾸며낸 추상물들을 조작하는 것을 전문으로 삼는 자들 무리에 권력을 넘겨주게 된다. 이렇게 되면 현실 세계는 이러한 금융의 여러 추상적 개념들로 표현되는 여러 상징의 베일로 덮이게 되며, 현실에서 벌어지는 실로 경악할 만한 폭력은 그 베일로 은폐되어버린다. 이런 것들이 모두 서면 위의 상징 기호로 표상되어 버리는 것이다. 사람들, 동물들, 생태계 전체가 달랑 종이 한 장 위에 쓰인 숫자가 되어 버린다. 다른 한편, 이렇게 다양하고 이질적인 대상들을 모두 금융이라는 동일한 상징들로 표상할 수 있다는 것 때문에 엄청난 혼동이 야기된다. 예를 들어 나는 아주 지적인 사람들조차 이렇게 말하는 것을 자주 듣는다. 정부는 파산 지경에 처한 금융 기관들의 장부를 개선하여 지급 능력이 있는 듯 보이게 만드는 목적에다 엄청난 양의 공적 자금을 배분했거니와, 이 돈을 과부나 고아들을 먹이는 데 썼었더라면 훨씬 더 나았을 것이라는 것이다. 이들은 금융 기관들과 중앙은행 사이를 오간 그 돈이라는 게 컴퓨터들 사이에서 생겨나 이체된 천문학적 단위의 숫자에 불과하며 따라서 직접적으로는 누구의 배도 채워줄 수 없다는 것을 전혀 이해하지 못하고 있다. 화폐는 중앙은행가가 마음만 먹으면 얼마든지 만들어낼 수 있지만, 이와 달리 식료품은 그냥 뜻한다고 해서 생겨나는 것이 아니다. 자연이라는 놈은 성에, 열파, 홍수, 가뭄 등은 일으키지만 가격 신호에는 아무런 반응도 보이지 않는다.

화폐가 정말 필연적인 것이라면, 외로운 개인이 아니라 하나의 집단 차원에서 함께 모으고 사용하는 게 훨씬 더 효과적이다. 전체 확대가족 혹은 부족이 자기들의 금융 자원을 한데 모으고 그렇게 갹출한 돈을 가장 능력이 뛰어난 이에게 주어 관리, 협상, 할인 공동 구매 등을 모두 맡긴다면 개인들이 각자의 돈을 관리하면서 소매로 생필품을 사는 것보다 훨씬 더 돈을 효과적으로 쓸 수 있다. 똑같은 머릿수의 두 집단이 있는데 한쪽은 개인들 및 핵가족들로 이루어져 있으며 다른 쪽은 확대가족 및 부족으로 이루어져 있으며 전자는 개별적으로 돈을 관리하고 후자는 공동 기금의 방식으로 돈을 관리한다고 한다면, 전자 쪽이 훨씬 더 많은 액수의 돈을 필요로 하게 된다. 게다가 가족이나 부족 내에서는 돈을 내지 않고도 여러 서비스가 제공되는 바, 이 때문에 돈에 대한 필요가 더욱 줄어들게 된다. 몇 가지만 예를 들어보아도 밥상 차리기, 청소, 자동차 수리, 안전 서비스, 건설, 법률 서비스, 회계, 보관 및 운송, 바느질, 관광, 육아, 교육, 의료 서비스 등으로 무한히 다양하다. 또한 잊지 말아야 할 것으로, 이러한 집단 내에서는 무이자로 돈을 꾸는 일이 가능하다! 이러한 활동들 하나하나를 집단 내에서 해결하게 되면 매사를 돈에 의존하는 무능력 상태를 벗어나게 되며, 금융 시스템을 살찌우는 데 들어가던 노동의 적지 않은 몫이 해방되어 우리 자신에게로 되돌아올 것이다.

화폐 신비주의

—

현대 금융의 주된 도구는 신비화시키기, 애매모호하게 만들기, 최면 걸기 등이다. 대부분의 사람들에게 화폐의 창출이라는 성스러운 의식은 위대하고 신비로운 비밀 의식이기도 하다. 고위 성직자가 버튼을 누르면 아무런 힘도 들이지 않아 보이는데 무로부터 마구 돈이 생겨난다.

우리가 조금이라도 더 가지려고 기를 쓰는 바로 그것이 단추만 누르면 마구 생겨나는 것이다. 이는 실로 대단한 눈속임이다. 그 고위 성직자가 여유 있는 자세로 알쏭달쏭한 주문을 외워서 화폐가 생겨나면, 우리는 이를 벌어들이기 위해 구슬땀을 흘리며 일을 한다. 이는 샤먼의 기우제 춤보다 훨씬 더 발달되어 있을 뿐만 아니라 최소한 일정 지점까지는 그 효과 또한 훨씬 강렬하다. 이 과정을 이해하기 힘든 것으로 만드는 데에는 거의 아무도 이해할 수 없는 수학 공식을 사용하는 기법이 쓰인다. 그 의미를 이해하고 그것이 현실 세계에 어떻게 적용되는지를 (사실은 현실과 맞아떨어지는 법이 없다) 이해하는 이는 더욱 적다. 금융의 핵심 공식은 시간의 힘을 빌려 빚을 내는 것이다. 이 공식은 우리의 모든 현대적 금융 제도 및 기관들에 깊숙이 박혀 있으며, 거기에 내재한 논리적 모순은 시한폭탄처럼 지금도 째깍거리며 터질 날을 향해 가고 있다.

금융의 이런저런 공식들 배후에는 여러 경제 모델들이 있으며, 이 모델들은 경제적 의사 결정 및 정책 형성 과정에 논리적 정당화를 제공하는 데 사용된다. 수학을 사용하여 경제를 만족스럽게 묘사하고 설명하는 일이 과연 가능한가? 그렇다고 믿는 이들은 다음의 두 가지 수준에서 실로 공허한 자만에 빠져 있다고 할 것이다. 우선 피상적 수준에서 보자면, 금융가이자 자선사업가인 조지 소로스가 **재귀성 원리**reflexive principle라고 정의한 것이 있다. 시장 특히 금융 시장의 반응은 시장 관찰자들의 인지 구조에 따르게 되어 있으며, 이것 때문에 결국 그들의 인지 구조가 결과에 영향을 미치게 되므로, 이른바 객관적 측량이라는 것은 무의미하게 된다는 것이다. 경제 모델들은 시장 참여자들의 합리적 선호에 대해 여러 가정을 취하지만, 소로스에 따르면 재귀성reflexivity 때문에 시장의 선호는 합리성을 띨 수가 없게 되며 예측불허 심지어 변태적인 방식으로 행동하게 된다는 것이다. 이러한 주장이 폭넓게 함축하는 바는, 사회를 묘사하고 설명하는 문제에 관해서 (금융은 사회의 여러 측면들 중 하나이다) 객관성을 유지할 수 있는 기회는 상당히 제한되어 있으며, 사실상 모든 묘사와 설명은 허구일 뿐 여기에는 논픽션이라는 범주가 있을 수 없다는 점이다. 어떤 종류의 관찰이든 일단 관찰을 당하는 당사자들이 그 관찰 내용에 대해 간접적으로 혹은 소문으로라도 알게 되면 그 내용은 재귀성에 오염되어 주관적인 것으로 성격이 변하게 되며, 따라서 일정 정도는 허구의 이야기가 되고 마는 것이다. 재귀성 원리는 경제학과 같은 사회 "과학"이 객관적인 척하는 것의 모순을 그대로 드러낸다. 차라리 연극이나 문학 작품을 통해 사회에 대해 더 잘 이해하게 되는 경우가 많다. 이런 것들은 객관적인 척하는 법 없이 작가 개인의 감각에 포착된 세상과 거기서 그 작가가 느끼는 감정들을 종합하여 풍부하게 풀어내면서, 보는 사람으로 하여금 수량화나 측량이나 객관적 관찰 따위에 얽매이지 않고 직접 새로운 지식을 얻을 수 있게 해준다. 그러한 합리주의의 구속복에 스스로를 묶어놓은 채 합리주의로 분석할 특징이 나타나지도 않는 사회 현상을 연구하겠다는 것은 이미 애초부터 실패가 예약된 일이다.

이보다 좀 더 깊은 수준의 문제도 있다. 경제는 무한히 복잡한 시스템인데 이를 적확하게 묘사하고 설명하는 데에 수학이라는 유한한 (수리 모델은 유한한 숫자의 상징으로 구성된다고 하는 아주 직설적인 의미) 방법을 사용하려고 든다는 것 자체에 논리적 결함이 도사리고 있다. 이 문제는 리드 버크하트Reed Burkhart의 곧 출간될 논문 "수학의 한계: 몇 가지 그릇된 기초를 바로잡기The Limits to Maths: Correcting Some Erroneous Foundations"에서 다루어질 것이다 (경제학자들과 수학자들 사이에서는 이

논문이 인기를 얻지 못할 것이라고 예상된다). 사회 현상들을 분석할 때에도 수리 모델들이 여전히 유용성을 가질 수 있지만, 그 유용성은 한 시스템 내부의 세밀히 정의된 부분 집합을 서술하고 설명할 때로 제한되며, 그것도 그 관찰이 이루어지는 시점에서의 상태에만 제한된다. 경제학자들은 "수학을 해보겠다고do math" 그토록 기를 쓰건만 어째서 정확한 예측 능력이 도무지 향상되지를 않는 것일까? 예측 능력은커녕 "예측을 내놓는 경제학자들을 뭐라고 부르게? 오답돌이Wrong!" 같은 농담들만 쏟아지지 않았는가? 경제학은 "과학"을 자칭하지만 사실 예측을 내놓는 능력은 거의 전무하다. 그럼에도 불구하고 경제학자들은 전혀 기가 죽지도 머뭇거리는 법도 없다. 어째서일까? 이는 생각해볼 가치가 있는 문제이다. 이들의 "과학"이라는 게 현실을 서술하고 분석하는 기술적인descriptive 것이 아니라 정책과 대책을 내놓는 처방적인prescriptive 것이라서 그런 것일까? 또 이 경제학자들의 고객이라 할 정부 관료들도 경제학자들이 예측 능력이 전혀 없다는 것에 전혀 개의치 않는 것으로 보인다. 이들의 "과학"이라는 것은 데이터를 기반으로 작동하는 과학이 아니라면? 대신 자유 시장은 최적의 방법으로 자원을 배분하며, 시장의 작동에 정치가 개입하면 왜곡이 벌어지며, 등등 자유 시장 자유주의라는 이데올로기의 가정과 전제들—혹은 교조dogma?—에 기댄 이야기일 뿐이라면? 결국 자유 시장이란 경제학이라는 과학의 가면을 뒤집어썼을 뿐 사실은 자본가들이 운영하는 중앙 계획에 불과한 것이라면?

우리에게는 "자유 시장"에 대한 어떤 환상이 있다. 가만히 내버려두면 자동적으로 효율성과 최적화를 달성해주며, 주제넘은 정치인들이 함부로 건드리는 일만 없으면 저절로 번영을 가져오게 되어 있는 이른바 "자유 시장"이라는 게 존재한다는 믿음이다. 이러한 생각 자체가 속속들이 정치적인 색깔을 띠고 있는 것이다. 실상을 보자면, 자유 시장이란 계약을 법으로 강제해줄 재산권 관련 법률 시스템과 경제 범죄를 예방할 경찰 시스템에 전적으로 의지하고 있다. 2장에 나올 사례 연구에서 자세히 논하겠지만, 1990년대 러시아의 경험은 이러한 시스템이야말로 자유 시장에 결정적이며 이것들이 없을 경우 자유 시장은 금세 범죄적 시장으로 변질된다는 것을 보여주었다. 채무자의 빚 액수가 청부살인 시장의 시세보다 더 클 경우엔 채권자를 죽여버리는 편이 훨씬 싸게 먹히는 그런 시장 경제가 된 것이다. 결국에는 자유 시장이라는 것이 사실은 오래 지속된 경제 성장기의 과실을 따먹기 위한 교활한 정부의 계략이었다는 것이 밝혀진다. 하지만 경제가 수축되는 기간이 지속되면 자유 시장이라는 것도 붕괴하지 않을 수 없고, 이렇게 될 경우 정부는 시장 메커니즘을 무시하는 중앙 계획 자원 배분 시스템을 운영해서라도 경제의 작동을 낮더라도 지속가능하고 예측가능한 수준으로 보장하는 것이 온당한 일이다 (물론 아직 그렇게 할 역량이 남아 있을 때의 이야기지만). 미국의 경우 전시의 석유 배급이 그 성공적인 한 예이며, 그 밖에도 다른 예들을 많이 찾을 수 있다.

신비화와 애매모호하게 만들기로 충분치 않을 때, 현대 금융이 사람들을 노예로 묶어두어 계속 순순히 복종하게 만드는 방법이 아직 하나 남아 있다. 바로 최면이다. 잡음 속에 섞여 있는 아무 관계도 없는 신호들을 어거지로 들이밀면서 무언가가 있다는 암시를 주입하는 최면술이다. 인간의 두뇌는 기묘한 속성을 하나 가지고 있다. 설명이 불가능한 사건들에 대해 자발적으로 설명을 정식화해내고 또 잡음으로부터 무언가 메시지를 뽑아내려 드는 성향이다. 파도 소리는 기본적으로 일정한 리듬 구조를 가진 백색 잡음white noise일 뿐이지만, 그걸 오래도록 듣고 있다 보면 누구든 일종의 환각에 빠져 그 속에서 음악 소리도 들리고 또 사람 목소리도 들리게 되어 있다. 금융 시장에서도 똑같은 일이 벌어진다. 시장에서 자생적으로 발생되는 프랙털 잡음을 놓고 거기에 일정한 해석을 계속 뒤집어씌우는 것이다. 매일매일 수백만 명의 사람들이 아무런 의미도 없는 주식 가격 차트를 보면서 무언가 의미 있는 사인들을 찾아내려고 기를 쓴다. 차트는 영원히 사람들을 홀리며 또 영원히 사람들을 매혹시킨다. 고대의 무당들이 양의 창자를 끄집어내어 그 꾸불꾸불한 모습에서 무언가 의미를 읽어내려고 했던 것이나, 오늘날 사람들이 시장에서 발생하는 무의미한 가격 변동을 보면서 벌이는 짓이나 아무런 차이가 없다. 무의미하게 보이는 것 너머에 무언가 있을 것이라는 신비적 믿음을 양쪽 모두 가지고 있는 것이다. 금융 관련 웹사이트들과 케이블 뉴스 채널들은 시장 변동에 대한 여러 리포트와 금융 뉴스 헤드라인을 이리저리 섞으면서 한 판 이야기를 또 풀어놓는다.

이제 진상을 볼 수 있다. 지금 무너지고 있는 현대 금융이라는 이 건축물은 세 개의 기둥 위에 서 있다. 화폐를 창출하는 마법 의식, 수학의 옷을 씌워 과학 행세를 시키고 있는 정치, 시장에서 들려오는 프랙털 잡음으로 사람들을 홀려 노예로 잡아놓기 등이다.

믿을 수 없는 이들과 믿을 수 있는 이들

—

오늘날의 고도로 금융화된 경제에서는 대부분의 상호 작용이 비인격적 성격을 띠며, 시장 시스템에서의 구매와 판매에 기초를 두고 있다. 어떤 거래에서 손해를 보았다면 이는 당신의 잘못이다. 왜냐면 믿을 만한 특별한 이유도 없는 이들과 거래를 한 셈이므로, 이는 당신의 실수이다. 설령 사기를 당했다고 해도 그것이 불법이 아니라면 법에 호소할 수도 없다. 물론 가까운 친구들에게 불평을 할 수 있을 것이며 블로그나 트위터에 글을 써댈 수도 있을 테지만, 시장 경제에서는 사기를 친 쪽이 아니라 당한 쪽에 못난 놈이라는 딱지가 붙게 마련이다. 따라서 대부분의 사람들은 자기가 누군가에게 사기를 당해도 이를 세상에 알리지 않고 그냥 침묵해버린다.

일단 금융 부문이 그 필연적인 디플레이션 붕괴를 겪고 그 뒤에 하이퍼인플레이션의 일격까지 얻어맞게 되면, 금융의 제도 및 장치들은 바로 불신으로 인해 무너지기 시작한다. 가장 큰 은행이나 보잘것없는 사적 개인이나 누구를 믿어야 할지 몰라 헤매는 것은 똑같다. 아직 가능한 거래들이 남아 있지만 이는 비밀스럽고 서로를 의심하는 길거리 경제의 방식으로 수행되는 경향이 있다. "물건부터 보자구!"―"돈부터 꺼내봐!" 금융화된 경제에서 사람들이 사업을 하며 쌓은 평판들이라는 것은 모두 무너지거나 그냥 사라져버린다. 폭력을 불사하는 능력이나 폭력에 맞설 수 있는 능력을 가진 이들이 새로운 평판과 명성을 얻게 된다. 범죄 조직을 뒷배로 삼지 않은 개인들은 가진 것을 강탈당할 확률이 크게 올라간다. 사업가들은 자기들 제품을 광고를 하기는커녕 생산물의 재고도 또 자기가 가진 재산도 드러내기를 두려워하며 숨어버린다. 다수의 사람들은 낯선 이들과 거래를 하는 것을 한마디로 너무나 위험하다고 여기게 된다.

몰인격적·상업적 관계를 버리고 신뢰에 기반을 둔 인격적 관계로의 문화적 변신을 반드시 이루어야 한다. 그런데 여기서 많은 이들이 부닥치는 첫 번째 장애물은 도대체 신뢰라는 게 무엇인지를 이해하지 못한다는 것이다. 믿을 만한 듬직함trustworthiness이라고 불리는 인간의 성질은 타고나는 것이 아니어서, 어떤 이는 가지고 있기도 하고 또 어떤 이는 전혀 없기도 하다. 이는 주어진 관계 안에서 어떤 사람이 어떻게 행동하는가에 대해 일정한 긴 시간을 두고 이루어지는 일반화에 더욱 가깝다. 신뢰란 관계 안에서 나타나는 것으로서, 그 사람도 이유가 있어야 당신을 믿게 되며 당신 또한 무슨 이유가 있어야 그 사람을 믿게 된다. 그런데 여기서 또 다른 성질 하나가 존재한다. 남을 쉽게 믿는다는 것이 그것이다. 이는 어린 아이들과 강아지들에게서 나타나며, 정말 가슴 아프게도, 미국 사회를 떠받치는 수많은 정상적인 성실한 미국인들에게도 나타나는 속성이다. 이것이 가슴 아픈 이유는, 이 소중한 가치가 금융 붕괴의 맥락에서는 오히려 생존에 장애가 되기 때문이다. 이 점은 최근 MF글로벌의 금융 사기 사건에서 적나라하게 드러난 바 있다. MF글로벌은 평범한 사람들의 돈을 위탁받아 자기들이 멋대로 배팅했다가 잃은 돈을 메우는 데에 써버렸고, 그 사람들은 결국 고스란히 돈을 날리게 되었다. 이들은 쓰라린 상처를 달래면서 고통스럽게 울부짖었다. 그런데 그러고 나서는? 또 다른 금융 회사를 찾아 돈을 맡겼으며, 틀림없이 또 똑같은 일을 당하게 될 것이다. MF글로벌의 수뇌부도 처벌받지 않았으니, 다른 회사들도 똑같은 짓을 해서 그들의 돈을 빼앗아가지 않을 이유가 없는 것이다.

또한 미국의 아주 잘 나가는 금융 회사 직원들은 이러한 보통 사람들을 손쉽게 먹잇감으로 만들어버리는 특징들을 풍부하게 갖추고 있다. 이는 그들이 걸친 양복일 수도 있고, 그들의 말씨일 수도 있고, 그들의 세련된 매너와 행동일 수도 있다. 이를 "묻지마 신뢰성trustiness"이라고*

---

*   2005년 미국의 유명한 정치 풍자 코미디언인 콜버트Stephen Colbert는 당시 사실도 논리도 모

부르자. 이를 통해 이들은 마치 자기들의 금융 실적이 "진실성truthiness"을 가지고 있는 것처럼 보이게 만든다. 남에게 쉽게 당하는 사람들의 마음속 아주 깊은 곳에는 이렇게 근사하고 우월한 표본들에게 돈을 강탈 당하는 것에서 자기들이 특권을 누리고 있다고 여기는 마음이 있다. 이러한 포식자-먹잇감의 관계는 펜촉 끝에서 절정에 달하며, 전자는 후자에게 서명하여 그들의 인생을 점선에 따라 자기들에게 넘겨줄 것을 명령한다. 그러면 멍하게 반쯤 넋이 빠져 있는 이 성실한 미국인들은 조용히 그 명령을 그대로 받아들이고, 이윽고 서명을 한다.

사람들이 얼마나 남을 잘 믿는가와 믿을 만한 신뢰성이 객관적으로 얼마나 되는가 사이에 비대칭성이 존재할 경우, 항상 손해를 보는 쪽은 남을 잘 믿는 이들이다. 신뢰란 한 개인의 속성이 아니라 여러 개인들 사이에 존재하는 관계의 속성이며, 따라서 이는 반드시 균형을 갖추어야만 한다. 대략 세 가지 유형의 신뢰가 있다. 첫 번째의 가장 좋은 종류는 우정, 공감 및 동정, 사랑에서 태어나는 신뢰이다. 사람들은 자기들이 좋아하고 신경 쓰는 이들의 신뢰는 절대로 잃고 싶어 하지 않으며 자기의 약속을 지키기 위해 할 수 있는 것은 다 하려고 든다. 두 번째 유형은 평판에 기초한 신뢰이다. 이는 그렇게 단단한 것이 못 된다. 평판이라는 것은 아무도 모르는 사이에 손상될 수 있기 때문이다. 그런데 자기 평판이 망가져버렸다는 것을 깨닫게 되면 실제로 급작스럽게 전혀 못

두 무시하고 오로지 "직감gut feeling"에 근거하여 그것을 진리라고 우기는 부시 정권의 태도를 두고 이를 비꼬는 말로서 truthyness라는 신조어를 만들어냈고, 이는 큰 반향을 얻어 2006년 메리엄-웹스터 사전에 "올해의 단어"로 선정되기도 한다. 그런데 옥스퍼드 영어 사전 측에서 이 단어가 새로 만들어진 것이 아니라 원래 있었던 단어였으며 그 의미는 진정한 "진실성"이었음을 지적하기도 했다. 한편 《뉴욕타임스》는 이 새로이 만들어진 단어를 쓰다가 잘못 표기하여 trustiness라는 또 다른 단어를 만들어내기도 했다. 이 문맥에서는 이러한 복잡한 사정을 필자의 의도를 살리기 위해서 본문과 같이 번역하였다.

믿을 인간으로 돌변하는 경향이 있다. 이 신뢰 게임에서 이제 더 이상 가진 게 아무것도 없으니 손해 볼 것도 없다는 것을 알게 되기 때문이다. 그래서 이제 이들은 정보나 주의 부족 혹은 순전히 습관적 관성 때문에 아직도 자기를 믿어주는 사람들을 만나면 이를 최대한 이용해 먹는 식으로 행동하며, 이로써 자신의 옛날 평판에서 남은 가치를 있는 대로 뽑아먹으려 든다. 마지막 범주의 신뢰는 최악의 종류로서, 강제적 신뢰이다. 즉 어떤 사람이 다른 사람의 신뢰를 깨는 것이 너무나 큰 비용을 초래하거나 너무나 불쾌한 것이 될 때이다. 당신이 전혀 신뢰하지 않는 상대와 사업을 할 수밖에 없는 경우라면 거래가 지속되는 동안 서로 인질을 교환하는 등 양자 모두에게 성실과 신의의 행동을 강제하는 다른 장치들을 마련하여야 한다.

친족 간에 유대 관계가 긴밀하고 또 그 안에서 믿음직한 사람이라는 평판을 얻는 것을 모두가 중요시한다면, 친척이 보통 가장 믿을 만한 사람이 된다. 특히 집안의 명예에 오점을 남기는 것이 대죄로 여겨지는 사회에서 그러하다. 그다음으로 신뢰할 수 있는 사람은 보통 가까운 이웃이다. 그런데 동네가 비교적 정적靜的이며 유대가 긴밀하고 상호 부조의 성격이 강하다면 그럴지 몰라도 만약 그렇지 않다면 오히려 이웃이야말로 최악의 이방인들이 된다. 전혀 믿을 수 없는 자들임이 분명한데도 매일매일 상대하지 않을 도리가 없기 때문이다. 신뢰의 끈이 가장 애매한 층은 전혀 낯선 이방인들이다. 이 경우에는 먼저 검증을 거친 다음에만 신뢰가 확립될 수 있으며, 이 때문에 처음에는 리스크가 적은 종류의 거래만이 이루어진다. 작지만 정성어린 선물을 보내고 나서 과연 보답이 돌아오는지, 돌아오면 어떤 보답이 어떤 방식으로 오는지를 가만히 지켜본다. 또 자기가 무언가 아쉬운 상황에 처했을 때 (심지어 일부러 그런 척할 수도 있다) 그 사람이 과연 아무 대가 없이 도움을 내놓는지 아니면 돕기를 거부하거나 심지어 그걸 이용해 먹으려 드는지를 살펴본다. 이 과정을 거친 후 그 낯선 이는 이제 더 이상 낯선 이가 아니게 될 수도 있고, 아니면 그냥 더 이상 얼굴을 안 보는 사이가 될 수도 있다.

물론 당신이 누군가를 아주 불신한다고 해도 극소수의 가까운 사람에게 귓속말로 말하는 것 말고는 절대 발설하지 않는 것이 좋다. 하지만 사회 전체의 입장에서 볼 때에는 다르다. 그 내부의 여러 사회적 상호 작용이 사람들 모두의 신뢰에 근간하여 제대로 작동하게 만들기 위해서는 신뢰할 수 없다고 판명된 자들을 배제하는 일정한 방법이 있어야 한다. 사람들 사이에 서로 신뢰하고 협동하는 것이 당연시되는 건강한 공동체에서는 이따금씩 그 신뢰를 깨트렸던 사람들이 나왔을 때 그들이 어떻게 배제되고 기피인물로 찍혔는가의 에피소드가 있게 마련이다. 하지만 이웃들이 서로 소외된 상태에서 서로를 불신하고 서로 싸우는 병든 마을이 있다면, 아예 이사를 가버리든가 그 마을 전체와 거리를 유지하는 게 좋다. 나는 이런 종류의 병든 마을을 몇 번 본 적이 있거니와, 이렇게 마을 전체가 병드는 일은 아주 빠르게 벌어지며, 혹시 그것이 치유된다고 해도 이는 아주 오랜 시간이 걸린다. 일정한 네트워크의 효과로 인해 건강한 상태보다 망가진 상태 쪽이 훨씬 지속력이 강하다. 사람들이 친근하고 협동이 살아 있는 공동체에서는 개개인들 사이에서도 또 공동체 전체 차원에서도 신뢰가 존재한다. n명의 개인들이 존재한다면 n개의 신뢰 관계가 존재하는 것이다. 하지만 불신 풍조가 지배적인 콩가루가 된 공동체에서는 모든 개개인들이 다른 모든 개개인을 불신하게 되어 있으니, 그 불신 관계는 n(n-1)이다. 10명의 개인들로 이루어진 건강한 공동체는 10개의 건강하고 신뢰가 넘치는 관계가 존재한다. 10명으로 이루어진 병든 공동체는 90개의 불신 관계가 존재한다. 그렇다면 후자를 고치고 수리하려 드는 쪽보다는 전자를 확립하고 유지하는 쪽이 더 나은 생각으로 보인다.

　신뢰에 기초한 정상적이고 협동적인 인간관계의 개념을 좀 더 넓은 맥락에서 조망해보는 게 도움이 될 것이다. 인간은 사회적 동물이며, 협동을 통하여 번성한다. 서로 맞서는 인간 집단들끼리 싸울 때도 많고, 그 집단의 크기가 클수록 전쟁도 커지며 세계 대전이 되기도 하며 만약 통일된 세계 정부가 나타날 정도가 되면 인류 스스로 절멸할 만큼의 전쟁을 벌이게 될 수도 있다. 하지만 보다 작은 집단들—너무 크면 내부의 큰 갈등으로 스스로 절멸해버릴 함정이 있다—의 내부에서는 협동이 지배적 관계가 된다. 러시아의 위대한 과학자이자 아나키스트 혁명가였던 표트르 크로포트킨은 그의 1902년 저서『상호 부조: 진화의 한 요소_Mutual Aid: A Factor in Evolution_』에서 인간을 포함한 고등 동물들이 성공적으로 살아남게 된 것은 경쟁이 아니라 협동을 통해서였다고 주장하였다. 만약 인간 공동체를 팽창과 지배의 기계로 본다면, 사람들로 하여금 서로에 맞서 경제적 경쟁과 투쟁을 벌이도록 내모는 것이 더 큰 이득을 가져오는 방법이라고 할 수 있다. 하지만 이런 방법으로 이득을 얻을 수 있는 것은 어디까지나 짧은 기간 동안에 한정된 일이며, 그 과정에서 대부분의 성원들은 심한 손상을 입게 된다. 이렇게 과도한 경쟁을 한바탕 치르고 나면 필연적으로 사회적 다윈주의와 "만인의 만인에 대한 투쟁"과 같은 홉스적인 생각이 사람들의 생각을 지배하게 된다. 사람은 누구든 성공을 거두기 위해서는 자신이 소속된 수많은 다양한 집단의 도움을 받아야 하지만, 이러한 관계는 대부분 비공식적이고 암묵적인 것이다. 그런데 이렇게 되면 이제 사람들은 자신의 가치를 이 다양한 인간관계에서 찾는 게 아니라 자기가 얼마나 남들보다 더 우월하며 많은 것을 성취했는가라는 자기 개인의 지위에서 찾으려든다. 이러한 사고방식은 분명히 병든 것이지만, 그 전염성이 워낙 강하다보니 이를 퇴치할 틈도 없이 모든 인간에게 퍼질 수도 있다. 따라서 시간도 모자라고 자원도 희소한 상황이라고 한다면, 협동보다 경쟁을 선호하는 이에게는 그들이 먹던 약이나 계속 먹으라 하고 협동은 한 방울도 나누어주지 않는 게 더 나은 대응이다.

"신들의 황혼"[*]

—

개인의 가치를 미국 달러화나 유로화로 가치가 매겨진 증서에 나타난 숫자인 "순 재산net worth"으로 정의할 수 있다고 정말로 믿는 사람들이 있다. 이들은 이 세상에서 현실성을 갖는 것은 돈뿐이라고 믿는 이들이다. 이러한 사람들에게 금융 붕괴란 모든 의미의 근본적 상실을 가져온다. 이들이 말할 줄 아는 유일한 언어의 모든 단어가 의미를 잃게 되는 셈이며, 이렇게 되면 이 언어밖에 쓸 줄 모르는 이들은 자기들의 삶의 환경에서 존재하는 모든 것들, 벌어지는 모든 일들과 완전히 분리되기에 이른다. 이러한 사람들에게 금융 붕괴가 **아노미**anomie라고 불리는 아주 위험한 비현실성의 감각을 낳게 된다.

이 용어는 사회학의 아버지인 에밀 뒤르켐이 그의 1897년 저서 『자살론』에서 사용한 것으로, 사회적 규범과 행동 한계의 상실, 개인을 공

---

[*]   Götterdämmerung는 북유럽어 ragnarök의 번역어로서, 세상의 종말을 의미한다. 북유럽 신화에 의하면 오랜 시간이 지난 미래의 어느 시점에 인간과 거인과 신들이 모두 서로에 대해 전쟁을 벌이는 날이 오며, 그때 신들이 머무는 성전 발할라Valhalla도 무너지게 될 것이라고 한다.

동체와 엮어주는 유대의 붕괴, 그 결과 사람들이 스스로의 행동을 규제하고 통제할 수 없게 되는 상태를 뜻한다. 그 전까지는 금전적으로나 사회적으로나 엄격히 규정된 한계 내에서 비교적 소박한 삶을 살던 사람들이 이제는 식욕을 잃는 동시에 (무엇을 욕망할지를 결정하는 것은 사회적 지위인데, 자신들의 새로운 지위에서 나오는 욕망이 무엇인지를 알지 못하니까) 먹어도 먹어도 만족을 모르게 된다 (어느 정도를 배분받아야 적절한지는 보다 높은 또 보다 낮은 지위의 사람들과의 비교에서 결정되는데, 자신들의 새로운 지위에서 그게 어떻게 결정될지를 알지 못하니까). 예전에 금융적 이익과 손해를 유인과 제약으로 삼는 시스템 안에서 자신들의 사회적 행동을 규제하고 또 행동과 생각의 조건을 결정했던 이들이 일단 그러한 시스템과 단절되고 나면 바로 앞서와 같은 현실 감각의 상실을 겪게 되며, 이는 다시 추상적 용어로 점철된 금융 사기의 소용돌이 속에서 자신을 소멸시키고 싶다는 피가학적 욕망—프로이트적인 죽음 욕망—으로 변하게 된다. 2008년의 금융 위기를 금융 엘리트들의 실패한 자살 시도로 본다면, 이들이 이를 또다시 기도할 가능성이 높다고 보인다.

현대의 금융은 하나의 비밀 종교 의식으로 볼 수 있다. 중앙은행의 고위 성직자들이 일련의 의식을 거행하여 자생적으로 화폐를 만들어내는 기적을 행하는 비밀 의식인 것이다. 성직자들은 무언가 비밀이 숨어 있는 말들을 뱉는다. 그러면 사람들은 그 말들을 한 마디도 빼놓지 않고 거기에 깃들어 있는 비밀의 의미를 해독하여 미래를 예언하려고 기를 쓴다. 지구적 금융이라는 신은 도저히 그 섭리를 알 수 없는 존재이지만, 여기에 이 중앙은행의 고위 성직자들이 개입하여 경제 회복과 지속적 번영을 보장해준다. 마치 샤먼의 기우제 춤이 확실하게 비를 부르고 혹은 마야 피라미드 꼭대기에서의 인신희생이 옥수수 풍작을 약속하듯이 말이다. 이 의례들이 성립하기 위해서는 모두 공통적인 필수 사항이 하나 있다. 그 의례를 통해 이루어질 것으로 약속하는 일들이라는 게 모두 언젠가 반드시 벌어지는 일들이며 그것도 아주 정기적으로 벌어지는 것이라서, 고위 성직자들의 예언과 약속이 실패하는 게 오히려 이상한 종류의 일들이라는 것이다. 하지만 몇 년간 계속 장맛비가 제대로 와주지 않는다든가 나일강이 범람하지 않아 땅의 비옥도가 떨어진다든가 심한 가뭄으로 작물이 말라비틀어진다든가 아니면 연준, 유럽중앙은행, 국제통화기금IMF의 개입에도 불구하고 경제가 갈수록 악화된다든가 하게 되면, 그 결과는 "**신들의 황혼**"이다. 이는 리하르트 바그너의 오페라 〈니벨룽의 반지〉 한 부분의 제목이다. 북유럽 신화에서 이 "신들의 황혼"이란 신들끼리 싸워 서로 죽이고 그 난리통에 온 세계가 홍수—아마도 나중에 세계가 다시 태어날 수 있다는 암시—로 (거의) 파괴되어 버리는 순간이다. 많은 다른 문화에서도 이와 비슷한 종말론적 신화가 나타난다. 그 줄거리 전개는 항상 비슷하다. 사람들은 자기들이 믿는 신들에 믿음을 바친다. 그런데 신들이 그들을 버린다. 그래서 모두 다 죽어 없어지고 만다.

이번에 금융에서 벌어진 "**신들의 황혼**"에서는 (실제로 『금융 종말의 묵시록*Financial Apocalypse*』이라는 책이 있었다. 표지에는 말을(!) 탄 네 명의 기사들이* 그려져 있다) 이상한 일이 있다면, 그것이 실제로는 각 개개인들의 머릿속에서만 벌어진 사건이라는 것이다. 이는 세상의 종말이지만, 이를 보기 위해서는 돋보기안경을 쓰고 세심히 들여다보아야 한다. 이 종말은 여러 장의 종이에 인쇄된, 그리고 컴퓨터 스크린에 나타난 숫자들로

---

*　　요한 계시록에서 세계의 종말에 나타나는 존재들.

이루어져 있기 때문이다. 아마겟돈을 방불케 하는 전쟁과 아수라장이 벌어지기는 하지만, 거기에서 실제로 생겨나는 부상자들이란 기껏 서류에 손가락이 벤다든가 너무 오래 마우스를 움직이다가 손목터널 증후군에 걸린다든가 하는 정도이다. 대홍수가 벌어지기는 하지만, 이는 어디까지나 파쇄된 서류, 무의미한 숫자들, 그 밖의 무의미한 문서들의 홍수일 뿐이다. 금융에 의한 "세상의 종말"은 이렇게 뻔히 보이도록 어리석은 짓이지만, 그로 인해 우리가 겪게 되는 곤경이 너무나 크기 때문에 이를 무시할 수도 없다. 우리는 스스로를 궁지로 몰아넣었고, 지구적 금융의 사기 행각이 멈추는 날에는 상업도 급정지되는 세상에 살고 있다. 하지만 지구적 금융이 없는 삶, 나아가 일국적 금융조차 없는 삶도 얼마든지 가능하다. 그리고 여러 면에서 이는 오히려 더 바람직한 삶이다. 이는 과거에도 벌어진 바가 있었고 장래에도 일어날 일이다. 우리에게는 기술이 있지 않은가! 어려운 부분은 이러한 이행기 즉 금융의 붕괴로 인해 상업의 붕괴가 야기되어 이것이 다시 단계적으로 국가적인 정치의 붕괴로 이어지는 상황을 어떻게 견뎌 살아남을 것인가이다. 우리는 이 어려운 이행기에서의 생존에 대해 이야기할 것이다.

· 사례 연구 ·

아이슬란드

2008년 9월 아이슬란드의 경제는 극적으로 파멸하였다. 이 나라의 3대 은행 모두가 해외 영업을 크게 벌이고 있었는데 세계 경제 위기의 결과로 이 은행들이 큰 타격을 받게 되었고, 그 결과 나라 전체가 파산 직전으로 몰려갔다. 주가는 90퍼센트의 하락을 보였던 바, 그 전체 주식의 60퍼센트를 차지하던 3대 은행이 파산에 몰린 상태였다. 실업률은 9배로 뛰었다. 물가인상률은 18퍼센트까지 올라갔고, 아이슬란드 통화 가치는 결국 미국 달러화에 대하여 50퍼센트 하락하게 된다. 3대 은행은 지급불능 상태에 빠졌고, 국가의 금융 규제 당국에 의해 인수되었다. 그때 이후로 아이슬란드는 파산한 은행들의 예금자들에게 예금을 돌려주었고, IMF에서 꾸어온 긴급 구제금융 또한 빠르게 갚아버렸다. 2012년 2월 아이슬란드의 국가 신용 등급은 다시 투자 등급으로 회복되었고, 2012년의 GDP 성장률은 2.2퍼센트 근처로 예상되었으니 이는 대부분의 유로존 국가들보다 더 나은 수치였다. 아이슬란드 경제의 크기를 감안할 때 2008~2009년의 위기는 이 나라에서 벌어진 최대의 금융 위기였다. 3대 은행의 부채는 610억 달러에 달했으며, 이는 그 나라 GDP의 12배에 해당하는 액수였다.

사방에서 터지는 금융 위기는 현대 세계의 익숙한 풍경이자 지배적인 특징이다. 재정 파산을 맞은 나라들은 항상 여럿 있으며 투기적 행태를 일삼다가 극적으로 무너지는 은행들과 금융 회사들도 그러하다. 하지만 신뢰를 불안하게 만드는 특정한 상황이 있다고 해도 이것이 신뢰의 완전 소멸을 촉발시켜 한 나라의 금융 시스템을 파국으로 몰고 가는 정확한 시점을 예언하는 것은 항상 위험한 일이다. 파국을 목전에 두고 있는 나라들을 열거하면 긴 목록이 된다. 아마 가장 중한 환자는 일본일 것이며, 그 뒤를 미국이 따르고 있다. 하지만 이 두 나라 모두 비교적 강한 위치에서 출발했기 때문에 그럭저럭 자기들 시간표에 맞추어 회복 프로그램을 밀어붙이고 있다. 그리스, 아일랜드, 스페인, 포르투갈 등 작고 약한 나라들은 파멸 직전에 휘청거리고 있다. 더 작은 아이슬란드는 인구가 32만 명뿐으로 중소 도시 하나 정도밖에 안 된다. 지구적인 금융 자본주의에서 이 나라가 차지했던 위치는, 금융의 갱도 속에 집어넣은 카나리아 새였다고 할 것이다.* 그런데 다른 나라들의 경우엔 우리가 물어볼 만한 질문이 "무엇이 잘못되었던가?"와 "위기를 해결하기 위해 할 수 있는 게 무엇일까?"뿐이라고 한다면, 아이슬란드의 경우에는 "무엇이 제대로 되어 있었는가?"라는 질문이 하나 더 있다. 왜냐면 이 나라에서는 금융 시스템에 잘못이 생긴 다른 나라들과는 달리 무엇인가 제대로 돌아간 것이 분명히 존재했기 때문이다.

---

* 카나리아는 공기의 변화에 민감한 새이므로, 갱도에 들어간 광부들은 공기에 유독 가스가 새어나오는지를 알아보기 위한 방법으로 카나리아 새를 함께 가지고 들어가기도 했다. 카나리아 새가 이상 반응을 보이면 모든 이들이 즉시 빠져나왔다고 한다.

핵심은 금융이 아니었다

—

아이슬란드가 다른 나라들에 비해 누렸던 가장 큰 유리함은, 아마도 아이슬란드 사람들이 당시 벌어지고 있던 사태가 금융 문제이기만 한 게 아니라는 점을, 즉 좁은 의미의 금융적 수단으로만 해결할 수 있는 문제가 아니라는 점을 곧바로 이해했다는 것이다. 아이슬란드에서 네 번째 임기를 맞은 그림손Ólafur Ragnar Grímsson 대통령에 따르면, "… 다행히도 우리는 일찍부터 다음의 사실을 깨닫고 있었다. … 은행들의 붕괴는 단순한 경제적 혹은 금융적 위기가 아니라… 대단히 근본적인 정치적, 사회적 심지어 사법적 위기이기도 하다는 점이었다."[12] 그림손은 인기가 대단히 높은 민주적 지도자로, 네 번째 임기를 마치고서 은퇴하려고 했지만 유권자의 15퍼센트에 달하는 이들이 서명한 청원서 때문에 은퇴에 실패하고 다시 또 출마하게 되었다. 그림손은 대단한 인물이며, 나로서는 아이슬란드에 대해 그보다 더 잘 알 도리가 없다. 따라서 나는 기꺼이 그의 견해를 따르고자 한다.

이 위기가 엄밀한 의미에서의 금융 위기가 아니라는 점은, 위기가 촉발된 계기가 영국의 고든 브라운 수상이 반 테러법을 발동하여 아이슬란드의 최대 은행인 쾨이프씽Kaupthing의 자산을 동결하고 영업을 중지시켰던 데 있었다는 점을 상기하면 느낌이 확 올 것이다. 그림손의 말을 다시 들어보자. "… 고든 브라운 정부는 아이슬란드를 반 테러법의 적용 대상으로 삼았다. 이는 아이슬란드 경제에 엄청난 손상을 입혔을 뿐만 아니라 아이슬란드 국민들에게는 큰 모욕이었다…" 아이슬란드는 "세계에서 가장 평화를 사랑하는 나라의 하나이며, NATO 창립국의 하나이며, 2차 대전 기간 동안에는 영국의 강력한 동맹국이었다. 그런데 이런 나라를 알카에다 및 탈레반과 함께 테러 조직의 공식적 명단에 함께 집어넣은 것이었다." 따라서 이 문제의 금융과 관련된 면은 오히려 부분적인 것임이 분명해진다. 아이슬란드의 3대 은행 가운데서 글리트니르Glitnir 은행과 쾨이프씽 은행은 모두 예금자들에게 이자를 제대로 갚고 있는 상태였거니와, 고든 브라운 정부의 이 대단히 수치스런 책략만 없었다면 란즈방키Landsbanki 은행도 충분히 그렇게 할 수 있었을 것이다.

영국이 이렇게 2008년 10월 8일 반 테러법을 발동한 것에 대해 아이슬란드 사람들 전체가 분노하였고, 이것이 한 원인이 되어 11월 23일 수도 레이캬비크를 뒤흔든 대규모 집회가 벌어진다. 사흘 후 아이슬란드의 수상인 게이르 하르데Geir Haarde는 내각을 해산하였다. 그 뒤에는 그 나라의 사적 소유 민간 은행들이 외국에서 입은 손실을 놓고 아이슬란드의 얼마 되지도 않는 인구 전체가 금융적 책임을 떠맡은 게 과연 정당한가를 두고 격렬한 정치적 투쟁이 벌어졌다.

2010년 2월 3일, 아이슬란드의 의회인 알씽기Alþingi는 영국과 네덜란드의 예금자들에게 미화 35억 달러를 갚기로 의결하였다. 그러자 그림손 수상은 헌법으로 보장된 자신의 거부권을 이 법안에 대해 행사하였다. 3월 6일 이를 놓고 국민투표가 개최되었고, 아이슬란드인들의 90퍼센트가 그 법안에 대해 반대를 표명했다. 2월 17일에는 다시 의회가 아이스세이브Icesave가* 소유한 기금의 환급을 승인하는 법안을 통과시켰지만, 그림손 총리는 다시 영국 및 네덜란드와의 협정에 조인하기를 거부하였다. 또다시 국민투표가 진행되었고, 57.5퍼센트의 아이슬란드

---

* 란즈방키 은행에 예금을 둔 외국 예금자들의 예금 보증 기금.

인들은 환급 반대에 표를 던졌다. 그림손의 논리는 이러했다.

영국인들과 네덜란드인들이 주장하고 있는 바는 다음과 같다. 유럽의 은행 시스템에 따르면 민간 은행은 유럽 어디에서나 사업을 벌일 수 있으며, 만약 성공하면 은행가들은 특별한 혜택을 보게 되며 주주들은 큰 이윤을 얻게 된다. 하지만 만약 실패하게 되더라도 그 비용은 바로 그 은행의 고향인 본국의 일반 시민들인 농부들과 어부들, 간호사들과 교사들, 젊은이들과 노인들이 걸머지게 되어 있다는 것이다. 나의 주장은, 이것이 유럽 은행 시스템의 장래를 생각해볼 때 대단히 불건전한 틀이라는 것이다. 이는 은행가들에게 다음과 같은 신호를 주는 셈이다. 무책임하고 대담한 투자를 얼마든지 행해도 좋다. 운이 좋다면 아주 큰 부자가 되겠지만 실패하더라도 다른 이들이 대가를 치를 테니까. 장래에 건전한 유럽 금융 시스템을 세우고자 한다면 이런 길은 들어서지 않는 편이 옳다.

이는 결코 영국과 네덜란드에만 국한된 문제가 아니다. 은행가들에게 생계비와 정치 생명의 연장을 빚지고 있는 정치가들은 세계 어디에서나 이와 똑같은 접근법을 취하고 있다. 그리고 불행하게도 이러한 정치가들은 대다수를 차지한다. 하지만 그림손은 이들과 달리 자유롭게 행동할 수가 있었다. 그는 또한 용감한 사람이기도 했다.

… 유럽의 모든 나라 정부가 나에게 적대적이었다. 유럽에서나 또 조국 아이슬란드에서나 모든 금융 기관들은 나에게 적대적이었고, 양쪽 모두에서 나의 결정이 완전히 미친 짓이라고 생각하는 강력한 세력들이 존재했다. 말할 것도 없이 이는 상당히 복잡한 문제이기도 했다. 하지만 이 문제의 모든 측면을

내가 분석해본 결과, 결국 금융 시장의 이익과 국민들의 민주적 의지 중 어느 쪽을 선택할 것인가의 문제로 귀결되었다. 이렇게 선택이 완전히 두 개의 갈림 길로만 좁혀지는 경우란 역사상 드물기는 해도 분명히 벌어지는 일이었다.

그리고 나의 대답은 단순히 아이슬란드의 민주적 구조에 대한 것만이 아니라 유럽이 세계에 어떤 기여를 내놓을 것인가에 대한 것이기도 했다. 오늘날의 여러 나라와 민족들에게 우리가 내놓을 수 있는 최고의 유산이 무엇일까? 유럽의 민주주의는 과연 보통 사람들의 권리인가? 자본주의의 금융 시장은 세계 여러 나라에 존재할 수 있고, 그게 꼭 민주주의 나라일 필요도 없다. 따라서 내 견해로 볼 때, 유럽은 금융 시장이 아닌 민주주의가 더욱 중요한 곳이며, 또 마땅히 그렇게 되어야만 한다. 그렇다면 나는 이러한 생각에 근거하여 결국 민주주의를 선택해야 한다는 것이 분명했다.

이러한 이야기에서 무언가 말이 안 되는 점을 느끼신 분들도 있을 것이다. 일개 국가의 대통령이, 그것도 조그만 지방 도시 하나 크기밖에 안 되는 나라의 대통령이 열 개국이 넘는 나라의 지도자들 앞에 분연히 맞서서 그들의 의견을 무시하고 민주주의의 미덕과 인민의 의지의 중요성에 대해 강의를 늘어놓는다고? 그림손은 사자에 맞서 으르렁거린 무모한 생쥐였던 것일까? 그런 것 같지는 않다. 그가 분연히 일어섰던 것은 분명하지만, 그 뒤에는 그 나라 국민들의 강력한 지지가 있었다. 어떤 논쟁적 문제를 놓고 벌어진 국민투표에서 90퍼센트가 한목소리를 냈으니, 이를 무시했다가는 세계 어느 곳의 정치가라고 해도 무사히 남아나지는 못했을 것이다.

아이슬란드의 금융 위기 이야기에서 강조해야 할 두 가지 측면이 있다. 대의제 민주주의의 실패, 그리고 직접 민주주의의 성공이다. 의회는 민간 은행들이 낸 손실을 모든 아이슬란드 국민들에게 뒤집어씌우는 법안을 통과시켰으니, 이것이야말로 대의제 민주주의의 실패를 여실히 보여주는 것이었다. 이는 놀랄 일도 아니다. 어떤 개인이 남들보다 두드러져 민주적 절차를 거친다고 해도 일단 군중들의 대표로 선출되고 나면 모종의 틈이 생겨나기 시작하고 그 개인은 아주 쉽게 부패하여 돈 가진 집단에 좌지우지 당하게 된다. 선출 공직자들은 금방 자기들이 대표하도록 되어 있는 계급들과는 별개의 계급을 형성하게 된다. 이 선출 공직자들 그리고 이들에게 알랑거리며 붙어먹는 이들을 제약할 수 있는 유일한 힘은 보통 사람들의 의지이다. 그것은 직접 민주주의를 통해 표출되는 것이 가장 좋지만, 이조차 여의치 않을 때에는 공개적인 반란으로 터지게 된다. 만약 민주주의 자체가 없거나 완전히 불신을 당하고 있다면 남은 유일한 선택지는 모종의 계명된 전제정이나 선의의 독재정이다. 대의제 민주주의가 완전히 타락하여 국민들 전체의 삶을 위협할 정도가 되면, 심지어 쿠데타로 소수의 군부 집단이 정권을 잡는 것조차 그보다는 더 긍정적인 발전이라고 볼 수 있다.

하지만 아이슬란드는 대단히 오래된, 성숙하고 안정된 형태의 민주주의를 가진 축복된 나라이다. 이는 기원후 874년과 930년 (이 해에 알씽기 의회가 설립되었다) 사이에 아이슬란드에 정착했던 북유럽인 부족들의 직접 민주주의로까지 거슬러 올라간다. 이렇게 민주주의의 역사가 1천 년을 넘으니, 이 나라에서 민주주의는 충분히 뿌리를 내리고도 남았을 것이다. 하지만 민주주의의 역사가 1세기도 되지 않았다면 이는 분명히 불충분한 숫자이다. 지금 다른 금융 사고 지역에 해당하는 스페인과 포르투갈의 경우에는 최근까지도 독재정이 다스리고 있었고, 그리스에서는 소수의 군부 집단이 독재를 행한 바 있었고, 아일랜드의 경우는 500

년에 걸친 영국 식민 통치의 희생물이었다. 영국 통치 체제는 민주적 절차를 거쳐도 확실하게 비민주적 결과물을 내는 데 뛰어난 능력을 보이는 위선적 시스템으로서, 아일랜드는 그 500년의 기간 동안 강제로 이러한 정치 문화에 길들여져 버렸다. 예를 들어보자. 2011년 10월 27일 아일랜드에서는 의회가 은행 사기를 조사할 수 있도록 헌법을 수정하자는 국민투표가 있었지만 부결되고 말았다. 그러자 당연하게도 은행 집단들은 자기들이 낸 엄청난 손실의 부담을 전체 아일랜드 국민들이 갚도록 떠넘기는 데에 성공하였다. 하지만 아이슬란드의 경우에는 은행 사기에 대한 대응이 실로 매서웠다. "사법적 측면으로 보면 우리는 대법원 판사 1인이 이끄는 특별 위원회를 임명하였고, 이 위원회는 아홉 권에 이르는 보고서를 발간하였다. 우리는 특별 검사를 임명하였고, 사법적 법적 시스템과 관련된 다양한 입법과 법률을 마련하였다."

게다가 아이슬란드는 직접 민주주의가 작동할 수 있을 만큼 인구가 적다는 점에서도 축복받은 나라였다. 세계의 가장 오래되고 가장 안정된 민주주의 나라들은 모두 구석에 자리 잡은 작은 나라들이다. 인구가 불과 30만인 아이슬란드가 그중 하나이다. 맨 섬Isle of Man은* 인구가 8만 5천 명으로 맨 섬의 의회Tynwald도 마찬가지로 그 기원이 북유럽인들에 있다. 스위스는 인구가 8백만 명이지만 26개의 주canton로 구성된 연방이며, 그중 가장 큰 베른Bern이라고 해도 인구가 1백만도 채 되지 않아 어느 한 주가 지배적 위치를 점하는 일이 불가능하다. 집단이 일정한 크기를 넘어서면 대표들을 통해서 행동하는 방법밖에는 없으며, 여기

---

*　잉글랜드와 아일랜드 사이의 해협에 있는 섬. 이는 영국 왕실의 직속령으로서 독자적인 의회를 가지고 있다.

가 바로 부패가 시작되는 지점이다. 직접 민주주의가 작동하려면 시민 한 사람 한 사람이 상당한 몫의 주권을 가지고 있어야만 한다. 그 몫이 50만분의 1만 되어도 분명한 효과가 있다. 이 숫자가 10배로만 늘어나도 의지할 만한 힘이 될 것이다. 하지만 수십억 분의 몇이라는 수준으로까지 떨어지면 개인의 주권적 권력이 전국적 수준으로까지 파고 들어갈 수 있는 확률은 실로 미미하게 줄어든다. 즉 한 사람이 가지고 있는 주권적 권력이라는 차원에서 보면 아이슬란드 사람 1인은 중국인 1인이나 인도인 1인에 비하여 거인 중의 거인이라고 할 것이다. 그나마 이렇게 큰 나라들은 다른 나라들에다가 자기들의 의사를 관철시킬 수라도 있다. 하지만 직접 민주주의를 하기에는 너무 크고 다른 나라에 맞서기에는 너무 작은 어중간한 크기의 나라들은 가장 약한 위치로 몰리고 만다.

여기에서 많은 교훈을 끌어낼 수가 있다. 그중 하나로, 만약 당신의 나라가 단일의 민주주의 국가로 효과적 작동이 어려울 만큼 너무 크다면 이를 작은 조각으로 나누어 연방제로 재조직하는 것이 좋은 생각일 수 있다. 최근 스페인에서 카탈로니아가 독립하는 문제를 놓고 국민투표를 시행하자는 운동이 있거니와, 이것이 바로 이런 방향으로의 예라할 것이다. 좀 큰 규모로 가보면, 유럽 연합은 독일이 통일 국가로 가입되어 있다는 사실을 유감으로 여겨야 할 것이다. 만약 독일이 단일의 연방공화국으로서가 아니라 여러 개의 자율적인 **주들**로서 따로따로 유럽 연합에 참여했었더라면 스위스와 같이 민주적 연방의 균형이 좀 더 이루어졌을 것이다. 하지만 그렇게 되었다면 프랑스—이는 독일 연방공화국보다 훨씬 더 고도의 중앙집권화가 이루어진 나라이다—또한 해체될 필요가 있었을 것이다.

민주주의의 실패에 대해 이런 일반적인 생각들은 제쳐놓는다고 해도, 아이슬란드의 금융 위기 이야기에서 일반적 원칙으로 삼을 만한 한 가지 주목할 사실이 있다. 사회가 존속하기 위한 최소한의 크기를 넘긴 다음에는, 민주주의의 효율성이라는 것이 그 주민들의 숫자와 반비례하게 되어 있다는 것이다.

한바탕의 광기

—

북해의 어업에 근거하여 살아오던 작고 오래된 사회가 도대체 어쩌다가 국제 금융의 시커먼 세계에 빠져들게 되어 마침내 그 경제 규모의 12배에 해당하는 빚을 걸머지게 된 것일까? 아이슬란드는 처음에는 에너지와 알루미늄 생산으로 산업을 다각화하였다. 그다음으로 마거릿 대처의 이데올로기로부터 영감을 얻은 전 수상 다비드 오드손David Oddsson의 신자유주의적 시장 개혁 덕분에 금융 부문의 자유화가 벌어졌다. 그러자 아이슬란드의 은행들은 사유화되었고, 해외로부터의 차입을 통해 급속한 성장기를 거쳤고, 또 외국의 시장으로도 팽창해나갔다. 아이슬란드의 금융 시스템은 그 기초인 자기자본의 몇 배나 되는 크기로 성장하였고, 아이슬란드 전체가 하나의 헤지펀드를 닮아가기 시작하였다.

아이슬란드 금융 붕괴의 배경이 시작된 것은 1999년이었다. 이 해에 의회가 통과시킨 외국 기업들에 대한 법에 따라 아이슬란드에 등록된 외국 회사들의 세율과 여러 규제가 조정되었던 것이다. 이 법에 따르면 아이슬란드에 등록된 외국 회사는 수입의 5퍼센트라는 아주 낮은 세율이 적용되었고, 이에 아이슬란드는 역외 조세 도피처로서 경쟁력을 갖게 되었다. 외국 회사들은 또한 재산세도 관세도 낼 필요가 없었다. 1년에 1천 4백 달러라는 아주 싼 등록 수수료만 내면 그만이었다. 그리하여 아이슬란드는 역외 조세 도피처 사업 중심지가 되었다. 게다가 아이슬란드에 등록된 외국 회사들은 정상적인 아이슬란드의 국제 기업의 지위를 얻게 되었고, 아이슬란드는 또한 유럽 연합의 회원국이자 NATO의 회원국이므로 이러한 외국 회사들 또한 본국 중앙은행의 감사를 벗어날 수 있게 되었다. 여기에 더하여 아이슬란드의 쾨이프싱 은행은 실제로 역외 사업지인 맨 섬으로 나가는 것에 관심을 두었고, 그곳의 사업 방식을 사용하여 페이퍼 컴퍼니 설립을 비롯한 민간 은행업과 투자 관리 등 다양한 서비스를 제공하였다.

리먼 브러더스 붕괴로 미국에서 경제 위기가 벌어지자 그 여파로 쾨이프싱의 자금 사정도 악화되었고, 쾨이프싱 산하에 설립되었던 국제 상사들도 돈에 쪼들리기 시작했다. 그중 일부는 블라디미르 푸틴, 드미트리 메드베데프, 보리스 그리즐로프Boris Gryzlov 등의 고위 러시아 공직자들과 연관이 있었고, 소문에 따르면 러시아의 국유 석유회사인 로스네프트Rosneft가 큰돈을 움직이는 도구 역할을 맡았다고 한다. 또 다른 회사들은 로만 아브라모비치Roman Abramovich와 올레크 데리파스카Oleg Deripaska 등의 러시아 신흥재벌인 올리가르히Oligarch들과 연관이 있었다고 한다. 그들 중 하나인 알리셰르 우스마노프Alisher Usmanov는 노릴스크 니켈Norilsk Nickel의 주식을 매점하는 데에 쾨이프싱의 서비스를 이용하기도 했다. 이 과정에서 몇몇 아이슬란드인들은 환상적인 부를 긁어모았지만, 쾨이프싱 은행이 무너졌을 때 러시아의 여러 집단들이 입은 손실은 약 2백억 달러에 달하는 것으로 추산된다. 2008년 10월, 러시아가 아이슬란드를 구제하기 위해 54억 달러를 제안했다는 이야기가 있었다.

이 거래는 성사되지 못했고 결국 러시아는 IMF가 관리하는 긴급 대출 패키지에 참여하였다. 하지만 애초에 모스크바가 난데없이 아이슬란드를 안정화시키겠다고 열심을 보였던 것은 이상한 일일 수밖에 없으며, 이는 그 스스로의 손실을 최소화하려는 욕망에서 온 것임이 분명하다.

제대로 된 접근

—

아이슬란드의 접근법은 금융 회사들을 공적 자금으로 버텨주는 대신 그냥 파산하도록 버려두는 것이었다. 그림손의 말대로, "나는 사실 전혀 이해할 수가 없다. 어째서 민간 은행이나 금융 기관 등이 경제의 안녕과 미래를 위하는 데 산업 부문, IT 부문, 창조적 부문, 제조업 부문 등보다 더 신성하다는 것인가?" 아이슬란드 사람들은 다른 것들에 우선성을 부여하였다. "우리의 경제 조치는 가장 소득이 낮은 부문을 보호하고 … 가장 기본적인 사회 서비스와 의료 서비스를 보호하는 것에 주안점을 두었다…." 사실 그렇다. 보장되지 않은 투자처에 돈을 넣은 것은 러시아 올리가르히들과 영국 및 네덜란드의 투자자들인데, 이들이 자기들 투자에 따르는 리스크를 감수해서는 안 된다는 법이 어디 있는가? 물론 은행가들은 시민들이 자기들을 구제해줄 것이라고 기대하겠지만, 만약 그 나라가 충분히 민주적인 나라라면 그런 고집이 통할 수는 없는 일이다.

게다가 금융 기관들의 파산이 좋은 일이라는 주장의 근거가 또 하나 있다. 이렇게 되면 다양한 자원들을 해방시켜서, 단순히 금리 수취 계급과 슈퍼 리치들만이 아니라 전 사회에 혜택을 줄 만한 활동에 쓰일 수 있다는 것이다. 그림손에 따르면, "… 역설적으로, 지난 2년간 아이슬란드의 여러 산업 부문들—에너지 부문, 여행업 부문, IT 부문, 제조업 부문, 어업 부문—이 은행 위기 이전보다 더 잘 돌아가고 있다." 아이슬란드가 우연히 발견한 사실은, 은행 및 금융 부문이 너무 크면 경제에 두뇌 유출이 벌어진다는 것이었다. 나라 전체를 위한 가치를 생산하는 데쓰일 재원들이 금융 리스크를 관리하고 조작하는 데에 (결국은 그것도 실패했지만) 즉 궁극적으로 분석해보면 네거티브 섬 게임에 해당하는 짓에나 동원되었기 때문이다. 그림손의 말을 다시 들어보자.

유럽, 미국, 그 밖의 세계 모든 곳의 대형 은행들과 마찬가지로 아이슬란드의 은행들도 더 이상 옛날 식의 은행이 아니다. 이들은 하이테크 회사가 되었다. 이들은 고급 엔지니어들, 수학자들, 컴퓨터 과학자들, 프로그래머들 등등을 [고용한다]. 여기에는 경영학이나 금융 전공자들만 있는 것이 아니라 공학, 수학, 컴퓨터 과학 등의 전공자들도 넘쳐난다. 그리고 이러한 교육과 역량을 갖춘 이들을 얼마나 성공적으로 고용하느냐에 따라 은행들의 성패가 크게 좌우된다.

그런데 아이슬란드의 은행들이 붕괴하자 우리는 IT와 창조적 부문 등의 수많은 회사에서 갑자기 능력 있는 인재들이 넘쳐나는 현상을 보게 되었다. 이 부문들은 그 전에도 크게 성장할 잠재력이 있었지만 은행들이 최상의 엔지니어들과 수학자들과 컴퓨터 과학자들을 싹쓸이해버리는 바람에 인력을 구할 수 없었던 것이다. 그런데 불과 6개월 만에 이 모든 인력들이 은행에서 방출되어 다른 곳에 채용된 것이다. 이렇게 갑자기 엔지니어들, 수학자들, 컴퓨터 과학자들을 구할 수 있게 되면서 그 이후로 아이슬란드의 IT 부문, 하이테크 부문, 제조업 부문의 성장기가 시작되었다.

여기서 이러한 교훈을 얻을 수 있다. 21세기의 경제가 IT와 정보 기반 하이테크에서 강점을 갖기를 원한다면, 은행 부문이 비대하다는 것이 (설령 아주 성공적인 은행 시스템이라고 해도) 결코 좋지 않다는 것이다. 이에 기반을 두고 심지어 이렇게까지 주장할 수 있다. 은행 부문이 클수록 경제 전체에는 해가 간다고. 은행 부문은 상여금과 높은 봉급으로 능력 있고 자격 있는 인재들을 자석처럼 싹 빨아가기 때문에 이 창조적 부문들이 그 성장 잠재력을 충분히 발휘할 수 없게 된다. … 21세기에 경제가 두각을 나타내려면 창조적 부문들과 IT 회사들과 하이테크 회사들에 우선성을 부여해야지 큰 은행을 만드는 데에 주안점을 두어서는 안 된다. 현재의 금융 시스템은 지구화되어 있으므로 돈이 필요하다면 어디에서든 언제든 구해올 수가 있기 때문이다. 하지만 창조적 부문에서 가장 소중한 인력을 잃어버린다면 그 손해를 보충할 방법이 전혀 없다.

아마 이것이 아이슬란드가 그 나라를 덮친 최악의 금융 위기에서 성공적으로 회복했던 과정을 보며 얻어낼 수 있는 가장 중요한 교훈일 것이다. 그래서 다음의 세 마디로 (괄호 속의 말과 함께) 요약할 수 있을 것이다.

은행을 망하게 두어라. (하지만 예금자들의 돈은 나중에 반드시 갚아라.)

2장

상업 붕괴

2단계 상업 붕괴. "시장에 가면 다 있다the market shall provide"는 믿음이 사라진다. 화폐는 가치절하를 겪거나 희소한 상태가 되며, 각종 상품 사재기가 벌어지며, 수입에서 소매업까지 이어지는 연쇄 고리가 모두 끊어지며, 기초 생필품의 품귀 현상이 광범위한 일상적 상태가 된다.

경제 개발이 이루어진 나라에서 살고 있는 우리들은 상업 앞에 납작 엎드릴 수밖에 없는 비참한 신세다. 우리는 식량, 의복, 주거, 의료 서비스 그 밖의 거의 모든 것들을 농부, 양복장이, 건축공, 의사 등과 직접 거래를 통해 조달하는 것이 아니다. 우리가 거래하는 대상은 아무것도 하지 않으면서 비용만 불리는 중간 거간꾼들이다. 이렇게 정교하게 상업화·금융화되어 있는 사회 구조를 구축하는 과정에서 우리는 교역이라는 것의 진정한 의미를 잃어버리게 된다. 교역이란 각종 서비스나 가치 있는 물건을 내놓고서 다른 이들의 서비스나 가치 있는 물건과 맞바꾸는 것이다. 아무것도 만들지 않으면서 물건의 소유권만 이리저리 옮겨서 돈을 버는 자들은 이러한 교역의 정의에서 전혀 끼어들 자리가 없다.

이는 아주 새로운 생각도 아니며, 급진적이기는커녕 오히려 뼛속 깊이 보수적이고 대단히 전통적인 생각이다. 경제란 재화와 서비스를 돈으로 바꾸는 것이며, 상업은 경제에 붙어 피를 빠는 기생충이고 (아무것도 생산하지 않는 이가 그저 교역을 행하여 한몫을 챙겨가니까), 금융은 상업에 붙어 피를 빠는 기생충이라는 (돈의 소유권만 이리저리 옮겨서 한몫을 챙겨가는 이들이니 기생충에 붙어 있는 기생충이다) 정의는 오래전 아리스토텔레스에게서 처음으로 나왔다. 미국의 전형적인 정치인들—대통령 포함—은 골드먼 삭스와 같은 금융 기관들을 주요한 정치 자금 기부자로 삼고 있으니 기생충에 붙은 기생충에 붙은 기생충이라고 할 수 있을 것이다. 이를테면 흡혈 박쥐에 붙어 피를 빠는 벌레의 내장에 붙어 있는 벌레라고 말이다.

교역에 기초하여 안정된 정상 상태steady-state를 취하고 있는 경제에서 불현듯 필요하지도 않은 거대한 상업과 금융의 구조물이 자라난다는 것은 전혀 정상적인 일이 아니다. 정상적인 상태라면 재화와 서비스의 흐름이라는 것이 자연이 지속가능하도록 생산할 수 있는 것과 균형 상태에 있게 마련이다. 여기에 추가로 일정한 광업 및 제조업도 있어서 비재생 자원을 서서히 고갈시키기도 하지만, 이것들은 워낙 노동 집약적이라서 상당히 낮은 수준으로 머무는 경향이 있다. 이러한 정상 상태의 경제는 생태적으로 악영향을 끼치지 않지만, 만약 이러한 경제에 아무것도 생산하지 않으면서 폭력이나 사기로 크게 한몫을 챙겨가는 재주를 가진 상인들 및 금융가들 한 떼거리가 달려들게 되면, 그 경제는 공황과 붕괴로 치닫게 되며, 그 과정에서 결국은 그 기생충들도 굶어 죽게 된다.

그런데 이런 일이 벌어질 확률이 높아지는 순간은, 어떤 사회가 새로운 큰 아이디어를 받아들이고 그것을 추구하기 위해 다른 것들을 아무렇게나 내동댕이치기 시작할 때이다. 이는 드문 일이 아니다. 개인들 한 사람 한 사람이 광기에 휩싸이는 일은 드물지만, 사회 전체가 이렇게 되는 것은 아주 정규적으로 벌어지는 일이다. 그 새로운 아이디어라는 것은 회반죽으로 덮은 하얗게 빛나는 신전을 세우자는 것일 수도 있고 (그 과정에서 회반죽을 만들기 위해 삼림을 없애게 된다), 적들을 섬멸하기 위해 청동이나 철로 무기를 만들자는 것일 수도 있고 (그 과정에서 대장간에서 쓸 땔감으로 삼림을 없애게 된다), 아니면 원정을 떠나기 위해 해군을 설립하자는 것일 수도 있고 (이 경우에도 배를 만들 목재로 삼림을 없애게 된다), 그 밖의 다른 목적일 수도 있다. 이 모든 경우에서 결국에는 삼림 파괴, 토양의 침식, 환경적 재앙 등이 벌어지게 되며 결국 붕괴가 일어난다. 네덜란드인들은 초탄草炭을 연료로 의존하다가 (그 과정에서 경작지의 많은 부분을 늪지대로 만들어버렸다) 석탄으로 전환하였고, 그다음에는 석유와 가스로 넘어갔다. 영국인들은 나무를 쓰다가 바로 석탄으로 전환하여 템스 강을 콜타르로 오염시켰고 또 저 악명 높은 런던 안개로 스스로 거의 질식사할 뻔했다. 어디에서나 그 진행 순서는 처음에는 나무, 그다음에는 석탄, 그다음에는 석유와 가스, 혹 일부 경우에는 핵발전으로 이어지는 거의 똑같은 과정을 밟는다. 운송은 육상에서나 해상에서나 풍력과 근육의 힘으로부터 석탄을 때는 증기 기관을 거쳐 석유를 때는 증기 기관을 지나 디젤로 (그리고 핵으로) 이어진다. 하지만 이제 이렇게 값싸고 쉽게 얻을 수 있는 화석 연료의 대부분이 고갈되었고, 남은 것들은 매장량도 적은 데다 채취하기 어렵고 비용과 리스크가 높기 때문에 우리는 이제 붕괴의 길로 접어든 상태이다. 이 붕괴는 지금까지와는 그 규모가 완전히 다르고 범위 또한 전 지구적이라는 점이 다를 뿐이다.

계단형 실패

—

금융이라는 카드로 지은 집이 붕괴하면서 이것이 상업 붕괴를 촉발시키고 이것이 다시 정치적 붕괴를 촉발시키는 과정을 보면, 그 특징을 계단형 실패cascaded failure라고 부를 수 있다. 최초의 실패가 (이는 오늘날의 금융 제도를 떠받치는 여러 전제들이 어느 날 갑자기 무너지면서 벌어진다) 상업에 치명타를 가하며 (왜냐면 상업 신용이 없어지게 되니까) 이것이 다시 (조세 기반이 급격히 축소되면서) 정부의 재정에 치명타를 가하게 된다.

이 지점에 이르러서는 사실상 고도의 선진국들 모두가 잔뜩 부채를 끌어안고 있는 상태가 되며, 성장은 멈추거나 심지어 수축하는 상태에 처하게 된다. 이를 안정된 상태라고 볼 수는 없다. 부채의 수준이 터무니없이 높은 곳에서는 항상 신용이 계속적으로 팽창해주어야만 그 이전에 생겨난 부채의 원리금을 갚을 수가 있게 된다. 하지만 그렇게 해서 대출로 풀려 유통되는 화폐가 시중에 유통되는 재화 및 서비스에 대해 스스로의 가치를 유지하기 위해서는 경제 전체가 그 신용 팽창의 속도에 맞추어 함께 성장해주어야만 한다. 만약 경제 성장이 회복되지 못한다면, 그 결과는 국가 부도 사태다.

그리스가 이러한 국가 부도 사태의 일정한 단계에 진입했다는 사실은 이제 논란의 여지가 없다. 스페인, 이탈리아, 아일랜드 등이 자기들 문제를 해결하여 경제 성장을 다시 시작할 수 있을 것 같아 보이지도 않는다. 첫째, 천연 자원(무엇보다도 석유)의 문제가 있다. 석유는 이제 경제 성장의 연료가 되기에는 너무 비싸며, 남아 있는 자원들—심해 유전, 역청사암 유전, 셰일 유전, 극지방 유전 그리고 그 밖에 이전에는 가능성이 없다고 간과되었던 것들—은 생산비가 많이 들어간다. 둘째, 부채 수준의 문제가 있다. 부채의 수준이 너무 높으면 다른 장애물이 없어도 그것만으로도 경제 성장을 충분히 중단시킬 수 있는 것으로 알려져 있다. 셋째, 이제 성장의 자극이 더 이상 가능해 보이지 않는 지점에 우리는 도달하였다. 최근의 수치를 보면 GDP 성장 1단위를 낳기 위해서는 신규 부채 2.3 단위가 필요한 것으로 나타나고 있다. 구할 수 있는 데이터를 놓고 보면, 우리는 이제 금융 부채를 통해 성장을 부추기는 일에 관해서는 수확 체감의 단계에 진입한 셈이다.

어떤 이들은 국가 부도 사태를 긍정적인 발전의 한 단계로 볼 수 있다는 낭만적인 생각을 품고 있다. 악성 부채를 상각하고 또 한편으로 새로운 건전 통화를 찍어 유통시키면서 경제가 회복된다는 것이다. 실제로 아르헨티나, 러시아, 그 밖의 몇몇 나라들이 이런 일을 겪지 않았던가? 그러니 크기만 좀 더 클 뿐 지구적 경제의 차원이라고 해서 이와 비슷한 긍정적인 일들이 벌어지지 말라는 법이 없지 않겠는가? 각국 정부와 중앙은행들이 일치된 강력한 행동을 취하여 은행들의 지급 능력을 금세 회복시키고 상업 신용도 다시 한 번 풍족하게 풀어낼 수 있지 않겠는가? 관건은 이런 일이 아주 빠르게 (거의 즉각적으로) 벌어져야 하며, 그러한 국제적 협력과 조정의 수준 또한 완전히 전대미문의 것이어야 한다는 점이다. 이론상으로는 물론 가능한 일이다. 하지만 현실적으로는 전혀 그렇지 않다. 2008년의 금융 붕괴의 근본 원인이 무엇인지를 아직도 이해하지 못하고 있는 이들이 이 현기증이 날 정도로 복잡하게 얽히고설킨 지구적 시스템의 핵심적 세부 사항들을 어느 날 갑자기 모두 이해하게 된다고? 그리고 그냥 이해하는 정도가 아니라 그것에 기반을 두고 지구적 경제가 안고 있는 무수한 문제들을 한 방에 해결할 대책을 재빨리 마련해낸다고? 이런 일이 실제로 가능할 리가 없다.

그러나 그 전에도 국가 부도 사태가 터진 나라들이 있었지만 지구적 금융 시스템은 회복되지 않았던가? 그러니 이번에도 그렇게 회복되지 말라는 법도 없지 않은가? 문제는 크기다. 어떤 나라의 국가 부도 사태가 얼마나 중대한가는 지구적 경제에서 그 나라 경제가 차지하는 크기에 따라 달라진다. 아르헨티나의 부도 사태는 지구적 규모에서 보자면 별로 대단한 사건이 아니었다. 러시아의 부도 사태 때에는 롱텀캐피털매니지먼트가 갑자기 파산하면서 금융 시스템 전체가 붕괴할 뻔했기에 미국 연방 정부가 개입하여 구제금융을 실시해야만 했다. 미국의 서브프라임 위기와 리먼 브러더스 은행의 파산은 지구적 금융 체제 전체를 파산 직전으로까지 몰고 갔으며, 이를 구해내기 위한 구제금융의 크기도 훨씬 더 커야만 했다. 오늘날에는 그리스, 스페인, 이탈리아가 위기에 처했다. 비록 그때마다 구제금융이 신속하게 맹렬한 기세로 이루어지기는 하지만, 그를 통해 사람들의 신뢰가 회복되는 약발은 갈수록 그 지속 기간이 짧아지고 있다. 이 모든 충격들이 모두 합쳐지고 게다가 어느 시점에서인가 임계점에 도달하여 지구적 금융 시스템 전체가 엎어지는 일이 벌어지게 되면, 여기에서 앞에 말했던 계단형 실패가 나타나면서 그다음 단계로 지구적 차원에서의 상업이 꽁꽁 얼어붙는 사태가 벌어질 것이다.

충격이 한 번씩 벌어질 때마다 그 결과로 전체 시스템의 회복 능력은 계속 떨어지게 된다. 국지적 국가 부도 사태가 (아르헨티나, 러시아, 아이슬란드) 벌어질 때마다 그 나라들이 회복할 수 있는가의 여부는 세계 경제와 금융 시스템이 비교적 건강한 상태에 있어서 그 나라를 받아줄 수 있는가에 결정적으로 좌우되었다. 우리는 금융 위기가 벌어질 때마다 곧 세계 경제 전체가 여기에 반작용을 가하여 상쇄시켜줄 것이라고 가정하는 버릇이 있고, 이는 지금도 마찬가지이다. 하지만 그렇지 않다. 그러한 위기들 중 어떤 것은 지구적 시스템 전체를 그 선형적인 이동의 범위 밖으로 끌어낼 수도 있으며, 한 번의 불시착이 비가역적 과정임이 밝혀지게 되면 경제 회복도 불가능해진다. 지구적 경제 전체가 더 이상 존재하지 않게 되면, 그것이 낳았던 이 복잡한 지구적 금융 시스템 자체도 더 이상 재생불능이 되기 때문이다.

한편 금융 시스템 또한 경제의 나머지 영역과 떨어져서 존재하는 게 아니다. 따라서 금융 시스템의 실패가 즉시 상업의 붕괴를 야기하는 과정도 상당히 명쾌하게 정의할 수 있다. 모든 화물의 선적에는 금융 거래가 따르게 마련이다. 이는 지구의 반대쪽에 있는 은행들이 각종 신용장을 기꺼이 주고받아 대출을 해주기 때문에 가능해지며, 화물이 목적지에 도착한 뒤에 치르는 대금으로 그 대출을 갚게 되어 있다. 그런데 만약 이러한 은행의 대출을 얻을 수가 없다면 화물도 꼼짝할 수가 없게 된다. 이렇게 물류가 며칠만 멈춘다고 해도 마트의 선반은 텅 비게 되며, 공장에서는 부품 부족으로 생산 활동이 멈추며, 건설 현장과 보수 공사도 중지되며, 병원에 약품과 각종 보급품이 없는 사태 등등이 벌어진다. 1주일도 채 되지 않아서 마을의 주유소에는 기름이 떨어질 것이며 교통이 마비된다. 오늘날의 제조업 및 유통 네트워크는 지구적인 공급 사슬에 의존하고 있을 뿐만 아니라 아주 아슬아슬할 정도의 적기 공급 재고just-in-time inventories만을 가지고 있을 뿐이다. 하이테크 제조업이 가장 쉽게 교란을 맞게 된다. 핵심 부품들을 생산하는 공급자가 하나둘에 불과하며 그것을 대체할 가능성은 거의 혹은 전혀 없기 때문이다. 다양한 형태의 사태가 터지고 (예를 들어 2011년의 일본 쓰나미, 2010년의 아이슬란드 화산 폭발) 그것이 오래 지속될수록 그 충격은 가속적으로 불어나며, 회복 또한 훨씬 더 오래 걸리게 된다는 것이 분명해진다. 이런 상태가 한 달 정도 지속되면 유지 보수에 필요한 보급품이 부족해져 전력망까지 붕괴하게 되며, 이 지경에 이르면 이미 회복은 불가능하게 될 가능성이 아주 높다.

하지만 이렇게 되기도 전에 이미 무서운 속도와 동력으로 위기가 전 지구적으로 전염될 것이다. 지구적 경제에서 아마도 "지구적"이라는 측면이 제일 먼저 사라지게 될 것이다. 낯선 이방인들 사이에서 신뢰를 쌓기란 시간이 오래 걸리는 일이지만 그게 무너지는 것은 순간이기 때문이다. 급속히 쪼그라드는 경제에서는 다른 대륙의 이방인들과 신뢰 관계를 유지하는 것보다 "자기 앞가림"이 훨씬 더 중요한 일이 된다. 그런데 오늘날 세계의 모든 나라들은 사회 기간 시설을 유지하기 위해서라도 각종 부품을 전 지구적 차원에서 수입할 수밖에 없으며, 이는 신용을 통해서만 구매할 수 있다. 만약 사회 기간 시설의 유지가 불가능해진다면 어떤 일이 벌어질 것인가?

광범위한 국가 부도 사태가 줄을 이을 것이며, 이는 잠깐 쏟아지다가 금세 해가 반짝 나오는 한여름 소나기로 끝나지 않을 것이다. 처음에는 그 과정이 점진적으로 진행되겠지만 어느 지점에 이르면 갑자기 사람들의 일상 생활에까지 재난을 가져오는 돌이킬 수 없는 지경에 이를 것이다.

거짓말쟁이들이 즐겨 쓰는 말: 효율성

—

정상 상태에 도달한 경제는 상인들과 금융가들에게는 거의 뜯어먹을 것이 없는 갑갑한 장소이다. 그런데 여기에서 에너지와 원자재의 새로운 자원이 발견된다든가 아직 살아 있는 나무들 혹은 그 화석화된 잔해들을 마구 낭비하여 이득을 취할 가능성이 생긴다면 곧 이들에게는 운수대통의 장소로 변하게 된다. 만약 미래가 현재보다 더 크고 뜯어먹을 게 많고 더 활기차 보인다면, 그 가능성에 기꺼이 배팅을 하는 이들이 생겨나게 마련이며 이들 때문에 또 그러한 미래가 더욱 빠르게 현실이 될 수 있다. 사실 이들은 미래로부터 돈을 빌려오는 것이지만, 그러면서 동시에 미래가 그 빚을 갚아줄 것이라고 가정하고 있다. 그래서 만약 미래가 그 빚을 갚아줄 수 없게 되어 돈을 잃게 된다고 해도 다른 모든 이들도 함께 돈을 잃게 되니 망하는 것은 자기만은 아니다. 하지만 그 반대는 전혀 다르다. 기생충들이 돈을 따는 일이 벌어진다고 해서 다른 모든 이들도 함께 돈을 따는 법이란 결코 없기 때문이다. 이 기생충들은 모든 이들을 필요 이상으로 혹사시키는 한편 자기들 행동이 생태와 사회에 끼치는 결과들은 싹 무시해버린다. 하지만 저렴한 에너지와 풍부한 원자재 게다가 결사적으로 일자리를 원하는 실업자들이 넘쳐나는 경제 호황기에는, 사람들이 이 상인들과 금융가들을 도저히 거부할 수 없는 매력을 가진 이들로 받들어 모신다. 이 기생충들은 그저 손가락만 한 번 튕기면 얼마든지 자본을 만들어낼 수가 있으며 그 자본을 적절히 쓰면 경제 전체를 더욱 효율적으로 만들 수가 있다. 이렇게 경제가 활활 타오르면서 결국 그 풍부하던 자원들이 다 사라지게 될 때까지 말이다. 만약 당신의 사업체가 기생충들의 봉사를 거절한다면, 당신 사업체는 사실상 스스로를 비효율적으로 만드는 셈이 된다. 경쟁력이 떨어지게 된다는 뜻이다. 그렇게 되면 뒤처지게 되고, 결국에는 그들이 당신 업체를 인수해버리든가 아니면 망하게 만들어버릴 것이다.

효율성이란 참으로 이상한 어휘다. 여러 다른 의미를 가지기 때문이다. 정상 상태에 달한 경제는 태양열을 모아 처리한 에너지로 자연에서 얻을 수 있는 자원의 양으로 제약받게 된다. 또한 인간의 필요욕구라는 제약 조건도 가지고 있다. 자연에서 얻을 수 있는 것 이상의 필요욕구를 갖는 이가 있다면 금세 죽어 없어지게 될 테니까. 따라서 정상 상태의 경제에서 벌어지는 모든 활동은 우리의 필요욕구에 의해 조정된다. 그 필요욕구를 충족시키기 위해 우리는 가능한 최소한의 에너지를 지출하며, 일단 그 욕구들을 충족시키고 나면 또한 최소한의 에너지를 사용하려 들게 된다. 만약 어떤 어부가 1주일에 먹는 물고기는 세 마리만 필요하며 그 이상이 잡히면 그가 필요로 하는 다른 것들과 물물교환을 한다고 하자. 그는 날씨가 좋고 따뜻하여 낚시를 하고 싶어지는 날에만 일을 할 것이다. 일단 세 마리를 잡고 나면 그는 쉬고 낮잠을 자고 또 놀러 다닐 것이다. 춥고 컴컴하고 비가 쏟아지는 날까지 기를 쓰고 물고기를 더 많이 잡는 짓은 절대 하지 않을 것이다. 이는 그의 입장에서 보자면 대단히 효율적인 행태이다.

그런데 만약 그의 필요욕구가 이러한 정상 상태의 경제 수준을 넘어서게 된다면, 그래서 집도 사고 차도 사고 트롤 어선도 살 돈을 마련하기 위해 다국적 기업을 위해 어업을 행하게 된다면, 그는 이제 비가 오나 눈이 오나 밤낮을 가리지 않고 물고기를 잡는 수밖에 없다. 그러지 않으면 대출로 사들인 트롤 어선도 도로 뺏길 것이며, 생존에 필요한 1주 세 마리의 물고기는커녕 한 마리도 못 잡게 될 테니까. 이렇게 되면 그 어부는 경쟁자들보다 효율성이 떨어지게 되니까 말이다.

이렇게 효율성이라는 말은 거짓말쟁이들이나 즐겨 쓸 어휘다. 이는 시대마다 장소마다 전혀 다른 뜻을 가지는 말이다. 예를 들어 산업 생산과 조립 공정을 저임금 국가로 옮기는 것이 좀 더 효율적이라고 말한다. 국제적인 임금 격차 덕분에 생산 원가가 낮아질 것이며, 그 결과 소비자 가격도 떨어져서 소비가 늘어나고 경제 성장에도 자극이 올 것이라고 한다. 또한 재래 시장이나 올망졸망한 동네의 가게들이 모두 망해 나가는 한이 있더라도 대규모 마트와 양판점을 들여와 더 저렴한 가격으로 물건을 파는 것이 더 효율적이라고 한다. 대규모 마트는 공급업체들과 더욱 효과적으로 협상을 할 수 있으므로 더 싼 값에 물건을 떼어올 수 있고 그렇게 해서 절약된 돈이 소비자들에게 혜택으로 돌아가니까. 발전된 병참학과 적시 배달이라는 "이동식 창고warehous on wheels" 모델을 활용하면 효율적인 규모의 경제를 달성할 수 있게 되며, 이는 작은 가게들로서는 꿈도 꾸지 못할 일이다. 하지만 이렇게 일자리가 모두 외국으로 빠져나가 손님들 다수가 빈털터리가 되어버리면? 이 대형 마트들은 몇 안 남은 손님들을 위해 매장을 유지하는 것보다는 손실을 줄이기 위해 오히려 폐업하는 쪽이 더 효율적이게 된다. 그리고 일단 상업이 죽어버리게 되면, 도시를 살리겠다고 용을 쓰는 것보다 오히려 도시 전체를 비우고 건물들을 차압하거나 아예 때려 부수는 쪽이 더 효율적이게 된다. 아직 중국에는 돈 있는 사람들이 많이 있으니 대형 마트는 거기에 만들면 되지 않는가. 그리고 중국에서 생산하던 것들은 더 임금이 싼 지역으로 옮겨가면 되지 않는가. 세계 어딘가에 아직 착취할 수 있는 가난한 이들이 남아 있는 한, 그리고 그러한 인건비 절감에 비해 운송비를 무시해도 좋을 만큼 싼 석유가 남아도는 한, 이러한 순환 주기는 계속해서 반복될 수 있다. 그런데 가난한 이들은 전혀 부족하지 않은 상황이지만 (그 반대다!) 싼 석유가 이미 동이 나버렸다. 그래서 이 착취 모델이 지속될 수 없다는 점은 너무나 분명하게 드러나고 있다.

　이에 대해 즉각 나올 만한 반론으로, 새롭고도 멋진 기술을 적용하여 운송의 에너지 효율성을 개선하면 된다는 주장이 있다. 하지만 에너지 효율성이라고 해봐야 그 나름의 여러 문제들이 있다. 근년에 들어서 해운 회사들은 그들이 말하는 소위 감속 운행slow steaming 즉 큰 선박들의 거대한 디젤 엔진을 부분적으로 해체하고 기어 장치를 바꾸는 식으로 속도를 낮추어 운행하는 방법에 의존해왔다. 하지만 이제 감속 운행도 한계에 도달하였고, 더 이상 속도를 낮출 수 없는 지점에 도달하였다. 높은 석유값에 적응하기 위한 다른 하나의 방법으로 선박의 사이즈를 늘려서 더 큰 규모의 경제를 실현하는 것이 있지만, 이러한 과정 또한 이미 올 데까지 와버렸다. 운임은 아직 여전히 낮은 게 사실이지만, 이는 조선업에 행해진 기존의 엄청난 과잉 투자의 효과가 아직 남아 있는 데서 기인한다. 조선업에서는 주문과 인도의 시점 사이에 몇 년의 시간 지체가 있다. 조선업체가 완성된 선박을 인도할 쯤에는 더 이상 화물이 그 배들을 채울 만큼 많지 않을 것이다. 따라서 운송 회사들은 손해를 볼 수밖에 없고 자기들끼리 합병을 벌이지 않을 수 없게 된다. 그리고 이렇게 되면 운임은 다시 올라갈 것이며, 이는 지구적 무역을 제한하는 주요한 요소로 등장하게 될 것이다.

이렇게 되면 지구적 규모의 소비주의는 비효율적인 것이 될 것이며, 아마도 "역내화on-shoring"를 통하여 다시 효율성이 개선될 것이다. 즉 외국에서 제품들을 들여오는 대신에 국내에다가 노동 수용소 같은 것을 차려놓고 이들을 착취하여 그 제품들을 만드는 것이다. 사람들이 효율성이라는 이름 아래에 어떤 원칙까지 희생할 것이며 과연 무슨 짓까지 할지 우리는 아직 바닥을 보지 못했다. 그런데 효율성을 위한 이 모든 법석 가운데에 잊혀진 문제가 있다. 누구 좋으라는 것일까? 이렇게 해서 효율성이 늘어나면 혜택을 보는 게 누구일까? 나? 당신? 아니면 다른 누구일까? 효율성이라는 말은 자기 확신에 빠진 전문가들이 자기들이 내놓는 결론이야말로 기술적인 미덕을 측량할 수 있는 모종의 절대적 척도라고 주장하는 모호하고 추상적인 말장난이 될 때가 너무도 많다. 또한 이를 꿰뚫어보기 위해서는 이것저것 따질 것도 없이 그저 그렇게 해서 절약된 돈을 최후에 가지고 튀는 게 누구냐를 따져보면 그게 정답일 때가 많다. 그다음에는 우리 자신의 입장에서 과연 이런 일이 벌어지도록 내버려두는 게 효율적인 것인가를 따져야 한다.

이렇게 효율성이라는 관념은 자의적이며 혼동에 가득 차 있지만, 이보다 자기모순이 덜한 개념으로서 탄력성resiliency이라는 것이 있다. 효율적인 시스템이란 일정한 조건들이나 용도(들)의 집합에 각별히 더욱 최적화되어 있으므로, 더 충격에 취약할 뿐만 아니라 탄력성도 떨어지게 된다. 최적화 과정의 모든 단계는 특정한 상황에 더욱 고도로 적응시키는 것이기 때문에 일단 그 상황이 변화하고 나면 그 상황에 이미 적응되어 있는 시스템은 효율성도 떨어질 뿐만 아니라 아예 작동을 멈추게 된다. 그런데 탄력적인 시스템은 그 역량의 최대치에 전혀 미치지 못하는 수준에서 작동하며, 투입 요소들의 질과 양에 영향을 받지도 않으며, 어떤 특정의 용도나 환경에 특화되어 있지도 않다. 그 좋은 예는 집고양이로, 하루에 무려 18시간 정도를 잠으로 보내면서 어떤 동물이든 먹잇감으로 삼을 수 있다. 고양이는 대단히 뛰어난 사냥꾼이므로 사냥에 많은 시간을 보낼 필요도 없다. 그들이 세상을 정복하게 된 비밀이 바로 여기에 있다. 최적화된 효율적 시스템의 좋은 예는 바로 벌새로, 이들은 과즙이나 설탕물을 단 하루만 얻지 못해도 굶어 죽고 만다. 효율적 시스템이란 고도로 특화되어 있으며 고유의 투입물에 잘 맞추어진 과정으로서, 그 조건이 충족되지 않으면 작동을 멈추어버리게 된다.

우리는 맹목적으로 효율성을 추구하는 과정에서 우리의 세계를 더욱 깨지기 쉬운 것으로 만들어버렸다. 우리는 더 발전된 것과 더 특화된 것과 더 최적의 것들만 선호하며, 그런 것들만 추구하다보니 자원 활용이라는 측면에서 보면 진화의 막다른 골목에 갇혀버렸다. 예를 들어 우리는 당나귀보다는 푸어브레드 말에 높은 가치를 부여한다. 그런데 당나귀는 아무거나 잘 먹고 심지어 신문지까지 먹어치우지만 푸어브레드 말은 입이 짧아서 잔디, 건초, 곡물 아니면 먹지 못한다. 그리하여 더 이상 먹이를 감당할 수 없게 되면 결국 도축장에 팔아버리거나 아니면 그냥 내다버릴 수밖에 없다. 이런 예는 우리 주변에 도처에 널려 있다. 특화된 효율성은 항상 높은 지위를 얻게 되는 반면, 탄력성, 보편성, 단순성, 튼튼함 같은 것들은 인기가 없고 무시당하는 것이다.

기술 또한 동일한 방향으로 진화한다. 컴퓨터만 보더라도 예전의 냉장고만 한 데스크탑 시스템이 사용되던 당시에는 그 부품들 중 호환이 되는 것들이 많았고 잘 수리만 하면 10년도 너끈히 사용할 수가 있었다. 하지만 오늘날의 날렵하고 멋들어진 모바일 기기들은 부품 중 호환이 되거나 사용자가 보수할 수 있는 것이 전혀 없다. 그 수명은 기껏 1년이나 2년으로 부품 중 하나라도 고장 나면 고철 덩어리가 되고 만다. 심지어 제작사가 소프트웨어 업데이트를 더 이상 내놓지 않기로 결정해도 고철 덩어리가 되어버린다. 자동차를 보자. 옛날의 자동차 모델들은 폐차장에서 주워온 부품들이나 적당히 뚜드려 맞춘 것들을 사용해서 끝없이 수리해서 계속 쓸 수가 있었다. 하지만 오늘날의 자동차 모델들은 차 뚜껑을 열어봐야 사용자가 손을 댈 수 있는 게 아무것도 없다. 심지어 오일 플러그조차 그렇다. 그래서 애초에 설계된 수명 기한이 지나고 나면 무조건 폐차창이나 용광로로 보내지도록 고안되어 있다. 지금 새로 나오는 차들은 완전히 컴퓨터화되어 있고 연료 주입에서도 전자 장치를 활용하므로 카뷰레터를 쓰는 것보다 더 효율적이다. 하지만 일본에서 지진과 쓰나미가 한 번 터지자 전자 장치로 연료가 주입되는 소형 컨트롤러가 생산이 중지되어 버렸고, 그 결과 전 세계 자동차 생산의 3분의 1이 중단되고 말았다. 그래서 간단한 손 도구들로 분해 점검이 가능한 단순하고 비효율적인 낡아빠진 카뷰레터 엔진이 효율적인 하이테크 엔진들보다 더욱 탄력성이 크다는 것이 입증되었다. 그 연료 효율성은 떨어질지 모르지만 전반적인 효율성 특히 경제의 교란에 직면했을 때의 전반적 효율성은 더 크다. 더욱 발전된 엔진들은 하이테크 대체 부품이 없어지면 곧 작동을 멈추게 되지만, 이 옛날 엔진은 그때에도 여전히 작동할 수 있기 때문이다.

효율성의 개념과 탄력성의 개념을 하나로 녹여내는 가상의 용광로에 해당하는 특정한 상황도 있다. 혼자서 작은 돛배를 몰고 대양을 건너는 경주에서 참가자들은 효율적인 동시에 또 탄력적이어야만 한다. 이들의 돛배는 경주에서 경쟁자들을 이길 수 있도록 빨라야 한다는 점에서 효율적이어야만 한다. 하지만 이들의 배는 또한 탄력적이어야만 한다. 바다 한가운데에서 기계공을 부르거나 대체 부품을 주문하는 일이 불가능하기 때문이다. 그 시스템이 아주 단단하여 고장 날 가능성이 거의 없든가 아니면 아주 단순하여 배를 탄 이가 배에 싣고 간 정도의 도구로도 쉽게 고칠 수 있다면 이상적일 것이다. 그 한 예로서 이미 상당한 진화의 과정을 거친 것이 바로 자동 운항 장치이다. 혼자 타고 가는 배에서 교대할 사람도 없으니 대서양을 넘는 데 걸리는 몇 주간 계속해서 한 사람이 배의 키를 쥐고 있을 수는 없는 일이다. 복잡한 전기 시스템과 수압 시스템이 도입되어 시행착오를 반복한 끝에 마침내 놀랄 만큼 간단하면서도 대단히 명민하게 움직이는 표준적인 풍향계가 나왔고, 이는 단순한 기계 조작을 통하여 풍향의 변화에 관계없이 배의 항로를 변함없이 유지해준다. 그저 조금씩 청소만 해주면 된다.

효율성과 탄력성이 반드시 모순을 일으키라는 법은 없지만 우리는 이 용어들이 쓰이는 방법에 주의해야 한다. 노동 생산성과 같은 경제 효율성 척도들은 거의 쓸모가 없다. 에너지 투입의 대체 가치를 인간 노동으로 따져 고려하지 않기 때문이다. 엔진으로 가동되는 기계톱을 다루는 벌목꾼은 도끼로 일하는 벌목꾼보다 더 생산적이라고 여겨지지만, 그 기계톱을 돌아가게 만드는 가솔린 1갤런마다 인간 노동 약 5백 시간에 맞먹는 동력이 들어 있다는 사실은 무시된다. 시원한 에어컨이 돌아가는 좌석에 앉아 컴퓨터 제어판을 보며 단추만 눌러서 땅을 가는 4륜구동 트랙터를 모는 농부는 두 마리 황소에 비끌어 맨 쟁기를 모는 농부보다 더 효율적이라고 여겨지지만, 사실은 에너지로 따져볼 때 훨씬 효율성이 떨어지며 또 탄력성도 훨씬 떨어진다.

효율성을 평가할 때는 개인적 효율성으로 평가하는 것이 더 낫다. 즉 어떤 주어진 과제를 완수하는 데 있어서 외부의 에너지 투입 요소들로 증폭시키지 않은 상태에서 본인 스스로의 에너지가 얼마나 필요한가로 평가해야 한다는 것이다. 식량을 조달하는 가장 효율적인 방법은 손으로 집어서 바로 입으로 가져가는—그야말로 나무에서 사과를 따먹는—것이 최고다. 수확, 운송, 분류, 세척, 포장, 유통, 판촉 등의 활동은 전혀 필요가 없다. 어떤 한 과정에서 그 안에 있는 단계들을 제거할수록 더욱 효율적이 되는 법이다. 효율성 측량에 보통 쓰이는 척도들은 무언가를 하지 않는 것의 효율성을 무시한다. 예를 들어 혼자서 아이를 키우는 어머니가 있다고 하자. 그녀는 차를 몰아 출근을 하며, 어린이집에 돈을 내고 아이를 맡기며, 집에 돌아와도 요리할 시간이 없어서 더 비싸고 영양도 좋지 못한 냉동 식품을 사다가 먹으며, 스트레스로 인한 여러 건강 문제 때문에 의료비 지출만 계속 늘어나다가 결국 파산해버릴 수 있다. 아니면 취직을 하는 대신 그냥 집에 들어앉아서 하숙을 치면서 세탁 및 다림질 일도 하면서 이런저런 방법으로 동네의 비공식 경제에 참여하는 식으로 교통비, 식료품비, 어린이집 비용, 의료비 등을 아끼면서 살다가 또 파산해버릴 수도 있다. 이 둘 중 파산으로 이르는 더 효율적인 방법이 있다면 어느 쪽일까?

거꾸로 뒤집힌 삶

—

기원전 6세기 이전에는 대부분의 사람들이 지구가 평평하다는 혹은 창공이 둥그렇게 덮고 있는 원반이라는 케케묵은 생각을 가지고 있었다. 지구가 둥글다는 생각이 여러 천문학적 관찰 사항들과 훨씬 잘 일치한다는 이야기가 처음 나왔을 때 어떤 이들은 그건 전혀 불가능한 이야기라고 주장하였다. 그게 맞다면 지구 반대편에 있는 이들은 다 아래로 떨어질 테니까. 또 어떤 이들은 지구 반대편에 있는 이들은 제대로 된 자세를 취하려면 머리를 땅으로 두어야 할 것이라고 생각하였다. 중력이라는 게 작동하는 방식이 참으로 신비하여 그런 문제들은 생기지 않는다는 걸 사람들이 이해하는 데는 상당한 시간이 걸렸다. 그런 케케묵은 생각을 가졌던 이들은 또한 우리 눈에는 절망적일 정도로 케케묵은 옛날의 부족적 생활 방식을 영위하고 있었다. 이들이 다른 이들과 맺는 상호 작용을 지배했던 것은 선물이며, 중요성으로 따져 그다음은 공물을 바치는 것이며, 그다음은 물물교환이었다. 교역이란 그저 높은 지위의 사람들이 사치 품목을 거래하는 것으로 제한되어 있었다. 사람들이 가장 크게 의지했던 이들은 바로 주변에 있는 사람들—가족, 부족, 씨족—이었고, 먼 곳에서 온 이방인들에게는 전혀 의존하는 바가 없었다. 상업—아무것도 생산하지 않으면서 그저 사고팔기만 하는 과정—이란 이들의 세상에 설 자리가 없었다.

콜럼버스 시절이 되면 지구가 평평하다는 생각은 대부분의 세계에서 미신의 자리로 쫓겨나게 되었고, 그는 그래서 인도로 가는 지름길을 발견하겠다는 희망을 품고서 해가 지는 서쪽으로 배를 몰았다. 그와 다른 항해가들, 정복자들, 식민가들의 노력에 힘입어 이 지구는 결국 지상의 인류 중 가장 잘 조직되고 무장된 자들의 필요에 무릎을 꿇게 되었고, 이들의 권력은 소수의 제국 중심지들로 집중되었다. 시간이 지나면서 옛날의 부족 경제들은 파괴되고 그 부족 경제를 거꾸로 뒤집어놓은 모습의 경제 생활이 대신 들어서게 되었다. 그리하여 이제 인류의 경제적 상호 작용을 지배하는 것은 상업이 되었고, 교역, 공물, 물물교환 등은 그 한참 뒤편으로 밀려나게 되었으며, 선물이란 의례와 의식에 흔적으로만 남는 정도의 역할로 주변화되었다. 우리는 이제 예전만큼 (확대) 가족에 경제적으로 의존하지 않게 되었으며, "부족"이니 "종족"이니 하는 말들은 정말로 낡아빠진 것이 되었고, 우리의 물질적 필요 대부분의 충족은 전 세계에 살고 있는 이방인들에게 절대적으로 매달리고 있다. 게다가 우리는 상업적 거간꾼들의 도움이 없으면 이 이방인들과 아예 교역을 행할 수가 없다. 오늘날 선진국 세계 대부분을 지배하는 경제 패러다임은 인류가 지구상에 존재해온 3백만 년의 기간 대부분에 걸쳐 우리가 믿어온 바를 거꾸로 뒤집어놓는 것이다. 즉 보편적 인류의 문화적 규범을 완전히 거꾸로 세워놓은 것이다. 이제 우리는 옛날 사람들이 지구 반대편 사람들이 살았을 것이라고 상상했던 바로 그 모습으로 살고 있다. 아래 위를 제대로 유지하기 위해 머리를 땅에다가 처박은 모습으로 말이다.

국지적 규모에서 지구적 규모로 나아가도록 만든 동력은 초기에는 노예 노동이었지만 나중에는 화석 연료 에너지였다. 지구적 무역이 범선에 의존하던 때에는 운송의 경제성과 선적 비용 때문에 화물의 종류도 향신료, 설탕, 럼주, 옷감과 섬유, 인디고, 소금에 절인 고기와 어류, 공산품 등으로 제한되었다. 그런데 화석 연료로 움직이는 선박들이 주로 쓰이게 되었고 나중에는 디젤을 동력으로 삼는 유조선 및 컨테이너 선박들이 나타나게 되었다. 그러자 운송 비용은 거의 무시해도 좋을 정도로 낮아졌고, 지구적 무역의 범위도 무한히 넓어져서 마침내 플라스틱으로 된 오렌지색 할로윈 호박이나 크리스마스 트리 전등처럼 한 번 쓰고 버리는 싸구려 플라스틱 제품들까지 대상이 되었다. 하지만 이는 어디까지나 운송 비용이 무시할 만큼 저렴할 때에만 가능한 일이며, 유가가 배럴당 1백 달러 근처를 맴도는 상황에서는 그럴 수가 없다. 앞에서 말한 바 있듯이 아주 큰 선박을 아주 느린 속도로 운행하는 감속 운행이라는 방법처럼 에너지 효율성을 개선하는 여러 방법이 있기는 하지만, 이 또한 그 한계에 이미 도달하였다. 이러한 여러 힘들이 합쳐진 결과가 바로 지구적 운송 물량이 장기적으로 감소하는 현상인 것이다.

이렇게 본다면, 오늘날처럼 인류가 정상적인 경제 패턴을 거꾸로 뒤집어서 생활하고 있는 시대는 전체 인류의 역사에서 한 에피소드에 불과할 것이며 그것도 상당히 짧은 기간 안에 끝나버릴 것이다. 이런 경제 패턴은 비재생 에너지 자원을 계속해서 증대시킬 수 있는 동안에만 작동할 수 있는 것이기 때문에 그 기간이 아주 짧을 수밖에 없으며 따라서 그 패턴 또한 근본적으로 결함을 안고 있는 것이다. 이러한 패턴이 더 이상 작동할 수 없게 되었다고 해도 만약 부채의 무한 팽창이 여전히 가능하다면 이 패턴도 더 연장될 수 있지만 그 기간은 더욱 짧을 수밖에 없다. 그 연장 기간은 아주 빠르게 끝나게 되며, 다시 붕괴로 귀착될 것이다. 이는 이러한 과정의 필연적 귀결이며, 다른 종착점이 있을 수 없다. 이런 점에서 볼 때 사실상 이러한 과정 전체가 붕괴를 가져오는 전략이라고 할 수도 있다. 지금 진행되고 있는 이 붕괴 속에서 다시 한 번 인류가 기회를 얻기 위해 할 일은 거꾸로 뒤집힌 경제 패턴을 다시 제자리로 돌려놓는 일이다.

세계보건기구WHO와 미국 농무부 등 공중 보건의 문제를 다루는 수많은 국가 기구 및 국제 기구에서는 다양한 식료품 섭취에 관한 하나의 길잡이 역할을 할 그림을 내놓고 있다. 피라미드 모양의 그림은 건강한 식생활을 위한 식단의 구조를 알기 쉽게 설명하고 있다. 제일 아랫부분에는 빵, 밥, 국수 등 곡물에서 온 기본 탄수화물이 있다. 그 바로 위에는 약간 더 작은 크기로 야채와 과일이 있고, 그 위에는 다시 더 작은 크기로 낙농 유제품과 동물성 단백질(육류, 가금류, 어류) 그리고 식물성 단백질(콩류와 견과류)이 있다. 그리고 다시 그 위에는 지방, 기름, 단것들이 있고 여기에는 "조금만 섭취할 것"이라는 팻말이 붙어 있다. 사실 지방과 기름 말고는 건강을 유지하는 데 꼭 필요한 것도 아니다.

그런데 이 기구들 중 어디에서도 건강한 인간관계를 구성하는 길잡이로 쓸 수 있는 피라미드 그림은 발표하지 않는다. 모두가 사회적으로 건강한 삶을 살고 또 사회 전체도 건강하게 유지되기 위해서는 어떤 유형의 인간관계가 어떤 비율로 배합되어야 하느냐를 보여주는 피라미드가 없다는 것이다. 이는 실로 안타까운 일이다. 몸이 건강한 개개인들로 이루어진 병든 사회가 몸이 병든 개개인들로 이루어진 건강한 사회보다 더 나을 바가 무엇인가. 이렇게 중요한 문제가 이렇게 완전히 간과되고 있는 실정이니, 이를 조금이라도 메우기 위해서 내 나름의 피라미드를 하나 제시해보고자 한다.

내가 제시하는 피라미드의 제일 아래층—사람과의 건강한 상호 작용을 위해 가장 많이 필요로 하는 인간관계 유형을 표시—은 가족, 확대가족, 부족이나 씨족 등으로 이루어진다. 즉 당신과 가장 가까운 이들로서 당신이 태어나서 오늘날까지 살아오는 삶의 과정 전체를 서로 함께한 이들이다. 이들에 대해 당신은 벗어날 수 없는 여러 의무를 지고 있으며, 완전히 믿을 수 있을 뿐만 아니라 가족의 명예를 걸고서 당신을 지지하고 보호하고 편을 들어줄 이들이다. 그런 면에서 이들은 당신의 사람들이라고 할 수 있다. 보육, 사회적 성숙, 가르침과 배움 등의 가장 중요한 사회적 상호 작용들이 바로 이러한 관계의 맥락 속에서 벌어진다. 그 위에는 보다 작은 크기의 층위로서 친구들과 지원자, 동맹자들과의 관계가 있다. 즉 우정이나 엄숙한 약속 등의 유대로 당신과 엮인 이들이지만 당신의 사람들이라고 할 수는 없는 이들이다. 다시 그 위로 더 작은 크기의 층위에는 낯선 이들과의 관계가 있다. 즉 혈연이나 인격적 충성 서약 등을 통해서가 아니라 우연한 기회나 필요에 의해서 혹은 이따금씩 벌어지는 상황 때문에 함께 엮이게 되는 이들이다. 우연이나 필요에 의한 만남은 원치 않는다면 피할 수도 있지만, 유랑하는 연주자를 마을에 불러 공연을 개최하는 등의 이따금씩 벌어지는 상황은 유쾌함을 선사하기도 한다. 하지만 낯선 이들과의 관계를 내 피붙이나 친구, 동맹자 등과의 관계보다 우선시할 수는 없는 일이다. 내가 독자 여러분께 제시하는 바, 대개 이것이 건강하고 행복하면서도 걱정이 없는 사회를 만들어낼 확률이 가장 높은 인간 상호 작용의 패턴이다.

　여기서, 사회적 상호 작용의 양과 그러한 유형의 상호 작용에 포함되는 사람들의 숫자가 반비례한다는 것에 주목하라. 가족, 확대가족, 씨족 및 부족 등은 모두 작은 집단이지만 우리의 관심 대부분이 쏟아지는 대상이다. 친구들과 동맹자들은 이보다 큰 집단을 형성하지만 우리가 여기에 들이는 시간은 더 적으며, 낯선 이들의 집단은 우주를 방불케 할 만큼 크지만 우리가 대개 무시하는 대상이다. 이러한 패턴은 우리가 진화해오면서 가지게 된 특징들과 관련되어 있다. 인간은 생리학적으로 자신에게 가장 가까운 사람이 열 명 남짓이 되도록 진화하였다. 이 집단을 넘어서면 백 명이 넘는 친구들, 지인들, 동맹자들 즉 우리가 알고 또 어느 정도 믿는 이들이 있다. 이것이 인간들이 보통 서로와 관계를 맺는 법이다. 인간 상호 작용의 대부분은 우리와 가장 가까운 이들과의 사이에서 벌어진다. 몇몇 개인들로 이루어진 이 작은 집단을 벗어나게 되면 무수한 이들의 우주가 펼쳐지지만 우리는 이들에 대해서는 거의 신경을 쓰지 않는다. 비록 자기는 그렇지 않다고 스스로에게 말할 이들도 있겠지만, 이는 우리가 3백만 년에 걸친 진화 과정에서 프로그램된 모습이다. 사람들은 오늘날 이 세계에 살고 있는 수십억의 사람들에게 입에 발린 말로 이웃이니 형제 자매니 하는 말을 하지만, 정말로 그 수십억의 행복에 지대한 관심을 가지고 있는 이는 거의 없다. 이 수십억의 사람들이란 마치 우리 은하계에 있는 수십억의 항성들이나 마찬가지로, 제일 가까운 것도 우리로부터 몇 광년 이상의 거리를 두고 있다. 이 무수한 사람들 중 우리가 서로 잘 알고 사귀게 되는 이들은 아주 작은 표본을 절대로 넘어설 수 없으며, 그 무작위의 사람들을 모두 믿고 의지하려든다는 것은 실로 어리석은 일이다. 이것이 사람들이 서로와 관계를 맺

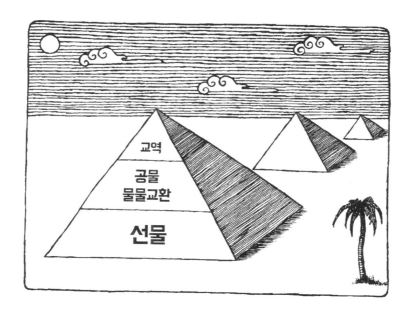

도록 되어 있는 방식이며, 만약 이렇게 행동하지 않는 이들이 있다면 그들 개개인의 성격에 있어서나 또 그들이 소속된 사회에 있어서나 이상한 일들이 벌어지기 시작한다.

인류 역사 대부분의 기간 동안 인간이 다른 인간과 더불어 일하고 살아온 방식이 이러하다. 그 인간관계에서의 가장 밑바탕은 경제적 관계의 위계에 있어서도 기초가 된다. 그 가장 밑바탕의 인간관계 안에는 우리의 생존에 필요한 것들이 거의 다 포함되어 있으며, 대부분 선물과 증여의 관계로 이루어져 있다. 특히 우리가 어릴 때에는 더욱 그러하다. 인간은 어른이 되기 전에는 누군가가 돌보아주어야 하며, 이때 사람들이 그 아이들에게 주는 것은 모두 다 선물 및 증여이다. 우리는 최소한 걷고 말하게 될 때까지는 아무것도 보답하지 않아도 되며, 그 단계에 이르고 나서야 비로소 몇 가지 잔심부름이나 허드렛일들을 요구받기 시작한다. 우리는 인생의 처음 20년간은 선물을 축적해두게 되며, 나중에 차례가 되면 그 모든 선물들에 대해 보답할 것이라는 기대를 받게 된다.

이러한 선물의 층위 바로 위에는 공물供物과 물물교환의 층위가 있으며, 이 층위에 들어가는 이들은 우리와 선물 증여의 관계에 있지 않은 이들이다. 물물교환을 할 경우에는 내가 무언가를 내주었을 때 그 보답이 좀 더 즉각적으로 돌아올 것을 기대하게 되며, 그 조건들은 어느 정도는 협상이 가능하기도 하지만, 그게 "자유 시장"이라는 방식으로 꼭 작동하라는 법은 전혀 없다. 공물이나 물물교환 모두 그 기초는 인격적 관계이지 공적인 몰인격적 체제를 기반에 두는 것이 아니기 때문이다. 그리고 이 피라미드의 맨 위층은 교역으로서, 여기에는 일상적 생필품들이 아닌 사치재, 무기, 사회적 위신재, 이국적 취향의 기념품들, 예술작품 등 여러 다양한 것들이 들어간다. 모두 일상적인 생존에 필요한 것들이 아니다. 만약 이런 물품의 수입이 갑자기 끊긴다면 사람들은 가난해졌다는 느낌을 받을지는 모르겠지만 그렇다고 직접적인 위험 상태에 처하는 것은 전혀 아니다.

참으로 흥미로운 점은 이러한 여러 유형의 교환 어느 것 하나도 인간에만 고유한 특성이 아니라는 점이다. 고등 동물이나 하등 동물 모두에 이러한 교환 행위의 예들이 나타난다. 선물 증여 행위는 어린 새끼에게 젖을 먹이고, 잡아온 사냥감을 전체 무리와 함께 나누어 먹고, 짝짓기 의식의 일환으로 이성에게 선물을 주는 등 동물들 사이에서도 도처에서 발견할 수 있다. 공물 유형의 교환은 포식자 피식자 관계와 숙주-병원체 관계로 대표된다고 볼 수 있으며, 여기에서 포식자/병원체는 자신의 먹잇감이 되는 생물들에서 약자들을 솎아냄으로써 그 생물들을 건강한 균형 상태에 있도록 유지해준다. 공물의 또 다른 예는 기생충이다.

숙주-기생충 관계는 완전히 부정적인 것으로만 그려지고 있지만, 이는 숙주에게도 도움이 될 때가 있다. 예를 들어 십이지장충은 숙주의 여러 알레르기를 치료해주기도 한다. 심지어 사일열 말라리아 원충*plasmodium malariae*—인체에 말라리아를 유발시키는 해로운 원충—조차도 때로는 보르네오의 해안 지역에 들어오는 침입자들을 말라리아의 공포로 막아주는 멋진 역할을 하기도 한다. 다른 폭력배들을 막아준다는 구실로 자기 구역의 농민들로부터 공물을 뜯어가는 귀족 폭력배들이나 이 원충들이나 다를 게 무언가? 물물교환의 원리는 고등 포유류 일부에 존재하는, 상당히 비탄력적인 위계 서열에서 종종 찾아볼 수 있다. 내놓은 게 많은 놈들이 그 대가로 더 많이 요구할 권리를 주장하는 것이다. 교역이라는 것이 도둑질로 묘사되는 것은 흔한 일이다. 예전에 이런 일을 겪은 적이 있다. 내가 돌아서 있는 사이에 까치들이 내 비누와 면도 거울을 훔쳐간 것이 아닌가. 그 까치들이 이 교역에서 내게 내어준 대가는 자기들 구역에 들어와도 내 머리 위에 똥을 갈겨대지 않는다는 것이었다. 그런 점에서 그 비누와 면도 거울은 일종의 지대rent였다고 할 수 있다. 아델리 펭귄은 둥지를 지을 때 간혹 다른 펭귄의 돌멩이를 훔치는데 이때 취하는 행동이 있다. 우선 어떤 돌멩이를 쳐다보고, 그다음엔 뭔가 물어보는 표정으로 상대를 쳐다본다. 상대가 만약 똑같은 표정으로 거기에 응수하지 않으면 그 돌멩이를 응당 자기 것으로 여겨버린다. 이렇게 교역과 절도 행위라는 게 사실 동일한 연속선상에 있는 것이라고 말하면 어떤 이들은 불쾌하게 여길지도 모르겠다. 하지만 사실이다. 이게 사실이 아니라면 각종 독점체들을 해체하고 또 소비자 대상 사기를 막으려고 분투하는 정부 부처들이 존재할 이유가 전혀 없을 것이다. 사실 교역이라는 행위에 대해 가장 직선적이고 일반적으로 이루어지는 정의는,

낯선 이들 사이에서 재산 소유권이 넘어가는 과정이라는 것이다. 양쪽 모두 이익을 보는가 아니면 어느 한쪽만 이익을 보는가 혹은 둘 다 이익을 보지 못하는가 등은 그 주어진 상황 속에 있는 낯선 이들 중 어리숙하게 잘 속아 넘어가는 자가 몇 명이냐에 달려 있다. 이런 어리숙한 사람들을 시스템에서 솎아내어 없애주는 모종의 다윈적인 과정이 작동할 것이라고 믿는 이들이 있을지 모르겠지만, 그렇게 생각할 이유는 전혀 없다. 세대마다 어리숙한 이들은 항상 있어왔고 이들이 남들에게 이용당하지 않도록 막아주는 장치 따위란 존재하지 않았다. 아예 이 어리숙한 이들의 역할을 하는 이들이 나름의 존재 이유가 있기 때문에 의도적으로 사육된 이들이라고 말하는 게 나을지도 모른다. 이 어리숙한 이들은 자기들의 생존에 필요한 것들까지 교역에 의존하지만 않는다면, 달리 말해 교역에 나섰다가 사기꾼들에게 생필품까지 몽땅 털리는 사태에 처하지만 않는다면, 그러한 사회적 역할을 맡아 계속 숫자를 불려갈 수도 있다.

이렇게 인간 세상과 동물의 왕국 사이에 많은 유사점이 있고 또 흥미로운 이야기도 많지만, 다시 인간 세상에 집중하도록 하자. 여기서 좀 더 구체적인 정의가 필요해진다. 교역이란 재화와 서비스를 추상적인 화폐 단위와 맞바꾸는 행위라고 가정하자. 모든 이들이 기꺼이 교역에 참여할 시스템이 생기려면 보통 하나의 독점을 형성하게 되기 마련이다. 이는 곧 화폐이다. 화폐는 왕이 주조한 주화나 불환 지폐나 어떤 형태를 띠든 항상 독점의 대상이 되는 경향이 있으며, 당신 스스로가 화폐를 만든다면 이는 화폐 위조라고 불리는 범죄 행위가 된다. 이러한 화폐의 독점은 이론적으로 필연적인 것은 아니지만 (예를 들어 하이에크와 같은 이는 화폐를 사유화할 것을 주장했다. 소용은 없었지만.), 현실적으로 보면 항상 그래왔던 것으로 보인다. 그리고 이 추상적인 화폐 단위를 얼마만큼 소유하고 있느냐에 따라 사람들의 사회적 지위가 결정되는 경향이 있다.

교역은 또한 공적인 시장 메커니즘의 존재를 전제로 한다. 시장이란 모든 교역 행위가 모두가 보고 알 수 있도록 공개된 상태로 이루어지는 모종의 공유지로서, 사람들은 그 무수히 많은 거래를 관찰하고 또 시간적인 등락을 감안하여 모든 물품의 시장 가격을 결정하며, 또 여기에 참여하는 이들 중 누구도 우위를 점하거나 또 스스로의 이익을 위해 가격을 왜곡할 수가 없는 장이다. 비밀리에 이루어지는 영리 활동이 많은 양을 차지한다면 시장은 제대로 작동할 수 없다.

요약하자면, 교역이 가장 잘 작동하려면 모든 이들이 화폐 발행과 사용 규제에 있어서 독점적 시스템에 스스로를 연결시켜야 한다. 이러한 독점적 화폐의 시스템에는 모든 이가 모든 것의 가격을 스스로 알아서 찾아낸 뒤 이를 놓고 협상을 벌이는 공개된 과정이 포함되어 있으며, 또 모든 이들의 사회적 지위는 교역을 통해서 각자가 축적한 화폐의 양으로 결정된다.

그다음으로 공물이라는 관계로 가보자. 이 말은 동맹, 종교, 전통, 자선 기타 등등에 기초하여 내놓는 다양한 종류의 기부와 기증을 묘사하는 말이다. 여기에서 사회적 지위는 가진 재산에 따라서가 아니라 일정한 지역 기관을 부양하고 전통을 살리는 데 무엇을 얼마만큼 내놓느냐로 결정된다. 가장 흔한 공물의 형태는 군사적 분쟁에서 승리한 쪽이 반복적으로 지불을 요구하는 경우이다. 이는 평화를 이루기 위해 맺는 계약으로서, 전쟁을 치르는 대신으로 일정한 것을 지불하는 쪽을 선택할 때 벌어진다. 정복당한 쪽으로서는 무수히 끝도 없이 계속 짓밟히는 것을 선택할 수는 없는 일이며, 더 나은 대안이 없다면 정복자들에게 다시 짓밟히지 않도록 일정한 것을 지불하는 쪽에 기꺼이 동의한다. 많은 나라들에서 이러한 관행은 대단히 성공적인 체제로 안착되는 경우가 많았다. 일단 이러한 관행이 신성한 전통으로 자리 잡게 되면 몇백 년 동안 계속되기도 한다. 놀랄 정도로 오래 지속되었던 공물 협정의 한 예로는, 러시아 제국이 크림 반도 지역의 타타르인들에게 공물을 바치는 관행이 러시아 혁명 때까지 지속되었던 경우를 들 수 있다. 이러한 공물의 관행은 몽고인들이 러시아를 침략했던 직후인 1274년에 확립되었거니와, 그 이후 대부분은 타타르가 러시아에 아무런 위협이 되지 못하는 기간이었다. 그럼에도 이러한 관행은 무려 643년이나 지속된 것이었다.

물물교환이라는 관계는 현물의 교환을 뜻한다. 이는 당사자들의 욕구가 서로 짝이 맞는다는 것을 기초로 하여, 시장 시스템의 내부에서도 또 외부에서도 벌어질 수 있다. 즉 A가 원하는 것을 B가 가지고 있고, B가 원하는 것을 A가 가지고 있으면 되는 것이다. 그리고 A가 오로지 B만이 가지고 있는 무언가를 원하는 반면 B는 A가 가지고 있는 가치 있는 물품들(화폐는 아니다) 중 어느 만큼은 받아들일 용의가 있는 애매한 경우가 아주 많다. 이런 식으로 두 사람이 합의에 도달하는 일이 벌어지면, 이것이 곧 민간의 교역 시스템—사람들이 (소비에 사용되는) 사용재들을 (가치 저장 수단으로 쓰이며 결국 민간의 교환 매개물로 복무하도록 떠밀리는) 교역재들과 물물교환을 행하는 시스템—의 전신이 될 수가 있다. 금융 붕괴를 다룬 장에서 내가 자세히 묘사한 바 있지만, 화폐가 희소하거나 화폐를 쓰는 것이 위험하고 불편하며 부담스러운 경우 물물교환은 사람들이 화폐 사용을 회피하기 위한 모종의 은밀한 시스템으로 진화할 수가 있다. 허락 없이 화폐를 사용했다가 박해를 면치 못하는 억압적 상황이나 괜히 화폐를 사용했다가 공권력이나 조직폭력배가 앞다투어 달려와 수탈해가는 무법천지 상황에서는 물물교환이 큰 도움이 된다.

이 경우 각자의 사회적 지위는 각자 물물교환의 상대로 선택한 이들에게 자신이 어느 만큼이나 유용한 존재인가에 기초하여 결정된다. 흔히 물물교환을 단지 아직 교역으로까지 진화하지 못한 불편한 상태 정도로 치부하는 게 보통이지만, 사실 이는 전혀 다른 종류의 시스템이다. 여기에서 사람들은 시장 가격뿐만 아니라 다른 사람들의 필요욕구, 게다가 자기 스스로의 필요욕구까지 함께 고려하게 되어 있다. 만약 당신이 양파가 좀 남아서 이웃집에 남아도는 감자와 맞바꾸기로 했다고 하자. 당신은 당신이 살고 있는 동네라는 구체적이고 좁은 공간의 맥락에서 감자와 양파에 대한 필요욕구가 어떠한지를 고려하게 될 확률이 높다. 무슨 세계 시장 따위처럼, 당신이 사는 동네 바깥에 존재하는 추상적인 차원에서 따지지는 않는 것이다. 당신도 또 당신의 이웃도 양파와 감자의 시장 가격을 알고는 있을 것이다. 하지만 둘 중 누구도 자기가 모자란 것을 구하기 위해 돈을 내고 싶어 하지는 않으며 또한 둘 중 누구도 자기의 남는 물건을 시장으로 가져가서 돈으로 바꾸는 고생을 할 생각이 없다. 따라서 양파와 감자가 각각 시장에서 가격이 얼마나 하는지는 여기에서 합의의 준거가 될 수 없다. 대신 양파나 감자가 당신에게 또 당신의 이웃에게 얼마나 소중하냐의 문제가 합의의 준거가 될 것이다. 그런데 사람들이 양파를 얻고자 할 때는 취향대로 그 양이 일정하게 제한되어 있는 게 보통이다. 반면 감자는 가족들 모두가 즐겨 먹는 데다가 없으면 대단히 아쉬운 물품이다. 따라서 이 물물교환 거래의 기초는 다음의 원리가 될 것이다. "양파는 필요한 만큼 얼마든지 가져가세요. 그리고 감자는 주실 수 있는 만큼 많이 주셔요." 당신도 당신의 이웃도 시장에 가서 돈으로 물건을 사고팔 생각이 없다. 따라서 시장에서 일방적으로 결정되는 감자와 양파의 가격을 그냥 맹목적으로 받아들이는 것보다는 이게 훨씬 더 공정하고 나은 물물교환 거래이다.

선물 증여의 여러 이점

—

물물교환의 경우에는 이익이 상충되는 양자가 그 상충을 외적으로 표출하고 이를 협상을 통해 해소하는 과정이 내포되어 있다. 하지만 선물 증여의 경우에는 이러한 이해 상충과 갈등이 양쪽 개인의 내면에서 해소된다. 누군가가 선물을 줄 때에는 그 대가로 무언가를 돌려받겠다는 기대를 노골적으로 겉으로 표명하는 법은 결코 없다. 하지만 선물을 받는 쪽에서는 이를 고마워해야 한다는 부채감을 가지며 그 마음을 보답으로 응해야 한다는 것이 전제되어 있다. 그렇기는 하지만, 선물 증여라는 관계에서 한 사람의 사회적 지위는 그 사람이 얼마나 후하게 베풀줄 아느냐에 기초하여 결정되며, 혹시라도 노골적으로 보답을 기대할 경우에는 그 지위도 무너지게 되어 있다.

감사의 뜻을 표한다는 것은 고도로 진화한 인류 문화에서 보편적으로 발견되는 놀라운 산물이다. 이게 무슨 뜻인지를 이해하지 못하는 인간 사회는 없다. 심지어 동물들도 이해한다. 고양이를 잘 돌보아주면 그 고양이가 주기적으로 쥐를 잡아와 당신에게 선물로 준다. 이러한 상징적인 선물 증여 행위는 인간 사이에서도 중요한 역할을 한다. 그런데 주는 선물이 의미 있는 것이 되기 위해서는 먼저 선물을 주고자 하는 대상의 개인적 필요욕구를 자기 스스로의 필요욕구에 견주어 잘 헤아려야 한다. 이 과정에는 균형이라는 개념이 중요한 위치를 차지하며, 이는 실로 놀라운 것이기도 하다. 이 과정은 인간이 미덕으로 삼는 여러 가지 덕목 가운데에서 균형의 개념이 중심 원리의 위치를 차지하는 몇 안 되는 것 중 하나이다. 정직성, 동정심, 공정함 등의 미덕은 무한정으로 발산되는 일이 가능하다. 하지만 감사의 빚을 갚는 순간에는 그 갚음이 지나쳐서도 모자라서도 안 되는 것이다.

마르셀 모스Marcel Mauss가 자신의 기념비적 저서『증여론The Gift』(1950)에서 수행했던 사회학적 연구에 따르면, 거의 모든 대륙과 모든 문화에서 시장 경제 (이는 기껏해야 수천 년 전에 출현하였다) 이전에 선물 증여에 기반을 둔 경제가 존재했다고 한다. 결정적인 논점은, 고대 사회에서 공적 생활의 기초를 이룬 것이 상호성에 기반을 둔 선물 증여의 관행이었으며 또 이 사회에서의 선물 증여가 개인적 활동이 아니라 집단적 활동이었다는 점이다. 그가 발견한 사실들은 정치적으로 해석하여 추론하기 쉽다. 아마도 사회적 관계에 다시 도덕을 도입하는 한 방법으로서 사회주의를 제시하는 관점으로 연결될 수 있을 것이다. 하지만 이렇게 논란의 소지가 많은 주장 대신에 우리가 모스의 저작으로부터 끌어낼 수 있는 훨씬 더 분명한 결론은, 증여 행위는 그 어떤 이데올로기보다도 시간적으로 선행하며 따라서 이데올로기와 무관하게 독립적으로 존재하는 것이기에, 증여를 통해 도덕성을 회복할 수 있다는 그 어떤 이데올로기적 주장도 다 무효한 것으로 만들어버린다는 점이다. 왜냐면 증여란 인간이 태어날 때부터 가지고 있는 본성적인 윤리 체계에 기초한 자기 조정적 행위이기 때문이다.

선물 증여의 이점은 무수히 많다. 선물에 기초한 경제는 어려운 시절을 버텨 생존하기에 아주 적합하다. 심각한 경기 침체와 경제 붕괴가 벌어지면 사람들이 시장 경제에서 계약 체결로 맺어놓았던 약속들 다수는 휴지쪽이 되고 만다. 하지만 선물은 자발적인 것이기에 계약이 파기되는 일도 또 그를 놓고 고소를 벌이는 일도 벌어질 수 없다. 또 선물에 기초한 경제는 관습과 금기에 따라 스스로를 다스리기에 규제 시스템 같은 것도 필요 없을 뿐만 아니라 정부가 부패하고 약탈적이거나 기능을 멈춘 환경에서도 금세 회복하는 탄력성을 지니고 있다. 선물은 또 문화의 다양성을 보존하는 경향이 있다. 선물이란 세상에 하나밖에 없는 물건일 때에 더욱 가치를 부여받는 법이며, 수공예로 만든 예술적인 물품을 선물하는 것은 공장에서 대량 생산된 물건을 선물하는 것보다 비할 수 없을 만큼 우월하다.

선물 증여는 협동, 연대, 사회적 화합 등을 창출하거나 회복한다. 시장 경제에 참여하는 개개인들은 탐욕과 공포를 동기로 삼으므로 자기 스스로의 이익을 쫓아 경쟁을 벌인다. 하지만 선물 경제에 참여하는 개개인들은 베품을 동기로 삼으며 서로서로의 필요욕구에 호응할 수 있는 능력을 놓고서 경쟁을 벌인다. 시장에서의 상호 작용은 강제적인 것이기도 한 반면 (건강 보험과 자동차 보험은 반드시 들어야 하며, 민자 고속도로에다가 돈을 내야 하며 등등), 선물은 의미를 가지려면 자발적인 것이어야만 하며 따라서 선물 경제는 자유를 보존하고 수호한다. 선물은 서로를 잘 알고 있는 사람들 사이에서 오고가는 것이므로 선물에 기초한 경제는 지구적 규모가 아닌 좁은 국지적 규모가 되는 경향이 있고, 따라서 전 세계에 걸친 낯선 이방인들과의 리스크가 큰 거래의 가능성을 애초부터 배제하고 있다.

선물에 기초한 경제는 생산에 제한을 가함으로써 자원을 보존하는 경향이 있다. 사람들이 서로가 가진 필요욕구를 인정하고 그것에 관대하게 베푸는 활동에는 자연적이고도 뻔한 양적 한계가 있지만, 시장 경제의 참여자들은 부채와 손실 리스크를 무릅쓰면서라도 시장 점유율을 늘리고 규모의 경제를 달성하여 독점 가격의 권력을 거머쥐려 하기 때문에 이를 위해 기를 쓰고 경쟁하는 와중에서 생산량을 늘리고 자원을 펑펑 낭비해버리는 경향이 있다. 선물 경제에서는 부가 분배되어 좀 더 평등주의적이며 따라서 통합과 갈등 해결도 더 나은 사회가 나타나지만, 시장 경제는 갈수록 더 적은 숫자의 사람들에게 부를 집중시켜서 종국에는 필연적으로 혁명을 불러들인다. 이 혁명으로 단두대와 사형장이 활발하게 굴러가면 부는 몰수된다. 그러고 나서 부가 집중되는 과정이 새롭게 또 시작된다.

시장 경제를 추동하는 것은 의심과 불신이며, 물품에 하자가 있는지의 여부는 구매자가 알아서 챙겨야 한다는 원칙caveat emptor이 항상 지배한다. 반면 선물 경제는 개인들과 집단들 사이에 신뢰를 창출한다. 시장적 관계가 얼마나 해로운 성격을 가지고 있는지는, 친구와 가족 사이에서는 사업 거래를 하는 게 아니라는 통념에서 명확히 드러난다. 그렇게 했다가는 우정도 관계도 다 날아갈 위험이 있기 때문이라는 것이다. 아마 여기서 좀 더 나아가 자유 시장이라는 것은 공포와 탐욕으로 추동되는 무제한의 이익 추구 행위를 특징으로 하는 장이므로 인간의 영혼을 갉아먹게 되어 있으며 피할 수 있다면 가급적 피하는 게 좋다고 말할 수 있다. 물론 현실적으로는 자유 시장도 그 해야 할 역할이 있다는 것을 인정해야겠지만, 이는 결코 인류의 운명을 좌우하는 주인공이 되어서는 아니 되며 그저 특별 출연하는 정도의 역할로 그쳐야 할 것이다.

여기서 주의할 것이 있다. 자선이나 기부 등등의 형태를 띤 일방적 부조금은 감사의 마음으로 갚으려 해도 갚을 수가 없는 선물이며 따라서 전혀 선물이라고 할 수가 없다. 이는 순전히 베푸는 자를 즐겁게 하기 위해 고안된 공짜 배급이다. 그래서 감사의 마음도 보답하고 싶은 마음도 불러일으키지 않는다. 불러일으키는 심정이 분명히 있다. 적개심, 의타심, 거지근성 등이다. 자선, 사기, 강탈 등은 모두 변태적 동기의 교환이라는 점에서 동렬선상에 있는 것들이며, 당신이 그 일직선상 위의 어디에 서게 되는가는 주어진 관계 내에서 정보와 권력을 누가 휘두르느냐로 결정된다. 감사의 마음으로 갚고자 해도 갚을 수 없는 선물이라면 이는 학대 혹은 모욕의 한 형태라고 보는 게 당연하다. 그런데 이렇게 학대와 모욕감을 느낀다 해도 이를 표출할 수도 없으니, 결국 열등감과 심리적 스트레스를 떠안게 된다. 자선이란 사실상 모종의 강제된 위선이다. 금전적으로 우위에 있는 자들, 사람을 곤궁에 빠뜨려놓고서는 가장 모욕적인 방식으로 도움을 주겠다고 나서는 자들의 지배 시스템, 그것이 자선이다. "주인어른의 식탁에서 떨어지는 빵 부스러기"를 식탁 아래에 있는 아랫것들이 아무리 맛있게 고맙게 받아먹는다고 해도, 그것이 적개심과 소외감을 창출한다는 사실은 변하지 않는다. 그걸 받아먹는 이들로서는 자선이라는 목적을 아예 까뭉개버리는 방식으로 행동하여 이러한 관계를 역전시키려 들 마음이 생기는 것도 자연스러운 일이다. 갈수록 뻔뻔스러워져 더 많이 내놓으라고 요구하면서 남는 것은 돈 받고 팔아버리는 식으로 말이다.

하지만 이는 얼마든지 피할 수 있는 문제이다. 선물을 주고받는 것은 어느 문화에나 통하는 보편적인 행동이며, 대부분의 사람들은 거기에서 지켜야 할 규칙들을 이미 알고 있다. 앞에서 말했듯이, 자기가 준 선물에 대해 보답하라고 암시하는 짓을 했다가는 그 순간 선물은 선물의 자격을 잃게 된다. 선물로 돈을 주는 것은 생각 없는 선물의 대표적인 경우이며, 모두가 똑같은 물건을 받게 되는 획일적이며 표준화된 선물 또한 생각 없는 선물에 가까운 것으로 여겨진다. 선물 받은 것을 다른 이에게 또 선물하는 행위는 가능하기는 하지만 그것이 바람직한지의 여부는 경우마다 다르다. 크리스마스 선물로 받았던 물건을 두었다가 다음 해 크리스마스에 다른 이에게 선물하는 일이 매년 반복된다면 이는 참으로 창피한 일이다. 그런데 또 한편 세대 간에서 선물 받은 것을 다시 선물로 물려주는 일은 얼마든지 용납되며 심지어 경외심을 불러일으키기도 한다. (우리 가족에게는 여러 세대에 걸쳐서 물려 내려온 책들이 있다. 한 세대가 다음 세대에 그 책들을 물려줄 때에는 제목이 있는 페이지에다 누구에게 물려준다는 문구를 성의껏 손으로 쓴다.) 선물 받은 물건을 돈 받고 파는 일은 몰래 하는 게 좋으며, 선물로 받은 물건에 대해 불평을 늘어놓으면 감사할 줄 모르는 인간으로 찍히게 된다. 자기가 누구에게 무얼 선물했는지를 막 자랑으로 떠벌리고 다니는 행동은 아주 무례한 짓으로 여겨진다. 감사의 마음을 강요하거나 당연한 것으로 전제할 수는 없는 일이기 때문이다. 너무 큰 선물을 주는 것도 생각 없는 짓이다. 받는 쪽에서는 도저히 갚을 수 없는 부담감을 떠안게 되니까. 어떤 선물을 비밀로 지키는 것은 이상한 짓이다. 베풀 줄 안다는 것은 공적인 미덕이므로, 익명으로 혹은 비밀로 선물을 주는 이는 무언가 기분 나쁜 사람으로 보이게 된다. 시시한 것들을 선물로 주는 것은 모욕이며, 받는 사람이 싫어하는 것 혹은 전혀 쓸모없는 것을 선물로 주는 것도 마찬가지이다. 이런 물건들을 줄 수는 있겠지만, 이를 선물이라고 여기는 사람은 아무도 없다. 대부분의 사람들은 이렇게 선물을 주고받을 때에 공리주의 윤리학을 내던지고 대신 모종의 섬세한 예절에 맞추어 각자의 역할을 알아서 찾아가게 된다. 요컨대, 선물은 우리 내면에 숨어 있는 가장 선한 것들을 끌어내준다.

화폐는 타락을 낳는다
—

선물에 기초한 경제는 화폐의 사용을 가뿐하게 피해간다. 우선 화폐는 선물로서는 형편없는 물건이며, 이걸 선물로 주었다가는 아무 생각 없는 선물이라는 비난이나 듣게 되어 있다. 선물로 돈을 준다는 것은 곧 다음의 메시지를 담고 있다. "당신이 구체적으로 뭘 필요로 하는지 귀찮게 따져보고 생각하기 싫으니까 알아서 사시든가 마시든가." 이는 제대로 된 선물이 아니라 선물을 주어야 할 책무를 이걸로 대충 때우자는 뇌물에 해당한다. 선물로 돈을 내놓는 이가 있으면 여기에 대한 합리적이고도 공손한 대답은 이런 식으로 말하는 것이다. "고맙습니다. 하지만 당신 돈을 꼭 받아야 할 필요는 없습니다." 또한 화폐는 선물로서는 너무 추하고 조잡한 물품이다. 금화나 은화는 야하게 번쩍거리는 금속이며, 지폐는 죽은 사람 그림이 새겨진 못생긴 종잇조각이다. 불쏘시개로나 혹은 책갈피로나 쓸모가 있을까. 그 밖에는 거의 쓸모가 없고 심지어 화장실에서 밑씻개로 쓰기에도 좋지 않다. 결국 지폐의 최종적인 가치는 재생지 공장에서 저울에 달아 측량되고 끝난다. 화폐를 사용하게 되면 시간이 갈수록 사회적 불평등이 증가하며, 이에 따라 필연적으로 권력도 갈수록 적은 숫자의 사람들에게 집중된다 (그러다 결국 혁명이 터지고 만다).

돈을 쓰는 방법으로는 좋은 일을 하기가 지극히 어렵다는 사실을 사람들이 잘 깨닫지 못할 때가 많다. 어떤 식으로 재산을 형성하였든 (노동자 착취 공장을 운영하여 아이들을 혹사시켰든, 과부와 고아들을 강탈하였든, 환경을 파괴하였든, 노인들을 강탈하거나 그들의 저축의 가치를 반토막 냈든), 그렇게 해서 번 돈으로 재단 같은 것을 세워서 선행을 베풀고 거기에 돈을 아낌없이 쓰기만 하면 죄를 덜 수 있다고 생각하는 이들이 많다. 하지만 이게 얼마나 위선적인 생각인지는 명백하다. 이는 마치 소녀를 강간해놓고서 꽃을 보내어 없던 일로 하려는 것과 같다. 돈을 버는 과정에서 사람들에게 끼친 손상은 돈을 조금 내어놓는다고 해서 원래로 회복되지 않는다. 게다가 아마도 자선을 행하는 자들의 목적은 기묘한 허영심의 탐닉일 뿐 정말로 이러한 원상회복 자체인 것도 아닐 것이다. 여기에다가 자선이란 타락한 형태의 선물 즉 되갚을 수도 없고 따라서 그것을 받는 이만 욕되게 만드는 선물이라는 사실까지 감안해보라.

화폐를 빈번하게 정규적으로 사용하게 되면 인간의 정신이 특정한 방향으로 왜곡되는 경향이 있으며, 화폐는 결코 가격표를 붙여서는 안 될 것들까지 깡그리 다 측량하는 척도가 되어버린다. 이는 "그 사람 완전히 백만불짜리로 보여!He looks like a million bucks!"와 같은 상스럽고 저질스러운 표현에서 확실히 나타난다. 또한 부자들은 결코 입 밖으로 내지는 않지만, 자기 계급에 속한 다른 이들의 재산 변화에 비추어 자기 스스로의 재산과 가치를 계속 재평가하는 (참으로 불쌍타!) 태도를 무의식 속에서 명백히 가지고 있다. 제인 오스틴의 소설 『오만과 편견』에는 이런저런 사람의 재산의 크기를 놓고 재미도 없는 농담을 끝도 없이 늘어놓고 있거니와, 이는 우습기도 하지만 사실 아주 슬픈 모습이기도 하다.

그리고 화폐를 보편적 척도로서 도입하게 되면 범상한 것들만 살판나서 설치게 된다. 화폐는 보편성을 그 본성으로 삼으며, 사회의 모든 계층에 걸쳐서 가장 폭넓은 호소력을 갖는 물건이다. 하지만 사회란 곳에는 본래 능력과 성질이 범상한 이들이 압도적으로 많으며 뛰어난 능력을 가진 이들이 어쩌다가 별똥별처럼 드물게 반짝이며 지나가는 정도이다. 그리고 이 별똥별들과 같은 천재들을 사회가 알아보는 법도 별로 없으며, 어쩌다 알아보는 경우에도 그렇게 알아볼 수 있는 것 또한 극히 소수의 전문가 비평가들뿐이다. 여기에 문제가 있다. 문학이 상업화되면, 영원한 인류의 유산이 될 걸작을 쓰는 작가들 대부분은 당대에는 전혀 인정받지 못하다가 시들어가며, 반면 어느 시대에든 인기가 있는 작가는 다음 시대가 되면 대중들에게는 완전히 잊히고 만다. 화폐를 질의 척도로 사용하게 되면, 진정한 걸작을 범상한 작품들로부터 갈라내는 전문가, 비평가들의 노력은 가치가 절하되어 버리며, 대신 예술가, 작가, 공예가, 그 밖의 창조적 작업을 하는 이들 모두가 가장 저질의 공통분모에 맞추어 작업을 해나가도록 장려한다. 요컨대, 화폐는 문화를 타락시킨다.

화폐의 사용은 단일의 중앙 당국—중앙은행—에 신뢰를 집중시키게 된다. 하지만 오랜 시간에 걸쳐서 볼 때 중앙은행은 잘못된 행동을 일삼는 경향이 있다. 종국에 가면 중앙은행의 비상 제어판에 있는 "돈을 찍어내라"는 버튼은 꾹 눌린 상태 그대로 요지부동으로 멈추어 있을 것이며, 온 세계에는 가치도 없는 지폐 종잇장이 넘쳐나게 될 것이다. 사람들은 화폐가 가치 저장 수단이라고 믿고 있지만, 일단 그러한 믿음이 깨어지고 나면 사회의 정중앙에 거대한 블랙홀이 생겨나 사람들의 저축 그리고 일하고자 하는 열망과 함께 그들의 자긍심까지 싹 빨아들이게 될 것이다. 화폐를 만인과 만물에 적용되는 가치 척도라고 보아 심리적으로 의존해온 사람들이 졸지에 화폐가 별 의미를 갖지 못하는 세상에 떨어진다고 가정해보라. 이는 마치 시력이 사라지는 것과 마찬가지로, 이들은 이런저런 형태와 모습을 볼 뿐 그것이 어떤 물건인지는 알지 못하게 된다. 그 결과는 깊은 우울증을 수반하는 아노미, 즉 현실감의 상실 상태이다. 화폐는 중독성이 있는 물질이며, 이를 신봉하는 것은 마약이 없는 마약 중독 증세라고도 말할 수 있다. 그리고 화폐에 탐닉하는 사회는 결국 공허하고 내용이 없으며 비현실적인 세상이 되어버리며, 심각하고도 기나긴 후퇴로 접어들게 된다.

선물 증여의 여러 기회

—

하지만 소비자 경제는 여전히 버티고 있으며, 대충 만들어 금방 망가지지만 지독하게 저렴한 물건들을 쏟아놓고 있다. 이런 조건에서 선물 증여의 역할을 확대시킨다는 것은 아주 어려운 일로 보일 것이다. 하지만 실업자들의 숫자가 계속 늘어나고, 일자리가 있는 이들도 임금 정체를 겪고 있으며, 거의 모든 이들의 구매력이 점차 축소되는 상황에서라면 선물 증여의 역할을 확대해야 한다는 압력도 높아지게 될 것이다. 마트에 가서 돈만 주면 얼마든지 손에 넣을 수 있는 품목들이 시장에 넘쳐나는 한, 그런 것들을 집에서 손으로 만든 선물로 대체한다는 일은 쉽지 않을 것이다. 하지만 선물 증여가 이미 주요한 이점을 가져다주고 있는 영역들도 많다.

그중 하나는 마을 사람들과의 공동 노동이다. 동네의 실업자들이나 불완전 취업자들 중에는 배관공, 전기 기술자, 목수, 지붕 기술자, 석공, 조경사, 경비원, 관리인, 정원사 등이 골고루 다 있는 경우가 얼마든지 있고, 이들끼리 비공식적 노동 교환 관계를 맺을 수가 있다. 이걸 누가 막을 수 있겠는가? 또 어떤 외딴 동네에서는 한 번 쇼핑을 가려면 장시간 운전을 해야 하는 경우가 있다. 이런 동네에서는 사람들이 물품 구매 협동조합을 만들어서 매주 커다란 트럭 한 대에다가 동네 사람들이 필요로 하는 물건을 한꺼번에 구매해올 수도 있고, 이 경우에는 대량 구매를 하게 되니 가격 할인까지 받을 수 있다. 동네 사람들이 이렇게 행동하는 것을 누가 막을 수 있단 말인가?

이런 종류의 기회들은 이미 우리 주변에 풍부하게 널려 있다. 하지만 사람들을 같은 노동에 엮어내는 가장 효율적이면서도 전통적인 방식은 건설 작업을 중심으로 한 것들이 많으며 (창고 짓기는 전형적인 예이지만, 다른 유형의 건설 작업도 큰 팀을 이루어 하는 게 제일 좋다), 말할 것도 없이 모내기와 수확 작업도 그 예가 된다. 이런 작업들 중 일부 특히 수확 작업은 아이들도 보통 한몫 끼게 된다. 이때 아이들은 아주 어린 나이에 생산적인 사회적 역할을 맡게 되며, 그러면서 일과 놀이의 경계선이 의도적으로 애매한 상태를 경험한다. 이런 작업들을 일이라고 여기고 하게 되면 짜증나고 또 유쾌하지 못할 때가 많지만, 농담을 슬슬 주고받으며 웃고 노래하고 또 아이들하고 놀아주면서 함께 어울릴 수 있는 기회로 다시 설계하게 되면 그 성격이 바뀌게 되며, 일도 금방 끝나게 된다. 작업을 추동하는 원동력은 '열심히 일해라'에서 '쉽고 재밌게 일하자'로 바뀌며, 제대로만 하면 노동이란 쉽고 재밌는 활동일 때가 많다. 물론 아무리 창의성을 발휘한다고 해도 절대로 즐거운 파티 같은 게 될 수 없는 작업들도 분명히 있다. 하수도 밑바닥 찌꺼기를 긁어내는 작업 같은 것을 생각해보라. 하지만 대부분의 작업은 주변에 아이들이 놀고 있고 시원한 레모네이드가 놓인 식탁이 있으며 쉬면서 말벗이 되어줄 이들이 함께 한다면 훨씬 더 생기 있고 즐거운 시간으로 만들 수 있다.

이런 마을 차원의 공동 노동은 형태가 어찌 되었든 모두 순전히 공리주의적인 관점으로 볼 수도 있다. 즉 돈을 쓰지 않고 작업을 완수하는 방법이라는 식으로 말이다. 하지만 내가 이를 강력하게 추천하는 데에는 더 큰 이유가 있다. 아마도 이것이 더 중요한 이유일 것이다. 마을 차원의 공동 노동은 산업적 노동 모델에서 탈각하고 아마도 궁극적으로는 완전히 그것을 대체해버릴 것이기 때문이다. 아주 정밀한 용어를 써서 표현하자면, 마을 차원의 공동 노동은 사회를 탈무산자화deproletarianize하는 한 방법을 제시하고 있다. 산업의 관점으로 노동을 정의하면 시간과 화폐의 교환이다. 노동 시간 동안 사람들은 자기들이 적합하다고 생각하는 바를 마음대로 할 수 있는 것이 아니라 명령을 따라 행동할 것을 요구받는다. 노동 시간은 여타의 시간과 다르며, 이 시간 동안 노동자는 자신의 가족과 분리되며 전혀 다른 종류의 규칙에 따라 움직이게 된다. 산업이라는 노동의 모델은 사람들을 상품으로 만들려 들며, 그 상품의 가치는 그 사람들이 받은 교육과 훈련으로 결정된다. 저렴한 화석 연료로 추동되는 산업 경제가 끝없이 팽창하던 시대 배경에서는 이러한 노동 모델이 최적이며 효율적이라고 (물론 이 또한 또 다른 자기모순을 안고 있는 효율성 개념이다) 여겨졌다. 하지만 산업 노동에 대한 수요가 끝없이 축소되면서 산업 경제가 계속 잠식당하고 있는 현재의 맥락에서는 실업자 혹은 불완전 취업자가 한 사람 나올 때마다 어떤 형태로든 시스템에는 짐이 늘어나며, 이 때문에 경제가 침식당하는 속도는 더욱 빨라진다. 이러한 맥락에서는 사람들이 스스로의 자유의지와 창의성을 가지고 함께 뭉쳐서 자기 가족들과 이웃들의 이익을 위해 함께 일을 한다고 하는 마을 기업식 노동이 훨씬 더 효과적이게 된다. 이러한 과정이 계속되어 종국에 이르면, 사람들이 무산자로 여겨지는 것을 거부하고 또 임금을 받고 일을 하는 것이 창피한 금기—모종의 성매매 같은 것으로—로 여겨지는 사회가 나타날 것이다. 앞으로 보겠으나, 이러한 종류의 사회는 이미 여럿 존재하고 있으며 성원들도 사회도 아주 잘 지내고 있다. 그 성원들은 보통 전체 가족 단위에서 혹은 비공식적 노동 집단 단위로 일을 하도록 만들 수는 있지만, 개개인들에게 돈을 집어줄 테니 하인이 되라고 시키지는 못한다.

마을 차원의 공동 노동은 사람들이 서로의 시간을 공유하여 함께 하도록 만드는 아주 훌륭한 방법이며, 이를 가능케 하는 마을 시설들은 마찬가지로 사람들이 동일한 공간을 공유함으로써 함께 모이도록 만드는 훌륭한 방법이다. 이는 가능한 한 비공식적인 방식으로 이루는 것이 좋다. 마을에서 가장 장비가 훌륭하며 또 넓은 부엌을 가진 집의 부엌이 동네 부엌이 되며, 가장 넓고 뛰어난 작업장을 가진 집의 작업장이 바로 동네 공방이 되는 것이다. 이를 한 사람이 (한 가족이면 더욱 좋다) 소유한다면 경상비용은 거의 0이 되면서도 누군가가 책임을 지고 관리를 하게 된다. 이렇게 동네 시설들을 가지고 있으면 혜택이 무수히 많다. 이는 사람들이 만나고 일하고 또 서로를 가르칠 수 있는 장소가 되며, 충분히 활용되지 않는 공간이나 장비를 최소화할 수 있으며, 또 동네 차원에서 규모의 경제를 달성함으로써 공동체 전체 차원의 자급자족을 일정한 수준으로 달성하는 데에 필요한 노동의 양을 크게 줄일 수가 있다.

한편 소련에서는

—

이 모든 문제들에 대한 나의 관점은 부분적으로는 옛 소련에서 자라났던 경험에서 얻은 것들이다. 소련에서는 시장 경제가 전혀 크게 발전하지 못했다. 재화는 판매되었다기보다는 분배되었다. 항상 구할 수 있는 식료품들은 가장 뻔하고 식상한 것들이었다. 몇 종류 되지도 않는 곡물, 파스타, 빵, 몇 가지 종류의 통조림과 보드카 이런 식이다. 사람들이 좀 더 원하는 무언가가 (예를 들어 바나나) 매장에 등장하면 그 소식이 들불처럼 동네에 쫙 퍼지며 사람들은 살 수 있을 만큼 사두려고 장사진을 치고 몰려든다. 살 수 있는 무언가가 나타나면 사람들은 그것이 "풀렸다"는 말로 상황을 표현했다. 사람들은 그것을 사기 위해서라기보다는 주워 모으려고 모여들었던 셈이다. 지불할 돈이 있는지는 중요하지 않다. 돈이 모자라면 친척이나 친구에게서 빌릴 수 있으니까. 한 사람이 구매할 수 있는 양이 제한되어 있는 경우가 많으므로 온 가족이 모두 나와 줄을 서곤 했다. 그러면 본인에게 필요한 만큼의 두 배 정도를 얻을 수도 있고, 그 남는 나머지는 다른 이에게 팔 수도 있다. 살 때의 가격과 똑같은 가격으로 팔기만 하면 말이다. 그런데 만약 당신이 여기에 웃돈을 붙여서 판다면 당국에서 당신을 "부당이익 취득profiteering"—이는 불법이다—의 죄목으로 감옥에 처넣는다. 이윤을 얻기 위하여 사고파는 행위는 "투기"라고 불리며 비도덕적인 짓으로 간주된다. 소련 경제에서 핵심의 문제는 돈이 아니라 접근권이었고, 사회적 지위 또한 소유가 아니라 접근권을 얼마나 누리느냐에 기초하여 결정되었다. 어떤 사람들은 필요한 물품들을 찾아내는 능력으로 존경받기도 했으며, 이들은 조달자dostavály라고 불렸다. 상황이 이러하다면, 개인적 호의에 의존하는 것이 사회 전반에 만연하게 되는 것을 피할 길이 없다. 누군가가 바나나를 가외로 획득하여 당신에게 판다고 해서 그 사람이 무슨 이윤을 취하는 것은 전혀 아니며, 그저 마음에서 나온 선의로 그렇게 하는 것뿐이다. 그러면 당신은 그 사람에게 무언가 개인적 호의를 돌려주어 그 사람의 선의에 보답할 것이라는 기대를 받게 된다. 이렇게 호의에서 나온 행동에 대해 돈을 지불하려고 든다면 이는 모욕으로 간주된다. 그리고 접근권이 모두 개인 간의 호의와 청탁에 기초하여 배분되므로, 어떻게 해야 접근권을 얻을 수 있는지는 실로 아리송할 때가 많다.

또 명목상으로는 선물이지만 이것이 슬슬 성격이 애매해져서 거의 물물교환과 비슷한 것으로 변질되는 경우들도 많다. 이렇게 되면 사람들은 서로 간에 선물을 주고받을 때에 아주 구체적인 품목의 무언가를 보답으로 받기를 기대하게 된다. 예를 들어보겠다. 나의 아버지는 대학 교수였으며, 새내기 대학원생들 중 아버지를 지도 교수로 삼고자 하는 이들은 대학원에 입학하자마자 아버지에게 선물 공세를 펼치곤 했다. 여기서 선물로 들어오는 물건은 보통 코냑 몇 병 정도였다. 그런데 어떤 대학원생은 은으로 만든 식기 세트 한 벌 전체를 선물하려 한 때가 있었다. 이는 너무 지나친 선물이었고, 아버지도 이를 거절하셨다. 생각해보라. 상호 간의 선물 관계가 시작부터 이렇게 거하게 이루어진다면, 아마 그 보답으로 박사논문을 통째로 써주는 것으로도 모자라지 않겠는가.

가족 성원들이 어려우면 서로 도와줄 것으로 기대하는 것이 보통이었다. 가족의 누구는 잘사는데 어려움에 처한 친척을 돕기를 거부한다면 그 사람은 체면을 유지할 수가 없게 된다. 물론 꼭 기쁜 마음으로 도움을 주는 것은 아니며 아주 심하게 싸우고 갈등이 벌어지기도 한다. 그리고 누구 누구는 사위나 되어서 또 동서나 되어서 아무 짝에 도움도 되지 않는 놈이라는 욕이 끊이지 않을 때도 있다. 하지만 어떻든 간에 도움은 이루어지게 되어 있다. 전반적으로 따져보았을 때 그나마 좀 도와주는 편이 낫지 전혀 돕지 않는다면 마음이 너무 고통스럽기 때문이다.

소련 시스템은 결국 망할 수밖에 없었지만, 그 낙후된 후진성을 잘 살펴보면 어떤 면에서는 초기 인류 사회에 있었던 훨씬 더 인간적인 방식들과 사회 조직 형태 요소들의 흔적이 많이 남아 있었다. 소련 체제로 되돌아가야 한다고 말할 생각은 추호도 없다. 비록 시장 경제가 도입되며 자신들에게 새로이 강제된 가혹한 사회 현실을 혐오하면서 아직도 소련 시절을 그리워하는 이들이 노인 세대에 일부 남아 있기는 하지만, 구소련 체제는 많은 면에서 정말로 끔찍한 사회였다. 내가 위와 같은 면을 지적하는 것은 좋았던 옛날의 향수에 함께 젖어보자는 게 아니라 거기에서도 무언가 배울 게 있다는 것을 지적하려는 것이다. 구소련의 경제는 많은 면에서 결함 투성이였지만 그래도 적극적이고 긍정적이라고 볼 수 있는 보편적인 문화를 어느 정도 담고 있었기 때문이다. 시장 경제는 이러한 보편적 문화를 아주 효과적으로 차단하여 망각의 기억으로 몰아넣어 버렸고, 그 결과 인류는 시장 경제의 몰락이 필연적으로 다가오고 있음에도 불구하고 이에 제대로 준비할 역량이 부족한 상태가 되어버렸다.

"뉴 노멀"

—

망해버린 시스템들에 대해 개괄하다보면 고도로 발달된 시장 경제의 현재 상태에 대해서도 논의하지 않을 수 없다. 옛날 사람들이 상상했던 지구 반대편의 거꾸로 뒤집힌 세상에서는 인간이 정상적으로 생활하고 서로를 대하는 방식이 거꾸로 뒤집혀 있다. 오늘날 우리가 사는 세상은 바로 이 거꾸로 뒤집힌 세상이다. 인간관계 피라미드에서 지배적 위치를 차지하고 있는 것은 교역이다. 우리는 필요한 것들의 대부분을 모르는 이방인에게서 돈을 주는 방식으로 얻는다. 그들 중 대다수는 먼 타국에 살고 있다. 물론 공물이라는 관계도 남아 있다. 가장 크게는 조세를 들 수 있지만, 퇴직 연금이나 건강 보험 등에 (이 보험과 기금의 대부

분은 현재 거의 혹은 완전히 지급 불능 상태에 있다) 매달 납부해야 하는 것
도 법적으로 강제되는 일이니 다른 형태의 공물이라고 볼 수 있다. 물물
교환은 거의 주변화되었지만, 소소한 부탁과 호의를 주고받는 형태로
(이사를 할 때 서로 일손을 나누는 것이 전형적인 예이다) 여전히 존재하고
있다. 대부분의 상호 작용은 시장 시스템 내에서의 구매 및 판매에 기초
한 몰인격적 관계로 벌어진다. 시장 시스템에서는 무수한 사기 행위가
벌어진다. 그중 아주 노골적인 것들에 대해서는 어느 정도 법적 장치들
로 보호받을 수 있지만, 완벽하게 합법으로 간주되는 사기 행위의 종류
도 무수히 많다. 그래서 당신이 패배자가 되고 다른 누군가가 승자가 되
는 일이 벌어진다고 해도 이는 완벽하게 공정한 일이며 결코 악감정을
품을 일이 아니라고 여겨진다. 당신이 서명하는 모든 문서마다 자잘한
글자로 쓰여 있는 조항과 법 문구를 샅샅이 읽지 않았다면 패배자가 되

었다고 해도 할 말이 없다. 시장 시스템에서 만나는 모든 이들은 신뢰할 이유가 전혀 없는 이들이며, 그런데도 그들과 거래 관계를 튼 것은 순전히 당신 스스로의 선택이었으며 따라서 벌어진 모든 사태는 당신의 실수인 것이다. "당신은 나를 공정하게 대하지 않았소"라는 식으로 떠벌리고 다녀서는 안 된다. 이 경우에 "공정함"이란 아주 기술적인 의미로 해석되는 추상적 원리들의 묶음을 준수했느냐로 해석되기 때문이다. "불공정성"이라는 말은 본래 누군가가 자신의 필요를 위해 다른 누군가의 필요를 무시해버린다는 뜻이었지만, 이는 옛날이야기일 뿐 더 이상 그런 의미로 해석되지 않는다.

대부분의 사람들에게 공물 관계란 조세 그리고 여타의 몇 가지 강제적 지출 사항들이지만, 잘사는 자들은 또 다른 형태의 공물 관계를 실행한다. 자선 기부, 그 밖에 자신의 사회적 지위를 향상시켜줄 여타 몰인격적인 행동의 형태로 말이다. 상업적 거래를 통해 자본을 넘치게 갖게 된 이들은 그 일부를 떼어내서 자신들의 사회적 지위를 올리는 일들에 쓸 수가 있으니까. 이를 몰인격적인 방식이라고 말하는 이유는, 이들이 거기에서 혜택을 얻는 이들과 상호 의존과 신뢰라는 인격적 관계를 맺는 일을 정말로 찾아보기 힘들기 때문이다. 선물 증여의 관계는 의례상의 용도로 행해지는 문화적 흔적의 형태로만 남아 있다. 약혼 반지, 결혼 선물, 몇 주년 선물 같은 것도 있고, 그야말로 흔적 중에서도 흔적의 모습이라고 할 만한 것으로 퇴임 기념 시계 같은 것이 있다 (정년 퇴임까지 직장에서 잘리지 않은 운 좋은 이들에게만 해당되지만). 오늘날 우리 세상에 남아 있는 공물, 물물교환, 선물 증여 등의 예라는 게 이렇게 쓸모없고 퇴행적인 성격의 것들밖에 남지 않았다는 사실은 우리의 중심적 논점을 강력하게 부각시켜준다. 이제는 모든 이들이 금융화되고 상업화된 몰인격적 시스템들에 완벽하게 종속당한 상태이며, 그래서 그 시스템들이 무너지게 되면 (실제로 이 시스템들은 반복해서 무너진다) 사람들이 의지할 수 있는 게 아무것도 없게 되었다는 것이 우리의 중심 논점이다.

설상가상으로, 이런 종류의 거꾸로 뒤집힌 삶은 국가 파산으로 달려가는 직행 코스로 보인다. 현재 지구적 경제는 영구적인 기후 불안정과 자원 부족뿐만 아니라 더 이상의 경제 성장이 대체로 불가능한 상태에 처해 있다. 이러한 조건에서 저 거꾸로 뒤집힌 삶의 장치들을 계속 굴러가게 만드는 유일한 방법은, 끊임없이 빚을 지는 것뿐이다. 한편 개인들, 지자체들, 그 밖의 여러 사회적 단위들은 이미 크나큰 부채 상태에 처해 있으므로 이러한 부채는 결국 중앙 정부가 떠안게 될 수밖에 없다. 각국의 중앙은행은 이제 제로 금리로 신용을 공급하면서 공공 부채를 계속 빨아들이는 블랙홀이 되어버렸다. 모든 이들이 두려움과 공포를 안고 살고 있다. 이러한 신용 창출의 마법이 혹 실패하는 사태가 벌어지면 어쩌나 (종국에는 그런 사태가 오고 말 것이다), 그래서 금융화되고 상업화된 몰인격적 지구적 경제가 사라지는 게 아닐까, 그래서 결국에 가면 산더미같이 쌓인 플라스틱 쓰레기 위로 스모그 공해가 끝없이 퍼져나가는 세상만 남는 게 아닐까라는 공포가 그것이다.

하지만 이런 사태에서 우리가 의지할 방법이 없는 게 아니다. 부족이나 가족과 같이 인격적 관계에 기초하며 선물 증여, 물물교환, 공물 등으로 지배되는 정상적인 인간관계를 복구한다면 동네와 지역 경제를 구성할 탄탄한 기반이 될 수가 있다. 이러한 경제에서는 거의 모든 것들이 가까운 인근 지역에서 유통되게 되어 있다. 원거리 무역을 통해서 얻어야 하는 품목들도 일부 있겠지만, 이런 것들은 사치품 혹은 인근에서

구할 수 없는 일부 핵심 필수품들처럼 그 피라미드의 맨 위 끝에 있는 것들일 뿐이다. 지역화된 경제란 그 동네와 지역의 필요에 맞추어져 있는 경제이므로 세계 시장에 내다 팔 만큼 대량으로 잉여 물품을 생산하는 경제가 아니다. 따라서 수입 또한 그 범위가 자연스럽게 제한될 것이다. 대부분의 사람들은 호의로 부탁하거나 선물을 받음으로써 필요한 것들을 얻을 수 있을 것이다. 낯선 이방인에게서 무언가를 얻어내려면 그들을 움직일 수 있는 추상적 부를 축적하기 위해 기를 써서 장시간 노동을 무릅써야 하지만 이제는 더 이상 그럴 필요가 없다. 대신 사람들은 자신들의 거대하고 적대적인 바깥 세상에 내맡겨져 머나먼 이방인들의 변덕에 휘둘릴 걱정 없이 자신들의 독자성과 자급자족을 조용히 즐길 수 있게 될 것이다.

문화를 뒤집어라

—

이렇게 지역 화폐라든가 공동체 생산 또는 공동체 차원의 서비스 등과 같은 것들을 미봉책으로나마 우선 도입하자는 제안에 흥미를 갖는 사람들이 많다. 하지만 이러한 경제로 이행하는 일을 현실화하는 것은 아주 어려울 수 있다. 지구적 경제는 여전히 신용에 기초하여 작동하고 있는 바, 끊임없이 빚을 내면서 생산 비용이 가장 저렴한 곳으로 공장을 옮겨간다는 지구적 경제의 논리를 따르면서 그것과 경쟁한다는 것은 아주 어려운 일이기 때문이다. 하지만 일단 지구적 경제가 무너지고 나면 그것과 경쟁할 필요도 완전히 사라지게 된다. 한편 당신이 대출 원리금을 갚지 못하게 되거나 돌려막기마저 끝장나 파산해버리면 더 이상 수입품들을 사들이고 싶어도 그럴 수가 없게 된다. 그때 당신에게 남는 것은 "선물"이라는 이름의 아주 흐릿한 가능성뿐이다. 이는 거꾸로 뒤집힌 피라미드의 가장 아래쪽에 있었던 것이지만, 갑자기 당신의 생존에 필요한 모든 것들을 얻기 위해 당신이 의존할 수밖에 없는 것이 된다.

상업의 패러다임을 악착같이 고수하는 채로 스스로 지속가능한 탈지구화된 경제로 이행하겠다는 생각은 근본부터 잘못된 것이다. 이는 마치 어떤 병에 걸린 사람이 그보다 증상이 좀 덜한 다른 병으로 원래 걸렸던 병을 치료하려 드는 것이나 마찬가지다. 여기에서 절실히 필요한 것은 바로 관점의 전환이다. 즉 문화를 반대로 뒤집어야만 한다. 경제적 관계를 남김없이 모두 탈무산자화해야 하며 탈비인간화해야 한다. 우리가 실제로 알고 있는 사람들과, 그것도 얼굴을 맞대고 거래해야 한다. 사람들 사이의 신용을 부양해야 한다. 화폐와 각종 문서로만 누군가의 신용을 평가하려는 짓을 삼가고 대신 얼굴을 맞대고 직접 대화로 동의에 이르는 방식으로 말이다. 가족, (먼) 친척들, 옛 친구들과 옛 이웃들, 그다음에는 새 친구들과 새 이웃들의 순서로 인간관계의 우선성을 두어야 하며, 그 밖의 존재들—국회의원, 초국적 기업, 투자 사기꾼들, 왕가의 혈통입네 하면서 상류층 억양으로 거드름을 피우는 멍청이들—은 가급적 접촉 자체를 줄여야 한다.

이런 방향으로 나아가기에 앞서서 해두어야 할 일이 있다. 푸닥거리를 해서라도 잡귀 잡신들을 쫓아내는 것이다. 사람들에게 깊숙이 침투하여 그들의 정신을 오염시켜버린 그릇된 생각과 사상이 바로 그 잡귀 잡신들이다. 그중 하나로, "자유 시장"이란 최적의 효율적 제도로서 방해받지 않게 내버려둔다면 저절로 부와 번영을 가져오게 되어 있다는 생각이 있다. 하지만 실제로 보자면 자유 시장이란 소유 재산에 관한 법률 시스템, 각종 계약을 법적으로 강제하는 법률 시스템, 또 경제적 범죄를 막을 수 있는 법률 집행 시스템 등에 철저하게 의존하는 것이다. 1990년대의 러시아에서 벌어졌던 일들을 보면 이러한 필수 요소들이 없을 때 자유 시장이라는 게 금방 범죄 시장으로 변질되어 버린다는 것을 분명히 알 수 있다. 당시 러시아에서는 빚을 진 자들이 채권자를 죽여버리고 말도 안 되는 푼돈으로 빚을 청산해버리는 일이 흔히 벌어지곤 했다. 결국 자유 시장이라는 것은 정부가 만들어내는 시스템이며, 따라서 국가 파산으로 정부가 무너지게 되면 함께 무너지게 되어 있는 것이다.

자유 시장이라는 정부 시스템보다 열등하기는 하지만 소련 식 계획 경제라는 정부 시스템이 그 대안으로서 존재한다. 각종 비재생 자원들을 활용하는 효율성에서 보자면 정부에 의해 제도화된 시장 시스템이 중앙 계획 정부 시스템보다 약간 더 낫다. 양쪽 모두 자원에 제약이 생기고 또 더 이상 경제 성장이 불가능하다는 것이 밝혀지면 금방 붕괴하는 것은 똑같다. 천연 자원—바이오 연료이든 셰일 석유이든 역청사암에서 채취한 석유이든—을 마지막 한 방울까지 철저하게 낭비해버리는 능력으로 효율성을 정의한다면 (참 이상한 정의이지만), 소련은 효율성이 떨어지는 시스템이었으며 따라서 제일 먼저 붕괴할 수밖에 없었다. 하지만 그 덕에 러시아는 다시 회복할 시간을 얻을 수 있었다. 어떨 때는 비효율적이라는 게 축복이 되기도 한다!

이 거꾸로 뒤집힌 세상에서 우리는 어릴 때부터 당국과 전문가들이 하는 말을 믿고 존중하라고 배워왔으며, 그들이 우리 눈을 가리기 위해 뿜어대는 온갖 거짓말들은 어떨 때는 꿰뚫어보기가 대단히 어렵다. 하지만 그들이 지금까지 경제학과 관련하여 우리에게 해온 말들은 대부

분 아주 독특한 경우의 경제—계속 성장하는 경제—에만 해당되는 이
야기이며, 이러한 독특한 경제는 이제 거의 막바지에 이르렀다. 그럼에
도 불구하고 사람들은 계속해서 더 이상 존재하지도 않으며 현실과 관
련도 없는 종류의 경제 시스템에 대해 이야기하고 있다. 이들이 논의할
능력이 있는 종류의 경제가 그것뿐이라는 게 유일한 이유이다. 일단 성
장이 멈추게 되면 경제는 붕괴하게 된다. 지금 경제학자들이 정말로 진
지하게 고민해야 할 현실적인 문제로 남은 것은 이것뿐이다. 하지만 경
제학이라는 직종 내에서 그 누구도 그 과정과 방식이 어떠한지를 들여
다보고 싶어 하지는 않는 듯하다.

거꾸로 뒤집힌 사회는 여러 번지르르한 기능적 묘사의 말들로 돌아
간다. 이 사회에서 기능하고자 한다면 당신은 먼저 스스로의 역할을 분
류해야 한다. 우선 당신은 고객일 수 있다. 이는 무엇보다도 돈을 (돈이
떨어지면 신용카드를) 쓰는 역할이기 때문에 가장 수행하기가 쉽다. 고객
이 아니라면 사장님이거나 직원이거나 하청업자이거나 자영업자 등등
으로 분류되며, 투자가, 공무원, 전문직 등으로 분류될 수도 있다. 이런
것들 어디에도 해당하지 않는다면 남은 선택지는 미성년자, 극빈자, 은
퇴자, 장애인, 사망자 정도이다. 그런데 당신이 이 중 어디에도 해당하
지 않는다면? 거꾸로 뒤집힌 사회에서는 곧바로 범죄자, 부랑자, 우범
자 등으로 치부된다.

그런데 말이다. 사람을 분류하는 범주로서 오늘날 가장 빠르게 숫자
가 불어나고 있는 이들은 위에 열거한 것 어디에도 들어가지 않는다. 대
학을 갓 졸업했지만 취업 가능성이 전무한 젊은이들, 실업 수당 기한이
다 되도록 직장을 얻지 못한 백수들, 은퇴했지만 저축도 연금 수당도 충
분치 않고 그렇다고 일을 할 수도 없는 노인들, 제대해서 민간 사회로

복귀했지만 일자리를 얻지 못하는 군인들, 미래에 아무 전망도 없어서 아예 노동 시장 진입 자체를 피하고 있는 젊은이들. 지금 지구적 경제는 가을로 접어들었고, 나무에서는 다람쥐들이 무수히 떨어져서 밟혀 죽고 있다. 하지만 기성 체제의 거부자로 분류되어 좋을 게 전혀 없음을 우리는 모두 잘 알고 있다. 이 범주로 분류되면 혜택이든 무어든 생기는 것은 하나도 없고 인정도 받지 못하게 되기 때문이다. 이 거꾸로 뒤집힌 세상에 안녕을 고하고 떠날 준비가 되어 있는 사람이라고 해도, 스스로에게 득이 되지 않을 범주로 분류당하는 일만큼은 피하도록 조심해야만 한다. 이를 위해 우리는 어느 쪽에도 치우치지 않은 새로운 여러 범주들을 만들어낼 수가 있다. 이를테면 연구자, 프리랜서, 덕후, 매니아, 자원 봉사자 같은 것들이 효과가 괜찮다. 이런 범주들은 모두 아주 탄력적이며 엄격하게 정의하기도 힘들기 때문이다. 예를 들어 나는 작가이다. 당신이 그 증거를 원한다면 나의 펜을 보여주면 된다.

거꾸로 뒤집힌 이 사회가 우리를 분류하려고 들 때 이런 식으로 창의성을 발휘하여 은밀한 자유를 얻는 법을 배워야 한다. 창의성을 발휘해야 할 분야는 그 밖에도 무수히 많다. 지금 당신이 가지고 있는 돈이 있다면, 지속적으로 현금 흐름을 만들어야만 살 수 있는 의존 상태를 줄이거나 아예 없애버릴 수 있는 생활 방식을 알아보아 그것을 실현하는 데써야 한다. 또 대부분의 전문가들에게 의존할 필요가 없도록 일반 기술과 특수 기술을 모두 배워두어야 한다. 또 가지가지 자질구레한 소비재들의 세계에서 빠져나오기로 한다면, 가장 낮은 수준의 기술로 가장 비용이 덜 들면서도 가장 믿을 만하고 어느 상황에서나 작동하는 유지 가능한 해법을 찾아내는 재주도 배워야 한다. 식량 생산, 주거 보수 및 유지, 교통, 여흥 등등의 문제들에 있어서 완결된 밀폐 사이클 시스템들을 마련해두어야 한다.

　가장 중요한 과제가 있다. 몰인격적인 관계와 제도에 의존하지 않도록 노력해야만 한다. 화폐와 그에 맞먹는 것들에 의존하는 일을 피해야 하며, 선물 증여를 일반화하고 이를 다양한 형태로 확장하는 삶의 방식을 배워야만 한다. 아래 위가 거꾸로 뒤집히지 않고 제대로 된 새로운 문화를 창출해야 하며, 그 기초가 될 새로운 관습과 의례를 만들어내야만 한다.

·

THE FIVE STAGES OF COLLAPSE

·

러시아 마피아

근대 사회에서 재산권을 보호하고 계약을 법으로 집행하고 상업을 규제하는 역할은 정부가 맡고 있다. 경제가 팽창하게 되면 정부의 여러 기능도 팽창할 수밖에 없고 관료 조직, 법률, 규칙, 절차 등도 함께 팽창하는 수순을 밟는다. 그런데 이 중에서 가장 빠른 속도로 팽창하는 것이 있으니 바로 정부의 비용이다. 이러한 공식적 장치와 제도들은 모두 시간이 지나면서 복잡해지기 마련이다. 매번 새로운 문제들이 발견되며 이를 해결하기 위해 관료 조직은 계속 불어나기만 할 뿐 그 덩치가 줄어드는 일은 절대로 벌어지지 않는다. 우선 새로운 규칙이나 법률을 만든다고 해봐야 이게 소급 적용이 될 수 있는 게 아니므로 그 이전에 생겨난 장치나 제도들은 그대로 온존하게 된다. 또 복잡한 장치 및 제도를 단순화하는 것은 그것을 복잡하게 만드는 것보다 더 어렵고 최소한 처음에는 더 많은 비용이 들어가기 때문이다. 그런데 사회경제적 구조가 복잡해지면 반드시 그에 상응하는 비용을 치르게 되며, 뿐만 아니라 일단 경제가 절정을 지나 수축하기 시작하면 그 비용 때문에 아무것도 할 수 없을 정도로 부담이 커진다. 경제가 여러 위기의 물결에 휩쓸리면서 점차 쪼그라드는 상황에서 과대한 크기의 공무원 조직은 갈수록 **마이너스** 규모의 경제를 가져오게 되어 있으며, 그 크기도 갈수록 커진다.

반면 이를 개혁하여 크기를 줄이고 단순화하는 작업은 대단히 힘이 부치는 일일 뿐 아니라 자원의 부족으로 뒤로 밀리기 십상이다. 아주 일이 잘 풀린 경우에는 단순화되고 크기가 줄어든 새 공무원 조직이 결국 나타나기도 하지만, 그래봐야 상당한 혼란의 이행기를 겪고 난 뒤에 비로소 가능한 일이다.

정부란 최소한 순전히 상징적인 형태로서 볼 때에는 그냥 완전히 없애버릴 수 있는 것이 아니다. 하지만 그 핵심 기능 몇 가지는 여러 비공식 집단들이 수행하는 게 얼마든지 가능하다. 정부가 자원 부족으로 인하여 모든 행동 능력을 상실할 경우 아주 어려운 상황에 처한 특정 지역에서는 일정 기간 동안 거의 완전한 무법 상태가 생겨날 수 있고, 그러한 경우에는 그 지역에 맞는 비공식적인 자치 형태가 자생적으로 생겨나게 된다. 여기서 기억해야 할 점은 정부란 세금이 걷혀야 비로소 존재하는 조직이라는 사실이다. 경제가 내리막길이 되면 조세의 기반 자체가 줄어들며, 반면 위기에 대응하고 사회 복지를 돌보기 위한 정부의 지출은 계속 늘어나기만 한다. 하지만 사람들은 세금을 더 많이 낼 수 있는 형편이 못 된다. 이러한 상황에서 대부분의 정부는 막무가내로 세금을 더 올리려 하게 되어 있고 그 결과 지하 경제만 불어난다. 갈수록 심해지는 실업과 빈곤에 내몰린 사람들은 생존을 위해 불법적 형태의 상업 그리고 물물교환과 선물 증여 등의 비공식적 장치들과 생계 경제에 의존할 수밖에 없게 된다. 이러한 악순환의 고리는 갈수록 더 커지게 되어 있으며, 정부는 사멸해서 없어지든가 아니면 생존하기 위해 각종 범죄 활동에 의지하든가의 기로에 서게 되며, 두 가지 현상이 동시에 벌어지기도 한다.

정부의 해체 과정이 종말로 치닫게 되면 이를 대체할 비공식적 통치 형태들이 상당히 빠르게 나타나게 된다. 토머스 홉스가 상정했던 자연 상태와 같은 지경이 저절로 생겨날 것이라는 생각은 정확하지도 않고 또 도움이 되지도 않는다. 우리에게 알려져 있는 바를 기초로 볼 때, 홉스가 말한 자연 상태란 기상천외한 상상력과 무지의 투사가 결합되어 나타난 말도 안 되는 우화에 불과하다고 보는 것이 옳다. 법이 없을 때는 관습과 금기가 법과 같은 힘을 지니게 되며, 이런 것들을 유지하기 위해 폭력의 활용까지 정당하게 여겨지게 되기 때문이다. 공식적인 권위체가 없을 때에는 비공식적 권위체들이 자생적으로 생겨나게 된다. 정부의 보호와 개입이 없어도 교역과 상업은 지속된다.

게다가 위기로 망가진 이행기의 환경에서는 이러한 비공식적 형태의 통치가 비용 대비 효과라는 면에서 훨씬 뛰어날 때가 많다. 정부의 활동 방식은 예측가능하고 몰인격적이며 규칙과 절차를 갖추는 방식으로 진화해온 것이지만, 이는 어디까지나 안정되고 예측가능한 환경에서만 효과적으로 기능할 수가 있다. 경제가 붕괴하는 상황은 결코 그러한 상황이 아니다. 이런 때에는 일이 벌어지는 현장에 직접 나가서 그 상황에 기초하여 모든 판단과 행동을 이루어야 하는 데다가 임기응변의 각종 해법까지 필요하다. 따라서 공식 채널을 통해 공식적 재가를 얻는 식으로 작동하는 해법은 경쟁력을 잃어버린다. 불법적인 사업 방식이 합법적 사업 방식을 간단하게 앞질러버린다.

합법이냐 불법이냐에 초점을 두는 것은 어떤 면에서는 불가피한 일이지만 항상 크게 도움이 되는 것은 아니다. 이런 식의 이분법은 사회에 존재하는 모든 다양한 활동을 그저 흑백이라는 두 가지 색으로 구분해버리는 경향이 있기 때문이다. 이 활동들을 흑백 사이의 다양한 농도에 따라 배열할 수도 있고, 또는 2차원 도면 위에 배치해볼 수도 있다. 한쪽

구석에는 경찰, 법원, 법 집행 기관, 감독 기관 등 합법적으로 기능하는 (혹은 전혀 기능하지 않는) 공공 기관들이 있다. 그 반대쪽 구석에는 범죄 조직 등의 불법적으로 기능하는 민간 기관들이 있다. 하지만 여기에는 다른 코너가 두 개 더 있다. 우선 불법적으로 기능하는 공공 기관들이 있다. 비밀리에 사찰을 행하는 경찰이나 안보 기관 같은 경우이다. 이들은 어디에 고용되어 그렇게 할 때도 있고 또 자체의 목적으로 그렇게 할 때도 있다. 둘째, 정부가 더 이상 제공하지 않는 각종 서비스를 합법적으로 제공하는 사설 기관들이 있다. 사설 보안 회사 등이 그 예이다. 그밖에도 중간의 회색 지대는 무수히 많다. 공직자들이 특정 개인들이나 집단들에게 보복하기 위해 자의적으로 법을 강제하는 경우라든가 나중에 뇌물을 요구할 심산으로 범죄 행위를 눈감아주기로 하는 경우 등처럼 말이다.

불법 행위가 크게 창궐하는 것은 정부 실패의 직접적 결과일 때가 많다. 사회가 돌아가려면 필요할 수밖에 없는 것들을 정부가 불법화해놓고서 막상 그 불법화를 강제할 능력은 부족하다면, 그 결과는 필연적이다. 각종 불법 사업이 번성할 수 있는 기름진 토양이 생겨나는 것이다. 그리고 이렇게 되면 이 불법 사업체들은 자신들을 보호해줄 모종의 사적 기관에 대한 수요를 만들어내게 된다. 이렇게 불법화된 사업체들에 사적인 보호를 제공해준다는 핵심 기능을 토대로 삼아서 완전히 새로운 통치 양식이 생겨날 수가 있다. 이러한 맥락에서 보자면 조직 폭력은 사회 조직의 한 형태일 뿐만 아니라 대안적 통치 형태의 하나로 볼 필요가 있다. 이러한 대안적 통치 형태로서의 조직 폭력은 과연 얼마나 정직하고 믿을 수 있는 거래를 하느냐라는 개인적 혹은 집단적 평판에 따라 성공과 실패가 결정된다. 그리고 마땅한 명분이 있을 때에는 무자비하게 폭력을 휘두를 줄도 알지만 그렇지 않을 때에는 폭력을 절제할 줄 아는 능력 또한 결정적인 변수이다.

힘이 약한 정부는 여러 면에서 볼 때 거의 사멸한 정부보다 훨씬 더 나쁘다. 후자의 경우 공직자들은 몇 개 되지 않는 의례상의 임무들만을 행하며, 행정 수도의 철통같이 보호되는 공관 건물 바깥으로는 발도 들여놓지 않으려 한다. 반면 전자의 경우에는 정부가 불법 행위를 실제로 막고 금지시킬 힘도 없으면서 계속 그것을 강제하려고 든다는 것이 문제이다. 약한 정부는 법을 집행할 역량이 흔적이나마 남아 있기 때문에, 불법 사업체들에 사적인 보호를 제공하는 여러 조직들의 작동에 분란만 일으키며, 그 결과 죽어버린 정부보다 훨씬 더 폭력적인 환경을 조성하고 만다. 일단 정부가 법 집행을 완전히 포기하고 순전히 의례상의 임무만을 수행하는 조직으로 돌아서게 되면 합법 사업체이든 불법 사업체이든 모두 스스로를 보호해줄 서비스를 각종 사설 보호 조직들로부터 제공받게 되며, 심지어 정부 자체마저 이런 조직들에서 보호를 제공받게 된다. 이런 조직들끼리는 서로 간의 유대 관계를 형성할 수도 있고, 서로의 구역을 존중하기 위해 경계선을 정하여 폭력의 수준을 최소화하기도 한다. 이런 의미에서 볼 때 만약 어떤 약한 정부가 괜히 법을 집행하겠답시고 설치게 될 경우에는 각종 사설 보호 조직들이 일하기만 어려워지며, 그렇다고 해서 정부가 분명한 보호를 제공할 만큼 효율적이지도 못하므로 사업체들은 여전히 사설 조직들의 보호를 필요로하게 된다. 결국 경제만 더욱 나빠지게 되며, 이 때문에 정부는 더 힘이 약해지고 만다.

바딤 볼코프Vadim Volkov는『폭력 기업가들: 러시아 자본주의 형성에서의 폭력의 활용Violent Entrepreneurs: The Use of Force in the Making of Russian

Capitalism』에서 일탈 행동이니 범죄니 하는 관념은 "사회적 · 법률적 여러 규범이 유동적이게 되는 이행기 사회에서는 현실적으로 별 의미가 없어진다"고[13] 말하고 있다. 볼코프에 따르면, 그러한 이행기라는 것은 법치 상태로 시작하여 무언가 다른 상태로 이행하는 것이 아니라 형편 없이 조직된 폭력 조직에서 잘 조직된 폭력 조직으로 넘어가는 과정으로 보아야 한다. 이런 식의 이행이 벌어진 예는 역사 전체에 걸쳐 지구상의 많은 지역에서 찾을 수 있다고 한다. 시칠리아의 마피아도, 1920년대 시카고의 알 카포네도, 1990년대의 러시아도 그런 예에 속하며, 이 모든 사건에서 방금 말한 성격의 이행이 놀랄 만큼 유사한 형태로 반복되고 있다는 것이다. 이러한 이행이 끝까지 진행되면 결국에는 정부 대신 모종의 자치 시스템이 형성되며, 이 시스템이 제공하는 사적인 보호는 더 이상 합법인지 불법인지 논란조차 되지 않는다.

그리고 이게 최근에 나타난 현상도 아니다. 중세에 걸쳐 심지어 근대에 와서도 보호의 대가로 뜯어가는 지대야말로 상업에서 큰 재산이 형성된 가장 큰 원천이었다. 이것이야말로 이윤을 낳는 데 있어서 생산 기술이나 산업 조직보다 더 큰 역할을 했던 것이다. 보호의 대가로 뜯어간 지대는, 천연 자원의 제약에 종속될 수밖에 없는 경제를 자극하는 수단이 되었다. 보호를 제공하는 조직은 자기 구역 내에서는 자연 독점을 형성하게 되어 있으므로, 보호의 가격을 비용보다 높게 책정하여 독점 이윤을 낳을 수 있게 된다. 그러면 이 조직은 그 이윤을 생산 자원으로 투자할 수 있게 된다. 정부가 없는 상황에서는 그 조직이 유일한 투자원이 된다. 이 조직이 지대를 뜯어가면 공동체 전체가 처음에는 일시적으로 내핍 상태에 빠지게 되지만, 소비로 들어가 없어져버릴 자원을 이 조직이 자본재로 다시 배분하기 때문에 시간이 지나면 점점 더 부유해지게 된다. 만약 경쟁을 제도화하는 여러 틀이 좀 더 진화한다면, 처음에는 사업체들로부터 지대를 뜯어가던 범죄 집단들이 합법적인 주주로 변해 갈 수도 있다.

　이러한 시스템이 모든 곳에서 자생적으로 생겨나는 것은 아니다. 보호 서비스에 대한 수요라는 것은 규모와 관련이 있는 문제로, 사람들이 매일 얼굴을 맞대고 개인적 관계를 맺으며 살아가는 사회, 어쩌다 분쟁이 생겨나면 가족과 부족이 중재하는 그런 사회에서는 이런 수요가 존재하지 않는다. 이는 경제적 분업, 몰인격적 관계들, 원거리 교역 등에서 생겨나는 부산물이다. 사람들 사이의 신뢰가 높아서 법이나 계약을 강제로 집행하는 기구가 필요 없을 경우나 사람들 사이의 연대 의식이 충분한 경우에는 설령 깡패 조직이 설쳐대는 위협이 현실화된다고 해도 사람들이 함께 힘을 합쳐 이를 쫓아내버릴 수가 있다. 잡초는 사람이 돌보지 않는 논밭에만 무성하게 자라나는 기회주의자이며, 범죄 집단 또한 이렇게 사람이 돌보지 않는 사회에서만 쑥쑥 자라나게 되어 있다. 대규모 사회 안에 있는 소규모 사업체들은 여기에서 가장 먹잇감이 되기가 쉽다. 길거리의 리어카 노점상과 철제 박스 매점상 같은 이들은 전통적으로 불량배들이 제일 손쉽게 노리는 표적이다. 그다음으로는 부패한 공직자들의 존재가 중요하다. 이런 자들이 있으면 이들에게 뇌물을 먹이고자 하는 이들을 중재하는 브로커들의 틈새 시장이 반드시 생겨나게 되기 때문이다. 뇌물을 주고받는 거래에서는 주는 쪽이나 받는 쪽이나 모두 보호를 필요로 한다. 받는 쪽은 주는 쪽이 약속대로 계약금 중도금 잔금을 제대로 치르도록 보장해줄 이가 필요하며, 주는 쪽은 받는 쪽이 부탁을 제대로 이행하도록 보장해줄 이를 필요로 하는 것이다.

　보호에 대한 필요는 사적 조직이 되었든 정부가 되었든 어디에서든 불신에서 태어난다. "국가의 사법 시스템이 무시되는 곳에서는 시장 경제에서의 사람들 사이의 신뢰 또한 무너지게 된다. 보호를 제공하는 사적 조직의 사업은 바로 이렇게 해서 무너진 신뢰의 대체물을 제공하는 것을 그 내용으로 삼는다."[14] 그러므로 이 주제의 논의에 앞서서 우리는 먼저 도둑, 불량배, 마피아, 조직 깡패 등과 같은 용어에 대해 부정적인 반응을 잠시 뒤로 물리고, 그들의 서비스에 대한 필요가 창출되는 상황이 어떤 것인지 그리고 불량배들 및 조직 깡패들이 긍정적인 방향으로 진화해나갈 가능성이 어떤 것인지에 주의를 집중할 필요가 있다. 이상하게 들리겠지만, 실제로 그렇게 긍정적 방향으로 진화해나갈 때도 많다.

긍지에 가득 찬, 도둑들

———

대부분의 사람들은 "도둑"이라는 말을 들으면 누가 절도 행위를 했나보다라고 생각하거나 아니면 그냥 욕지거리를 퍼붓는구나라고 생각할 것이다. 그렇게 생각하는 이라면 다음의 이야기를 듣고 무척 놀랄 듯 싶다. 러시아어에서 도둑을 뜻하는 보르vor라는 말이 존칭어이며, 그 복수는 보리vory이다. 도둑질을 했다고 해서 그냥 보르가 되는 게 아니다. 단순히 범죄를 저지른 것만으로는 보르 무리에 낄 수는 없다. 보르는 천한 깡패blatnóy와는 다르기 때문이다. 보통의 깡패들은 모두가 혐오하는 정부가 강제하는 현실 그리고 사람들이 애정을 담아 "낳아주신 어머니 mat' rodnáya"라고 부르는 지하 범죄 세계의 중간 어딘가에 자리를 잡고서 서식하는 자들이다. 반면 보르는 이 모든 더럽고 썩은 세상에서 초연히 한 발 올라서 있는 존재로서, 누군가가 한 사람의 보르로서 인정을 받으려면 길고 험난한 도제 기간을 거쳐 후원자를 얻어내야 하며 보르 집단의 결사체의 일원으로 정식으로 입단식을 거쳐야 한다. 이 보통의 보르들 위에는 또 최고의 보르 즉 보르의 대장격인 보르 브 자코네vor v zakóne(합법적 도둑이라는 뜻)가 군림하고 있다. 이 자리는 보르들 가운데에서도 충분한 지위를 쌓았을 뿐만 아니라 인격의 고매함과 순수함을 충분히 드러내는 사람에게 돌아간다. 보르 브 자코네가 되려면 왕의 대관식을 방불케 하는 엄숙한 의식을 거쳐야 했다. 하지만 요즘처럼 강호의 의리와 도가 땅에 떨어진 시대에는 심지어 이 지위를 돈으로 살 수도 있다. 대략 25만 달러보다는 더 주어야 한다.

차르 시대의 러시아에서도 범죄 결사체들과 길드들은 존재했으며 이것들이 언제 생겨났는지도 까마득하지만, 이런 조직들이 완전한 모습으로 발전하여 피어난 것은 지하의 범죄 세계가 굴락Gulag과의* 싸움에서 살아남아야 한다는 큰 도전에 처했던 시대였다. 이 조직들은 1920년경에 출현하여 1950년경까지 굴락 수용소 안에서의 생활을 지배하다시피 했고, 1970년대에 다시 나타난다. 이들이 풀어야 했던 과제는 성원들 다수가 수용소에 잡혀 들어가 장기 복역을 하는 와중에서도 결사체의 원칙을 유지하면서 조직을 건사할 수 있는 형태를 구축하는 것이었다. 이들은 수용소 내부에 수용소 당국과는 별개인 독자의 통치 구조와 경제를 구축하고서 다른 재소자들에 대한 철통같은 통제력을 유지함으로써 이 과업을 이루어냈다. 1948년에서 1953년 사이에 걸쳐 감옥과 노동 수용소의 당국이 철저한 소탕 작전—"암캐 전쟁súchya voyná"

---

*   1930년대에서 1950년대까지 스탈린 치하의 소련에서 악명 높은 강제 노동 수용소를 운영했던 기관. 이 강제 노동 수용소는 소련의 영토 전역에 무수히 흩어져 있었기에, 강제 노동 수용소의 생존자이며 1970년 노벨문학상 수상자인 솔제니친은 이 수용소들을 "굴락 제도Gulag Archipelago"라고 부른 바 있다.

이라고 불린다—을 벌이면서 그 결사체의 숫자가 격감하기도 했지만 결국 다시 조직을 회복한다. 소련이 붕괴하고 대혼란 사태가 벌어진 직후 이들은 물 만난 물고기처럼 활개를 쳤다. 그런데 그다음부터는 일이 영 각본에 없는 방향으로 풀리기 시작했다.

러시아의 보르들은 페냐Fenya라고 부르는 자신들의 언어를 쓴다. 이는 러시아어와 문법 구조는 동일하지만 어휘는 자기들이 만들어낸 것이다. 이 결사체는 러시아인들로만 이루어진 것이 아니고 여러 민족에 걸쳐 있으며, 옛 소련 영토 대부분의 지역에 빠짐없이 조직을 가지고 있었다. 새로운 조직원이 보르로서 입단할 때에는 입단식을 치르게 되며, 이때 신입 조직원은 일종의 별명klíchka을 부여받는데 이는 그의 새로운 정체성을 상징하는 개명 과정이다. 이 새롭게 정체성을 부여받은 이들은 일련의 행동 규칙들, 관습, 금기를 철저히 준수할 것을 요구받는다. 보르는 무릇 다른 보르들에게 (물론 일반인들에게는 아니다) 정직하고 진실하며 도움을 주어야 한다. 일을 하는 것은 금지되며, 무엇이건 자신이 훔쳐온 것으로 삶을 꾸려야만 한다 (하지만 도박에서 딴 것들은 명예로운 것으로 간주된다). 보르는 어떤 정부 기관원에도 절대 협조해서는 안 되며, 법정에서 유죄를 인정해도 안 되며, 공식적인 법률의 존재 자체도 절대 인정해서는 안 된다. 군대에 입대하는 것도 법정에서 증언을 하는 것도 금지이며, 보르가 아닌 일반인들로부터 공물을 뜯어서 공동체 기금obshchák을 조성해야 한다. 이 공동체 기금은 그 지역의 보르 브 자코네가 관리하게 된다. 감옥에 들어갈 경우에는 죄수들을 선동해서 폭동을 일으킬 것이라고 으름장을 놓아서라도 자신의 생활 방식을 그대로 지켜내야만 한다. 또 그는 일반 깡패들blatnýe을 통제하는 것으로 여겨진다. 조직에서 재가를 받지 않은 폭력은 금지되어 있으며, 살인도 금지되어 있다. 예외는 자기를 지켜야 하는 경우, 자기의 명예를 지켜야 하는 경우, 또는 어떤 보르 평의회skhódka에서 평결을 내렸을 경우 등이다. 청부 살인업자는 절대로 결사체에 들여놓지 않는다. 보르가 되기 위해서는 가족과의 모든 연을 끊어야 하며, 결혼을 하거나 가족을 이루는 일도 절대 금지이다. 매춘부를 소유할 수는 있으며 그녀를 처zhená라고 부르기는 하지만 절대로 같은 의미는 아니다. 보르 한 사람이 감옥에 들어가게 되면 그의 처는 그 보르의 다른 동료와 함께 살게 되어 있다. 하지만 그녀를 "합법적으로" 소유하는 자는 항상 한 사람뿐이므로 삼자 동거 따위는 절대 벌어지지 않는다. 동성애는 허용되지만 항상 남자 역할을 해야 하며 여자 역할을 하는 것은 금지되어 있다. 따라서 보르는 일반 깡패를 대상으로 항문 성교를 할 수는 있지만 그 반대가 되어서는 안되며, 다른 보르에게 항문 성교를 해서도 안 된다.

러시아의 도시마다 그 도시를 관장하는 보르 브 자코네가 한 사람씩 있으며, 그는 공물을 걷어서 공동체 기금을 관리하는 책임을 맡는다. 이 공동체 기금의 목적은 감옥에 있는 조직원에게 사식과 생필품을 넣어주고 또 불법으로 반입시켜 가면서 편히 살 수 있도록 해주는 것 그리고 이들이 감옥에서 나온 뒤부터 다시 영업 활동의 자리를 잡도록 도와주는 것이다. 이러한 지원은 "구역을 덥혀주기gret' zónu"라고 부른다. 감옥이라는 차가운 곳에 홀로 떨어진 이에게 이렇게 조직이 따뜻함을 베풀어주면 감읍하지 않을 길이 없을 것이며, 모든 선의를 다 바치게 될 것이다. 그 반대로 완전히 비열하고 야비한 인간을 부르는 말로는 "동상에 걸린 발가락ótmorozok"이라는 것이 있다. 한편 그 "구역"이란 굴락 수용소 제도 전체를 일컫는 것으로, 죄수들이 사는 토지와 건물 모두를 가리킨다. 반면 그 바깥세상의 소련은 "큰 구역bol'sháya zóna"이라고 불렸다.

즉 감옥 밖의 세상이나 안의 세상이나 정도의 차이만 있을 뿐 소련 전체가 거대한 감옥이라는 생각이 뚜렷이 드러나 있다.

보르들의 결사체를 다스리는 "평의회"에는 누구나 발언권이 있지만, 보르 브 자코네의 발언이 비중이 클 수밖에 없다. 전국 규모의 큰 평의회는 1947년 모스크바에서, 1955년 카잔에서, 1956년에는 크라스노다르에서, 1979년에는 키슬로보츠크에서 열린 바 있었고, 그때마다 수백 명의 보르들이 참석하였다. "평의회"에서는 다양한 정책적 결정이 이루어지며 나아가 회원들의 가입과 축출 여부나 누군가에 대한 (보르들에만 국한되지 않는다) 처벌의 결정도 이루어진다. 이러한 처벌의 예를 보자면 자랑 금지 (이는 거만하고 뽐내기 좋아하는 도둑에게는 참을 수 없도록 고통스러운 일이다), 남들이 다 보는 앞에서 따귀 때리기, 빳다 50대, 심지어 사형도 있다. 사형 선고는 정해진 의식에 따라 집행하게 되어 있다. 선고를 받은 자는 자신의 셔츠를 찢어 가슴을 열면서 "내 영혼을 가져가시오!"라고 외친다. 그 즉시 몇 명이 그를 칼로 찌른다. 어떤 감옥이나 노동 수용소의 평의회에서 사형 선고를 내리면 이는 러시아 반대쪽에 있는 (시간대로 무려 11개나 떨어져 있다) 감옥이나 노동 수용소에서라도 반드시 집행하게 되어 있다. 여기에서 도망갈 수 있는 방법은 없으며, 정부 당국조차 이렇게 어느 곳에서든 "평의회"로부터 사형 선고를 받은 이들을 보호하는 것이 거의 불가능하다는 것을 알게 되었다.

감옥 밖의 "큰 구역"에서 생활하게 되면 보르들은 공동체를 이루어 살아가며, 그 크기는 환경에 따라 다양하게 달라진다. 2명에서 5명 사이의 것도 있고sháika, 10명에서 15명 사이도 있고malína, 20명에서 30명 사이의 것도kódla 있다. 이들은 모두 능력껏 최선을 다하여 공물을 뜯어 모아오는 활동에 열중한다. 각 공동체는 다양한 기술자, 이를테면 소매치기, 강도, 위조범 등을 결합한다. 강탈 행위가 지속되면서 뜯어온 공물의 점점 더 많은 양이 공동체 기금으로 들어가게 된다. 제도화된 러시아식의 부패 패턴은 이미 스탈린 시대부터 시작되었다. 솔제니친의 위대한 저작의 3부에 묘사되어 있는 것처럼 굴락 수용소에서 살아남기 위해 생산 보고서를 가짜로 위조하는 일이 많았다. 그런데 나중이 되면 이 똑같은 전술을 생존이 아니라 부를 모으는 데 사용하게 된다. 최초의 대규모 불법 사업체는 1970년대에 출현하였거니와, 사면되어 수용소 밖으로 나온 보르들은 이렇게 큰돈을 모은 이들을 노리고 자신들의 먹잇감으로 삼았다.

그다음에는 고르바초프의 알코올 중독 반대 캠페인이 1985년에서 1990년까지 계속된다. 소련 공산당의 마지막 서기장이었던 미하일 세르게예비치 고르바초프는 존경받는 인물이며 노벨평화상 수상자이기도 하다. 하지만 그가 했던 일이 과연 현명한 조치였다고 생각되는가? 러시아 사람들을 데리고서 보드카 배급제를 실시한다고? 세상에 이것보다 더 빗나간 정책이 있을까? 보드카 생산과 유통은 지하로 들어가버렸고 범죄 조직들은 어마어마한 재산을 모으게 되었으니, 이것이 1990년대에 벌어질 일들의 기초가 된다. 러시아의 지하 경제에서 큰돈을 번 사업가들로서는 정부 당국보다는 조직 폭력과 거래하는 쪽이 훨씬 낫다. 이들이 번 돈은 모두 불법이니 정부 당국자들은 돈도 뺏고 자유도 빼앗아가겠지만 조직 폭력은 그저 이들의 돈만 가져갈 뿐이니까. 1979년 키슬로보츠크에서 열렸던 전국 평의회에서 전국의 최고 보리 브 자코네는 이제부터 불법 사업체들은 모든 수입의 10퍼센트를 곧장 자신들의 공동체 기금으로 넣어야 한다는 칙령을 내린다. 이로써 범죄 조직이 뜯어가는 십일조가 공식적으로 확립되었다. 그다음에는 소련이 붕괴하고 시장 자유화가 이루어졌다. 러시아의 개혁 프로그램은 두 집단을 만족시키도록 설계된 것이었다. 한쪽에는 예전의 공산당 중진 인사들이 있었으니, 이들은 여전히 어떤 형태로든 권력을 쥐고 있었지만 땡전 한 푼 없는 신세여서 간절히 돈을 원했다. 다른 쪽에는 암시장의 기업가들이 있었으니, 이들은 돈은 넘쳐났지만 권력이 전혀 없었기에 보르들에게 둘러싸여 먹잇감이 되고 있었다. 양쪽 모두 다른 쪽이 가지고 있는 것을 원했으며, 시장 자유화는 그 양쪽에게 모두 각자가 원하는 것을 가질 수 있도록 설계된 것이었다. 까마득한 옛날에 시장 경제를 조금 경험한 게 전부인 나라, 그래서 시장 경제에 필요한 규제의 틀이 전혀 없는 나라, 게다가 전국적으로 조직되어 있고 무수한 전투에서 잔뼈가 굵은 전문적이고 긍지에 찬, 거기다가 돈까지 많은 도둑들의 연맹체가 쥐고 흔드는 나라. 이런 곳에서 급속한 시장 자유화를 시행한다? 또한 번의 부조리극이 펼쳐졌다. 세상에 이것보다 더 빗나간 정책이 또 무엇이 있을까?

시장 자유화는 해결사 비즈니스

—

시장 자유화의 첫 번째 물결은 이미 고르바초프가 아직 서기장이던 시절에 시작되었다. "협동조합kooperatívy"이라고 불리는 작은 민간 영리 기업들을 허용하는 새로운 규칙이 도입되었고 이에 수많은 "협동조합"들이 창업되었지만, 도대체 누가 누구와 "협동"을 하는 것인지는 전혀 분명치 않은 형국이었다. 분명하게 벌어졌던 "협동"이 있었다면 이는 "해결사들"과의 협동이었다. 이 해결사들은 "협동조합들"이 설립되면 그 즉시 달려가서 그들을 먹잇감으로 삼았다. 1989년에서 1992년 사이에 이 해결사 비즈니스와 그들에 의한 강탈의 정도는 매년 20~25퍼센트씩 증가하였고, 이는 민간 영리 기업체들의 창업수의 증가와 같은 속도였다. 이렇게 생겨난 러시아의 새로운 민간 기업가들은 그 활동이 불법적 지위에서 벗어난 지 얼마 되지도 않은 상태였고 공식적인 차원에서의 법적 보호 장치도 거의 없는 상태였으므로 하나의 계급으로서는 완전히 주변적 위치에 있었다. 이렇게 새로 생겨난 사업가들은 사회적으로 자기 잇속밖에 모르는 사기꾼들로 여겨졌으며 심지어 범죄자라고까지 여겨졌기에 "정부 허가를 받은 사기꾼들chástniki"이라고까지 불렸다. 따라서 이들 입장에서는 진짜 범죄자들과 어울린다고 해서 잃을 게 있는 것도 아니었다. 이 새로운 조직 범죄의 물결과 싸우기 위해 정부가 한 일도 없었다. 이러한 해결사 폭력배들 가운데 감옥에 간 이들은 거의 없었고, 가서 최고형을 받아봐야 3년이었다. 그리고 3년 정도면 아직 젊고 어린 해결사 폭력배들이 단순한 "깡패" 티를 벗고서 어엿한 보르의 한 사람으로 성장하기에 충분한 기간이었을 것이다. 1994년이 되면 비로소 최고 형량이 15년으로 늘어나지만, 이 해결사 폭력배들이 운영하는 사설 보호 회사들은 이미 그보다 2년 전에 합법적 지위를 획득한 상태였기에 결국 소 잃고 외양간 고친 셈이 되고 말았다.

이렇게 해서 새롭게 자라난 범죄자들은 소비에트 시절의 조직 폭력과는 사뭇 다른 이들이었다. 이 해결사 비즈니스를 처음에 시작한 폭력배들은 레슬링, 역도, 권투 등 종목의 운동선수들로서 나이는 주로 18세에서 24세의 청년들이었다. 소비에트가 붕괴하면서 체육에 대한 국가지원 기금이 끊어지자 해결사 비즈니스 쪽으로 손을 뻗은 것이었다. 이들은 처음에는 서방에서 제작된 마피아 영화들을 보면서 이쪽 세계에 대해 배웠다. 납땜인두로 얼굴을 지진다든가 라디에이터에다가 수갑을 채워놓는다든가 희생자에게 자기를 파묻을 구덩이를 스스로 파게 시킨다든가 하는 유치찬란한 고문 기법들도 그렇게 알게 된 것이었다. 몸 좋은 젊은이들로서는 이 해결사 비즈니스가 매력적으로 느껴졌을 게 당연하다. 게다가 당시에는 치안을 담당하는 국가 기관들조차 위축되고 시들어가는 상황이었으니 이들의 서비스를 원하는 수요는 차고 넘쳤다. 가라테 학원은 1981년에서 1995년 사이에는 공식적으로 금지된 상태였지만 어떻게든 알아서 다 영업을 하고 있었다. 이곳에 드나든다는 것 자체가 모종의 지하 세계와의 연분을 보여주는 것이었고 또 실제로 이곳이 폭력 조직에 훈련된 간부들을 공급해주는 원천이기도 했다. 옛날의 보르들과 이 새로운 "운동선수들sportsmény" 사이에는 심한 마찰이 있었지만 후자가 더 폭력적이었을 뿐만 아니라 툭하면 사람을 죽이는 수법을 동원하였다. 이 추리닝을 입은 젊은 폭력배들은 어디에서나 볼 수 있었고, "체육관은 조직 폭력의 상징이며 길거리 암시장은 자유로운 경제적 교환의 초보적 형태"로[15] 자리 잡았으니, 이들은 새로운 경제적 현실을 상징하는 존재들이기도 했다. 이제 비단 전직 운동선수들의 조직뿐만 아니라 러시아의 범죄 집단들 중 다수가 건강한 생활 습관과 엄격한 기율을 기르게 되었고, 사설 체육관—이들의 회합 장소이기도 했다—에 정기적으로 나가 몸을 단련하곤 했다. 보르들은 전통적으로 알코올과 마약을 전혀 꺼리지 않았던 이들이었지만 이제는 이들 중에서도 생활 습관을 바꾸는 이들이 나타나기 시작했고, 그들 중 일부는 주스 바에서 회합을 가지며 건배를 할 때에는 오렌지 주스로(!) 하기도 한다.

결국 옛날의 보르들은 밀려나게 되었지만, 이들의 여러 전통과 어휘는 이 새로운 범죄 계급에게 아주 많이 전승되었다. 옛날의 보르들은 감옥에서 복역하는 것이 필수적인 명예 훈장으로 여겨졌지만 (몇 년이나 복역했는지를 표시하기 위해 교회당 건물 돔을 숫자대로 감옥에서 문신을 새겼다), 이 새로운 보르들의 다수는 감옥에 거의 혹은 전혀 가지 않았다. 새로운 범죄자들 중 일부는 보르의 자격을 단돈 15만 달러에 구입하기도 했다. 이렇게 되자 보르가 되는 데 따르는 권위와 지위는 약해지기 시작했으며, 얼마 지나지 않아 이 새로운 러시아의 지하 세계에서는 보르의 자격이 더 이상 필수적인 것이 아니게 되었다. 그렇지만 이 두 집단 사이에 많은 이종교배가 벌어지기도 했다. 보르는 이제 새로운 범죄 조직의 "행동 대장Mafia capo, avtorité"으로 자리 잡기도 했으며, 기존의 "행동 대장"이 한 사람의 보르로서 서훈을 얻기도 했다. 보르들의 다수는 집단 내부 갈등에 휘말려 살해되었고, 그 결과 이 새로운 범죄자들에게 그 자리를 대신하도록 내주었던 것이다. 주요한 차이점이 있다면 이 새로운 범죄자들이 훨씬 더 폭력적이었다는 것이었고, 주요한 유사점은 두 집단 모두 자기들은 마땅히 남들의 것을 가져갈 자격이 있다는 귀족적 정신을 함양하여 무슨 일이 있어도 어떤 노동도 하지 않겠다고 우기는 것이었다. 자기들은 "정의상by definition" 사업가들과 일반인들 모두에게서 마땅히 공물을 받아야 할 존재라는 것이다. 이들은 스스로를 유한계급으로 보았고, 자신들의 맡은 소임은 무언가를 하는 게 아니라 그냥 가만히 있는 것이라고 믿었다. 이들 모두가 공유했던 이상은, 완전히 아무 일도 하지 않으면서 많은 돈을 버는 것이었다.

하지만 또 다른 중요한 차이점이 있었다. 보르들은 군대에 가는 것을 (나아가 어떤 정부 기관과도 협력하는 것을) 거부하였지만, 이 새로운 범죄자들 중 운동선수 출신이 아닌 이들은 다수가 군대 출신이었다. 1989년 아프간 전쟁이 끝나자 새로운 폭력배 지망자들이 엄청나게 사회로 쏟아져 나오게 되었다. 수많은 전투를 치르고 고향으로 돌아온 이들은 곧

이 새로운 경제적 현실에서 합법적으로는 자기들에게 주어지는 역할이 전혀 없다는 것을 알게 되었다. 전쟁에서 그토록 비인간적인 희생을 치렀건만 이런 대접이 돌아오다니. 좌절감에 가득 찬 이들은 폐쇄적인 집단을 형성하고 그 안에서 자기들끼리만 상대하였다. 그런데 이들처럼 외상 후 스트레스 장애를 가진 이들은 패싸움이나 폭력을 휘두르는 데 이점이 있다. 위험에 대한 감각이 현저히 줄어든 상태에서 죽음을 기꺼이 받아들이는 태도가 있는 데다가 전장에서의 전우애 같은 것을 여전히 간직하고 있기 때문이다. 1994~1996년의 체첸 분쟁 또한 마찬가지로 비인간적이고 유혈이 낭자한 것이었지만, 그 분쟁이 끝난 뒤 사회로 복귀했던 군인들의 무려 75퍼센트가 다시 전장으로 돌아가고 싶다는 의사를 밝힌 바 있다. 아마도 그들이 마주쳤던 러시아 사회라는 것이 전쟁만큼이나 비인간적이고 유혈이 낭자한 것이었기 때문이리라. 게다가 여기에는 군대와 같은 틀과 연대감마저 결여되어 있으니까. 어쨌든 이들 중 다수가 그래서 전투를 계속하였다. 체첸이 아닌 러시아에서. "폭력이 일상적인 업종에서 전투 경험이 있는 이들은 육체적으로나 정신적으로나 결정적인 우위에 서게 된다. …"[16] 이러한 무시무시한 훈련과 화력까지 갖춘 경쟁자들 앞에서 옛날 식 보르들은 전혀 배겨낼 수가 없었다.

하지만 폭력배들 집단의 규모를 불린 또 다른 원천이 있었으니, 체첸 마피아였다. 체첸 사람들이 성공적으로 범죄 조직을 만들 수 있었던 것은 그들의 부족적인 생활 구조와 관행과 깊은 관련이 있었다. 체첸에서는 토지가 항상 맏아들에게 상속되어 왔으며, 나머지 아들들은 집을 떠나 떠돌이가 되어야만 했다. 이들은 집에 돌아오면 부족의 장로들에게 절대적으로 순종해야 했지만, 일단 고향을 떠나면 행동에 완전한 자유가 주어졌다. 그러다가 어디에서 훔친 장물을 집으로 가져오기라도 하는 날에는 고향에서 영웅 대접을 받으며, 그중 가장 유명한 (혹은 악명 높은) 이들은 민요와 전설의 주인공이 되어 대대손손 칭송을 받는다. 이렇게 체첸 사회에서는 이웃 마을을 약탈하는 것이 하나의 지위 높은 직업으로 진화하였다. 이는 어떤 수준으로든 도덕적 비난을 받을 일이 아니었다. 이슬람의 샤리아 율법에 따르면 이교도들을 희생시켜 부자가 되는 것은 명예로운 활동이기 때문이다. 이렇게 체첸인들은 이웃 사랑 따위와는 전혀 거리가 먼 이들로 알려져 있었거니와, 러시아가 알렉산드르 2세 시절에 이 지역을 정복한 것은 체첸 역사에서 가장 모욕적인 사건이었고 곧 이들은 러시아인들을 불구대천의 원수로 여기에 되었다. 게다가 2차 대전이 끝난 뒤 스탈린은 체첸인들에게 전쟁 중 히틀러와 붙어먹었다는 죄목으로 무려 40만 명이나 카자흐스탄으로 이주하라는 명령을 내렸고, 이 때문에 체첸인들의 적개심은 더욱더 깊어졌다. 이 모든 요소들이 합쳐지면서 러시아인들에 대한 복수심에 불타는 체첸 범죄 집단의 출현은 거의 불가피한 일이 되고 말았다.

체첸 마피아는 이미 페레스트로이카 시절부터 "협동조합"을 먹잇감으로 삼기 시작하였고, 결국에는 모스크바에서 규모로나 조직 면으로 보나 최고의 범죄 조직이 되었다. 이들은 현지의 슬라브인들 범죄 집단들과 몇 번의 전쟁을 치러야 했지만 이를 모두 이겨냈던 것이다. 비록 그 최초의 조직원들은 대부분 죽거나 감옥에 있지만. 1990년대에 들어오자 이들은 모스크바의 최대 폭력 조직을 운영하면서 또 동시에 불법적인 지하 은행도 운영하였고, 귀금속, 석유, 무기류를 거래하였다. 결국 체첸 마피아는 조직 폭력 사업에서 발을 빼고 호텔, 은행업, 유령 회사를 통한 돈 세탁 등으로 사업을 다각화하였다. 오늘날 이들은 석유,

목재, 금, 희토류 등의 원자재 상품 등 다양한 것들을 거래하는 회사로 성업 중이다. 서면 상으로 보자면 이 회사들이 각 분야에서 러시아의 정상급의 위치를 점하고 있기 때문에 이들의 존재가 잘 드러나지는 않는다. 그런데 체첸에서 분리주의 내전이 시작되자 이 회사들이 긁어모은 돈의 엄청난 액수가 조하르 두다예프가 이끄는 분리주의자들의 체제에 자금원이 되기도 했다.

이상적인 산적

—

러시아의 새로운 범죄 계급—사람들은 그들을 "산적bandíty"이라고 즐겨 부른다—은 폭력을 행사할 능력과 의사를 갖추고 있다는 것 때문에 권력을 얻게 되었다. 이 때문에 이들은 범죄 조직을 포함한 다른 모든 유형의 조직들과 구별된다. 폭력은 방법일 뿐만 아니라 하나의 전문성이기 때문이다. 폭력을 다루는 비즈니스는 합법이건 비합법이건 다른 모든 유형의 비즈니스와 구별된다. 첫째, 제도화된 서비스는 다른 모든 재화 및 서비스와 구별해야만 한다. 둘째, 제도화된 폭력 서비스는 다른 모든 제도화된 서비스와 구별해야만 한다. 산적들은 바로 제도화된 폭력 서비스를 제공하는 것을 자신들의 전문 영역으로 삼는다.

하지만 이들의 폭력 행사를 일종의 노동이라고 보는 것은 잘못이다. 산적의 명예 불문율은 노동을 금지하고 있다. 산적은 공물을 뜯어서 살아야 한다는 것이다. 이들은 사업가들을 마땅히 뜯어먹는 것이 자신들의 도덕적 의무라고 본다. 사업가들은 도덕적으로 열등한 자들이며 자기들끼리 서로 속이고 사기 치는 믿지 못할 놈들이라는 것이다. 반면 산적에게 있어서 말이란 한 번 뱉으면 반드시 지켜야 하는 것이며, 필요하다면 목숨까지 기쁘게 내걸어야 한다는 것이다. 앞으로 보겠지만, 산적들은 유용한 기능들, 심지어 때로는 반드시 필요한 기능들을 수행할 수 있으며 또 실제로 수행하고 있지만, 이것이 그들의 "노동"이라고 간주하는 것은 건드려서는 안 되는 모종의 베일을 찢어버리는 행위가 되어 그들의 작업 자체도 불가능해진다. 이는 선물 경제에서 참여자들이 무언가를 주고받는 것이 마치 이해관계를 떠난 행위인 양 하는 허구를 유지해야만 하는 것과 비슷하다. 선물에 답례하는 것이 하나의 부채에 불과한 것으로 취급되는 순간 선물 경제는 소멸하는 것이다. 산적들의 활동도 어디까지나 자기들의 명예를 지키기 위한 것이지 결코 돈을 벌고자 하는 것은 아니다. 왜냐면 산적들은 "정의상" 돈은 모두 자기들 것이라고 여기기 때문이다. 그렇지만 대부분의 산적들은 아주 바쁘게 살고 있으며 한량과는 거리가 멀다. 볼코프에 따르면, 이들이 하는 활동은 "공갈 협박, 보호하기, 정보 수집, 분쟁 해결, 안전 보장, 계약의 집행, [그리고] 세금의 부과" 등을 포함하여 무수히 많다.[17]

1990년대의 러시아에서는 이렇게 이상화된 모습의 산적―언제든 기꺼이 거래하고, 죽이고, 죽을 준비가 된 이들―에 대한 숭배의 문화가 발전하였다. 비록 산적은 언제든 폭력을 행사할 준비가 되어 있어야 하지만 이들이 실제로 휘두르는 연장은 주로 언어이다. 이들의 문화는 말에 의존하는 문화이며, 문서에 의존하는 일은 최소화한다. 이들의 발화發話 중 가장 중요한 것들은 수행적performative 발화이다. 즉 어떤 생각을 소통하려는 의도가 아니라 세계의 상태를 직접 바꾸고 변화시키려는 의도로 나온 표현들이다. 발화 활동은 보장을 주고, 계약을 맺고, 계약을 집행하는 등의 목적으로 쓰인다. 그들의 세계에서 말은 구체성을 띠어야만konkrétny 한다. 그게 위협이 되었든 약속이 되었든 그 실행의 절대적인 의지가 존재한다는 사실로 뒷받침되어야만 하는 것이다. 헛소리라든가 실행이 따르지 않는 위협 혹은 허풍은 있을 수 없다. 무릇 산적은 스스로의 말을 책임져야만 한다otvechát za slová. 경솔하게 떠벌이는 행동에 대해서는 손가락을 잘라버리는 엄혹한 처벌이 따른다.

산적의 명예 불문율에 따르면 "막가파bespredél"식 행동 또한 처벌의 대상이다. 명분이 없는 혹은 불필요한 폭력을 말한다. 정당한 명분도 없이 폭력에 호소하는 자는 "동상에 걸린 발가락 같은 놈ótmorozok"이라는 딱지가 붙을 수도 있다. 이는 아주 모욕적인 용어이자 끔찍한 욕이다. 이러한 딱지가 붙은 이는 잘라 내버려야만 한다는 뜻을 담고 있기 때문이다. 흥미롭게도 1999년 3월 러시아의 국방 장관 이고르 세르게예프 Igor Sergeev는 NATO의 세르비아 폭격을 두고서 "막가파식 행동"이라는 딱지를 붙였다. 블라디미르 푸틴 또한 이 용어를 사용한 적이 있다. 하지만 두 사람 모두 NATO에 대해 "동상에 걸린 발가락"이라는 딱지를 붙이는 것은 자제한 바 있다. 이렇게 산적들만의 전문 용어가 이제는 공식적인 정치 용어로 버젓이 쓰이게 되었다.

산적들은 처음에는 보호 서비스를 제공하는 범죄 조직으로서 활동했지만 1992년 이 보호 서비스라는 것이 대충 합법화되면서 이들도 "범죄 조직"이라는 딱지를 떼게 되었다. 어찌 되었든 이러한 조직들은 모두 스스로의 훌륭한 평판을 지키기 위해 기를 쓰게 되어 있다. 그 평판이란 비즈니스를 수행하는 데 있어서 또 폭력을 사용하는 결단력에 있어서 과연 믿을 만한가에 달려 있다. 여기서 중요한 점은 이들의 평판이 고객들이 그들을 어떻게 생각하는지에 기초하는 것이 아니라는 점이다. 이 조직들은 고객들이 자기들을 어떻게 생각하는지에 대해서는 크게 개의치 않는다. 이들이 평판을 유지해야 하는 차원은 다른 조직들과의 관계에서이다. 제대로 의지할 만한 보호를 제공할 수 있는가는 정말 제대로 두려움을 일으킬 협박을 가할 수 있는가 그리고 갈등이 벌어질 때 이를 정말로 해결할 능력이 있는가에서 나온다. 산적들은 이렇게 복잡하게 서로 얽힌 자신들의 여러 암묵적 서비스를 한 묶음으로 하여 "문제 해결reshát' voprósy"이라는 상당히 밋밋한 용어로 부른다. 폭력의 사용을 통해 범죄 조직으로서의 평판을 충분히 얻으면 이는 가급적 평화적으로 사업을 수행할 수 있는 자산으로 쓰이게 된다. 다른 범죄 집단들에 맞서 "문제 해결"을 하려면 서로에게 약속과 보증을 제공해야만 할 때가 많다. 이들은 사업가들에 대해서는 얼마든지 사기를 쳐도 괜찮다고 생각하지만 서로에 대해서는 거짓말이나 사기를 치는 법이 없다. 그랬다가는 유혈이 낭자한 보복이 따라올 테니까.

범죄 집단들의 이름은 보통 장소나 민족을 지칭한다(pérmskie, kazánskie, chechénskie, kavkázskie). 범죄 세계의 "권위자들avotoritéty"은 중세의 귀족들처럼 자신의 고향 이름을 성으로 삼는다. 이러한 이름들은 그 휘하의 군대들이 충성을 서약하고 복무하는 깃발 구실을 하며, 범죄 집단에 가입할 때에 ("깃발 아래에 정렬한다vstat' pod flag") 사용하는 문구는 이러한 유대 관계를 명시적으로 드러낸다. 이러한 이름들은 어떤 지역을 자기들 구역이라고 주장할 때 또 다른 범죄 집단들과 협상할 때 결정적인 역할을 한다. 이런 이름들은 바로 주권적 권력을 표현하는 증표인 것이다. 어떤 이름과 그에 결부된 평판이 충분히 자리를 잡게 되면, 이는 하나의 트레이드마크가 되어 그 창립자와는 별개로 (그는 이미 죽었을 수도 있고, 감옥에 있을 수도 있고, 영국 여왕의 가호 아래에 런던에 거주하고 있을 수도 있다) 사용될 수도 있으며 프랜차이즈를 통해 팽창해나갈 수도 있다.

조직을 만드는 데 가장 기초가 되는 기술은 고객을 확보하는 것이다. 이는 3단계로 이루어져 있다. 1단계에서는 조직이 나서서 고객이 될 사람에게 문제를 일으킨다. 2단계에서는 조직이 그 고객에게 문제를 해결해줄 터이니 돈을 지불하라는 제안을 한다. 3단계에서는 조직에 계속해서 돈을 바치는 한 이 문제가 다시 생기지 않을 것이라고 그 고객에게 보장한다. 기회가 올 때마다 자연스럽고 자발적인 결과로서 강탈이 벌어지며, 이는 또 마찬가지로 자연스럽고 자발적으로 보호를 제공하는 범죄 조직으로 진화한다. "보호를 제공하는 범죄 조직이라는 제도는 폭력의 독점이 사라질 때 생겨난다."[18] 강탈 행위는 최초에는 아주 난잡하고 지저분하게 진행될 때가 많다. "소설에 나오는 세련된 강탈자들과는 달리 현실의 강탈자들은 희생자들을 납치하여 관 안에 집어넣고 그 관을 공동묘지로 가는 '마지막 여행' 트럭에 싣는다."[19] 하지만 강탈과 보호는 얼핏 반대되는 것으로 보이지만 따지고 보면 정도의 차이일 뿐이다. 어떤 산적이 "자기 구역 안의 거주자들과 공물을 바치는 영구적 관계를 확립하고자 기를 쓰고 또 그러한 공물 요구를 정당화해줄 일정한 서비스들을 공급"하게 되면서, 개별적 사건들이 모여 보호라고 하는 안정된 사업적 관계로 변형되는 것이다.[20]

고객의 모집 과정은 아주 거칠게 진행될 수도 있고 아닐 수도 있다. 하지만 그 본질적인 기능은 동일하다. 재계의 지배적인 분위기에서 보호—이는 "지붕krýsha"이라고 불린다—는 반드시 필요하다. 보호가 없는 채권자의 경우 만약 그가 쥐고 있는 채권의 액수가 청부 살인 가격보다 높다면, 채무자는 빚을 갚느니 채권자를 죽이는 게 싸게 먹힌다. 당신의 경쟁자는 "지붕"이 있는데 당신은 없다면, 당신의 경쟁자가 자기의 집행자 파트너들을 부추겨 당신의 업체를 박살내는 것을 막을 방법이 있는가? 당신에게 물건을 납품하는 업자가 돈만 떼어먹고 물건을 주지 않을 때 당신에게 "지붕"이 없다면 그 돈을 되돌려 받을 방법이 있는가? 등등등. 보호 조직의 확산은 대개 객관적 필요가 있어서 여기에 대한 대응으로 생겨난 현상이다. 사업가들은 신뢰하지 않는 이들과도 사업을 해야 하며, 거기에서 생겨난 계약을 힘으로 집행할 효과적인 합법적 수단이 없는 상태에서는 다른 시스템을 발명해내는 수밖에 없었던 것이다. 그리하여 새로운 기업이 생겨날 때마다 모두 어떤 범죄 조직에든 보호의 대가를 치러야만 하게 된 것이다. 이 수수료는 한 달에 몇백 달러 정도에서 수입의 무려 20~30퍼센트까지 올라갔다. 그럼에도 불구하고 기업의 소유주들은 이러한 범죄 조직들을 큰 문제로 보지 않았다. 경찰, 국세청 직원, 법정 등보다는 이들 쪽이 값도 더 싸게 먹히고 더 쓸 만하다고 보아, 그런 합법 기관들을 끌어들이느니 차라리 이들과 거래하는 편을 선호했던 것이다. 게다가 "1990년대 중반의 러시아에서는 하나의 통일적 실체로서의 '국가' 그리고 공적 영역이라는 것의 존재 자체가 의문시되고 있었다."[21] 그리하여 "지붕" 또한 러시아의 재계에서 쓰이는 용어의 하나로 자리잡게 된다. "오늘날의 러시아 재계에서 쓰이는 용어로서… 이 "지붕"이라는 용어는 경제 행위자에게 제도화된 서비스를 제공하는 기관들을 지칭하는 말로 쓰인다. 그 서비스 공급자와 고객의 법적 지위는 문제가 되지 않는다."[22]

이러한 제도화된 서비스들을 공식적 사법 조직과 혼동해서는 안 된다. 공식적 사법 조직에 호소하는 것은 사람들이 보통 회피하는 일이었으며, 이는 대개 지금도 그러하다. 이는 몰인격적 힘에 권력을 넘기는 것이며 인격적 관계를 파괴하는 것이지만, 의견 불일치가 생겨났을 때 그 무엇보다도 핵심적인 중요성을 갖는 것이 보통 이 인격적 관계이기 때문이다. 러시아의 사업가들은 자신이 거느린 인격적 관계망들에 의존하는 경향이 있다. 재계 전체의 분위기로 볼 때 누구든 자신의 여러 활동이 합법, 비합법의 경계선을 넘었는지 어떤지를 알기가 힘들 때가 많다. 따라서 누군가 문제가 생길 때마다 경찰이나 법정을 끌어들인다는 소문이 나면 아무도 그를 신뢰하려고 하지 않는다. 대부분의 러시아 사업가들은 법적 분쟁을 조직 폭력보다 더 큰 위협으로 여긴다. 법적 과정 자체를 처벌의 한 형태라고 보기 때문이다.

이렇게 대부분의 러시아 사업가들이 합법과 비합법의 경계를 넘나들게 된 역사적 맥락이 있다. 1999년 이전까지 러시아에는 세법이라는 게 없었고, 조세는 그때그때의 법령에 의해 징수되었다. 그런데 이 법령들이라는 게 또 서로 모순될 때가 많았고, 소급 적용되기도 했고, 불복종에 대한 벌금은 재산 몰수의 성격을 띠고 있었다. 만약 이런 돈들을 다 냈다가는 대부분의 경제 활동이 질식해버렸을 것이다. 세금과 관련한 벌금 조치의 다수가 불법이었고, 이렇게 조성된 돈은 모두 조세 당국자들의 보너스로 들어갔다. 사업체들은 세금, 수수료, 벌금을 내야 하는 상황뿐만 아니라 아예 세금 신고서 작성 자체를 피하기 위해 국가 기구와의 접촉을 회피했다. 그 결과 1990년대 중반 러시아의 그림자 경제가 무려 GDP의 45퍼센트에 달하였던 것도 놀랄 일이 아니었다. 러시아의 여러 기관들 중에서도 가장 불신을 산 것은 시청과 경찰이었고, 이는 오늘날에도 어느 정도 그러하다. 이는 특히 작은 지방 도시의 경우가 그러한데, 여기서는 특히 부패한 지역 공무원들이 단단히 똬리를 틀고 버티고 있기 때문이다. 그렇게 해서 피해를 입은 경험이 있는 이들은 경찰서에 가기보다는 "친구들을 고용"하는 편을 선호하게 된다. 러시아에서 사람들이 법정에 가는 경우는 오로지 국가를 상대로 소송을 벌이는 경우뿐이다. 이 경우에는 다른 방법이 없으니까.

범죄 조직의 합법화

—

보호를 제공하는 민간 범죄 조직들은 1987년에 확산되기 시작했다. 1992년이 되어 사유화의 물결이 밀려오자 이 조직들은 합법화되었고, 그때부터는 보호를 제공하는 합법적 회사를 운영하는 것이 가능해졌다. 이 조직들의 확산은 경제 자유화 그리고 국가 소유의 신속한 사유화가 낳은 직접적 결과였다. 이러한 경제 변화는 서방의 경제학자들의 주장에 영향을 받아 벌어진 과정으로서, 이들은 (멍청해서였는지 악의를 품고 그랬는지는 모르지만) 정부의 역할을 제한하는 대신 저 있지도 않은 시장의 "보이지 않는 손"이라는 놈에 무제한의 권한을 주는 쪽을 선호했다. 그들 견해의 핵심은 "시장 경제를 작동하게 만드는 여러 제도들, 즉 명확히 정의된 재산 소유권, 신속하고도 효과적인 법률 시스템, 범죄를 예방해줄 믿을 만한 경찰력"[23] 등이 없는 상태에서도 시장 경제가 얼마든지 작동할 수 있다는 것이었다. 여기에다가 또 러시아 경제가 번개 같은 속도로 사유화되면서 그 어떤 제도의 틀로도 감당하기 힘든 엄청난 여러 유혹들이 생겨났기에 법을 준수하면 경쟁력을 가질 수 없게 되었다는 사실까지 더해보라. 여기에서 범죄 집단들이 끼어들어 재산과 소유물의 거래를 다스리게 된다. 그 결과는 온 나라를 휩쓴 폭력의 물결이었고, 사업과 범죄는 경계선이 애매해졌다.

1995년은 폭력의 물결이 절정에 달했던 해였다. 범죄 집단들 사이의 전쟁이 극에 달했고, 종국에는 더 적은 숫자의 더 큰 집단들로 합쳐졌다. 1994년 범죄 세계의 "권위자들"이 암살당하는 비율은 20퍼센트로 절정에 달했고 그 이후 감소하였다. 1997년이 되면 이 범죄 조직 합병도 완결이 된다. 그러자 흥미로운 변화가 나타났다. 범죄 집단들이 자발적으로 강탈과 보호라는 본래의 사업을 버리고 주식 소유, 기업 경영, 회사 자산 수탈, 자본의 외국 송금 등으로 진화해나간 것이다. 많은 "권위자들"은 서방 세계에 정착하였다. 그중 소수는 러시아 경제에 투자하여 지주회사를 세우고 강제적 자본 축적에서 합법적 자본 축적으로 이행하였다. 범죄 계급의 수뇌부가 어엿한 중산층이 된 것이다. 이러한 일이 벌어지자 이들의 명령 아래 있었던 범죄 집단들은 수직적 해체를 겪게 되었다. 지도부 자체가 공적 질서의 일부로 통합되면서 소수의 뛰어난 집행자들은 조직의 특별 비밀 임무들을 위해 남겨두었지만, 중간 수준과 아래 수준의 범죄자들은 필요가 없어진 것이다. 여기에서 서로 다른 결과들이 나타났다. 범죄 엘리트들에게는 이러한 변화가 빠르게 사회적인 출세를 얻는 경로였지만, 보통의 폭력배들에게는 다시 옛날의 무질서한 범죄 세계로 되돌아가는 편도행 기차표였다. 충분히 예상할 수 있는 대로 범죄율은 2000년 초 크게 치솟았고 강도 등 길거리의 범죄 사건은 훨씬 크게 늘어났다. 폭력배들의 일부는 감옥에 갔지만 다른 이들은 마약 밀매, 성매매, 총기 밀반입, 금융 사기 등등의 "전통적" 범죄 세계로 통합되었다. 중간 수준의 범죄자들은 정부와 일하기 시작하였고, 그중 아주 잘나가는 이들은 정계로도 진출하였다. 블라디미르 지리놉스키Vladimir Zhirinovsky가 이끄는 러시아 자유민주당은 과거가 복잡한 수상한 인물들에게 문호를 개방하여 정계에 입문할 기회를 주었다. (하지만 러시아의 정계가 범죄자들의 소굴이라고까지는 말할 수 없다. 반면 조지아에서는 서방 세계의 지지를 얻은 예두아르트 셰바르드나제Eduard Shevardnadze 정권에서 자바 요셀리아니Djaba Ioseliani라는 이름의 보르 브 자코네가 장관 자리에까지 오르기도 했다.) 일부 러시아 범죄자들은 러시아 정교회에 큰돈을 기부하여 많은 교회의 복구 작업을 지원함으로써 독실한 신앙심을 과시하는 방법으로 사회로 복귀하기도 했다. (한편 주교들diocese은 이따금씩 아래의 교구들로부터 돈을 바치도록 뜯어내는 데 범죄 집단들을 활용하기도 했다.)

그러는 사이에 러시아 국가가 힘을 되찾아 상황을 역전시키기 시작했다. 이는 그전 소비에트 시절의 법 집행 부서들을 그 인원 그대로 유지한 채 사설 보호 산업으로 전환시킨 급진적인 혁신 덕분이었다. 소련이 무너지고 난 뒤 새로 들어선 러시아 정부는 이른바 "권력 부서들siloviki"―국방부, 내무부, 외무부, KGB―을 신뢰하지 않았다. 이들이 1991년 8월에 고르바초프 정권에 대해 벌어졌던 반란에 합세했기 때문이었다. 1990년대 초 내내 이 부서들은 예산이 삭감되고 계속 조직 개편을 겪어야 했고, 그 결과 많은 직원들이 민간 부문으로 피해가게 되었다. 그중 다수는 "우산"을 제공하는 사업에 뛰어들었고, 빚진 돈을 받아주고 분쟁을 해결해주면서 공갈 협박과 폭력뿐만 아니라 "범죄 세계 '권위자들'과의 대면 협상을 통한 '문제 해결'strélki", "수단 방법을 가리지 않고 사실을 수집하는 임무probívki", "복수의 총질razbórki" 등의 방법도 사용하였다. 일단 이들이 범죄 세계에 대한 학습 과정을 마치고 새로운 환경에 익숙해지고 나자 곧 범죄자들을 경쟁에서 따돌리는 것은 식은 죽 먹기였다. 이들은 수입의 10~20퍼센트씩 뭉텅이로 떼어가는 대신 좀 더 저렴한 보험료를 받았을 뿐만 아니라 여러 보호 서비스의 유형별로 가격을 따로 매겨 받기도 했다. 게다가 문제를 해결해야 할 상대편의 보호 조직의 수괴가 옛날 한 직장에서 근무하던 동료일 때가 많아서 문제 해결 과정도 훨씬 수월하고 부드러웠다. 큰 기업들은 아예 회사 내에 이러한 보호의 기능을 수행하는 부서를 두는 쪽을 택하는 경우가 많았다. 예를 들어 러시아 최대의 천연가스 생산 기업인 가스프롬Gazprom은 2만 명의 강력한 사설 군대를 지금도 유지하고 있으며 이를 지휘하는 것은 전직 KGB 요원들이다. 사설 보호 서비스의 세상은 문명화까지는 아니어도 졸지에 전문 직종화되었던 것이다.

2000년은 정부의 최우선 과제로 법치 질서 회복이 자리 잡는 데에 중요한 이정표가 된 해였다. 이러한 변화를 시작한 것은 옐친이었지만, "법의 독재"라는 말을 만들어냈을 뿐만 아니라 이를 실행에 옮겼던 것은 블라디미르 푸틴이었다. 2007년이 되면 범죄율이 대부분의 범주에서 몇십 퍼센트씩 감소하였다. (여기에서 주목할 만한 예외는 돈세탁이었으며 이는 오히려 크게 늘어났다.) 러시아 경찰에 대고 어째서 이렇게 범죄가 줄어들었느냐고 묻는다면 그들은 자기들이 일을 잘해서 그렇다고 대답할 것이다. 범죄 예방을 강조하고, 젊은이들을 좋은 방향으로 이끌고, 출감한 전과자들에게 일자리를 제공하고 등등. 하지만 이들 또한 지금 기록적으로 낮은 실업률과 잘 돌아가는 국민 경제도 깊은 관련이 있음을 기꺼이 인정할 것이다. 여기에 나는 덧붙이고자 한다. 러시아의 거대한 경찰력과 (인구의 1퍼센트에 가까우며, 이는 소련 시절보다 훨씬 더 높은 비율이다) 거대한 감옥 수감 인구가 (미국 말고는 세계 최고이다) 또한 깊은 관련이 있다고. 그렇다고 해도 어쨌든 지금은 "우산"을 제공하는 것이 정부이다. 그리고 이제 "막가는 깡패들" 따위는 없을 것이다. 러시아 최고의 범죄 "권위자"인 푸틴께서 전국에 방송되는 TV 프로에 나와 그렇게 말씀하셨으니까.

3장

정치 붕괴

3단계   정치 붕괴. "정부가 당신을 돌보아준다"는 믿음이 사라진다. 기초 생필품을 시장에서 살 수 없는 상태가 만연하면서 정부가 이를 해결하려고 여러 시도를 벌이지만 아무런 효과를 내지 못하게 되며, 이에 기성 정치권은 정당성과 중요성을 상실하게 된다.

금융 붕괴와 상업 붕괴만으로도 이미 얼마든지 사람들이 죽어 나갈 정도의 위기이다. 사람들은 목적과 방향 감각을 상실하며 혹은 곤궁에 처한 이들을 이용해 먹기로 결심하기도 하며, 근본적으로 바뀐 환경에 적응하지 못하여 그냥 주저앉기도 한다. 그리고 이런 일이 벌어질 때 사람들은 다치고 상처받는다. 금융 붕괴와 상업 붕괴에 준비되지 않은 이들에게 이러한 붕괴는 더 큰 어려움을 가져오게 되어 있다. 이를 준비하기 위해서는, 국가 통화가 하이퍼인플레이션으로 가치를 잃고 은행들이 문을 닫을 때에도 가치가 있을 물건들을 비축해두어야 한다. 또 옛날의 방식은 사라졌지만 새로운 방식이 아직 발전하지 않은 불확실성의 이행기 동안 삶을 버텨주는 데 필수적인 생필품들을 쌓아놓아야만 한다. 금융 붕괴와 상업 붕괴는 앞에서 말한 대로 사람들이 죽어나갈 정도의 잠재적 위험성을 지닌 상황이지만, 미리 준비한다면 최악의 상황은 충분히 피할 수 있다. 그러니 다음의 대비책을 기억해두라. 첫째, 제대로 된 종류의 공동체를 선택하라. 둘째, 식량, 물, 에너지에 대한 독립적인 접근을 확보하고 생필품을 축적해두라. 셋째, 상황이 좋아질 때까지 세상과 절연하고 느긋하게 시간을 보내며 살 수 있는 전반적인 생활 방식을 마련해두라.

그런데 정치 붕괴는 전혀 다른 종류의 상황이다. 이런 일이 벌어지면 세상과 절연하고 살아가는 일이 대단히 어려워지기 때문이다. 혼돈 상태의 가능성도 있지만, 아주 파괴적인 종류의 조직적 행동이 나타날 가능성도 존재한다. 왜냐면 지배 계급과 거기에 복무하는 계급들이 (경찰, 군대, 관료들) 조용히 사라져서 사람들이 자율적인 새로운 집단으로 스스로를 조직하고 여러 실험을 통하여 새로운 환경에 적응하여 새로운 구성의 자치 패턴을 만들어내도록 그냥 두는 법이 없기 때문이다. 이들은 대신 아주 무모한 새 계획을 내놓을 가능성이 높다. 말로는 국가적 통일을 회복하기 위해 취하는 선제적 조치라고 하지만, 실제로는 다른 이들을 희생시켜서라도 최소한 자신들의 권력과 특권을 보존할 수 있는 기존 질서를 복원한다는 의미이다. 모든 동네에서 모든 사람들이 현실에 작동하는 것과 하지 않는 것을 가려내기 위해 여러 실험을 벌여야 할 상황인데도, 정치가들과 공무원들은 범죄와의 전쟁이라는 미명 하에 통행금지와 구금 등 엄중한 새로운 조치들을 내놓고 오로지 정해진 종류의 활동들―그들 자신에게 이익이 될 활동들―만 허용하면서 조금이라도 불복종의 기미만 보여도 가혹하게 짓밟아버린다. 또 지배 엘리트들은 자신들의 실패에 대한 비난을 다른 데로 돌리기 위해서 내부 혹은 외부의 적을 찾아내려고 기를 쓴다. 가장 힘이 없고 정치적인 연줄도 미약한 이들―가난한 이들, 소수자들, 이민자들―이 너희들 때문에 모두가 망하게 생겼다는 비난을 뒤집어쓰며, 가혹한 대접과 조리돌림을 당하게 된다. 이는 공포 분위기 조성과 언론 자유의 억압으로 이어진다. 하지만 사람들을 하나로 뭉치게 만드는 데는 뭐니 뭐니 해도 외부로부터의 위협만 한 것이 없다. 무너져가는 국민국가는 국가적 통일을 유지하기 위해서 공격할 외부의 적을 찾아낼 때가 많다. 가급적이면 힘이 없고 자위 능력이 없어서 보복이 돌아올 위험이 없는 만만한 대상이 바람직할 것이다. 온 나라가 전쟁 상황에 빨려들어가면 정부는 여러 자원을 통제하면서 지배 계급에게 유리하도록 이를 재분배할 능력을 쥐게 되며, 여러 사회 운동과 활동들을 더 옥죌 수 있으며, 말 안 듣는 젊은이들은 싸그리 잡아다가 전쟁터로 보내버리는 한편 맘에 안 드는 자들은 모두 수용소에 감금해버릴 수 있게 된다.

금융 붕괴와 상업 붕괴는 가장 끔찍한 전제정으로 치닫는 계기를 만들어낸다. 일단 전제정 체제가 확립되고 나면, 사람들은 힘과 용기를 잃고 방향 감각까지 상실하여 거기에 저항하여 들고 일어설 능력을 상실하는 것이 거의 필연적이다. 이 새로운 전제정은 확고하게 뿌리를 박고 상당히 오랜 기간 동안 지속되며, 그 사이에 온 나라가 정신적 트라우마에 시달리는 빈껍데기가 되어버리며, 마침내 극히 치명적인 내부 알력이나 계승 전쟁 등을 통해서 혹은 계속 힘이 약해지다가 외국의 정복군에 무릎을 꿇음으로써 붕괴에 이르고 만다. 금융 붕괴와 상업 붕괴에 대해 나타날 수 있는 대응의 종류는 전제정에서 혼돈 상태까지 다양한 스펙트럼으로 펼쳐져 있다. 그런데 이 스펙트럼의 연속선 위에는 자율 및 자치 그리고 사회적 협동이 지배하는 아나키라는 멋진 지점도 있다. 이 상태에서도 여러 다툼이 있을 것이요 서먹서먹한 집단들도 많겠지만, 최소한 무장 갈등과 같은 일은 전혀 벌어지지 않을 것이다.

아나키의 여러 매력

—

　정치적 붕괴에 직면하게 되면 거의 어느 나라에서든 선량한 사람들은 집 안에 웅크리고 숨어 있게 되며, 누군가 자신들을 양떼나 소떼처럼 사육하는 것도 기꺼이 감수할 것이다. 왜냐면 이들이 가장 두려워하는 것은 전제정이 아니기 때문이다. 그것은 아나키 즉 무정부 상태이다. 아나키! 당신은 이것이 두려운가? 아니면 위계제hierarchy가 더 두려운가? 나를 이상한 놈이라고 보아도 좋다. 하지만 나는 아나키—이는 위계의 결여 상태이다—보다는 명령의 쇠사슬에 묶여 복종하는 편이 훨씬 더 두렵다. 꼭 상기시켜 드리고 싶은 점은, 이러한 나의 두려움이 비합리적인 게 아니라는 점이다. 나는 일생에 걸쳐 일반적인 자연nature에 대해서 또 인간 본성human nature에 대해서 연구하였고, 아나키의 구조를 가진 조직들에서뿐만 아니라 위계적 구조를 가진 조직들에서도 일해보았다. 아나키의 구조를 가진 조직들이 더 훌륭하게 작동한다. 나는 어떤 주어진 작업에 임할 때 선임자가 일시적으로 특정한 종류의 권위를 갖는다는 것에 동의할 용의가 있지만, 나의 선임자의 선임자의 선임자의 권위까지 맹목적으로 받아들이라는 것은 문제가 있다고 생각한다. 일시적인 특정한 위협에 직면하고 있다거나 큰 차원에서의 일사불란한 팀워크를 필요로 하는 야심찬 과제를 수행하는 동안에는 위계라는 것도 어느 정도 일시적으로 합리화될 수 있다. 하지만 일단 그게 끝나게 되면 아나키로 돌아가야 한다. 완장을 차고 돌아다니는 자—바닥에서부터 능력으로 출세한 자이건 아니면 금수저 집안의 도련님이든—로부터 이런저런 명령을 듣는 것을 좋아할 사람은 없지만, 이에 대한 대안이 존재한다는 것을 깨닫기 위해서는 우선 아나키에 대해 우리가 가지고 있는 공포를 극복할 필요가 있다. 새들, 꿀벌, 돌고래, 영양 등은 모두 아나키의 조직으로 잘 살아가고 있으며, 인간 또한 예외일 이유가 없다. 이 세상에는 두려워해야 할 것들이 많이 있지만, 위계 없이 유쾌하게, 따뜻하게 또 효율적으로 조직한 질서는 결코 두려워할 일이 아니다.

"아나키"라는 용어는 보통 무질서해 보이는 상태를 일컫는 욕칭으로 쓰인다. 왜냐면 대부분의 사람들은 아나키란 조직의 결핍을 뜻하는 것이라고 (잘못) 믿고 있기 때문이다. 아나키스트들은 또한 공산주의 혁명가들과 혼동되며, 기성 질서를 폭력으로 전복하기를 열망하는 반사회적이며 피에 굶주린 테러리스트를 전형적으로 연상시킨다. 또한 아나키즘이라는 일관된 이데올로기가 있으며 아나키란 바로 이 이데올로기를 현실에 구현한 것이라고 잘못 이해되기도 한다. 그리하여 대부분의 아나키즘 비판이란, "개념만 있을 뿐 현실에는 분명 존재하지 않는 시스템"과 "현실에 버젓이 존재하는 억압적이고 거대한 위계적 조직" 사이에 무엇을 선택할 것이냐는 잘못된 질문에 기초한 허구적 비판이 될 때가 많다. 이 모든 주장에서 유일하게 옳은 부분이 있다면, 정치적 이데올로기나 운동으로서의 아나키즘은 상당히 비현실적인 이야기가 된지 오래라는 점 하나뿐이다.

아나키즘의 전조는 자율, 탈중앙화, 중앙 정부로부터의 독립 등을 추구했던 종교 개혁 시절 여러 운동들로 거슬러 올라갈 수 있다. 하지만이런 운동들은 결국 사회주의와 공산주의 혁명 운동에 파묻혀버렸다. 후자가 얻고자 했던 것은 산업 생산의 결실을 노동 계급에게 좀 더 공평하게 분배할 수 있도록 사회 계약을 재협상하는 것이었다. 모든 선진국에서 노동 계급은 결국 노조 조직, 파업과 단체 협상 등의 권리를 얻어냈을 뿐만 아니라, 공공 교육, 주당 노동 시간의 제한, 정부가 보증하는 연금과 장애의 보상 체계, 정부가 제공하는 의료 보험 등등까지 얻어냈다. 이 모든 것의 대가로 중앙집권화된 산업 국가의 위계적인 통제 시스템에 복종해야 했다. 이렇게 공식적 위계질서에 복종함으로써 얻게 되는 보상은 아주 매력적인 것이었기에, 이러한 정치적 분위기에서는 아나키즘 사상이 사람들에게 설득력을 가질 수가 없었다. 하지만 이제 산업 사회의 실험이 그 종말로 치닫고 있다. 노조 참여율은 떨어지고 있으며, 회사들은 걸핏하면 임금이 더 낮은 나라로 공장을 옮기면서 일자리를 수출하고 있으며, 공교육은 무너지고 있으며, 대학 졸업장을 따봐야 좋은 직장을 얻을 것이라는 보장은 더 이상 없으며, 의료 보험은 (특히 미국의 경우) 갈수록 그 비용이 통제불능으로 불어나고 있다.

우리는 산업 시대가 저물어가는 지금, 그것과 함께 바닥으로 침몰하는 대신 산업 체제에서 빠져나오기를 선택하는 이들에게 아나키즘이 굳건하게 다시 살아나 하나의 대안으로서 현실성을 인정받기를 희망할 뿐이다. 오늘날의 젊은이들은 노동 시장에 참여하려 하지만, 노후한 기능부전의 산업 고용 체계에서 밝은 미래의 약속이란 찾아볼 수 없는 상황에 직면해야 한다. 이들에게 산업 시스템에서 빠져나와 아나키적 접근을 수용하는 것이 합리적 선택이 되어가고 있다. 일자리 하나에 묶여 특정하게 제한된 작업만을 지루하게 반복해봐야 어느 날 갑자기 그 일자리가 통째로 없어질 수도 있고, 그와 함께 당신의 경력 전체도 함께 날아갈 수 있는 상황이다. 여기에 굳이 끼어들어서 힘만 축낼 이유가 무엇인가? 친구들, 이웃들과 여러 비공식적 모임과 결사체를 만들어 거기에 당신의 시간을 배분하여 작물을 기르고, 생활에 필요한 것들을 만들고 고치며, 바로 한 동네에 살고 있는 다른 이들을 돕고, 남는 자유 시간을 예술, 음악, 독서 등등 문화적 · 지적 탐구에 바치는 게 훨씬 낫지 않은가? 당신의 동등한 벗들과 자유롭게 협동하면 훨씬 더 잘 살 수 있는데, 어째서 자기 이익만 쫓으면서 당신에게는 쥐꼬리만큼만 내주는 낯선 이의 비위를 맞추며 허리를 굽신거려야 하는가? 자치를 통해서 평등하면서도 충분히 응집력 있는 공동체를 만들어낼 수 있는데 어째서 자의적인 외적 권력에 복종해야 한다는 것인가? 이 질문들은 모두 정확하고도 합리적인 대답을 요구하고 있다. 그러한 대답을 내놓지도 못하면서 우리의 젊은이들에게 산업 사회의 강령에 복종할 것을 기대한다면, 그들로 하여금 여러 사회적 관성과 타성에 맹목적으로 무릎을 꿇도록 강요하는 것에 다름 아니다.

아나키즘이라는 주제에 대한 최상의 접근법은 자연 연구자의 관점에서 접근하는 것이다. 자연에서 아나키는 동물들 사이의 지배적인 협동의 형태이며, 반면 위계적 조직은 아주 드물 뿐만 아니라 규모에서나 지속성에서나 제한적이라는 사실에 주목하라. 19세기 러시아의 학자이자 아나키 이론가였던 표트르 크로포트킨 대공Prince Peter Kropotkin은 이 주제에 대해 아주 설득력이 강한 저작을 남긴 바 있다. 크로포트킨은 과학자였기에 실제 데이터에 대한 과학자의 안목을 가지고 있었고, 그 덕분에 관찰을 통한 일련의 핵심 명제들을 내놓을 수가 있었다.

첫째, 그는 동물 종의 대다수 그리고 보다 성공적으로 살아남은 동물들의 사실상 전부가 사회적 동물이라는 점을 관찰하였다. 일생의 대부분을 고독한 개체로 살아가는 동물들도 있기는 하지만 이는 예외일 뿐, 대부분의 동물들은 서로 협동하는 집단 내에서 살아가는 것이 보다 일반적인 규칙이라는 것이다. 어떤 주어진 동물 종의 성공 여부를 결정하는 가장 중요한 요소는 협동의 정도와 성공 여부이다. 군집을 이루고 협동하는 동물들은 번성하는 반면 홀로 다니는 것들은 뒤처지게 된다. 인류의 놀라운 성공은 전적으로 소통, 협동, 자발적 조직, 조화를 이루며 창의적으로 행동하는 우리의 우월한 능력 덕분이다. 한편 인류는 여러 끔찍하고 괴물 같은 실패를 만들기도 했거니와, 이는 권위에 복종하고 계급 차별을 용인하여 명령과 경직된 규칙 체계를 맹종하는 우리 인류의 달갑지 않은 능력에 전적으로 책임이 있다. 끔찍한 행동을 하는 자들이 내놓는 최악의 변명이 "나는 그저 제 일을 했을 뿐인데요"와 "저는 그저 명령을 따랐을 뿐입니다"이다.

여기에서 크로포트킨의 두 번째 명제가 나오게 된다. 동물들의 여러 사회 또한 고도의 복잡성을 가지고 조직되어 있지만 그 조직의 성격은 기본적으로 아나키이며 깊은 위계제 따위는 보이지 않는다는 것이다. 지구 위에서 진화해온 그 어떤 동물 종에도 일등병, 상병, 상사, 대위, 소령, 대위, 장군 따위는 존재하지 않는다. 유일한 예외는 총을 받쳐들고 군화를 신은 원숭이들일 뿐이다 (군화를 신고 장총을 들고 있는 동물을 보면 무조건 도망쳐라!). 동물들이 조직을 만들 때에는 항상 특별한 목적이 있다. 철새들이 떼를 짓는 것은 북쪽이나 남쪽으로 이동해 군락을 이뤄 새끼를 돌보기 위함이다. 풀을 뜯는 동물들은 강을 건너기 위해 함께 모이며, 프레리 대평원의 개들은 보초를 세워서 포식자가 한 마리라도 나타나면 전체 무리에게 소리를 질러 경고한다. 심지어 다른 종의 새들끼리도 포식자들을 물리치고 공격하기 위해 협동하며, 가장 큰 새가 앞장을 서고 작은 새들은 뒤에서 지원한다. 어떤 동물 집단들은 물론 분명히 일정한 서열을 가지고 있다. 예를 들어 닭들 사이의 쪼기 서열pecking order이라든가 사자 무리에서의 먹이 서열eating order 같은 것이 그 예이다. 하지만 이런 것들은 어디까지나 정리정돈을 위한 서열일 뿐 완전한 특권적 계급이나 신분을 창출하는 것은 아니다.

그렇기 때문에 동물들의 여러 사회는 평등주의적 사회이다. 여왕벌이나 여왕 흰개미라 할지라도 명령자의 위치에 있는 것이 아니다. 이들은 그저 벌과 개미 집단 전체의 재생산 기관일 뿐, 명령을 하는 것도 아니며 또 다른 이의 명령을 따르는 것도 아니다. 동물들의 사회가 평등주의적이므로 이들에게는 명시적인 정의의 규율이나 평화 유지를 위한 사법 과정 따위가 필요 없다. 동등한 평등자들 사이에서는 남들이 자기에게 하기를 원하는 대로 남들에게 행하라는 단순한 황금률—이는 생래적·본능적인 공정함의 감각과 닿아 있다—만으로도 대부분의 상황에서 충분한 길잡이가 되기 때문이다. 또 자기 스스로의 이익보다 집단의 이익을 우선한다는 두 번째 본능은 집단의 응집력을 보장하고 엄청난 힘의 원천을 제공한다. 우리 인간들도 이 본능을 풍부히 가지고 있지만, 문제는 아마도 그 본능을 지나치게 많이 가지고 있다는 점일 것이다. 다른 동물들은 이 본능을 당연한 것으로 여기기 때문에 인간들처럼 그 본능을 따른다고 해서 메달을 걸어준다든가 동상을 만들어주지는 않는다.

이렇게 평등주의적인 아나키 사회들은 자연 전반에 걸쳐서 발견되며, 이 사회에서는 본능에 의거하여 평등, 평화, 정의가 자연히 우러나온다. 이 점을 명확히 이해하게 되면 성문법이라는 것의 어두운 면이 훤히 드러난다. 성문법이란 이미 모든 이들이 따르고 있는 불문율을 당시 막 생겨나고 있었던 지배 계급이 거드름을 피우며 쓸데없이 글로 적은 것이며, 그 과정에서 지배 계급에게 유리한 한두 가지 요소들을 슬쩍 집어넣었다고 크로포트킨은 말한다. 그는 모세의 십계명 중 10번째 계명을 예로 든다. "이웃의 집, 아내, 남녀 하인, 황소, 당나귀, 그 밖의 어떤 것도 탐내지 말지어다." 글자를 사용하지 않았던 여러 사회들의 구전의 불문법은 사회마다 다양하게 달랐지만, 모두 하나같이 아내는 황소와 전혀 다른 존재라는 점을 인식하고 있었고 따라서 그 둘을 법으로 동일한 것으로 다루려는 자는 위험한 놈이거나 머저리라는 점을 모두 알고 있었다는 것이다. 어떤 사회에서는 황소를 그냥 동네에 풀어두어 아무데서나 풀을 뜯다가 누구든 필요하면 일을 시킬 수 있도록 하지만, 누군가의 아내를 훔쳤다가는 사회 전체가 수치로 여겨 외면하는 가운데 두 간통한 남녀의 처형식이 벌어지기도 한다. 또 어떤 사회에서는 허락 없이 황소를 빌렸다가는 중죄를 범한 것으로 간주하지만, 남의 아내를 그녀의 동의하에 빌려가는 것은 정당한 사랑 놀음으로 여기기 때문에 괜히 질투로 눈이 뒤집힌 남편이 두 사람을 죽였다가는 두 건의 제 2급 살인을 저지른 범인으로 기소되기도 한다. 이는 모두 황소와 아내가 다른 존재라는 것을 인식하고 있기 때문이다. 그런데 10번째 계명은 이러한 차이를 없애버리고 아내와 황소 모두를 개인의 재산 소유로 다루고 있다. 게다가 이는 또 남의 재산에 대해 완전한 무관심의 태도 이외에는 모조리 죄라고 간주하여, 개인에게 허락된 무제한의 추상적 소유권을 하나의 핵심적 도덕 원칙으로서 신성시하고 있다. 이는 아나키와 자치의 평등주의적 사회를 유지하는 것에 위반된다. 불평등과 계급 갈등을 특징으로 하는 사회에서 평화를 유지하려면 경찰, 법정, 감옥을 도입하는 것이 필연적이니까. 이스라엘인들이 황금 송아지를 숭배하는 것을 보고 석판을 부수었던 모세는 그들이 사적 소유의 우상에 절하는 것을 보았을 때 왜 다시 석판을 부수지 않았던 것일까?

크로포트킨의 세 번째 그리고 아마도 가장 중요한 명제는 다윈의 진화론에 대한 통상적인 오해에 관한 것이다. 아시다시피 대부분의 사람들이 "다윈적"이라고 말할 때 그 의미는 "홉스적"이라는 것이다. 크로포트킨은 "적자생존"이라는 용어가 마치 동물들이 같은 종 내의 동료들에 맞서 경쟁을 벌이는 것을 뜻하는 것처럼 오해되고 있음을 지적하면서, 사실은 이것이야말로 그 종 전체를 절멸로 이끄는 최고의 지름길이라고 말하고 있다. 자연으로부터 직접 관찰가능한 사실들을 이렇게 오해하게 되면서, 이는 경제적 탐욕을 무언가 자연적이고 진화된 것으로 따라서 불가피한 것으로 정당화하는 그릇된 홉스적 태도로 이어지게 되었다. 이는 다시 순전히 억측에 기반을 둔 이른바 시장의 여러 법칙이라는 논리를 만들었고, 이 논리는 다시 피도 눈물도 없이 남들을 배제하는 동물적으로 잔인하고 탐욕스런 개인주의자들을 훌륭한 존재로 치켜세웠다. 그 결과 모종의 정신병—원시적이고 병리적이고 퇴행적인 자기애—을 진화 과정의 궁극적인 도달점이자 경제학 법칙의 기초로 선언하여 신성한 것으로 모시기에 이르렀다. 그리하여 경제 이론의 전체 구조는 자연에 존재하는 여러 패턴들에 대한 오해에서 생겨난 기만을 주춧돌로 하여 세워진 사상누각이라는 것이다.

크로포트킨은 동물들의 사회가 생존하고 번성하게 만드는 것이 무엇인지를 무수한 예를 들어 설명하고 있는 바, 이는 거의 항상 같은 종의 동료들과 때로는 심지어 다른 종의 동물들과의 협동이라고 한다. 노골적인 경쟁인 경우는 거의 전무하다는 것이다. 그는 야생 시베리아 말들을 언급한다. 이 말들은 작은 떼를 이루어 풀을 뜯으며 살지만 추운 겨울 눈보라가 몰아칠 때에는 그 타고난 수줍음을 극복하고 좁은 계곡에 많은 숫자가 함께 모여 체온을 나누며 생존한다. 그렇게 하지 않는 말들은 얼어 죽을 때가 많다. 동물들이 생존을 위해 서로 싸우는 것은 분명하지만, 그 싸움은 자연의 여러 힘들에 맞서는 싸움이다. 험상궂은 날씨와 기후의 변덕, 그로 인한 홍수와 가뭄, 혹서와 한파, 개체 수를 격

감시키는 질병과 포식자 등. 이들이 같은 종의 동료들과 경쟁을 벌이는 측면은 단 하나뿐이다. 운이 좋은 유전적 변형을 일으키거나 상속하여 유전자 복권에 당첨된 개체들이 좀 더 생존과 재생산의 가능성이 높다는 점이다. 따라서 유전자들이 경쟁을 벌인다고 말할 수는 있겠으나, 이 "경쟁"이라는 표현은 순전히 비유적인 것일 뿐이며, 지배적 패턴은 그리고 어떤 종 전체의 성공 여부를 결정하는 가장 큰 요인은 글자 그대로의 협동의 패턴인 것이다.

크로포트킨의 삶은 여러 면에서 비극적이었다. 그는 군사 귀족의 가문에서 태어났다. 그의 어머니는 그가 세 살 때 돌아가셨으며 아버지가 재혼했던 여성은 그나 그의 동생에게 아무런 관심도 없었다. 그래서 크로포트킨은 아버지의 영지에 속박되어 있는 농노들에 의해 양육되었다 (러시아의 농노제는 그가 20세가 되었을 때 비로소 폐지되었다). 그에게 관심과 애정을 가져주었던 유일한 사람들은 농민들이었고, 그는 그들과 가족으로서의 유대를 맺었고, 자라서는 자기의 출신 계급보다는 평범한 러시아 사람들의 행복에 훨씬 더 큰 관심을 두게 되었다. 그는 엘리트 왕립 학교를 졸업하여 황제의 궁정에서 화려한 경력이 약속되어 있는 몸이었지만 자연과학에 깊은 관심을 두었기에 즉시 러시아의 극동 지역으로 멀리 떠나버렸다.

크로포트킨은 결국 명망 있는 과학자가 되어 빙하의 역사에 대한 우리의 이해를 크게 진전시켰고, 뿐만 아니라 혁명 운동을 연구하는 역사가이자 세계적으로 으뜸가는 아나키즘 이론가가 되었다. 게다가 그는 힘들게 살아가는 보통 사람들을 돕고자 하는 불같은 열정을 일생 동안 유지했던 사람으로서 그 자신이 모종의 혁명가이기도 했다. 하지만 그가 죽은 뒤 90년이 지난 오늘날, 그는 그다지 좋은 이름으로 남지는 못했다. 한편으로 보면 그는 볼셰비키와 자꾸 엮여드는 불운을 겪었다. 그가 국가 공산주의나 프롤레타리아트 독재를 절대로 옹호한 적이 없는데도 말이다. 또 다른 한편, 서방의 자본주의 체제는 아나키즘을 더럽고 추한 것으로 모욕하고 이를 테러리즘과 동의어로 만들기 위해 큰 노력을 기울였기 때문이다.

나는 크로포트킨과 아나키 모두를 다시 살려내고 싶다. 크로포트킨의 문장은 명징할 뿐만 아니라 허세가 없으며, 그의 문장을 접하는 이들은 그가 무엇보다도 자연과학자로서 자연과 인간 본성 모두에 대해 동일한 과학적 연구 방법으로 접근하고 있음을 금방 알게 될 것이다. 그는 또한 위대한 인본주의자이기도 했다. 그가 아나키의 길을 선택했던 것은, 그가 과학자로서 자연에서 관찰한 성공적인 협동의 패턴들에 기초하는 것이 사회를 개선하는 최선의 길이라고 믿었기 때문이다. 그는 헤겔, 칸트, 마르크스와 같은 애매모호한 형이상학에는 전혀 기대지 않는다. 또 공산주의가 되었든 자본주의가 되었든, 그 어떤 제국의 국가 권력에도 전혀 기대지 않는다.

크로포트킨은 공동체 수준에서의 공산주의를 옹호했던 이였으며, 그 옹호의 논리는 그것이 생산의 조직이나 소비의 조직 모두에서 효과가 우월하다는 증명에 기초를 두고 있었다. 그가 예로 든 공산주의적 생산 활동은 당시 미국에서 최고조에 달했던 무수한 공산주의적 공동체들이었으며, 그는 여기에서의 생산이 개인이나 가족 단위의 농장보다 훨씬 적은 노력과 시간으로 훨씬 좋은 결과를 생산한다는 것을 수치로 입증하고 있다. 그가 드는 공산주의적 소비의 예들에는 다양한 클럽들, 모든 서비스가 포괄적으로 제공되는 휴양지와 호텔들, 그리고 한 번 회비를 내고 가입한 이들 모두에게 똑같은 서비스의 접근권이 주어지는 다양한 공식적 · 비공식적 결사체들이 들어 있다. 여기에서도 그는 이러한 공산주의적인 소비 패턴들이 무얼 할 때마다 따로 돈을 내는 다양한 자본주의적 소비 시스템들보다 훨씬 적은 비용으로 훨씬 나은 결과를 낳는다는 것을 수치로써 입증하고 있다.

크로포트킨은 보통 하던 대로 데이터를 잔뜩 사용하여 풀뿌리 공산주의를 확실하게 선호하는 입장을 밝히고 있지만, 나는 그가 공산주의적 통치에 대해 호의적으로 말하는 것은 본 적이 없다. 그는 혁명적 변화 즉 과거와의 단절을 수반하는 변화가 사회를 개선하기 위해 반드시 필요하다고 말했지만, 그것이 위로부터 통제되는 과정이 아니라 지역 수준에서 사람들의 창의적인 여러 에너지가 터져나오는 자발적 과정이 될 것을 희망하였다. "사회의 재건perestroïka은 밭의 경작, 주택 건설, 공장 운영, 철도, 선박 등등 여러 구체적인 일들을 맡은 무수한 사람들의 집단적인 지혜를 필요로 한다." 또 다른 인용문도 참으로 기억할 만하다. "미래는 법으로 만들어낼 수 있는 것이 아니다. 지금 우리가 할 수 있는 일은 미래에 어떤 운동들이 가장 중요한 것들이 될지를 예측하여 그것들이 잘 자라날 수 있도록 길을 닦아주는 것이다. 바로 이것이 우리가 하려고 하는 바이다." (이 책에 나오는 모든 크로포트킨의 문장은 혁명 이전의 구식 러시아어에서 내가 번역한 것이다.)

다가오는 혁명에 대한 크로포트킨의 접근법 또한 과학자다운 것으로서, 지진계의 진동에 근거하여 지진을 예측하는 지질학자의 방법과 비슷하였다. "혁명이 한 번 벌어질 때마다 그 이전에 수백 번의 반란이 먼저 나타난다… 참을성이라는 것에는 항상 한계가 있게 마련이다." 그는 오랜 망명 생활 동안 서유럽의 여러 혁명 운동에 참여하였으며, 이를 통해 그러한 지진계의 진동이 늘어나는 사건들을 유심히 관찰하였다. (그는 스위스에 오랜 시간 체류하였는데, 스위스 정부의 요청으로 스위스를 떠나기 전에 수많은 스위스 시계제작자들을 급진적 아나키스트로 만들어 놓았다. 이 시계 제작자들은 아마도 자신들의 아나키를 아주 정밀하게 실행하지 않았을까 싶다.) 그는 자신의 관찰에 근거하여 혁명의 가능성이 높다고 생각하였다. 여기에서도 그는 이 다가오는 혁명이 아나키적 현상이 될 것을 희망하였다. "우리는… 혁명이란 광범위하게 퍼져나가는 하나의 대중 운동이라고 이해한다. 그리고 이 기간 동안 반란이 벌어진 지역의 모든 도시와 모든 촌락에서 무수한 다중이 사회를 재건 (이 말도 원어는 perestroïka) 하는 과제를 스스로 떠맡을 것이다." 하지만 그는 혁명적 정부라는 것에 대해서는 아무런 신앙도 갖고 있지 않았다. "무력에 의해서 권력을 잡든 혹은 선거를 통해서 잡든, 우리는 정부에 대해서는 아무런 희망도 걸지 않는다. 그러한 정부는 아무것도 할 수 없을 것이라고 우리는 본다. 그랬으면 좋겠다는 게 아니라, 인류의 역사 전체를 볼 때 일단 혁명의 물결에 밀려 정부를 수립하고 나면 사람들이 항상 손을 놓아버렸다는 것이 입증되기 때문이다."

이러한 문장들로 볼 때, 나는 크로포트킨은 정확히 혁명가였다기보다는 혁명에 대한 과학적 관찰자로 예측가에 가까웠다고 본다. 그는 혁명이 점점 가능성이 높아지고 있다고 보았고 (그리고 이 점에서 그는 틀리지 않았다) 정말로 큰 희망을 품고 있었다. 또한 그는 자신에게 지도자의 역할이 주어질 때마다 이를 모두 거절하였고, 러시아에서의 볼셰비키 혁명에는 전혀 참여하지 않았다. 그는 1917년 2월 혁명이 벌어지자 서둘러 망명을 청산하고 러시아로 돌아갔지만, 금세 모스크바 북쪽에 있는 고향 드미트로프로 낙향하여 1921년에 거기에서 서거하였다. 그는 볼셰비키 지도부에서는 그다지 인기가 있는 인물이 아니었지만, 보통 사람들 사이에서는 너무나 인기가 좋았기에 볼셰비키 지도부도 함부로 건드릴 수는 없었다.

크로포트킨이 마르크스-레닌주의에 입각한 공산주의자였다는 생각은 분명히 틀린 것이지만, 그렇다고 해서 역사적으로 존재한 이데올로기로서의 아나키즘의 일원이었던 것도 아니었다. 아나키에 대해 내가 개인적으로 가지고 있는 작업적 정의는 (나에게는 아주 유용하다), "위계가 없는 상태"이다. 이 아나키anarchy라는 말의 어원 자체가 "없다ἀν" + "지배자ἀρχός"로 구성되어 있지 않은가. 크로포트킨 자신이 내린 정의는 이러하다. "아나키란 자연과학 안에서 쓰이는 과학적 방법을 사용하여 얻은 결과들을 여러 인간 사회의 제도를 평가하는 데 적용하려는 노력을 말한다." 그러니 그가 말하는 사람들은 빨갱이 선동가들도 아니요 폭탄을 던지는 아나키스트들도 아니다. 과학적 작업을 수행하여 그중 아주 흥미로운 결과물들을 가지고 인간 세상의 사회적 제도들에 대한 과학적 연구에 적용하려는 과학자들일 뿐이다.

크로포트킨은 19세기 자연과학의 틀 안에서 작업했던 사람이었지만, 그가 얻은 여러 결론들은 그때와 마찬가지로 오늘날에도 적실성을 가지고 있다. 게다가 그의 혜안이 얼마나 정확한 것이었는지는 복잡계 이론에 대한 최신 연구를 통해 입증된 바 있다. 40년간 입자 물리학을 연구한 물리학자이자 지금은 산타페이 연구소Santa Fe Institute의 석좌교수인 제프리 웨스트Geoffrey West는 복잡계 이론에서 몇 가지 놀랄 만한 돌파구를 마련하였으며, 여러 생물학적 시스템의 규모에서 나타나는 수학적 특징들을 포착하는 위업을 달성한 바 있다. 동물들은 작은 들쥐에서 거대한 범고래에 이르기까지 다양한 크기로 분포하고 있거니와, 그와 그의 연구팀은 이 모든 동물들이 따르는 일정한 멱법칙을 결정해낼 수 있었다. 이들의 신진 대사의 비용은 그 질량의 규모에 비례하며 그 계수 인자scaling factor는 1보다 작다는 것이니, 이는 곧 동물의 크기가 클수록 그 자원 활용의 효과도 높아지며 본질적으로 그 동물 자체가 더 효과적인 존재가 된다는 것을 뜻한다. 물론 이는 일정한 최적의 크기에 이르기 전까지에 적용되는 바이며, 그 최적의 크기란 동물마다 다르다. 그 결과 모든 동물은 경계가 있는 S자 곡선을 그리며 성장하게 되어 있다. 처음에는 성장이 가속도를 올리지만 그다음에는 느려지며 마침내 그 동물이 성숙하게 되면 정상 상태에 도달한다.

웨스트 교수가 발견해낸 것은 몇 가지 일반적 법칙의 묶음이었다. 이는 뉴턴 역학 법칙들만큼 단순하면서도 일반적인 대수 방정식들로 정식화되어 있었고, 나무, 동물들, 박테리아 군집 등 모든 종류의 생물들을 데이터로 사용하여 입증된 바 있을 뿐만 아니라 놀라울 정도로 정밀한 예측을 내놓는다. 어떤 생명체의 크기(질량)가 커질수록 그 신진대사 비용, 심장 박동률 등은 $m^{-\frac{1}{4}}$로 줄어들며, 그 수명은 $m^{\frac{1}{4}}$로 늘어난다. 이 지수의 분모인 4는 3차원을 4분의 1 프랙털 차원으로 총계한 것에서 온 것이다. 이는 모든 생명 시스템들은 프랙털의 성격을 띠며 또 신경계에서 순환계를 거쳐 흰개미 서식지의 터널 시스템에 이르기까지 모든 네트워크는 프랙털의 성질들을 보여주기 때문이며, 따라서 더 작은 규모로 확대해나가면 계속 비슷하게 조직된 하부 시스템을 발견할 수가 있다. 즉 모든 프랙털 네트워크 내에서는 네 개의 자유도가 존재한다. 위/아래, 왼쪽/오른쪽, 앞으로/뒤로, 그리고 결정적인 것으로서 확대/축소이다.

웨스트 교수는 그다음에 여러 도시로 관심을 돌리며, 도시들 또한 비슷한 멱법칙의 특징을 띠고 있다는 사실을 발견한다. 도시들 또한 그 멱

법칙에 따라서 크기가 늘어날 때마다 규모의 경제를 통해서 더 큰 이익을 본다. 일정한 지점까지는. 하지만 두 가지 매우 중요한 차이점이 있다. 첫째, 생명 시스템들의 경우에는 크기가 불어날수록 그 내부적 시계는 늦게 가게 되어 신진대사도 느려지고 심장 박동률도 낮아지며 수명도 늘어나는 반면, 도시들의 경우 크기가 불어나면 그 반대의 효과가 나타난다. 도시가 커질수록 신진대사의 비용도 커지며, 단위 크기당 에너지 지출도 커지고, 삶의 속도는 더욱 바쁘게 빨라진다. 사회경제 시스템이 성장하게 되면 그 신진대사에 필요한 것들도 많아지게 되며, 여기에 속도를 맞추기 위해서 사회경제적인 시간은 계속해서 가속도를 올려야만 한다.

둘째, 모든 생명 시스템들은 최적 크기가 될 때까지 경계선 있는 성장 곡선을 보여주는 반면, 도시와 같은 사회경제 시스템들은 경계선이 없는 초기하급수적 성장을 보여준다. 이 두 개의 차이점을 합쳐보면, 도시들은 그 생체항상성의 평형 상태를 유지하기 위해서 무한대의 속도로 움직여야 하는 모종의 특이점에 도달하게 되어 있다는 것을 암시한다. 하지만 도시들은 이러한 특이점에 도달하기 한참 전에 이미 자연적인 한계에 도달해버린다. 요컨대, 사회경제적 시스템들은 지속가능하지 않다. 자연적·생물학적·아나키적 시스템과 인위적이고 위계적인 사회경제 시스템 사이에는 명확한 차이가 있다. 전자는 경계선이 있는 성장 곡선을 그리다가 정상 상태에 도달하는 반면, 후자는 초기하급수적으로 성장하여 거의 특이점에 도달하게 된다. 웨스트 교수는 이러한 차이점을 β라는 단 하나의 파라미터를 사용하여 정식화하였다. 생물학에서는 $\beta < 1$로서 경계선이 있는 성장 곡선이 나타나지만, 사회경제학에서는 $\beta > 1$로서 거의 특이점에 가까운 폭발적인 성장이 나타나며 결국 붕괴로 이어진다.

생물학적 시스템들은 서로 협동하는 살아 있는 세포들의 집합체이다. 이는 기능에 따라 조직된 여러 세포들의 집합체이지만, 세포들 사이에 주인 노예 관계가 있는 것은 아니며, 서열도 없고, 암세포를 예외로 하면 이들은 서로 경쟁하지도 않는다. 단일 세포에서 단일 세포들의 군체들colonies을 거쳐 다세포 생물과 다세포 생물들의 군체들에 이르기까지 모두 기능에 따라 아나키로 조직이 되며, 이렇게 협동의 규모가 커지면서 모두 더 큰 혜택을 보게 된다. 일정한 한계—이는 그들의 자연 환경에 의해 결정된다—에 달할 때까지는. 심지어 의식조차도 특별한 명령 구조를 갖고 있는 게 아니다. 여러 행동을 동시에 행하는 복합적 행태의 경우를 보면 의식 그리고 자유의지와 같은 게 존재한다는 생각을 하게 되지만, 이런 것들은 서로 협동하는 여러 두뇌 세포들의 창발적 행동emergent behaviors일 뿐이며, 이런 행동 전체를 책임지는 무언가가 실제로 존재하는 것은 아니다. 내가 여기에 앉아 글 쓰는 일에 집중하는 동안 내 오른손은 찻잔을 들어 내 입술로 가져가지만 내 의식과 신체에서 오른손 말고는 찻잔에 신경을 쓰는 부분이 없다. 그리고 나의 또 다른 어떤 부분은 좀 쉬면서 비오기 전에 얼른 가게에 가서 장이나 보고 와야겠다고 생각한다. 만약 그래서 실제로 글 쓰는 일을 멈추고 장을 보러 간다면, 그 행동의 결정은 협동적으로 이루어진 것이라고 보아야 할 것이다. 그렇게 하라고 명령을 내린 사람이 있는 것도 아니며 또 명령을 받은 사람이 있는 것도 아니기 때문이다.

살아 있는 유기체와 도시의 차이는 전자가 아나키로 조직되는 데에 반하여 후자는 위계적으로 조직된다는 데에 있다. 살아 있는 유기체는 협동하는 세포들의 지속가능한 평등주의적 공동체이며, 크기를 키워

규모의 경제를 활용하여 더 느리게 움직여서 더 오래 산다. 도시는 특권에 차등이 지워진 다양한 여러 계급으로 조직되어 있으며, 성문법과 명시적 명령 체계에 기초한 공식적 통치 시스템으로 통제된다. 따라서 도시는 더 커질수록 경찰, 법정, 규제, 관료제, 그 밖의 여러 명시적 통제 시스템들의 상대적 부담이 더 커질 수밖에 없다. 이렇게 내부적인 유지 보수에 필요한 것들이 점점 늘어나는 상황에 직면하게 되면, 규모의 경제를 달성하기 위해서는 점점 더 빠르게 움직일 수밖에 없고, 결국은 붕괴에 이를 수밖에 없게 된다.

여기에서 여러 가지의 결론을 도출할 수 있지만, 아마도 가장 중요한 것은 붕괴가 결코 우연이 아니라는 점일 것이다. 붕괴는 공학적인 설계의 산물인 것이다. 이를 설계하는 이들은 권력, 조화, 협조, 통일 등이 어떤 규모에서든 항상 순익을 가져온다고 생각하는 이들이다. 여기에는 제한된 전쟁 대신 군비 지출의 확대와 지배를 통해 세계 평화를 달성하고자 하는 정치학자들이 포함된다. 또 성장률의 자연적인 등락을 받아들이고 그것이 최적의 수준에서 자연적으로 정체하도록 두는 게 아니라, 어떤 대가를 치르더라도 안정과 경제 성장을 추구하고자 하는 경제학자들도 포함된다. 또 여기에는 지구적 금융의 투명성 및 획일성과 자본의 전 지구적 이동성을 추구하는 금융가들도 포함된다. 이들은 피라미드나 다름없으며 항상 무너질 수밖에 없는 자기들의 금융 시스템을 놓고 정부를 움직여 지급 보증과 구제금융을 얻어내며, 이 때문에 생산적 자본이 마땅히 흘러 들어가야 할 공동체들과 인격적 신뢰에 바탕한 다양한 인간관계로는 돈이 흐르지 못하게 된다. 마지막으로 중요한 설계자 집단은 신학자들로서, 글로 쓰인 텍스트에 기초하여 도덕 관념을 절대적인 것으로 고정시켜 놓고서 인간 본성을 왜곡하거나 무시하려고 든다. 이 모든 집단들은 대책 없는 유토피아주의자들로서, 이상주의적 원리에 기초하여 사회를 구성하려고 드는 공통점이 있다. 그러한 유토피아 사회들은 필연적으로 무너질 수밖에 없다. 반면 인간의 약점을 인식하여 그것을 보충하는 방법을 찾아내는 사회는 오랜 세월 동안 유지될 수 있다. 우리 인간 본성에 내재한 최악의 약점은 여러 다양한 위계제를 형성하는 성향이다. 이 때문에 형식화된 규칙과 법률의 시스템에 복종하며 유토피아주의자들에게 귀를 기울이게 되는 것이다.

아나키 (즉 비 위계적이며 스스로를 조직하는) 시스템이란 자연과 진화 과정에서뿐만 아니라 인간 사회가 존속한 대부분의 기간 동안에도 중심적인 규범이었다. 최근 몇백 년 동안 인간 사회는 복잡한 명령 체계에 기초하여 명시적인 법률로 세워진 위계제 시스템들에 지배받게 되었고, 이러한 시스템들은 형태는 다양해도 모두 중앙의 통제 아래에 경직적으로 조직된 것들이었다. 이제 이런 다양한 시스템들이 도처에서 실패하고 있는 것이 오늘날의 풍경이다. 이러한 풍경의 의미를 해석하는 데 아나키라는 규범은 우리에게 많은 혜안을 준다. 하지만 그러한 많은 혜안으로 중요한 정보를 얻어봐야 무엇에 쓸 것인가? 우리는 위계적 구조로 조직된 사회에 살고 있지 않은가? 그리고 그 위로부터의 권력은 항상 우리를 감시하며 때로 억압적인 성격까지 띠므로 우리가 도저히 도망갈 수 있는 게 아니지 않은가? 우리는 아나키가 자연nature의 존재 방식이라는 것은 쉽게 받아들일 수 있지만, 이게 최소한 현재로서는 인간 본성human nature의 방식이 ("남자the man"의 방식이라고 말할 수도 있겠다) 아니라는 점을 받아들여야만 한다. 이제 인간은 자기에게 도움이 되는 이에게는 뭔가를 쥐꼬리만큼 지불하지만, 도움이 되지 않는 이들은 두드려 패고 감옥에 처넣으라고 명령하는 그런 존재가 되어버린 지 오래이다. 아나키를 정치적으로 옹호하는 이들이란 사실 기껏해야 인터넷에 유령으로만 떠도는 재미난 이야기꾼에 불과하다 (그리고 그런 글을 쓰려면 인터넷에 쓸 돈도 있고 자유 시간도 있다는 이야기이니 사회의 위계 시스템을 만족시켜주는 무언가 실용적인 서비스를 하고 있음에 틀림없다). 그리고 최악의 경우 아나키즘을 하나의 정치 개혁의 강령으로 옹호하려는 강박증을 보이는 이들도 있으며, 이들은 명백히 정신병의 증후를 보이는 자들로 보아야 할 것이다.

아나키즘의 기초가 되는 이론이 전혀 실용적 적용 가능성이 없다는 말이 아니다. 그러한 실용적 적용이 정치와 아무런 관련이 없다는 것뿐이다. 아나키즘의 사유가 자연에 대한 과학적 관찰에 뿌리를 두고 있듯이, 현대 사회에 이를 적용하는 것 또한 그 안에서 아나키가 정상적으로 수행할 수 있는 건설적 역할이 무엇인지를 관찰하는 데서 출발하여 그것을 확장해나갈 방법을 찾는 것이 되어야 한다. 그러한 예들이 과연 있을까? 그렇다. 얼마든지 있다! 현존하는 위계적 조직 시스템이 심하게 화석화되어 기능부전을 보이게 되면 즉흥적이고 아나키적인 대안들—아마도 최초에는 형편없는 얼기설기의 모습일 것이다—이 분명한 장점을 보이게 되며, 그러한 대안이 갑자기 어디에선가 현실로 나타나고 순식간에 확산되어 지배적 형태가 될 가능성이 있다. 그다음에는 이것이 다시 위계적 성격을 띠게 되며 화석화되어간다. 몇 가지 분명한 예들을 나열해보자.

종교 개혁 당시의 혁명이 그 뚜렷한 예이다. 먼저 가톨릭 교회—비록 그 최상층에는 초기 기독교의 아나키적 조직의 흔적이 남아 있지만, 가톨릭 교회 전체는 아주 특출한 위계 조직이다—가 지나치게 타락하고 부패하여 천국의 입구에까지 매표소를 설치하는 일이 벌어졌다. 그러자 스스로 지도자로 나선 이(루터)가 반란을 이끌었고, 비록 좀 초보적이기는 해도 작동가능한 대안적 형태의 종교를 제시하였다. 이것이 세상의 많은 부분을 점령하였지만, 종국에는 그 내부에 위계적 구조가 자리 잡기 시작했다. 러시아 혁명이 또 다른 예이다. 일단 차르의 구체제가 전반적으로 노쇠하고 퇴물이 되어버렸던 데다가 1차 대전에서 패전을 거듭하는 일까지 겹쳐서 더 이상 빵을 달라는 사람들의 폭동을 진압할 수가 없는 지경에 도달하였다. 그러자 새롭게 스스로 지도자를 자임하고 나선 이(레닌)가 파열구를 내고 들어서서 모종의 대안을 제시하였다. 이 대안은 비록 상당히 끔찍한 것이었지만 그래도 일정 기간 동안은 앞으로 나갈 길을 제시해주었다. 하지만 이 대안은 경직되고 소름끼치는 위계제로 변해갔고, 마침내 70년이 지나자 옛날의 차르 체제와 마찬가지로 쓰레기통에 들어가게 되었다. 좀 더 최근에는 무역 자유화를 향한 최초의 노력 덕분에 규모의 경제라는 이점이 나타났고, 노동과 법적 관할 구역에서도 유리한 지역을 선택할 수 있는 이점이 생겨나게 되었다. 이에 따라 일국에서만 영업하는 기업들은 경쟁력을 가질 수 없게 되었다. 이 추세는 멈출 수 없는 것이 되었고, 오늘날에는 단일의 초국적 영리 활동의 환경이 존재하며 이는 어느 한 나라도 통제할 수가 없게 되었다. 혹시 역사가 미래에 대한 길잡이가 된다면 (그럴 때도 있다), 다음과 같은 결과는 불가피하다고 할 것이다. 지구화로 인해 풀려난 여러 혼돈의 힘들을 통제하기 위한 노력 속에서 위험할 정도로 중앙집권화된 지구적 금융 관료제가 착상될 것이며, 이것이 짧은 시간 동안 전 지구를 지배하려고 들다가 결국 그 스스로의 무게를 못 이겨 무너지고 말 것이다.

　더불어 아나키가 현실에서 작동하는 중요한 (하지만 사람들이 좀 덜 걱정하는) 예들을 컴퓨터 기술의 영역에서도 찾아볼 수 있다. 옛날에는 컴퓨터 제조사에 따라 운영 체제가 모두 달랐고 서로 호환이 되질 않았다. 이 때문에 사용자들은 큰 불편을 겪었음에도 제조사들은 이 상황을 즐겼다. 왜냐면 이렇게 되면 사용자들이 옴짝달싹 못하고 자기들에게 붙들려 있을 수밖에 없기 때문이다. 어느 한 업체의 하드웨어를 사용하다가 다른 업체의 것으로 옮겨갈 경우 그 소프트웨어까지 모두 다시 쓰는 시간과 비용을 감수해야 하니까. 그러다가 벨 연구소에서 일하는 두 사람이 유닉스라고 불리는 (이 명칭은 본래 농담이었다) 아주 단순하고도 원시적인 운영 체제를 생각해냈다. 유닉스는 그들이 발명해낸 "C"라는 언어로 쓰여 있었고, 이 언어는 많은 다른 컴퓨터에서 작동했기에 순식간에 온 세계로 퍼져 나갔다. 그다음에는 유닉스 자체가 하나의 상품이 되었고, 결국 순식간에 아나키에서 위계제로 옮겨가게 되었다. 하지만 대기업의 더러운 손에서 유닉스를 빼앗아오기 위해 다양한 노력이 행해졌으며 이를 통해서 유닉스는 다시 쓰이게 되었고, 결국 아나키가 다시 승리를 거두게 된다.

여기서도 스스로 지도자로 나선 이들이 큰 역할을 했다. 리처드 스텔먼Richard Stallman의 GNU 프로젝트는 (이는 "GNU는 유닉스가 아니다GNU is Not Unix"의 머리글자를 딴 말이다) 자유로운 "C" 컴파일러인 GCC를 창조하였고, 수많은 유닉스 유틸리티들을 다시 써서 누구든 자유롭게 사용하도록 만들었다. 핀란드의 대학원생인 리누스 토르발스Linus Torvalds는 그의 대학에서 제공한 개인용 컴퓨터에 깔려 있는 마이크로소프트 윈도우즈 시스템을 좋아하지 않았고 (그는 이를 쓰레기라고 생각했다), 리눅스 운영 체제를 새로 썼다. 이는 유닉스의 변종으로서, 처음에는 개인용 컴퓨터에서 작동하였지만 이제는 안드로이드 스마드폰에서 와이파이 핫스팟과 라우터 그리고 구글 검색 엔진뿐만 아니라 전 세계의 사실상 모든 슈퍼컴퓨터에 이르기까지 쓰이고 있다. 결국에는 애플도 정신을 차리게 되었고, 그 OS X 운영 체제는 유닉스의 변동에 기초를 두고 있다. 유닉스는 이제 어디에나 있다. 마지막으로 버티고 있는 것은 마이크로소프트이지만, 이는 이제 덩치만 큰 공룡이 되어 빠르게 침몰해가고 있는 반면 리눅스에 기초한 구글과 유닉스에 기초한 애플은 마이크로소프트를 계속 패퇴시키고 있다. 이는 얼간이 같은 장난으로 시작되었지만 순식간에 확산되었고 지배적 위치를 점하였다. 아나키의 1승이다.

　이러한 예들은 수많은 분야에 존재하지만, 이미 분명한 패턴을 식별할 수 있다. 어떤 위계적 조직—교회, 정부, 또는 기업—이 모종의 구조적 장애를 낳고 있다. 그러면 그 구조적 장애를 우회하기 위해서 비록 임기응변의 조잡한 것이나마 해결책이 마련되며, 그러한 대안을 만들어낸 이가 지도자로서 스스로 나타나게 되어 있다. 만약 이러한 노력이 성공을 거두고 그 대안이 뿌리를 내려 현실에서 왕성하게 퍼져나가게 되면 조만간 이 또한 그 스스로의 위계 조직을 발생시키게 된다. 이 조직은 새로이 창출된 영토에 대한 자신의 통제력을 확장하고 확고하게 하려는 노력 속에서 새로운 묶음의 구조적 장애물들을 만들어내는 데에 혈안이 된다. 하지만 조만간 위계제가 가진 죽음의 손길이 작동하게 되어 붕괴가 벌어지며, 이 주기가 새로이 반복된다. 이러한 순환 주기를 깨기 위해 할 수 있는 일은 많지 않아 보이지만, 그 새로운 발명품을 공공 영역public domain에 풀어놓는다든가 (소프트웨어 영역에서는 이것이 일반 공중 라이선스GPL: General Public License나 다른 몇 가지 방식으로 이루어져 있다), 아니면 이를 공개된 공인 표준물public standard로 선언하든지 하는 방법으로 그 수명을 연장할 수는 있다. 이는 어느 한 대기업의 부당한 영향력을 부정하거나 최소한 줄이는 효과를 가지며, 이는 거의 항상 도움이 된다. 왜냐면 첫째, 대기업들은 수명이 길지 않은 존재이므로 그 영향력이 세지면 발명의 수명 또한 짧아지게 되며, 둘째, 대기업들은 모든 수단을 동원하여 이윤을 추구하기 때문에 결국 다른 이들의 이익에 해롭게 작동하게 되어 있기 때문이다. 하지만 모든 중요한 발명은 시간이 지나면 결국 산업 컨소시엄, 산업 표준 관련 단체들, 정부 규제 당국, 그 밖에 다른 위계적 조직들의 통제 아래에 들어가게 되며, 이는 결국 그 발명 자체를 없애는 결과를 낳는다. 그 조직들이 그 발명을 없애버리는 것은 너무 열심히 일을 해서일 수도 있고 혹은 완전히 손을 놓고 방기해서일 수도 있지만, 어쨌든 결국 없애는 것은 마찬가지이다. 왜냐면 어떤 것이 영원히 살면서 자유롭게 진화하려면 아나키로 조직되어야 하지만, 이는 위계적 조직들로서는 절대로 취할 수 없는 형태이다.

이제 아나키즘을 실행한다는 것이 어떤 모습일지가 좀 더 분명해졌으면 한다. 무엇보다도 먼저 새로운 길을 뚫어야 한다. 지도자의 자리부터 얻으려고 하지 말고, 책임과 통제권부터 쥐려고 하지 말고, 그냥 가진 생각을 바로 실천에 옮겨 누구의 허락도 묻지 말고 필요한 일을 하라. 그 목적은, 다른 이들 누구나 자유롭게 사용할 수 있는 실행 가능한 대안을 창출하는 것이다. 하지만 이게 성공하려면 그 지도자는 자신의 목표를 잘 선택해야만 한다. 즉 한정된 양의 노력으로도 중대한 구조적 장애물을 우회할 수 있도록 해주는 그런 것을 선택해야 하는 것이다. 약식으로 대충 마련한 해결책이라고 해도, 스케일업을 통해 현실을 장악하는 일이 가능하도록 제대로 된 개념들을 잘 결합시켜야 하며, 이것만 하더라도 상당한 위업을 성취한 셈이다. 이런 일을 할 수 있는 사람은 아주 소수이지만, 그럼에도 불구하고 이는 상당히 많이 벌어지는 일이기도 하다. 이는 완전히 혼자서 (그리고 필요하다면 비밀로) 작업하는 개인이거나 아니면 소수의 비공식적 공동 작업자들에게서 벌어지는 경향이 있다. 그 최상의 목표물들은 개인이나 소집단 정도의 노력으로도 우회할 수 있는 장애물들이다. 그래서 최소한의 비용으로 스타트업이 가능하면서도 그 대안이 빠르게 확산될 수 있어야만 한다.

국민국가는 사라진다

우리 중 다수는 실로 불행한 삶을 살고 있다. 산업 시대 부산물로서 아직도 남아 있는 정치적 제도인 19세기의 산업 국민국가 안에서 살고 있기 때문이다. 이것이 어떻게 나타나게 되었는지를 아주 짧게 살펴보자. 12세기경 교회와 귀족들은 로마 제국이라는 국가가 있었다는 것을 기억해내고, 이를 일련의 여러 개의 작은 로마 제국들로 재탄생시켰다. 이는 중세 유럽을 지배하던 자유 도시 등의 아나키로 조직된 정치체들을 대체하게 된다. 훗날 급속히 산업화를 이룬 서방의 제국들은 전 지구를 누비며 자기 영토로 만들어버렸고, 그 과정에서 큰 게 작은 것보다 낫고 (규모의 경제가 개선되므로), 동질적인 것이 다양한 것보다 낫고 (제국의 중심으로부터 획일적인 해법을 강제로 명령하는 게 가능해지니까), 게다가 정치적 통제력을 단단히 유지하고자 한다면, 고도의 중앙 집중화가 각 지역의 자율성보다 낫다는 것을 발견하게 되었다.

그래서 제국마다 우선은 자기들 국경선 안에 있는 인구부터 처리하였다. 공동체들은 공동체 재산을 빼앗기고 파괴되었고, 중앙집권 국가에서 파견한 대리인들에게 복종하도록 강제당했다. 또한 표준말 이외의 모든 언어와 방언들을 뿌리 뽑기 위해 노력했고, 국가에 대한 애국심이라는 것 이외의 모든 정체성의 원천들에 대해 폄훼하는 데 기를 썼다.

산업화의 실험에 노동력을 공급하기 위해 농촌의 가정들은 땅에서 쫓겨났고, 종국에 가면 복지국가 그리고 불완전 고용 상태의 임노동자들로 구성된 거대한 도시의 최하층 계급이 생겨났다. 보통 이러한 접근법은 붕괴로 이어지는 게 정상이었지만 (그 이전의 모든 제국들은 이렇게 하다가 모두 붕괴한 바 있다), 이번에는 다를 수 있었던 것이 이 제국들은 무한정인 듯 보였던 에너지를 사용할 수 있었기 때문이었다. 처음에는 석탄, 그다음에 석유, 천연가스, 원자력 등은 들어가는 비용에 비해 훨씬 큰 편익을 얻어낼 수 있었기에 그 비용이 거의 무시해도 될 만큼 낮은 것으로 여겨졌던 것이다. 일정 기간 동안은 이러한 제국들이 효율성과 경쟁력을 가질 수 있었지만, 이는 어디까지나 1리터의 가솔린—여기에 담긴 에너지는 한 사람이 1개월 동안 등이 휘도록 육체노동을 했을 때 나오는 에너지에 맞먹는다—의 비용이 1리터의 우유보다 훨씬 낮은 왜곡된 세상에서나 가능한 일이었다.

그런데 21세기 초입에 들어서자 화석 연료가 고갈되어 산업적 국민국가의 효율성과 경쟁력이 사라지게 되었다. 이제 이들은 썩은 강물의 물고기처럼 산소를 찾아 헐떡거리며 삶을 연장하려고 기를 쓰고 있다. 하지만 산업적 국민국가가 겪는 죽음의 고통은 불행하게도 수많은 죄 없는 방관자들에게도 심각한 고통을 안겨주는 것으로 판명될 것이다. 현재의 정치 제도는 비록 시대의 퇴물이 되기는 했지만, 그렇다고 해서 몇백 년 전에 그것이 대체해버린 함부르크, 피렌체, 노브고로드와 같은 중세의 번창하던 도시국가들과 같은 식으로 수공업과 아나키에 근거한 집약적인 지역 정치체로 저절로 되돌아갈 가능성은 아주 낮다. 최소한 올바른 방향으로 가도록 점잖게 넌지시 압력을 가하는 것이 필요하다. 정말로 아름다운 결과가 나온다면, 국민국가의 지도자들을 점잖게 말로 타일러서 지도자 역할을 스스로 내려놓고 안전한 장소에서 머물다가 주기적으로 군중들 앞에 나타나 퍼레이드나 벌이도록 설득할 수 있을 것이며, 최종적으로는 박제물로 만들어서 붕괴의 역사를 다룬 박물관에 진열하도록 할 수 있을 것이다. 하지만 아주 나쁜 시나리오가 펼쳐진다면, 죽어가는 국민국가가 조금이라도 더 삶을 연장해보겠다는 부질없는 희망으로 최대한의 파괴력을 행사하는 쪽을 선택할 수도 있다.

이 거만한 국민국가는 그 방식에 대들고자 하는 이들에게는 죽음을 가져올 수도 있는 위험한 것이지만, 대부분의 경우에는 거의 항상 의도치 않은 코미디를 연발하는 존재이기도 하다. 그 민족주의적 수사학은 거의 지질학적인 시간 지평의 영원성을 띤 어휘들로 뒤범벅되어 있지만, 실상은 불과 몇 세대 만에 눈 깜짝할 사이에 나타났다가 없어지는 하루살이 같은 존재일 수밖에 없다. 그리고 국민국가의 운명은 그 지배 계급이 처음에 성공을 거두고 그다음에 쇠퇴하여 결국 필연적으로 노쇠해가는 과정에 따라 결정된다. 국민국가를 물질적으로 구현하는 것은 국기, 국가, 몇 개의 구호와 역사 기념물들과 같은 뻔한 상징들로 이루어진다. 옛 소련의 국가 또한 지금 돌이켜보면 코미디 같은 소리로 시작한다. "위대한 러시아는 자유로운 공화국들의 깨질 수 없는 연합을 오랜 세월 지켜왔노라." 이러한 상징들이 얼마나 효력을 발휘하는지는 인간이 갖는 일정한 취약성에 달려 있다. 인간은 젊은 시절에 누구나 본능적으로 모종의 종족적 정체성을 찾아 헤매는 발달 단계를 거치며, 그러한 정체성은 보통 통과 의례나 입문 의식 등을 통해 형성된다. 그리고 바로 이러한 발달 단계에 있는 젊은이들이야말로 공립 학교나 다른 국가 기관들이 교묘히 가져다놓은 가짜 정체성—공허한 상징들을 아무렇게나 버무려 만들어진다—을 각인시키기가 제일 쉽다. 미국의 학생들은 학교에서 국기에 대한 맹세Pledge of Allegiance를 오른손을 심장 위에 올려놓고 암송하도록 배운다 (본래의 동작은 "하일! 히틀러!"와 똑같이 오른손을 위로 들어 올리는 벨라미 경례Bellamy Salute였다). 젊은이들은 이를 통해 특정 깃발을 휘두르는 지도자를 기꺼이 따르는 집단으로 변화를 겪는다. 마치 콘라트 로렌츠Konrad Lorenz의 실험에서 갓 태어난 오리 새끼들에게 고무장화를 엄마라고 각인시켜 놓으면 떼를 이루어 그 장화를 졸졸 따라다니게 되는 것처럼 말이다.

어떤 이들은 장화 신은 자들을 추종하기를 각별히 즐기는 것 같다. 산업적 국민국가의 본질을 특히 잘 전달하는 상징을 하나만 뽑으라고 한다면, 이는 장총을 조준하고서 전투 대형으로 줄을 맞추어 선 군화 신은 원숭이들이라고 할 것이다. 대통령 카퍼레이드와 같이 국가 권력을 상징적으로 과시하는 행사를 보면, 그 필수적인 장식 요소들은 사실 장화 신은 오토바이 폭주족들의 행렬의 그것과 동일하다는 게 드러난다. 물론 그 장화 신은 원숭이들 중 일부는 민족주의라는 애국적 사이코드라마에 홀려서 군 복무에 자원한 경우도 있지만, 다른 대부분은 그저 돈타먹으러 온 용병들일 뿐이다. 핵심은 돈이다. 왜냐면 국민국가의 궁극적 목적은 산업, 군국주의, 상업을 완벽하게 하나로 용접할 수 있는 정치 시스템을 유지하는 것이기 때문이다. 산업은 다량의 무기를 공급함으로써 군국주의를 지원하고, 군국주의는 광대한 새로운 영토를 정복하여 자원과 시장을 확보함으로써 상업을 지원하며, 상업은 그다음 해의 군비 지출 자금을 댐으로써 군국주의를 지원한다. 사람들은 외부의 위협에 직면하지 않는 한 좀처럼 하나로 단결하는 법이 없지만, 산업이 요구하는 규모의 경제를 실현하기 위해서는 국민적 통일이 반드시 필요하다. 따라서 민족주의를 외치는 정치가들은 자신들의 종교적 · 문화적ㆍ인종적 우월성의 신화를 만들어내기 위해서 기를 쓴다. 이렇게 하여 배타적 정체성이 만들어지며, 자기들 민족 내부의 온갖 원시적이고 추잡스런 요소들을 투사하여 뒤집어씌운 모종의 타자Other를 상정해놓고서, 이 공동의 적에 맞서기 위해서 하나로 뭉쳐야 한다고 사람들을 재촉한다. 우리의 좀 더 정치적으로 올바른 시대에 오게 되면 이런 식으로 제국의 인종주의를 휘두르는 수사학은 사라지게 되고 덜 극악스럽고 더욱 공허한 구호들이 그 자리를 채운다. "모든 야수들을 멸종시켜야 한다!"라든가 "자유와 민주주의!" 이런 것들이다. 하지만 그 목표는 전혀 바뀐 것이 없다.

이런 민족주의의 광대극에 모든 젊은이들이 쉽게 넘어가는 것은 아니다. 민족주의라는 사이렌의 노랫소리에 홀리지 않도록 막아주는 효과적인 해독제는 세련된 종류의 부족주의이다. (비 이스라엘의) 유대인들, 중국인들, 아르메니아인들, 집시들과 같은 강력한 민속적 정체성을 가진 디아스포라 집단들은 비교적 민족주의에 대해 강한 면역성을 가지고 있다. 젊은이들이라 할지라도 진짜가 무엇인지를 판별하는 법을 알게 되면 가짜를 쉽게 알아본다. 그 결과 이러한 집단들은 애국주의 사이코드라마에 쉽게 흔들리지 않으며, 자식들을 군대에 보내는 것에 흔쾌히 동의하는 법이 거의 없다 (집시들은 절대로 보내지 않는다). 하지만 러시아의 카자흐스탄인들과 북미 지역의 스코틀랜드-아일랜드인들과 같이 민족주의의 함정에 빠져 헤어나오지 못하면서 자식들을 제국의 총알받이로 한없이 내놓는 집단들도 있다. 이러한 부족주의는 국민국가가 무너지기 시작하면서 수면으로 떠오르는 여러 증후들 즉 불법 경제의 출현, 마피아 정치, 폭력 조직의 횡행, 군벌의 발호, 비국가 폭력 조직들의 발흥 등에 대해서도 젊은이들이 휩쓸리지 않도록 막아주는 효과적인 해독제로 작용한다. 아프리카와 또 다른 곳에 있는 수많은 실패한 국가들에서 관찰되는 바, 가족 공동체로부터 배제당한 젊은 남성들이 폭력 조직의 일원이 되어 거기에 돈을 대는 자들의 꼭두각시 노릇을 하며 폭력을 휘두르는 경우가 훨씬 더 많다. 이들은 심지어 자기들의 고향이었던 공동체들에 대해 폭력을 행사하는 짓도 서슴지 않는다. 아무 뒤탈이 없을 것이라고 확신하면서. 이런 상황에서는 공동체들마다 젊은이들에게 건설적이고 책임 있는 역할을 찾아주어 그들이 공동체에 포용된 가치 있는 존재이자 공동체의 평가와 판단 아래에 있는 존재라고 확실히 느낄 수 있도록 하는 것이 반드시 필요하다. 모든 곳에서 모든 공동체들이 이러한 일을 해낼 수 있는 것은 결코 아니다. 붕괴 이전 시점에서 사회적 자본이 얼마나 축적되어 있었느냐가 붕괴 이후에도 단결과 협동을 어느 수준으로 이룰 수 있느냐를 결정하게 된다.

국민국가의 언어

민족주의의 여러 상징과 주장들은 찬찬히 따져보면 그 내용이 공허하며, 그냥 특정 정복 집단의 깃발, 문장紋章, 신화들을 모아놓은 것에 불과할 때가 많다. 하지만 만약 여기에 언어라는 정체성이 추가된다면 민족주의의 힘은 어마어마하게 증폭된다. 이디시어 연구자인 막스 바인라이히Max Weinreich가 말한 바 있듯이, "언어란 육군과 해군을 갖춘 방언이다." 고압적인 국민국가가 전형적으로 쓰는 계책은, 제국의 언어— 이는 정부가 운영하는 학교와 공식 기관에서 사용하는 인위적 언어이다—를 고안하여 모두에게 쓰도록 강제하는 것이다. 이는 지역 언어들과 방언들을 절멸시킨다는 노골적인 목표를 내걸고 있다. 국민국가의 발흥은 그래서 언어 다양성의 측면에서 보자면 아주 흉측한 일이다. 전 세계에 지금 남아 있는 약 6천 개의 언어들 중 절반가량이 (이들 중 다수는 몇천 년 이상 존재했던 언어들이다) 이번 세기를 넘기지 못하고 없어질 것으로 예상된다.

하나의 전국적 아니 초국가적 언어를 구축하고자 했던 최고의 야심찬 프로젝트는 중국의 쓰기 시스템이다. 이는 글자 형태와 음성을 거의 분리시켜 놓았기에 상당한 보편성을 부여할 수가 있었다. 또한 이 때문에 장수할 수 있었다. 어떤 언어든 시간이 지나면 음성이 변하는 법이지만, 한자의 글자들은 거의 변하지 않은 채 지금까지 내려왔다. 한자로 기록된 언어를 사용하는 이들은 대화는 계속 자기들 언어로 한다고 해도 생각은 한자로 할 수밖에 없게 된다. 한때는 최소한 기록을 남기는 데 한자에 의존했던 지역이 베트남 (그 옛날 문헌은 한자에 기초해 있지만 오늘날에는 아무도 읽을 수가 없어서 망실되었다), 한국 (이미 15세기부터 한글이라는 국민적 쓰기 시스템을 고안하여 한자 시스템으로부터의 탈출을 시작했지만 그 과정이 완결된 것은 20세기에 와서이다), 그리고 제한적이고 상당히 특이한 정도이지만 일본—한자에서 파생된 2천 자의 "간지"를 사용한다—등을 포함하였다. 몽골 제국의 정복 물결이 드디어 서쪽의 비엔나 성문에까지 밀려들어온 1241년을 전후한 짧은 기간 동안 한자 시스템은 전 지구의 육지 4분의 1에 해당하는 지역에서 사용되었다. (몽고인들은 글자를 쓰지 않으므로 자신들의 방대한 제국의 행정을 맡아보는 일에는 1215년의 연경 함락 때에 노예로 끌고 온 수백 명의 중국 서기 및 회계관들을 활용하였고, 이들이 사용하던 글자는 당연히 한자였다.)

그다음으로 처음에는 국민적 차원에서 그다음에는 초국가적 차원에서 대성공을 거두었던 언어가 다름 아닌 영어이다. 이는 오늘날 국제적 의사소통의 주요 언어로서 자리를 굳혔으며, 전 세계 모든 곳으로 갈수록 더 깊이 침투하고 있다. 이 경우에도 쓰기 시스템의 보편성과 장기 지속성이 글자 형태와 음성을 거의 분리시킴으로써 이루어진 것으로 볼 수 있다. 영어의 철자 시스템이 영어라는 언어의 실제 음성을 제대로 표현하고 있다고 주장하는 사람은 극소수에 불과하며, 옛날에나 지금이나 이는 영어를 쓰는 모든 이들의 시간을 한없이 잡아먹는 멋대로의 괴상망측한 말도 안 되는 시스템이다. 더욱 중요한 사실은 이 때문에 기초적인 문자 해독 능력을 습득하는 데 아주 큰 장애물이 생겨나고 있다는 점이다. 영어의 철자 시스템은 살아 있는 화석이며, 이를 그대로 가져다가 소통의 매개물로 삼게 되면서 수천 개의 일상 어휘들을 배울 때마다 철자와 음성을 따로 외워야 한다는 문제가 생겨났다. 그 결과 영어 사용 국가들에서의 기능적 문맹률은 다른 선진국들의 그것에 비해 몇 배씩 더 높아서 무려 50퍼센트에 달하고 있다. 이 나라들에서는 또한 감옥 인구도 아주 많거니와, 이는 높은 문맹률의 직접적 결과이다. 죄수들의 많은 수가 읽고 쓰는 능력의 결핍으로 인해 사회에 통합될 수가 없기 때문이다.

하지만 영어를 소리 나는 대로 쓰는 시스템으로 전환하는 것은 얼마든지 가능하다. 현행의 영어 철자 시스템 전체는 마땅히 사멸시켜야 하며, 이는 순전히 정치적인 의지만 있으면 가능한 문제이다. 특히 이는 영어를 제 2, 제 3, 제 4 외국어로 배워야 하는 수많은 외국인들에게서 큰 갈채를 받을 만한 일이다. 현행의 영어 철자 시스템이 계속 군림하면서 이를 배우는 수많은 사람들에게 기계적 암기를 강요한다면 추가적인 부작용이 또 하나 생겨난다. 영어에 담겨 있는 특이한 사고방식을 부지불식간에 문화적으로 내면화하게 된다는 것이다. 영어 학습은 오랜 시간이 걸리는 일이므로, 그 학습자들은 영어라는 언어만 배우는 것이 아니라 거기에 담겨 있는 문화적 통념들까지 배우게 된다. 따라서 그중 다수는 영어가 제국의 언어였던 시절의 생각을 거의 그대로 보존하고 있다. 아마도 완전히 새로운 영어 쓰기 시스템을 개발해야 할 때가 왔다고 할 것이다. 중국식 서예법에 기초하여, 사전상에서 구별가능한 모든 음소마다 딱 하나의 상징 부호가 대응하도록 하는 것이다 (모든 주요 방언들까지 다 통틀어서 세어볼 때 영어의 음소는 32개뿐이다). 따지고 보면 영어는 어휘가 어마어마하게 많을 뿐 굉장히 단순하고 소박한 언어이다. 영어가 전 세계 공용어가 되어버린 두 가지 이유는, 첫째, 문법과 음성과 어형에서 다른 국제어들 어떤 것과 비교해보아도 지극히 단순하기 때문이며, 둘째, 그 어휘가 국제적 성격을 띠고 있기 때문이다. 영어 어휘의 80퍼센트는 특히 프랑스어에서 왔고 그 나머지의 상당 부분도 여러 다른 나라에서 온 어휘이므로, 영어란 사실상 "간소화된 프랑스어"에 불과하다. 이는 아기들의 혀짤배기 소리와 비슷해서 재즈의 스캣 창법에는 아주 적합하며("Zip-A-Dee-Doo-Dah!"), 엄청난 양의 어휘를 자랑하지만 대부분 어려운 외국어라서 누구도 그 철자와 발음을 (정확한 용법은 아예 말도 꺼내지 마시라) 정확히 하는 이가 없다. 물론 발음 중에는 권설 접근음 "r"이라는 이상한 발음이 있다 (국제 발음 기호로 [ɹ]이다. 이 이상한 모양이 바로 그 발음의 이상함을 증명하고 있다!). 하지만 그래서 인지 이 발음은 대부분 묵음이며, 이는 오히려 영어의 발음이 저 귀여운 아기들의 혀짤배기 소리와 닮았음을 보여주는 또 하나의 예이기도 하다. 또 영어는 세계의 모든 언어 가운데에서도 가장 무시무시한 자음군을 가지고 있는 것도 사실이다 ("strenghts"라는 단어는 1음절이다!). 하지만 이 또한 아기가 젖을 게워내는 소리와 닮지 않았는가?

이런 것들을 떠나서, 영어의 문제는 대부분 대영제국 시절의 거만한 태도를 떨쳐내지 못하고 있다는 데서 온다. 영어는 그 끔찍한 철자 시스템을 도무지 포기하려 들지를 않는다. 언어학자 한 사람이 하루만 휴가를 내서 머리를 짜면, 동네 성인교육 프로그램에서 코스 하나만 들어도 누구나 완벽히 익힐 수 있는 철자 시스템을 얼마든지 짜낼 수가 있지 않은가. 하지만 이 대안적 영어 철자 원리 또한 알파벳 원리를 준수하는 데서 시작하는 것이 반드시 필요하다. 이 원칙은 딱 하나의 음성(음소)에 딱 하나의 상징(글자)이 정확히 대응하도록 되어 있다. 현재의 영어 철자 원리는 무려 70개가 넘는 상이한 "철자 규칙들"을 가지고 있는 데다 그 규칙 하나하나마다 거의 비슷한 숫자의 예외 규칙들이 따라오게 되어 있으니, 사실상 단어마다 기계적으로 암기하는 게 가장 나은 방법이 되어버렸다. 한마디로 이 시스템은 도저히 시스템으로서 가르치는 것이 불가능하다. 이를 입증하는 사실이 있다. 미국에서는 이미 1세기 이상 계속된 논쟁이 있으니, 학교에서 글자가 소리를 나타내는 것이라고 가르쳐야 하는지(아니면 말아야 하는지!)의 논쟁이다. 세상에 이렇게 한심한 일이 또 있을까? 미국 이외의 영어 사용 국가들에서는 "발음 중심 교습법phonics"이 더 우월한 방법이라고 받아들여지기는 했지만, 그래도 여기에서 성인의 기능적 문맹률은 선진국으로서 여전히 수치스러운 수준이다.

만약 철자 시스템을 새로이 바꾼다면, 로마자 알파벳은 때려치우도록 하자. 지금은 21세기이며, 라틴어는 여전히 쓰이지 않는 사어死語이다. 중세의 수도승들은 로마자를 보존하여 후세에 전수하면서 그것으로 영어를 적어보려고 했지만, 이는 분명히 황당하게 빗나간 짓이었다. 라틴 알파벳에는 영어에 필요한 글자가 열 개나 부족하다 (모음 두 개와 자음 여덟 개). 다른 유럽 언어들의 경우에는 그래서 자기들 언어에 맞게 로마자를 업그레이드했건만, 영어만은 오늘날까지도 라틴어 1.0 베타 버전을 그대로 가져다가 철자 시스템을 엉망으로 만들면서도 이를 자랑스러워하고 있다. 게다가 이 수도승들은 난독증이 있는 이들은 전혀 고려하지 않았다. 내 말이 무슨 말인지 알고 싶으면, 책을 거꾸로 쥐고서 다음을 읽어보라. "bdbpdpqbqdpdpqbdbdq". 영어에서는 하나의 음소에 대응하는 글자가 여러 개가 있으며 또 하나의 글자가 여러 개의 음소를 나타내기 때문에, 똑같은 음성의 단어가 여러 다른 방식으로 쓰이며 ("암양ewe", "주목나무yew", "너you") 또 전혀 다른 의미의 단어들이 똑같은 철자로 쓰이기도 하며 ("모터 달린 자전거moped"와 "울적해진moped", "눈물tear"과 "찢다tear". 이 두 경우에서 양쪽을 구별하는 열쇠는 결국 바퀴와 액체의 존재 여부이다), 분명히 글자의 조합은 똑같은데 소리는 전혀 달라지기도 한다 ("이너프[충분한]enough", "플라우[쟁기]plough", "도우[비록]though", "스루[통해서]through"). 따라서 아주 조금이라도 난독증이 있는 이들은 영어 철자법 때문에 병이 더 심해질 수밖에 없다.

이제 모든 텍스트가 전산화된 시대에 그것을 스크린이나 종이 출력에서 어떻게 띄울 것인가는 순전히 소프트웨어의 문제가 되었으니, 누구라도 나서서 영어 철자법을 새롭게 고민해야 한다. 그야말로 "주문에 걸려 있는 상태에서 깨어나break the spell" 이 말도 안 되는 케케묵은 철자 시스템을 쓰레기통으로 보내는 일에 착수해야만 한다. 그렇게 되면 옛날에 나온 책의 한 구절을 해독할 일이 있을 때 스마트폰 앱 하나로 간단히 해결할 수가 있다. 그 옛날의 엉터리 철자법으로 쓰인 알아먹지 못할 말들로 가득한 페이지를 사진으로 찍으면 바로 해독된 텍스트가 스마트폰 스크린에 뜨도록 말이다. 읽을 수 있고 합리적이며 또 음성학적

으로도 정확한 영어 정자법은 소프트웨어만 개발하면 얼마든지 실현이
가능한 일이다.

스스로를 돌보다

—

자신의 정체성과 사유 과정을 제국의 표준말에 무조건 항복으로 넘
겨주는 것은 어디에서나 항상 그리고 꼭 엄격하게 요구되는 일은 아니
며, 두세 개의 언어를 구사해가면서도 자기들의 모국어를 악착같이 수
호해내는 민속 집단들도 많다. 그 한 예만 들자면, 중세에 이슬람 신비
주의 전통인 수피즘의 주요 중심지였던 체첸에서는 사람들이 세 개 국
어를 사용하는 게 보통이었다. 모두가 자기들의 모국어를 (이는 수많은
북 코카시아 방언의 하나로서, 이 방언들은 결국 체첸어로 합쳐지게 된다) 말
할 줄 알았을 뿐만 아니라 시장에서 상업 거래를 할 때는 터키어를 했
고, 학문과 종교의 언어로는 아랍어를 쓰고 말할 줄 알았기에 사원에서
는 아랍어로 이야기했다. 터키어의 영향력은 서서히 사라져가고 그 자
리에 러시아어가 들어서지만, 오늘날에도 중동에 사는 체첸인들은 자
기들끼리 이야기할 때는 체첸어만 쓰며, 아이들이 집에서 만약 다른 언
어로 말을 하면 단단히 벌을 준다. 이는 어디에서나 거의 마찬가지이다.
소수자 집단과 디아스포라 집단은 자신들의 언어를 상실할 경우 그것
이 곧 정체성의 상실로 이어진다는 것을 알기에 악착같이 언어를 지켜
낸다. 그렇게 할 경우 상당한 위험을 무릅써야 할 때가 많은데도 불구하
고 (하나의 표준어가 지배하는 국민국가 안에서 다른 언어로 이야기한다는 것
은 항상 정치적 행위이다) 그렇게 하는 이유는, 급조된 덧없는 민족 정체
성이라는 것을 뛰어넘는 진정한 정체성의 원천을 갖는다는 것이 그 비

용에 비해 얼마나 큰 이익을 가져다주는지를 잘 알고 있기 때문이다. 거기에서 오는 이점은 여러 가지가 있다. 우선 같은 모국어를 사용하는 모든 이들을 자동적으로 포함하는 신뢰의 집단 안으로 들어갈 수가 있으며 (왜냐면 이들끼리는 서로가 뜻하는 바를 훨씬 더 잘 느끼고 읽을 수 있으니까), 낯선 이들이 있는 앞에서도 특별한 장치 없이도 자기들만의 소통을 행할 수가 있다. 그리고 가장 중요한 것으로, 독자적인 언어를 가진 집단들은 현실에 대한 주류적인 합의와 별개로 또 그것에 맞서는 자기들만의 합의를 일구어낼 수가 있다.

모든 집단들이 별개의 언어 정체성을 잘 유지할 만큼 응집력과 결단력을 가지고 있는 것은 아니다. 이를 위해서는 아이들에게 별개의 학교 교육을 제공하고 또 모국어 사용에 있어서 높은 수준을 유지하기 위해 진지한 노력을 기울여야만 하는데, 경제적으로 힘든 처지에 있는 집단들은 이러한 여력이 없을 수 있다. 또한 주류 문화 쪽에서 밀려들어오는 통합의 압력을 견디고 거기에 동화되지 않기 위해서는 일정한 결의가 필요하다. 그 결과, 많은 경우 모국어는 시간이 지나면서 점점 퇴행하게 되며 무수한 차용어와 차용 표현들로 오염되게 된다. 어떤 지역의 방언이 일단 이러한 길로 들어서면 빠져나오기 어렵고 퇴행의 과정도 멈추기 힘들게 된다. 모국어로 된 표현을 만드는 것은 항상 차용어를 그냥 가져다 쓰는 것보다 어려우므로, 이렇게 되면 그 언어에 담겨 있는 모든 창의성은 사실상 사라지게 되고, 시간이 지날수록 모국어는 그냥 외국어 기능 어휘들이 한가득인 악센트가 특이한 영어에 불과한 것이 되며, 그저 차용어들을 문장으로 꿰어내기 위한 문법적인 잔재들이 좀 남을 뿐이다.

세상에는 "언어 반푼이half-lingual"라고 묘사되는 집단이 있다. 이들은 주류 언어를 제대로 말할 수 있는 것도 아니지만, 그렇다고 해서 거기에서 빌려온 무수한 차용어에 의존하지 않고서는 모국어로도 소통을 할 수가 없다. 이들이 모국으로 돌아가면 그들의 입에서 나오는 말은 아무도 이해하지 못하는 헛소리로 치부되기 십상이며, 이는 충분히 그럴 만한 일이다. 이러한 경향의 가장 좋은 예 하나가 미국에 살고 있는 많은 라티노들이 쓰는 이른바 스팽글리시Spanglish이다. 이는 이들 사이에서 너무나 지배적인 언어가 되어 스페인 왕립 학회에서는 최근 이를 별개의 언어로 인정한 바 있다. 다행히도 스페인에는 카스티야어, 카탈로니아어, 에우스카라어 등의 언어들이 손상 없이 잘 존재하고 있지만, 다른 나라의 경우에는 모국으로 간다고 해도 그 모국어의 측면으로 보자면 상황이 별로 나을 것이 없는 나라들도 많다. 지구화로 인해 세계에는 많은 변화들이 강제되었고, 그중에는 영어와 인터넷의 사용 때문에 추동된 문화적·언어적 동질화도 있다. 일단 어떤 언어가 차용어로 오염되어 그 창조성을 잃을 정도가 되면, 이는 또한 사유의 대안적 도구이자 독자적인 세계의 표상으로서의 기능 또한 잃게 된다. 이 언어는 실질적으로 식민화당한 것이며, 그 사용자들의 정신 또한 함께 식민화당하게 된다. 그러면 조만간 그 언어는 집단 정체성의 강력한 기초로 복무하는 것도 불가능하게 된다. 한두 세대가 지나고 나면, 그 언어의 사용은 소수의 관용구 정도로 축소되며, 그다음에는 금방 그 언어 자체가 사멸해 버리고 만다.

국가 종교

—

단일의 국민 언어 표준말은 원래 다양하고 가지가지이며 이질적인 사람들에게 하나의 획일적인 집단 사고를 강제하여 위계적으로 조직된 단일의 실체인 것처럼 행동하게 만드는 강력한 도구이다. 특히 그 사람들이 자신들의 지역 언어와 방언을 빼앗겼을 때에 그 효력이 더 커진다. 하지만 이는 국가 종교의 강력한 힘 앞에서는 비교 대상조차 되지 못한다. 지배자들은 이 점을 잘 알고 있으며, 애초에 아나키즘 운동으로 시작된 기독교가 재빨리 로마 황제들의 손아귀로 들어가서 국가 종교가 되어버린 것도 이 때문이다 (서로마에서는 가톨릭 교회, 동로마에서는 비잔틴 정교회). 애초에 농민들의 민중 운동으로 시작되었던 최초의 재세례파Anabaptists의 개신교가 곧 귀족들과 동맹을 맺은 마르틴 루터 등등의 개신교 지도자들의 것으로 넘어가버린 것도 이 때문이며, 그 결과 오늘날 개신교 신자들의 정치적으로 독립된 공동체는 아미시나 메노나이트 등 타국으로 도망친 몇 개의 분파들밖에는 남지 않았다. 한편 이슬람은 시작부터 정치적 운동이었다. 예언자 모하메드는 사업가였고, 정치가였고, 전사였으며, 물론 종교 지도자로서 사람들을 자신의 의지에 복종시키는 기술이 뛰어났던 사람이었다. 그가 가진 정치적 무기들 중에서도 가장 강력했던 것이 종교였으니까. 그렇기 때문에 무슬림들은 누구든 농담으로 슬쩍 그들의 선지자가 어쩌면 명민한 중개상이었고 당신들은 거기에 속아 넘어간 것이라고 암시만 하더라도 바로 분노를 표출한다 (물론 나는 이 문제에 대해 아무런 견해도 없다). 하지만 그의 정치적·종교적 천재성이 너무나 뛰어났기에, 심지어 14세기가 지난 오늘날에도 이 지구상에서 가장 유해한 정치 체제는 사우디아라비아 왕국과 이란 이슬람 공화국이라는 이슬람 신정 체제이다. 이 두 국가는 각각 수니파와 시아파의 극단을 대표하고 있거니와, 이 세계의 많은 부분에 악행을 일으키고 있다. 그리고 그들이 뿌린 나쁜 행동들은 특히 미국 안에서 작렬하고 있다. 테러리스트들의 공격으로 강력한 군사 제국에 손상을 입히는 것은 계란으로 바위치기처럼 어림도 없는 일이지만, 자기들을 전능의 존재라고 착각하는 미국인들의 유아기적 심리를 자극하여 테러리스트들과 똑같은 수준으로 유치한 분노를 유발하게 만들어버릴 수는 있다. 하지만 러시아 같은 경우는 테러리스트 공격에 대해 사뭇 다른 방식으로 대응한다. "걔네들이 아무리 그래도 우리를 다 죽일 수는 없어." 반면 미국인들은 무슬림들을 무차별적으로 죽이는 방식으로 대응하고 있거니와, 이 때문에 사태는 더욱 악화일로로 치닫고 있다.

아이들에게 민족주의를 주입하는 것은 진정한 정체성이 들어서야 할 자리에 가짜의 정체성을 집어넣고 있는 것이니 더러운 속임수라고 볼 수 있다. 하지만 아이들에게 국가 종교를 주입하는 것은 세뇌와 마인드 컨트롤을 통한 아동 학대에 가까우므로 실질적인 범죄라고 해야 할 것이다. 최소한 아이들에게 다음과 같은 예방 접종을 놓을 필요가 있다. 우선 서커스에 데리고 가서, 가장假裝으로 꾸며낸다는 게 무언지를 확실하게 파악하도록 한다. 그다음에는 마술 쇼에 데리고 가서 "수리수리 마수리hocus pocus"라는 눈속임의 의미를 배울 기회를 준다. 다음에는 연극을 보러 가서, 불신의 감정을 보류하는 연습을 한다. 다음은 졸업식으로, 여기에서 그들은 통과 의례라는 게 무언지를 본다. 그다음엔 아이들에게 설명해야 한다. 종교 예식이란, 불신의 감정을 잠깐 보류할 필요가 있는 가장의 통과 의례 눈속임이라고.

아이들이 철이 들면 삼단논법이라는 것을 이해할 수 있게 된다. 모든 종교는 스스로가 유일의 진리인 신앙이라고 주장한다. 만약 어떤 진리의 신앙이 있다면 오로지 그것만이 유일의 진리일 것이며 그것의 진리는 증명될 수 있고 다른 모든 종교의 진리성은 논박될 수 있을 것이다

(왜냐면 이것이 바로 어떤 주장이 진리임을 증명하는 과정이니까). 하지만 세상에는 수많은 신앙들이 있다. 따라서 그중 어느 하나의 신앙이 진리인지는 결정할 수가 없다. 종교란 여러 부분들이 긴밀히 결합된 전체라기보다는 이런저런 요소들을 얼기설기 짜맞춘 틀에 가깝다. 초기 기독교인들이 원형극장에서 사자밥이 되고 있었던 당시 그들은 "경전이 전혀 없는 이들"로서 알려져 있었고, 마침 그때 유대인들은 자기들의 역사적인 고향인 팔레스타인을 (또다시) 상실하였다. 그 결과 유대인들의 모든 성스러운 책들이 길바닥에서 팔리고 있었고, 기독교인들은 이 책들을 차떼기로 사들였다. 결국에는 기독교인들이 그 책들 속에 자기들 책도 섞어 넣었다. 복음서들은 실제의 사건들이 벌어진 한참 후에 꾸며진 이야기들로서, 이를 쓴 것은 직업적 유령 작가들이었다 (마태복음을 쓴 유령 작가는 아주 뛰어나지만 다른 복음서의 유령 작가들은 그저 그런 수준이다). 로마의 콘스탄티누스 황제는 모든 이들에게 뿔 사이에 빛나는 십자가를 달고 달빛 속을 달리는 사슴이 그려진 벨벳 천을 사도록 했다 (물론 내가 꾸며낸 이야기이다). 무하마드는… 음, 그만 두자.

또한 신성 모독의 개념을 확실하게 설명해야 한다. 만약 어떤 권능 있는 신이 있는데 네가 그 신을 모욕한다면, 그 신은 너에게 바로 보복을 가할 거야, 그렇지? 그러니까 네가 그 신을 모욕했는데도 네게 아무 일도 벌어지지 않는다면 몇 가지 논리적 가능성들이 있겠지. A. 네가 모욕한 신은 존재하지 않는다. B. 그 신은 힘이 없어서 복수도 못 한다. C. 그 신은 워낙 엄청난 존재라서 너 따위 하찮은 존재가 그를 모욕하든 말든 관심도 없다. D. 그 신은 쩨쩨하고 뒤끝작렬이라서 오랫동안 앙심을 품고 그걸 적어두었다가 네가 이 세상을 떠나면 꺼내든다. 이 D의 가능성을 믿는 이들은 실제로 쩨쩨하고 뒤끝작렬인 인간들일 가능성이 높다는 점에 조심하라. 이런 이들은 가급적 가까이하지 않는 것이 좋고, 이들이 믿는 그 고약하고 쩨쩨한 신도 마땅히 기피대상이다.

수니파, 시아파, 러시아 정교회, 그 밖에 국가와 동맹을 맺고 그 이익에 복무하는 종교는 무조건 아이들로부터 떼어놓도록 부모들은 최선을 다해야만 한다. (아이들은 또한 가톨릭 신부들 근처에도 가지 못하도록 해야 한다. 이들이 변태적 아동 성폭력 사건을 저지르는 빈도수는 용납할 수 없을 정도로 높다.) 종교 기관들도 인간 세상의 여느 기관들과 마찬가지로 잘못을 저지르고 결함이 많지만, 이들은 스스로가 도덕적으로 우월하다는 거의 허구적인 입장에서 출발하기 때문에 도덕적인 잘못을 저지를 위험이 더욱 높다. 여기에 약간의 정치까지 끼어들어가면, 젊은이들의 마음과 몸을 타락시킬 완벽한 환경이 마련된다. 경찰이나 검찰은 성직자가 아이들에게 성폭력을 휘둘러도 기소는커녕 그 손에 입을 맞출 것이며, 특히 그 경찰이나 검찰 자신이 어릴 때 똑같은 몹쓸 짓을 당했다면 자신의 온 생이 거짓 위에 서 있다는 사실과 맞대면하는 것이 싫어서라도 더욱 그렇게 할 것이다.

내가 말한 바가 맥락과 떨어져 오해되는 일이 없기를 바란다. 나는 종교 그 자체에 대해서는 아무런 반감이 없으며, 그저 국가 종교, 정치화된 종교, 신정 정치 등을 온몸으로 거부하는 것뿐이다. 다음 장에서 우리는 사회 붕괴를 다루면서 종교가 작은 규모의 사회를 조직하는 원리로서 여러 긍정적인 측면들을 가지고 있음을 이야기할 것이다. 하지만 종교의 이러한 긍정적인 측면들이 부각되려면 국민국가와 반드시 먼저 작별을 고해야만 한다.

국민국가 이후의 삶

—

    현대의 국민국가는 19세기 유럽에서 출현한 비교적 최근의 현상이다. 20세기를 거치면서 이는 전 세계를 지배하는 현실이 되었다. 하지만 최근에 와서는 사멸하기 시작하였다. 수많은 나라들이 지구화의 영향으로 주권이 침식당하는 사태를 겪고 있으며, 또 다른 여러 나라들은 약한 국가가 되어버렸고 거의 죽은 국가defunct state의 상태에 근접하고 있다. 세계 은행은 효과적인 주권을 결여하고 있는 나라들의 목록을 발표한다. 1996년에는 11개국이 목록에 올랐지만, 2006년에는 26개국이었다. 매년 한두 나라씩은 반드시 이 약한 국가/죽은 국가의 상태로 밀려난다. 작년에는 리비아였고, 올해에는 시리아였다. 그리스는 얼마나 멀리 있을까? 스페인은 만약 국가 파산으로 몰릴 경우에도 카탈로니아, 갈리시아, 바스크 등을 계속 국가의 일부로 유지할 수 있을까? 이렇게 지속불가능한 국민국가의 숫자가 늘어나는 추세가 선형적일지 아니면 기하급수적일지는 아직 판단하기에 이르지만, 간단한 추정만 해보아도 이러한 추세가 지금까지와 똑같은 가속도로 계속된다면 2030년경에는 지속가능한 국민국가가 하나도 남지 않게 될 것이라는 추측이 나온다. 내가 바라는 바는, 국민국가의 대부분이 그 약한 국가 상태의 단계를 뛰어넘어 바로 죽은 국가로 넘어가는 것이다. 왜냐면 약한 국가는 여러 면에서 죽은 국가보다 훨씬 끔찍하다는 것이 밝혀졌기 때문이다. 약한 국가는 그 국민들에게 제대로 해주는 것도 별로 없으면서 사람들이 지역에서 스스로 자치 질서를 만드는 것에 기를 쓰고 훼방을 놓는 반면, 죽은 국가는 박물관, 퍼레이드, 역사 재현과 같은 재미있고 무해한 의식과 기억을 유지하는 정도의 기능만 하거나 (영연방British Commonwealth이 그 예이다) 아니면 사람들이 관심을 끄면서 점차 잊혀져버린다 (소비에트 연방이 붕괴하고 난 뒤에 남은 껍데기인 CIS: Commonwealth of Independent States가 그 예이다).

국민국가가 도래하기 전에 도시국가가 있었고, 각종 연맹체가 있었고, 또 가장 일시적인 존재로서 여러 제국들도 있었다. 도시국가는 인류 역사상 비견할 바 없는 최고의 성공적인 정치적 구성물이었다. 그리스의 한 줌도 안 되는 비교적 작은 도시들은 로마가 그들을 거의 절멸시키기 전에 이미 서구의 지적 유산을 이루게 될 것들의 많은 부분을 일구어냈다. 마찬가지로 중세 유럽의 암흑 속에서도 자유 도시들은 작은 문명의 자국들로 점점이 흩어져 있었으며 서구의 문화적 유산의 많은 부분을 생산했을 뿐만 아니라 산업혁명의 기반을 닦아놓았다. 영어 사용 국가들의 사람들은 중세 하면 한심할 정도로 후진적이었던 당시의 영국을 주로 떠올리게 되므로 왜곡된 관점을 가지게 되지만, 우리는 대신 피렌체, 함부르크, 프스코프pskov, 사마르칸트 등과 같은 빛나는 보석들을 생각해보아야 한다.

그렇다면 1세기 이상 화석 연료를 펑펑 쓰면서 낭비한 결과 나타난 이 자욱한 매연 속에서 산업주의가 사라져가고 있는 지금 그와 함께 19세기식 국민국가도 함께 사라져가는 것은 충분히 예상할 수 있는 일이며, 또 과도한 야망으로 가득 차서 인간은 물론 지구상의 생명에 엄청난 위험을 가져오는 모든 것들이 함께 사라져가리라 예상하는 것은 자연스러운 일이다. 그리고 그 자리에는 무수한 작은 정치체들이 나타날 것이다. 이 중 어떤 집단은 다른 이웃들과 다툴 것이며 어떤 집단은 평화롭게 함께 살겠지만, 어떤 나라도 세계 대전은 고사하고 항공모함 한 척조차 띄울 능력이 없을 것이다. 하지만 이 나라들은 아름다운 성당과 오페라 하우스들은 지을 수 있을 것이며, 예술과 철학 학교에 자원을 아낌없이 쏟을 것이며, 일상 생활 용품들을 생산하는 데에도 예술적 장인의 방법을 사용하여 오늘날 넘쳐나는 대량 생산 플라스틱 제품들을 창피스럽게 만들 것이다. 이 작은 지역적 국가들의 지배자들은 자기 이웃들과 군사적인 방법으로 경쟁을 벌일 자원이 부족하므로, 더 우월한 문화를 발전시키는 방법으로 경쟁하게 될 것이다.

과도한 규모의 문제

—

괴짜 경제학자 레오폴트 코르Leopold Kohr는 그의 뛰어난 저서 『여러 나라의 붕괴』에서[24] 몇 가지 놀라운, 하지만 잘 생각해보면 상식적인 명제들을 제시하고 있다. 우선 작은 국가들은 큰 국가들보다 문화적 생산력이 훨씬 더 크다. 모든 국가들은 전쟁을 하지만 큰 국가들은 터무니없이 더 큰 전쟁을 일으켜서 사상자의 숫자도 몇 배에 달한다. 비교할 수 없을 정도로 가장 안정되고 유리한 정치 조직의 형태는 국가들의 느슨한 연맹체로서, 그중 어떤 것도 다른 것들을 지배할 수 있을 만큼 크지 않아야 한다 등등. 코르는 현대 사회가 부닥친 여러 문제들을 근저에 있는 동일한 문제가 여러 다른 모습으로 발현된 것으로 분석하는 상동성homology(즉 유비analogy)의 논리적 과정을 통해 그러한 결론에 도달하였으니, 그 근저의 동일한 문제란 바로 과도한 규모의 문제였다.

대부분의 사람들은 최적의 규모라는 개념에 대해 직관적·직감적 수준에서 접근할 수가 있다. 우리는 무언가가 비정상적으로 크거나 작다면 이를 금방 알아채며, 비정상적인 것은 싫어하는 경향이 있다. 살아 있는 것들의 경우, 생명체가 그 최적의 크기에 도달하면 성장은 줄어들고 결국 멈추게 된다. 무작정 도달가능한 최대의 크기를 추구하는 것은 마치 무조건 가장 커다란 순무를 길러내겠다고 덤벼드는 농부처럼 돈키호테 같은 짓일 뿐이다. "점보 새우jumbo shrimp" 같은 말을 들으면 아이들도 킥킥거린다.* 옛날에는 모든 사물마다 최적의 크기가 있다고 믿으며 그것을 찾아내는 데 전념했던 비밀 종교도 있었다. 그 종교는 대단히 성공적이었을 뿐만 아니라 영향력도 강했다. 바로 아폴로 신을 숭배하는 그리스인들의 종교로서, 그 모토는 "그 어떤 것도 과도하지 않도록μηδὲν ἄγαν"이었다. 모든 과도함에는 항상 비용이 따르게 마련이며, 과도한 크기 또한 예외가 아니다. 크기가 일정한 지점을 넘어서기 시작하면 그에 따르는 비용도 터무니없이 높아지기 시작한다. 이 점을 망각하고 있는 아주 극소수의 사람들이 있으며, 그들은 사실상 모두 다 정치가들이다. 이들에게 자신들의 국민국가가 어느 정도까지 커져야 하는지에 관해 한마디로 제한이 없다. 이들이 "더 큰 것"을 생각할 때는 자동적으로 "더 좋은 것"으로 또 "더 강력한 것"으로 받아들인다. 그렇지 않다는 증거가 얼마든지 있음에도 말이다. 이 정치가들은 규모의 경제라는 것이 일정 수준에 달하고 나면 처음에는 줄어들기 시작하고 마침내 마이너스가 되어버린다는 것을 이해하지 못하기 때문에, 어째서 군비 지출을 늘렸는데도 전쟁에서 패배하는 일이 더 많이 생기는지, 교육비 지출을 늘렸는데도 어째서 무지가 확산되고 전국 일제고사 평균 점수가 뚝 떨어지는지, 의료 보험 지출을 늘렸는데도 어째서 치사율과 발병률이 올라가는지 등을 전혀 이해하지 못한다. 이들은 한사코 "성장"만을

---

* shrimp는 작은 새우를 말하기 때문에 jumbo shrimp는 일종의 형용모순oxymoron이다. 중간 크기 이상의 새우를 말할 때는 prawn이라고 한다.

추구하므로 결국 과도한 크기의 막다른 골목에다가 <u>스스로</u>를 가두어버리며, 한번 여기에 갇히게 되면 붕괴하는 것 말고는 탈출할 수 있는 길이 없게 된다.

코르는 생산성 체감의 법칙을 사용하여, 과도한 크기가 어떠한 효과를 가져오는지를 정의하고 있다. 만약 여러 다른 생산 요소의 양을 고정한 채 한 가지 생산 요소의 양만을 늘려나간다면, 일정 지점에 이른 뒤는 그 생산 요소를 한 단위씩 늘려나갈 때마다 생산성이 늘어나기는커녕 줄어들 것이다. 이러한 법칙의 가장 좋은 예로 들 수 있는 것은 지구를 고정된 단위로 그리고 인구를 가변 단위로 놓는 것이다. 여러 지표들로 볼 때, 인구 증가가 생산성 체감을 불러오는 지점을 이미 얼마 전에 통과한 것이 분명하지만, 비록 생산성이 계속 줄어들어도 아직은 0보다 크기 때문에 인구는 계속해서 불어나고 있다. 코르의 여러 아이디어는 E. F. 슈마허와 다른 이들의 저작과 궤를 같이 하고 있지만, 이 인정사정 없는 붕괴로 치닫게 되는 큰 것 숭배의 행진을 역전시킬 수 있을 만큼의 힘을 얻지는 못하고 있다.

역설적인 일이지만, 코르의 노력이 실패하게 된 원인은 바로 오늘날의 지식 생산 작업이 갖는 어마어마한 규모 때문이다. 코르도 지적하고 있지만, 학문과 예술에서의 위대한 진보는 대부분 작은 공동체들에서 일어났다. 고대 그리스, 중세 유럽, 그 밖의 다른 장소들에서처럼 모든 이들이 다른 모든 이들을 잘 알고, 인간사의 모든 영역을 한 눈에 내려다보는 일이 가능하며, 한때 "르네상스인"이라는 이름으로 불렸던 제너럴리스트가 사람들에게 높게 평가받는 곳에서 학문과 예술이 발달했던 것이다. 하지만 오늘날의 사회가 작동하는 규모는 실로 엄청나기 때문에 그 누구도 그 전체를 관찰하면서도 어느 정도 이상의 정밀성이나 혜안을 유지한다는 것이 불가능해졌고, 결국 모두 다 기껏해야 한두 개 정도의 영역으로 전문화되지 않을 수 없게 되었다. 사람들이 자기들 삶에 무슨 일이 벌어지고 있는지를 이해하고 또 앞으로 무슨 일이 벌어질 것인지를 예견하기 위해서는 어느 정도 이상의 전문성과 위치가 필요하지만, 사회의 규모가 커질수록 그렇게 할 수 있는 사람의 숫자는 계속 줄어들게 된다. 거의 아무런 중요성도 없는 문제에 대해 거의 모든 것을 알고 있는 전문가들이 계속 확산되고 있거니와, 이는 우리 문명에서의 지식의 추구가 과도한 규모로 가고 있음을 보여주는 분명한 증후이다. 하지만 이렇게 완전히 무용지물이 되기 직전 상태인 지식을 다시 빼앗아오는 일도 바로 그 전문가들의 존재로 인해 불가능해진다. 이런 일은 제너럴리스트들만이 할 수가 있지만, 전문가들은 제너럴리스트들을 용납하지 않는다. 코르가 지적하고 있듯이, 전문가들이 보기엔 제너럴리스트란 쓸모가 없거나 (그 전문가들의 협소한 전문 영역에서의 지식 발전에 도움이 되지 않으니까) 아니면 사기꾼이라는 것이다 (그 협소한 전문 영역에서의 지식 발전에 아예 관심조차 없으니까).

이게 어떻게 작동하는지를 (사실대로 말하자면, 어떻게 작동하지 않는지를) 유방암의 예를 들어 살펴보자. 유방암의 유전학을 다루는 전문가들이 있다 (우리의 목적에서 보면 이 정도만 되어도 충분히 전문화된 영역이다). 이들은 지금도 이미 큰 비용이 들어가는 연구 프로그램을 진행하고 있지만, 그 재정을 더 확장하기 위해 자기들 분야에 지원이 필요하다는 여론몰이를 하고자 요즘 공중파 방송에 자주 출현하고 있다. 이들은 유방암과 관련된 일정한 유전자 표지들을 찾아냈으며, 만약 더 많은 연구가 이루어지기만 한다면 유방암에 대해 더 효과적인 치료법 개발로 이어질 가능성이 많다고 이야기한다. 그때 평범한 상식을 가진 여성 한 사람이 분위기 파악을 못 하고 전화로 이런 질문을 내놓는다. "예방에 관해서는 어떤가요?" (옛날에는 유방암 환자가 이렇게 많지 않았잖아요?) 그러자 한 전문가는 유방암 예방 의학 요법을 연구하는 게 얼마나 어려운 일인지에 대해 여러 소리를 늘어놓기 시작하고… 그러다가 이런! 내가 무슨 역사 역학자야? 나는 종양학 유전학자일 뿐이잖아…라고 깨닫는다. 여기에서 현실에서는 불가능한 일이지만, 그 프로그램에 하필 유방암을 전공하는 역사 역학자가 출연 중이었다고 가정해보자 (다른 영역의 전문가들을 한 프로그램에 출연시키면 아주 공손하게 서로를 무시하는 경향이 있으므로 프로그램이 재미가 없어진다). 이 역사 역학자는 아마도 이렇게 말할 것이다. 정말로 지난 몇백 년간의 역사에서 유방암의 발병률이 낮았다는 증거가 있는지는 애매하다고. 왜냐면 오늘날 우리가 사용하는 진단 기법이 그 당시에는 없었으니까. 그러면 다시 질문이 나온다. 하지만 20세기 초만 해도 의사들은 분명히 종양을 인식하게 되었고, 그때 이후로만 따져보아도 여러 유형의 암 발병률이 두 배 심지어 세 배로까지 올라가지 않았는가? 그러자 그 역학자가 다시 나서서 말한다. 암 발병률의 급증은 자연에 존재하지 않는 다수의 합성 유기 복합물이 자연 환경에 들어오던 시점과 일치한다고. 그러자 평범한 상식을 가진, 하지만 분위기 파악을 못 하는 또 다른 여성이 전화를 걸어 질문을 내놓는다. "모유에서 발견되는 발암성 살충제에 대해서 어떻게 보시나요?" 그러면 이 질문에는 어떤 전문가를 불러야 할까? 아마도 신생아 영양학자를 부르면 모유 수유로 자라난 아기가 암에 걸릴 위험이 증가했는지에 대해 말해줄 수 있지 않을까? (그런데 죄송하지만 이는 주제에서 벗어난 이야기이다!) 아니면 농화학자를 부르면 무슨 말이 나올까? 인구가 계속 불어나고 있으니 이들을 먹이기 위해 충분한 식량을 생산하려면 비록 이들 중 다수가 암에 걸리는 한이 있더라도 살충제를 쓸 필요가 있다고 말할까? 아예 정치가를 부를까? 자기는 이 모든 연구를 죄다 지원할 것이니 선거날을 잊지 말고 깨끗한 한 표를 부탁한다고 말할 텐데?

이쯤 되면 우리 모두 골치가 아플 테니, 머리도 식힐 겸 상상에 빠져보자. 훌륭한 임금님을 찾아가는 것이다. 왕실의 과학자가 임금님께 나와 아뢴다. "전하, 우리나라의 여성들이 무서운 속도로 암에 걸리고 있사옵니다. 소인이 그 원인을 찾았나이다." (그는 왕실 과학자일 뿐만 아니라 대단히 뛰어난 과학자이다. 그의 전공은 "누구보다도 더 잘 알기"이다.) "이 약병에는 모유 추출물이 담겨 있사온데, 여기에는 전하의 화학자들이 살충제로 농민들에게 배포한 것과 똑같은 독성물질들이 담겨 있나이다. 이 물질들을 쥐에게 주었더니 쥐들도 암이 생겼사옵니다. 이 독성물질들을 금지하셔야 옳은 줄로 아뢰오." 임금님은 마키아벨리 가죽 장정본에 손을 얹고서 생각에 잠긴다. "이 화학자들은 나의 충성된 신하라고 하지만 과연 그러한가? 이들의 충성심을 시험해볼 때로군. 내가 이 끔찍한 독성물질들을 금지시킨다고 할 때 고분고분 따르면 모르지만, 조금이라도 저항한다면 나는 이들을 여자들과 아기들을 중독시킨 중죄인으로 몰아 칼과 족쇄를 씌워 나의 "오늘의 변덕"에 따라 아예 추방해버릴 수도 있지! 어느 경우가 되었든, 이제는 더 그들의 충성심을 의심할 일은 없겠군." 그다음 임금님은 큰 소리로 말씀하신다. "이 독성물질들은 끔찍스럽구나." 그리고 호위병에게 말한다. "여봐라, 화학자들을 들라 하라!" 조금 있다가 화학자들이 얼굴이 벌겋게 되어 숨을 헐떡거리며 나타난다. 임금님은 화난 어조로 왕실 과학자에게 사연을 설명하라고 한다. 과학자는 명을 따른다. 그랬더니 우두머리 화학자가 말한다. "분부대로 하겠나이다 전하. 하지만 인구가 늘어나고 있사온데 이들을 먹이기 위해 농업 생산량을 늘리려면 살충제가 있어야 하지 않사옵니까?" 이제 임금님은 화학자들에 대한 의심이 풀렸으므로, 확실히 관심이 떨어져 지루해하고 있었다. 그래서 자신의 과학자에게 말한다. "인구가 적더라도 신체 건강한 백성이 있는 것과 인구가 많더라도 병든 백성이 있는 것 중 무엇이 나은가… 더 이상 말하지 말라. 내가 이미 명한 바가 답이니라. 그 독극물들은 이에 금지하는 바이다. 자, 이제 점심상이나 들이도록 하라."

발암물질 살충제 금지라는 비교적 특수한 문제조차도 이렇게 과도한 전문화의 바윗돌에 떨어지면 서로 전혀 소통조차 되지 않는 잘디잔 전문 영역으로 산산조각 나버린다. 그렇다면 모든 수준에서 규모를 적절히 조절한다는 훨씬 더 일반적인 문제는 어떻게 될까? 이 문제는 무수히 많은 전문가들과 전문 영역들과 닿아 있지만, 그중 어느 것으로도 특정할 수가 없는 문제이다. (몇 개만 언급하자면) 정치학, 경제학, 사회학, 심리학, 정신 상담, 역사, 철학의 사이에는 아무도 건드리지 않는 광활한 황야가 펼쳐져 있고, 우리의 가엾은 영웅 레오폴트 코르가 바로 이 황야를 헤매는 작업을 떠맡았던 것이다. 비록 그의 책은 그 침울한 메시지에도 불구하고 아주 재미있지만, 그의 운명은 슬픈 것이 될 수밖에 없었다. 그는 아무 제약과 통제도 없는 경제 성장이라는 암을 막고자 노력했지만, 이미 그 암은 전 세계로 퍼져 지구 자체를 집어삼킨 상태이기 때문이다. 하지만 코르의 노력 덕분에 우리가 깨닫게 된 것도 있다. 비록 지구 전체가 그러한 성장이라는 암에 걸려 있는 상태이지만, 우리들 모두가 다 그 병에 걸린 것은 아니라는 점이다. 코르는 이렇게 성장이라는 암이 지구를 집어삼키게 된 원인은 지구의 통일을 달성하고자 하는 맹목적인 야심으로 추동되는 지구적 정치라는 저거노트* 때문이라고 보며, 우리 한 사람 한 사람에게 손가락질을 하지는 않는다. 그렇다면 우리의 임무는 이 죽음으로 달려가는 기차에서 다리가 부러지는 일 없이 몸 성히 뛰어내리는 것이리라.

이 지구적 저거노트를 추동하는 힘은 바로 권력에 대한 욕망이다. 그런데 권력에 굶주린 그들이 하나 보지 못하는 사실이 있다. 규모의 확대가 일정한 지점을 넘어서면 그들의 권력을 강화시키기는커녕 잠식하기 시작한다는 사실이다. 한나 아렌트는 1958년의 글에서 권력을 정의하면서, 이는 단순한 인간의 행동 능력이 아니라 여러 사람의 일치된 행동의 능력을 말하는 것이라고 했다. 즉 권력이 행사되는 규모가 커지게 되면 권력도 증폭되는 것이다. 따라서 정치가들은 어디에서나 자신들의 권력을 늘리기 위해 기를 쓰는 가운데 정치적 단위의 크기를 더욱더 크게 만들려고 애쓴다 (하지만 지구적 통일만은 피한다. 항상 적이 존재해야 하기 때문이다. 우리가 잘 모르는 그래서 우리 자신의 못난 성질들을 다 투사하여 뒤집어씌울 수 있는 타자를 정의할 수 있는 능력이야말로 정치적으로 반드시 필요한 요소이다). 상업적 독점체들의 경우에는 과도한 규모의 문제라는 게 있다는 것이 널리 인정되고 있으며 최소한 원리상으로는 이를 방지하기 위한 제도들도 존재하지만, 통일된 정부라는 정치적 독점체는 어디에서나 완벽하게 이로운 것으로 여겨지고 있다. 그런데 과연 그러한가? 상업적 독점이 물질적 생산을 제약하는 것과 마찬가지로 정치적 독점은 지적인 생산을 제약하며, 상업적 독점체들이 무차별하게 획일화된 조잡한 제품들을 내놓는 경향이 있는 것처럼 정치적 독점체들 또한

---

*   저거노트juggernaut는 인도의 시바신에게 제사를 지낼 때 희생자를 치어 죽이는 데 쓰는 엄청난 크기와 무게를 가진 수레라고 한다. 맹목적이고 통제불능의 무서운 힘을 나타내는 상징으로 쓰인다. 하지만 이는 영국인들의 와전일 뿐 실제로 존재한 것은 아니었다고 한다.

무차별하고 획일화된 조잡한 정책들과 법률들을 내놓는다.

더 나쁜 것이 있다. 대규모 정치적 통일체들은 본질적으로 위험하다. 작은 나라들은 작은 무기를 가지고 작은 전쟁을 할 능력밖에 없다. 세계 대전을 일으킬 능력은 거대한 제국들에만 있으며, 온 지구를 날려버릴 능력도 지구적 초강대국들에게만 있다. 대부분의 전쟁은 그 목적이 정치적 통일을 확립하거나 유지하는 것이며, 그 정치적 통일의 크기가 커질수록 그 갈등의 규모도 더 커진다. 두 번의 세계 대전은 모두 당시의 유럽 각국의 군대가 과도한 규모였기에 가능한 일이었다. 인간의 역사 어느 시절을 보아도 전쟁은 불가피한 일이며 아주 규칙적으로 벌어진다. 만약 그럴 수밖에 없다면, 큰 전쟁보다는 작은 전쟁이 나으며, 전쟁의 규모가 작아지도록 보장하는 최상의 장치는 그 싸우는 국가들을 비교적 힘이 약하게 두는 것이다. 또한 인간 역사 어느 시절을 보아도 모든 정치체들은 아주 규칙적으로 결국 붕괴하고 말았다. 그렇다면 거대한 국가 하나가 붕괴하는 것보다는 작은 규모의 붕괴가 여러 번 벌어지는 것이 낫다. 코르는 통제 없는 정치적 통일의 프로그램에 대해 "자발적 붕괴의 해법"이라고 부르고 있다.

코르도 정치적 통일이 만약 일시적이고 자연 재해나 외부의 위협에 대처하는 등의 특정한 목적에 한정된다면 쓸모가 있다고 인정한다. 공동의 명분을 위해 기꺼이 목숨까지 내놓겠다는 생각이 광범위하게 나타날 정도의 정치적 통일은 오로지 외부의 위협에 직면했을 때에만 자생적으로 나타나는 것이다. 하지만 이를 강제하는 것도 가능한 일이며, 만약 국가 권력이 억압적인 경향이 있다면, 국가들끼리 협동하여 만들어낸 조직들은 훨씬 더 그렇게 되는 경향이 있다. 크고 강력한 국가는 본질적으로 호전적이며, 내적으로나 외적으로나 기회가 있을 때마다 스스로의 권력을 강화하기 위해서 노력한다. 이러한 노력의 결과로 군중 사회라는 몰인격적 시스템이 창출된다. 이는 군국주의, 공산주의, 코포라티즘 등의 형태를 띠며, 작은 집단과 개인들을 똑같이 억압한다. 엄청난 규모의 권력을 정밀하게 행사할 수 있는 능력은 인간을 심하게 비인간화한다. "야만의 가장 악마적인 발명품들을 만들어낸 것은 무지렁이들이 아니라 가장 많은 교육을 받은 두뇌들이었다"고 코르는 말한다. 거대한 국가는 이렇게 공공연하게 야수성을 드러낼 뿐만 아니라, 한마디로 악한 존재이다. 약한 국가들은 무례함, 허위, 불평등, 위선 등의 사회적 악덕을 쫓아낼 능력이 훨씬 뛰어나다. 이들의 규모는 그 사회적 단위의 크기에 비례하도록 한정되기 때문이다.

코르에 따르면, 작은 국가들 쪽이 훨씬 권장할 만한 이유가 많다. 특히 작은 국가끼리 느슨하지만 비교적 평화적인 연방체를 결성하며 그중 어떤 것도 다른 나라들을 지배할 만큼 크지 않다면 이상적이라고 말하고 있다 (유럽 연합에서 독일의 과도한 영향력을 생각해보라). 그는 주권자 집단의 크기가 작아질수록 각 개인에게 돌아가는 주권의 몫은 더 커진다고 지적한다. 아이슬란드인 한 사람이 갖고 있는 국가 주권의 몫은 중국인 한 사람의 4천 배이니, 각자 소유한 주권의 몫으로 보자면 전자는 거인이요 후자는 난쟁이인 셈이다. 이러한 난쟁이 주권자들은 단순한 통계적·탈인격적인 평균의 인간이며, 집단주의의 신이 체현된 존재에 불과하다. 그리고 이러한 몰인격적인 집단주의는 코르에 따르면 실로 비열하고 야비한 성격을 띤다. 그에 따르면, 정신적 고결함이란 결코 모종의 추상적·형식적인 방식으로 "자기 일을 하는 것"이 아니라 한 사람 한 사람과 적극적으로 관계를 맺는 것을 뜻하며, 지배자가 신민 중 한 사람과 직접 대화를 하는 일이 더 이상 가능하지 않다면 이미 민주주의는 사라졌음을 뜻하는 것이라고 한다. 당신이 민주주의 국가에 살고 있는지를 시험하기 위해서는 나가서 대통령을 만나겠다고 요구해보라. 그랬더니 만약 비밀경찰이 감시하고 취조한다면 혹은 아예 감옥이나 정신병원에 감금당한다면, 당신의 나라가 민주주의 국가일 확률은 거의 없다고 보아야 한다.

코르의 저작은 과도한 규모가 모든 수준을 지배하게 되었을 때 어떤 심각한 결과들이 나타날지를 보여주는 하나의 경고로 읽을 수 있지만, 또한 미래를 위한 희망의 메시지로도 볼 수 있다. 산업 시대가 저물면서 거대한 괴물 같은 정치체들의 유지 보수에 필요한 것들은 점점 충족시키기가 불가능해지고 있다. 이러한 정치체들은 쇠퇴하고 붕괴하면서 훨씬 더 작은 규모의 좀 더 지역적 단위로 퇴화하고 있으며, 이로 인해 개인에게 합리적인 몫의 주권을 배분할 정도로 충분히 작은 국가들이 지금 세계적으로 다시 태어나고 있다. 그런 나라들 중 일부는 심지어 진정한 직접 민주주의를 열망하고 있으며 스스로를 새롭게 할 방법들을 찾아내고 있다. 반면 더 큰 국가들은 실패를 연발하며 붕괴의 때만 기다리고 있다. 코르는 이러한 희망적인 비전을 전달하기 위해 앙드레 지드의 매력적인 글을 인용한다. "나는 작은 숫자의 미덕을 신봉하며, 이 세계를 구원하는 것은 소수일 것이다."

죽은 국가의 확산

—

국민국가의 승리를 가능케 했던 것은 장인 소생산에 대해 산업 생산이 승리를 거두었던 것이었고, 이는 특히 무기 산업에서 중요한 일이었다. 산업화를 거치면서 더 큰 나라들은 방대한 양의 군수 물자를 생산할 능력을 가지게 되었고, 온 인구를 단결시켜 전장의 군사력으로 동원하기 위해 단일의 언어와 교육 시스템을 강제함으로써 그들을 동질화·표준화하게 되었다. 이러한 변화는 아주 근본적인 것이었다. 프랑스 혁명 당시에는 프랑스 인구 중에서 프랑스어를 쓰는 비율이 10~12퍼센트에 불과했다고 볼 수 있으며, 이탈리아에서 이탈리아어를 말할 수 있는 사람의 비율은 그보다 더 적었다. 그런데 이러한 변화를 거치면서 한 줌의 유럽 국민국가들이 온 지구를 지배할 수 있게 되었고, 마침내 두 번의 세계 대전이라는 연이은 발작까지 겪게 되었다. 2차 대전 후 이 유럽 제국들은 식민지에서 물러나면서도 이 지구에다가 칼질을 하여 여러 땅조각들을 떼어냈고 그 조각 하나하나를 모두 국민국가로 만들기 위해 온갖 노력을 다했다. 이렇게 이질적인 민족 및 민속 집단들을 원자재로 삼아 국민을 만들어낸다는 실험은 무수히 실패하였고 그중 유명한 사례도 많다. 투치족과 후투족이 싸우는 르완다, 수니파와 시아파와 쿠르드족이 싸우는 이라크, 북부의 무슬림과 남부의 기독교인으로 찢어진 수단, 항시적인 재난 지역이 되어버린 콩고, 그 밖에도 이보다 잘 알려지지 않은 무수한 예들이 있다. 하지만 이렇게 국민적 통일이라는 게 바람직하고 가능한 것인지의 논거가 대단히 빈약하지만, 지구상의 모든 땅 조각은 어떤 국민국가에 귀속되어야 한다는 것은 필수적인 사항이다.

아브카지아 공화국Republic of Abkhazia의 예를 들어보자. 이는 흑해 연안의 작은 나라로서, 소련이 붕괴한 후 민족주의의 광란 속에서 새롭게 태어난 (옛날의 소비에트) 조지아Georgia에 맞서서 독립 전쟁을 치르고 승리를 얻어냈다. 하지만 그러고 나서도 아브카지아는 10년 이상을 정치적으로 애매한 상태에 놓여 있었다. 세계가 대체로 아브카지아의 분리 독립의 꿈을 마땅치 않게 여겼기 때문이었다. 그래서 그 주민들은 국민투표를 통해 독립을 결의했음에도 불구하고, 여행을 위해서는 러시아 여권을 취득할 수밖에 없었다. 그들은 조지아와는 완전히 단절하기를 원했지만 완전한 독립을 얻는 것은 꿈에 불과하다는 것을 깨달아갔다. 2008년 8월 마침내 조지아인들은 냉정을 잃고 남오세티아South Ossetia(러시아 시민권자들로 가득 찬 또 하나의 애매한 영토)를 공격하였다. 이에 대해 러시아는 가혹한 처벌을 가했고, 두 영토 모두를 사실상 병합해버리고 말았다. 한때 국제적인 여론은 아브카지아가 조지아의 일부가 되기를 거부하는 것에 열광적인 지지를 보냈지만, 러시아의 병합 이후로 그러한 흐름은 사라져버렸다. 세계가 아브카지아의 독립을 인정하기를 거부했던 것은 조지아와는 아무 상관도 없으며, 오로지 독립이라는 것 자체에 대한 문제였던 것이다. 그런데 이제 아브카지아를 어떤 국민국가가 자기 영토라고 주장하고 나섰으니 모두 잘된 일이며 이 문제는 해결된 것으로 간주할 수 있게 된 것이다. 그리고 여기서 우리가 말하는 "세계"란 UN, OECD, 그 밖의 다양한 국제 기구들이거니와 그 성원들은 모두 … 국민국가들인 것이다! 국민국가의 하나로서 인정을 받은 나라들은 그 나름의 특권들을 누리게 되며, 그 특권의 하나는 회원이 아닌 집단들의 머리통을 짓밟는 것이다.

이렇게 지구상의 모든 땅뙈기는 특정한 국민국가에 반드시 귀속되어 있어야 한다는 압력이 존재하는 것이다. 그 국민국가가 약한 국가이든 죽은 국가이든 아니면 순전히 정치적 지도 위에만 존재하는 관념상의 유물이든 그건 중요하지 않다. 국민국가라는 타일 조각이 다닥다닥 빈틈없이 붙어 있는 이 정치적 지도 위에서 어떤 타일 조각에도 붙어 있지 않은 땅뙈기가 있다면, 이론상 그것 자체가 하나의 별개의 국민국가가 될 수도 있다. 하지만 그러려면 그 땅뙈기는 국제적 인정을 받고 또다른 타일 조각들과 국가 간의 법적 조약 등을 맺기 위해서 단일의 국민국가 정부를 조직해야만 한다. 옛날 식민지 지역이었던 나라들이 모두지속가능한 국민국가를 형성하는 데 성공하지는 못했다는 증거가 이제는 차고 넘친다. 지구상에는 지금 내부 갈등에 무너져버린 죽은 국가 혹은 반쯤 죽은 국가들이 여기저기 널려 있다. 실제로 땅에 살고 있는 여러 민족과 민속 집단들을 예전에 유럽 제국들의 정복과 각종 조약에 따라 생겨난 국경선으로 멋대로 이리저리 찢어놓았으니 여기에서 무슨 결실이 생겨날 수가 없는 것이다.

이렇게 사산되어버린 국민국가들의 여러 문제를 통치 구조의 문제로 이해하고자 하는 이들도 많다. 모두가 만족할 수 있는 정치적 제도및 장치들을 (당연히 민주적인 방식으로) 마련할 수만 있다면 문제가 해결될 것이라는 것이다. 이러한 접근법이 완전히 무시하고 있는 사실이있다. 이 세계에는 까마득한 옛날부터 인접하여 살아왔지만 서로 마주치는 것을 극력 피해온 부족들로 가득하다는 것이다. 아마도 이들은 장이 서는 날이면 교역을 하기 위해서 마치 물가에서 물 마시러 온 동물들이 일시적인 휴전 상태를 맺는 것처럼 특정한 방식에 한해서만 관계를맺을 것이다. 이러한 부족들은 각자의 문화적·언어적·사회적 독립을유지하면서 자기 이웃 부족들을 모욕할 수만 있다면 (물론 직접 면전에대고 그러지는 않겠지만) 아무 불만 없이 살아간다. 그런데 이게 충족이안 되면? 이들은 본래의 분리 상태를 회복할 때까지 신나게 이웃 부족과 전쟁을 벌인다. 인접한 여러 부족들에게 단실의 정부에 복종하라고강요하는 것은 그들보고 서로 싸우라고 등을 떠미는 것과 동일하다.문제는 정부가 없어서 그런 것이 아니라, 중앙 정부와 정치적 통일이 필수적이라는 사고방식이 문제이다.

　재난을 부르기 위한 처방전을 써보자. 인근 부족들을 공공연히 증오하면서 이를 자랑스럽게 여기는 부족들, 그래서 자신들의 독자적 정체성과 생활 방식을 유지할 수 있는 능력을 무엇보다 소중히 여기는 부족들을 한 묶음 취한다. 그리고 이들 부족을 옛날 제국주의 정복 시대에 생겨난 국경선에 따라서 별개의 영토로 찢어놓는다. 특히 그 부족들의 계절적 이주 경로와 교역 경로를 이 새로운 국경선들이 가급적 여러 번 가로지르도록 세심히 국경선을 그어 이들의 고통을 불필요하게 증대시킨다. 그리고 저예산 디자인 회사에 하청을 주어 깃발, 국가, 그 밖의 다른 몇 가지 국가 상징물들을 만들어낸다. 인터넷에서 표준 헌법의 견본을 하나 다운받아서 한 나절 정도 대충 수정을 거쳐서 국가 헌법으로 삼는다. 이때 선택의 여지가 있다. 민주주의인 척 또 헌법을 준수하는 척하는 국민 정부를 조직할 것인가 아니면 헌법은 조용히 유리 상자 안에 모셔두고 독재자를 한 사람 고를 것인가? 물론 둘 다 나쁜 선택이지만, 각각 그 방식이 다르다.

　독재정은 극악한 상황에 처해 있을 때 유효한 정부 형태이다. 로마 공화정 시절에는 원로원에서 집정관consul을 두 명 선출하여 독재적 권력을 두 경쟁자에게 나누는 더 나은 관행도 있었지만, 아주 심각한 위기에 닥치게 되면 독재관을 선출하곤 했다. 이보다 가까운 예는 신생의 약한 국민국가가 이미 확고하게 자리 잡은 국민국가들―그중에는 강대국들도 많았다―틈바구니에서 자리를 잡아야 하는 상황으로 이는 실로 엄청난 수준의 위기 상황이라고밖에 할 수 없었다. 이때에는 독재자를 한 명 뽑는 것이 현명한 선택일 수 있었다. 하지만 문제는 그러한 위기가 일단 끝난 다음에 그 독재자를 물러서게 할 기회가 생길 리 없다는 것이다. 아마도 독재자를 두는 방법에서 가장 큰 문제는, 독재자들이 서방의 앞잡이가 되어버리든가 아니면 서방에 의해 축출되든가로 끝난다는 점일 것이다.

도저히 국민국가가 성립될 것 같지 않은 상황에서 독재자가 나타나 국가 통일에 성공한 예들이 있다. 권위주의적이었던 요시프 브로즈 티토Josip Broz Tito는 유고슬라비아라는 나라를 하나로 묶어서 살기 괜찮은 나라로 만들었던 바 있다. 이 나라의 통일에는 티토라는 존재가 결정적이었기에 일단 그가 죽고 나자 유고슬라비아는 인종청소, 종족학살, 내란의 늪으로 빠져들고 말았다. 사담 후세인은 오스만 제국이 무너진 부스러기 잔해더미들을 모아내어 융성하는 나라 이라크를 만들어냈고, 높은 교육을 받고 번영하는 중산층도 육성하였다. 그가 축출되자 이 나라는 (아직 나라라고 할 수 있을지 모르겠지만) 내란 상태로 빠져들었고, 빈곤과 비참과 항시적인 불안 상태에 시달리는 유령 같은 존재가 되고 말았다. 무아마르 카다피Muammar Qaddafi도 리비아에서 비슷하게 혜성같이 나타나 성공을 거두었고 일정 기간 동안은 아프리카 전반에 걸쳐 정직한 중개인이자 평화와 화해를 주도하는 이로 여겨졌다. 그는 아프리카의 목을 조르는 프랑스 텔레콤의 횡포를 저지하기 위해 통신 위성을 발사하기도 했다. 하지만 이제 그는 축출되었고, 리비아는 전쟁 지역이 되어 심지어 미국의 대사관조차 안전을 보장할 수 없는 위험한 장소가 되었다. 하페즈 알아사드(현재 시리아의 독재자인 바샤르의 아버지)는 30여 년 동안 시리아를 하나의 나라로 유지하였지만, 지금 시리아는 내란 상태가 이어지고 있다.

물론 독재정은 아무리 좋은 경우라고 해도 큰 문제를 안고 있다. 그러나 새로 생겨난 국민국가가 민주주의를 시도해보기로 결정을 해도 이 또한 여러 문제에 부닥치게 되어 있다. 우선 민주주의란 즉석에서 바로 만들어낼 수 있는 전통이 아니며, 산업 기계류마냥 들여와서 설치할 수 있는 것도 아니다. 이는 현장에서 오랜 시간 동안 진화하여 생겨나는 산물이다. 최상의 가장 오래된 또 가장 안정된 민주주의 국가들은 부족적 삶에 뿌리를 두고 있으며, 지역 수준에서의 직접 민주주의에 의존하고 있다. 대의제 민주주의는 무수히 많은 부패와 남용이 벌어질 수밖에 없는 타락한 경우라서 아예 민주주의라는 프로젝트 자체를 무효로 만들 만큼 썩어버리기 십상이다. 대의제 민주주의에서의 선거 과정에는 전국적 정당을 형성하는 과정이 포함되거니와, 이 정당들은 지배 계급의 돈에 의존하는 경향이 있으며, 그 과정에서 지역의 이익을 보호하고자 하는 이들은 사실상 참정권을 배제당하게 된다. 다른 한편, 이 선출된 대표들이 특정 지역을 대표할 경우에는 투표 때마다 폭력적인 대결이 벌어질 가능성이 높다. 비 국가 행위자들이 지배하고 있어서 이미 힘이 약해질 대로 약해진 국가에 이렇게 콩가루 같은 정치적 대의제를 도입하는 것은 정치적 폭력을 불러오는 확실한 처방전이라고 할 것이다. 여기에 또 다음과 같은 사실을 더해보라. 인구가 이질적으로 구성된 상황에서 인구 비례에 따른 대의제를 도입하게 되면 더 강력하고 숫자가 많은 집단이 항상 숫자가 적은 소수 집단에 대해 우위를 점하게 되기 마련이다. 따라서 후자는 이러한 제도를 순순히 받아들일 리가 없으며 무언가 난동을 피울 기회만 엿보게 된다.

둘째, 민주주의 국가 특히 신생 민주주의 국가는 부패에 아주 쉽게 무너지며, 특히 외국에서 들어온 돈으로 부패가 창궐할 때가 많다. 미국, EU, 일본 그리고 최근에는 중국까지 대외 원조를 내놓고 있지만, 그 돈의 많은 액수는 피통치자들을 해치면서까지도 약한 정부를 지탱하는 데 쓰이고 있다. 인구 전체는 참정권도 없이 빈곤 속을 헤매고 있는데, 그 머리 위에 군림하는 정부는 온갖 장신구를 달고 긴 옷을 질질 끌면서 리무진을 타고 다니는 공직자들이 다스리면서 외국에서 훈련되고 외국 무기로 무장한 군대를 지휘하고 있는 나라가 무수히 많다. 이런 공직자들은 서방에서 들여온 차관을 받자마자 재빨리 그 돈을 역외에 둔 개인 은행 계좌에 대부분 입금해버리며, 그 원리금을 갚는 불가능한 임무는 나라에 떠넘겨버리는 것을 오랫동안 관행으로 삼아왔다. 기업 사냥꾼들이 공기업들에 대해 차입 매수leveraged buyout를 행할 때 쓰는 관행은 그 회사를 매입한 후 돈 될 만한 것을 다 팔아버려 껍데기를 만들어버리고 자기들이 그 회사를 매수하는 데 들여온 차입은 회사에다 떠넘겨버리고서 손을 털고 나가는 것이다. 이와 똑같은 패턴의 착취를 국가에 대해서 행하는 것이 가능하며, 특히 민주주의 국가일 때에는 더욱 그러하다. 민주주의에서는 사적 소유가 정치 권력으로 전환되는 과정이 가능하다고 해도 과언이 아니다. 권위주의 체제라면 그럴 수 없는 일이다. 이런 곳에서 어떤 개인이나 기업이 자신들의 사적 소유를 사용하여 체제의 정치 권력을 잠식하려고 든다면, 그 사적 소유 자체가 몰수당할 (국유화될) 것이다. 미하일 호도르코프스키Michael Khodorkovsky라는 이름의 아주 점잖은 친구가 있었다. 그는 러시아 최대의 석유 회사를 운영했지만 지금은 러시아의 죄수 유형지에서 풀려날 날만 기다리고 있다. 그가 그 꼴이 된 이유는, 우리가 방금 이야기한 권위주의 체제의 특수한 측면을 이해하지 못했기 때문이다. 그는 천진난만하게도 자신의 기업이 거느린 부로 저절로 정치적 영향력을 갖게 될 것이라고 생각했던 것이다.

비록 권위주의 혹은 독재 체제로 운영되는 미약한 국민국가가 가식적인 민주주의를 표방하는 나라보다는 다른 강력한 국민국가들의 신식민주의적 강탈 행위에 더 잘 대응할 수 있지만, 어느 쪽도 궁극적으로는 만족스러운 선택이 될 수 없다. 이에 국가 간 법적 관계의 영역을 완전히 떠나서 작은 지역들이 스스로를 돌보는 지역적 자치의 통치 구조라는 해법이 자생적으로 생겨나는 경향이 있다. 만약 어떤 지역이 비공식적인 자치 시스템을 가지고 있으며, 대표들의 선출을 거부하며, 다른 나라들과 조약을 맺는 것도 또 그 어떤 외부적 통제나 소유권도 거부하면서 확실한 무력을 보여준다면, 이 지역은 실질적으로 국제법 이론가들의 용어로 "비 통치 공간ungoverned space"이 된다. 이러한 공간이라고 해서 꼭 무법천지이거나 위험한 곳은 아니지만, 현지인에게 손해를 끼치면서 자기들 이익을 추구하려는 외부 세력에게는 확실하게 위험한 곳이라고 할 수 있다.

어제의 국민국가들이 하나둘씩 약한 국가의 단계를 지나 죽은 국가로 넘어가고 있으며, 그 결과 붕괴하여 지속적인 무질서 상태나 끝없는 내란 상태가 벌어질 수도 있지만, 그러한 붕괴의 결과로 지역적 자율과 자치가 나타나면서 국경선도 이동이 자유로운 상태로 가는 일도 가능하다. 그렇게 되면 주민들 또한 정착 문명으로 어쩔 수 없이 한 자리에 붙어서 삶을 영위해야 하는 식물과 같은 상태를 벗어나서 유목민처럼 떠돌던 본연의 상태로 되돌아갈 수 있게 된다. 식물과 동물의 차이는 분명한 것이다. 식물은 움직이지 못하며, 동물은 움직인다. (그리고 동물 중에서 국경선을 넘을 때에 여권이나 비자를 요구하는 동물 종은 하나뿐이다.) 인류가 지구상의 대부분 지역에 살게 된 것은 한 자리에 머물러 사는 삶을 거부했기 때문이다. 또한 자연적·물리적·사회적 환경이 고갈되어버리고 혼란에 빠지며 급격하게 변화하는 삶에 적응하고자 한다면 마찬가지로 한 자리에 머물러 사는 삶을 벗어나야만 한다.

정부 서비스가 사라진다

—

우리가 태어나서 기저귀를 차고 젖을 떼는 시절부터 은퇴하여 죽음에 이르러 화장/매장되는 순간까지, 우리에게는 다양한 일이 행해진다. 우선 병원에서 분만되어 진료소에서 예방 접종을 받으며, 교육을 받으며, 국내외의 적들로부터 보호를 받으며 (혹은 보호를 받는다고 느끼도록 되며), 일자리를 구해 일을 하고, 소비하고, 휴식을 취한다. 이러한 것들이 국민국가 안에서의 삶을 규정하는 것들이며, 또 국민국가는 이 지구 전체의 삶을 규정한다. 여행을 하게 되면 한 나라에서 다른 나라로 국경선을 넘을 때 정부가 발급한 여권과 비자를 제시해야만 한다. 대단한 모험가라면 미국 국무부에서 여행 금지국으로 지정한 국민국가 중 한 지역으로 여행을 떠날 수도 있다. 이 글을 쓰는 시점에서 볼 때 두 달 전에는 5개국이 그리고 지난 달에는 1개국이 더 목록에 추가되었다. 수단, 리비아, 아프가니스탄, 시리아, 콩고, 말리… 명심해야 할 것은, 이들이 여전히 국민국가라는 것이다. 그저 더 이상 정부가 영토 안을 그리고 밤 시간을 통제하는 나라가 아닐뿐. 그래도 이들은 여전히 국민국가이며, 대외 원조로 들어오는 몇백만 달러가 있어서 이것으로 서방 세계가 입맛대로 세워놓은 지배자와 그 정부를 무장시키는 데는 충분하다. 그러니 걱정할 것 없다. UN 회원국 193개 중 2012년 현재 이 목록에 오른 나라는 33개밖에 되지 않으니, 이는 전체 회원국 중 17퍼센트에 불과하다. 그러니 아무것도 걱정할 것 없다!

당신이 만약 모험심이 많아서 이런 나라들 중 하나를 방문한다고 하면, 일단 공항에서 정부 청사로 또 호텔로 오가는 길은 비교적 안전하고 편안하다는 것을 알게 될 것이다. 그런데 도시 바깥으로 혼자 나가서 보디가드도 없이 못사는 동네를 마구 돌아다니는 것은 아주 모험스러운 일이며, 특히 밤에는 아주 위험하다. 정부의 권력이 줄어들어도 중앙에서 통제할 수 있는 핵심 지역은 남아 있지만 그 경계선은 점차 후퇴하게 되며, 당신은 그 경계선이 어디인지를 확인하고 거기에서 너무 멀리 벗어나지 않도록 해야 한다. 또 다른 중요한 문제는, 밤의 세계를 통제하는 것이 누구인가이다. 해가 지고 나면 정부의 안전 요원들은 집으로 가서 아내 혹은 애인과 잠자리에 들며, 그러면 전혀 다른 파견대가 어둠에서 스멀스멀 기어나와 세상을 장악해버린다. 정부 안전 요원들도 이를 잘 알고 있지만, 해가 지면 숨어버리는 이유가 있다. 이 어둠의 세력과 전투를 벌이는 짓은 자기들이 받는 쥐꼬리만 한 월급으로 할 성격의 일이 아니기 때문이다. 게다가 이들은 은밀하게 그 어둠의 세력과 모종의 협정을 맺을 때도 꽤 많다. 이들은 합리적인 이들이며, 사회적 조화를 유지하기 위해 만들어진 통일 국가라는 허구 따위는 얼마든지 야금야금 내다버릴 의사가 있기 때문이다.

레오폴트 코르는 이렇게 국가 통일과 사회의 조화가 모순을 일으키고 갈라지는 현상을 시적으로 표현한 바 있다. 즉 국가 통일은 하나의 단일 깃발, 단일 국가, 단일 헌법이자 "억압되고, 배제되고, 무시된 모든 이들이 한목소리로 내는 비통의 비명 소리"로 정의된다고 말이다. 이러한 갈등이 전쟁으로까지 이르지 않는다면 (대부분의 전쟁은 국가 통일을 수립하거나 보존하기 위해 치러진다) 당분간은 사회적 조화가 나타날 것이다. 낮 시간 동안 중심부에서는 국가 통일의 허구가 유지될 것이며, 권력자로 여겨지는 이들은 비록 금은 갔어도 여전히 웅장한 정치적 위세를 과시할 것이다. 하지만 그 모든 억압되고, 배제되고, 무시된 것들은 밤 시간과 주변부를 맘껏 지배하게 된다. 권력을 멀리까지 뻗치기 위한 비용은 밑 빠진 독이므로, 제국이 무너질 때에는 주변부에서부터 시작되는 것이다. 그러다가 정부의 군대가 수도로 후퇴할 뿐만 아니라 낮시간에도 숨기 시작하며 단단히 무장한 호송대에 둘러싸여 다니기 시작하면, 비로소 혁명적 상황이라고 인정된다.

번영하는 안정된 국민국가는 국경선 내의 영토를 모두 부와 안보의 영역으로 지켜낸다. 하지만 국민국가들이 쇠퇴함에 따라 정치적 · 경제적으로 배제된 지역들이 섬처럼 생겨나게 되며, 시간이 지나면 이러한 지역들의 크기가 팽창한다. 미국에서는 플린트, 미시간, 캠던, 뉴저지, 폴리버, 매사추세츠 등 실업률이 아주 높고 정부 서비스란 찾아보기가 힘든, 죽은 혹은 거의 죽은 도시들이 많이 생겨나고 있다. 개발도상국에서는 처음 중앙 정부가 수립되고 그 권력을 영토 전역으로 확장하면서 부와 안전이 보장되는 지역들이 섬처럼 생겨나며 시간이 지나면서 이 지역들이 팽창해나가는 과정을 밟는다. 이제 개발이 끝난 세계에서도 똑같은 패턴이 나타난다. 예전의 선진국 나라들에서는 배제된 지역들이 섬처럼 나타나 팽창하면서 서로 합쳐지고, 마침내 부와 안보가 보장되는 지역은 몇 남지 않아 섬처럼 고립되어버린다. 예전의 개발도상국 지역에서는 부와 안보가 보장되는 섬들이 줄어들다 못해 마침내 정부 청사 건물들만 남게 되며, 여기에서 예전의 지배 계급의 잔당들은 방벽 뒤에 숨어 벌벌 떨면서 자기들을 빼내줄 구조 헬기만 기다리는 지경에 이른다.

선진국에 사는 이들은 자신들의 지역에는 문제가 없을 것이라고 생각하고 싶어 하지만, 이제 더 이상 그렇지 않다. 사태는 그들 집 대문을 넘어서 그들이 편안하게 소파에 앉아 맥주를 마시고 있는 거실로까지 들어와 있다. 경제 침체로 인해 예전의 선진국들 상황도 악화되고 있으며 고령화를 비롯한 수많은 다른 문제들도 안고 있지만, 이 지역에 살고 있는 사람들은 상황이 이미 얼마나 심각하게 악화되었는지를 아주 늦게 깨달을 때가 많다. 이들은 조금 있으면 경기가 좋아지려니 하며 기다리고 있지만, 예전의 개발도상국들로부터 이민자 및 이주 노동자의 물결이 홍수처럼 밀려들고 있다. 이 개발도상국들 또한 과잉 인구, 토양 침식, 급속한 기후 변화로 인한 경제 혼란 등 나름대로 무수한 문제들에 시달리고 있는 판이다. 이렇게 국경을 넘어 들어온 이민자들은 사무실 화장실 청소에서 식당 설거지까지 할 수 있는 일이라면 무엇이든 하려고 한다. 그리하여 아주 불편하고 난감한 상황이 벌어진다. 이민자들을 불러들인 나라는 이제 노동자들을 수입하지 않으면 굴러갈 수 없다는 것을 알게 되며, 그 결과 외국인들로부터 특히 그들이 이민 와서 낳은 아이들로부터 사회 수당을 도로 빼앗아갈 수 없다는 것을 알게 된다. 그래서 이들은 정말 마음에 내켜하지 않으면서도 새 이주민들을 자기들 국민국가로 통합시키려 노력하지 않을 수 없게 된다. 한편 난민들과 이민자들은 자기들의 끝없는 이동성을 떳떳이 내세워서 무기로 삼는다. 이들은 일자리라는 게 언제든 다른 곳으로 이동할 수 있으며, 그렇게 되면 자기들 또한 일자리를 따라 이동해야 한다는 것을 너무나 잘 알고 있다. 따라서 이들은 내면적으로 모종의 자기 배제라는 수사학을 구사하게 된다. 그런데 이러한 가치 시스템이 이들의 마음속에 자리 잡게 되면 지역 사회든 국가든 모두 침식당하게 된다. 이건 어느 모로 보나 승자가 없는 상황이다. 자리를 내어주는 쪽은 정말 마지못해서 심지어 화를 내가면서 그렇게 하고 있으며, 여기 들어오는 쪽은 이를 임시변통의 때우기라고 여기며 무관심과 냉담함으로 대하고 있으니까.

아직 파국이 찾아온 것은 아니지만, 이러한 경향은 이미 틀림없이 존재하고 있다. 서구의 자유주의적 제국주의는 처음에는 전 지구상에 영방 국가와 주권 국가의 개념을 강제하였고, 전 지구의 땅을 조각칼로 파내어 색칠한 타일 조각으로 이루어진 정치적 지도로 바꾸어버렸다. 그리고 그 타일 조각 하나하나마다 국기, 국가, 헌법은 물론 국가 통일에 대한 물신 숭배와 모든 배제된 자들의 고통의 비명 소리로 가득 차 있다. 그런데 서구의 제국주의 국가들은 이런 길을 계속 달려나가다가 모든 것을 다 무너뜨리고 말았다. 애초 주권 국가에 주어졌던 여러 가지 특권 가운데 오늘날 남아 있는 것은 오직 국기에 대한 경례와 애국가 제창밖에 없는 듯하다. 원래는 그 특권들 안에 다음과 같은 것들도 포함되어 있었다. 화폐를 인쇄하고 주조하며 경제를 통치할 특권, 법과 질서를 유지하며 전쟁을 치를 특권, 시민들에게 복지를 제공할 특권, 경제 발전의 경로를 선택할 특권 등. 그런데 국민국가가 이러한 특권들을 행사할 능력을 상실하게 되자 이제는 실패한 국가의 방향으로 가는 길에 들어서게 되었다. 실패한 국가란 일반적으로 다음의 세 가지가 "없다"고 정의할 수 있다. 첫째, 폭력 사용의 독점이 없다. 둘째, 법을 유지할 능력이 없다. 셋째, 공공 서비스를 제공할 능력이 없다. 아직 많은 국민국가들은 이 지경까지 가지는 않았지만, 그런 날이 과연 얼마나 멀리 있는지 알아보기 위해 그 소중한 특권들 하나하나를 검토하면서 오늘날 그것이 어떻게 행사되고 있는지를 살펴보기로 하자.

통화의 탈국가화

—

　정부의 특권 중 주조세seigniorage라는 것이 있다. 화폐를 인쇄 및 주조함으로서 공짜로 거두는 이익이다. 하지만 이는 금융 시장에 의해 심각하게 잠식당했으며, 결국 통화 안정성을 유지하는 정부의 책임은 이제 완전히 정부의 손을 떠나게 되었다. 유럽중앙은행과 미국 연준은 자기들이 의지하는 초국적 은행들을 구제해주기 위해 이제 필요한 만큼 화폐를 마구 찍고 있다. 미국 달러화는 아직도 세계 금융 시스템의 기축을 이루고 있지만, 미국 국가부채가 걷잡을 수 없이 늘어나면서 치명상을 입고 빈혈 상태에 빠져 있으며, 조만간 죽음에 이를 것이다. 미국 연방재정 적자가 현재 연간 1조 달러 정도에 이르고 있으며, 이는 도저히 억제가 가능하다는 희망을 가질 수 있는 액수가 아니다. 소득세를 100퍼센트 올리거나 사회 보장Social Security과 의료 보험Medicare을 제외한 모든 정부 지출을 삭감한다고 해도 이러한 격차는 메울 수가 없다. 현재 이 격차를 메워주는 메커니즘은 미국 연준과 세계 각국 중앙은행들이 물가인상률에 훨씬 못 미치는 수익률로 미국이 발행한 국채를 구매해주는 것이다. 미국 정부가 신나게 돈을 쓰는 동안에도 미국 국채 보유자들은 시무룩한 표정으로 이 달갑지 않은 자산을 그대로 장부에 올려두고서 인플레이션으로 그 가치가 잠식되는 것을 보고 있을 수밖에 없다. 그밖에 다른 짓을 했다가는 인플레이션만 더 촉발될 테니까. 이러한 게임이 얼마나 더 지속될 수 있는지는 미국이 전 세계에 공갈 협박으로 자신의 부채를 모두 사들여 보유하도록 만드는 짓을 계속할 수 있느냐에 달려 있으니, 그 답은 아무도 모른다. 하지만 중요한 점은 이 게임에 참여하는 자들 누구도—미국 정부도 또 외국 정부도—이 게임을 중단시킬 수가 없다는 것이다. 그랬다가는 국제 금융 시스템 전체가 무너지게 될 테니까.

한때 정부는 파산을 피한다는 상당히 단순한 전통적인 임무만 할 것이 아니라 모든 대규모 경제에 영향을 미치는 주기적 위기와 공황을 바로잡는 책임도 져야 한다는 생각이 지배한 적이 있었다. 사실 이러한 주기적 위기와 공황은 자본주의 시장 경제에도 사회주의 계획 경제에도 똑같이 나타난다. 옛 소련 또한 자본주의 나라들의 경기순환과 똑같은 주기적인 경제 혼란을 겪었다. 이러한 주기적 공황은 이데올로기와는 무관하며, 과도한 규모의 결과라고 보인다. 이렇게 자본주의 진영이든 사회주의 진영이든, 주기적 위기 및 공황은 경제적 거물 숭배라고 하는 똑같은 퇴행성 질병의 증후인 것이다. 예전에는 이러한 불균형이 발생하면 재정 정책과 통화 정책에 점진적인 조정을 가함으로써 교정이 가능하다고 믿어졌던 반면 (물론 그러한 노력과 시도들이 정말로 어떤 효과를 낸 적이 있었는지는 전혀 분명치 않다), 오늘날에는 그러한 노력이 정반대의 효과를 가져온다는 것이 점점 분명해지고 있다. 경기를 부양하겠다고 돈을 더 찍어낼 때마다, 경제가 팽창하는 것보다 더 빠르게 부채만 팽창한다는 것이다. 미국 정부나 또 금융적·정치적으로 미국에 묶여 있는 모든 다른 나라 정부들도 이제 남은 선택지는 단 하나뿐이다. 갚을 길이 없는 국채의 늪으로 빠져들어가는 것을 피할 길은 없다. 하지만 이들은 그렇게 침몰하는 속도를 늦출 것인가 빠르게 할 것인가는 아직 결정할 수가 있다.

그런데 이상한 일이 있다. 정부는 재정과 통화라는 기계의 레버를 조작하는 것을 넘어서서 예전에는 경제 발전의 경로를 지휘하는 재량 또한 가지고 있는 것으로 여겨졌었다. 이는 어떻게 되었는가? 예전에는 정부가 국가 대표 산업 및 기업을 육성하고, 수입 대체 전략을 장려하거나 국내 유치 산업을 키우기 위해 법인세 정책을 조정하는 등의 방법으로 특정한 경제 발전 경로를 장려하는 특권을 행사한 시절이 있었다. 하지만 좀 더 최근에 오면서 그러한 노력들은 무역 자유화 경향이 강해지면 모두 무력화되었다. 온 세계를 단일의 시장으로 형성하려는 서방 국가들의 노력이 가져온 의도치 않은 중요한 결과 중 하나는, 정부를 희생시켜서 시장 권력을 강화한 것이며, 그 결과 이제 무역은 지구적 금융과 지구적 수요 공급으로 추동되게 되었고, 정부의 개입은 그저 주변적인 차원으로밖에는 기여하지 못하게 되었다.

이제 서방 국가의 정부들은 스스로 생각하는 의무를 방기하고, 생각의 주도권을 대신 수전 조지Susan George가 "다보스 계급Davos Class"이라고 불렀던 이들에게 완전히 넘겨준 것으로 보인다. 이 계급은 최근 들어 스스로를 역설적으로 "자유주의적 공산주의자들"이라고 부르는 이들이 이끌고 있다. 그들은 빌 게이츠, 조지 소로스, 구글과 인텔과 이베이의 최고 경영자들과 같은 자본주의의 총아들이며, 여기에 그들의 어용 철학자 토머스 프리드먼도 함께한다. 본래 자본가들의 윤리라는 것은 애덤 스미스에게서 "내 것은 내 것이요 네 것도 내 것all for ourselves and nothing for others"이라는 조롱을 받기도 한 것이지만, 이들은 사회적 책임과 생태적 우려 등에서 피어난 반자본주의 운동을 지지하고 자기들 개인 재산을 아낌없이 털어 여기에 기부하기도 하면서 이를 개선해나가려고 한다. 빌 게이츠와 조지 소로스는 여러 해 동안 "남들 몫도 있다something for others"의 운동을 적극적으로 지원해왔다. 빌 게이츠는 수많은 대중에게 기부금을 뿌렸을 뿐만 아니라, 초국가적이며 탈공업화되어 정보를 통해 추동되는 "마찰 없는 자본주의frictionless capitalism" 이론을 적극적으로 옹호하고 있으며, 우리가 "노동의 종말"을 목도하고 있다고 믿고 있다. 이 마찰 없는 초국가적 자본주의란 곧 의미 있는 경제적 행위자로서의 정부의 종말을 뜻하는 것이 아닌가? 초국적 기업들은 지구적 시장에 복무함으로써 각국의 정부를 우회하고 따돌리고서 그 자체로 정치적 실체가 되어버렸다. 다보스 계급의 총아들은 변호사와 회계사를 군대처럼 거느리고 있기에 절대로 흠 잡힐 짓을 하지도 않으며, 각국 정부는 결국 그들이 원하는 자본주의가 그야말로 마찰 없이 굴러가도록 허용하는 것 말고는 달리 할 수 있는 바도 없다. 그런데 그렇다면 나머지 우리들은 어떻게 되는 것일까?

여기서 문제는, 이렇게 특권적인 소수를 제외하고 나면, 나머지 비국가 행위자들—국민국가의 영토 안에서이건 사이버 스페이스나 금융 시스템에서이건—이 행하는 통치 행위는 암묵적으로 국가 안보에 대한 위협과 동일시되고 있다는 점이다. 전 세계에 걸쳐 각국 정부는 갈수록 안보를 더 큰 관심 영역으로 삼고 있거니와, 이때의 안보란 영토 내에 거주하는 인간들의 안보가 아니라 국가들의 안보를 뜻한다. 그래서 정부가 하는 일은 갈수록 줄어들어가지만 정부는 또한 자신들의 여러 특권을 악착같이 움켜쥐고 유지하려 들며, 그를 위해서 자신들의 권위를 무시하거나 우회하는 이들을 모두 감옥에 집어넣는 방법을 쓴다. 이에 우리는 도처에서 감옥 인구가 증가하는 현상을 목도하고 있다. 그 죄수들의 구성을 보면 각종 내부적 문제자들, 소수자들, 외국인들이 압도적인 비중을 차지하며, 적절한 시점에 이르면 감옥 자체가 하나의 중요한 권력 중심지가 된다. 이것이 저 "마찰 없는 자본주의"라는 것의 뒷면에서 벌어지는 일이다. 감옥은 범죄 제국들과 범죄 카르텔들을 통제하고 명령을 내리는 중심 센터가 되며 (감옥 안에 있으면 암살당할 위험은 적어진다), 테러리스트 집단들이 신병을 모집하는 중심 센터가 되며, 정치적 급진파들을 키우는 중심 센터가 되며, 부족 간 혹은 폭력 조직 간의 제휴가 이루어지는 중심 센터가 된다. 정부가 더 이상 감옥을 통제하지 못하는 경우는 얼마든지 있다. 최근의 한 보고서에 따르면 멕시코에 있는 430개의 감옥 중 60퍼센트는 폭력 조직과 마약 카르텔이 통제하고 있다. 국경을 넘어 미국으로 와도 상황은 크게 다른 것 같지 않다. 미국에서는 이제 시민 10만 명당 감옥 인구가 760명에 달하고 있으며, 그중 대다수는 흑인들이거나 히스패닉이다. 이 숫자는 소련의 공포 정치가 극에 달했을 때 스탈린이 굴락 수용소로 보낸 숫자인 10만 명당 560명을 훌쩍 넘는 숫자이다.

한편 정부 공직자들 중에서도 자기들의 통치라는 게 명목상의 통치에 불과하다는 것을 알아차린 이들이 나오며, 이들 중 간이 큰 이들은 불법적 감옥 경제의 뒤를 보아주면서 돈을 챙겨가는 식으로 빨대를 꽂는다. 이렇게 되면 공적 영역과 사적 영역의 구별은 점점 애매해지며 마침내 국가 전체의 전면적인 범죄 조직화로의 문을 열어젖히게 된다. 이러한 과정이 진행됨에 따라 우리는 세계의 점점 더 많은 나라들에서 "버려진 도시들feral cities"의 출현을 목도하고 있다. 그곳은 정부 서비스가 거의 전무하며, 질병이 만연하고 자연 환경이 만신창이가 되어 있으며, 정부의 암묵적 허가 아래 벌어지는 각종 불법 경제 활동이 중심적 위치를 차지하고 있는 도시들이다. 유엔 기구인 인간 정착지 계획UN-Habitat의 보고서가 특히 도심의 빈민가를 두고 이것이 바로 "21세기에 떠오르고 있는 인간 주거 형태"라고 지적하고 있는 것도 놀라운 일이 아니다. 이러한 새로운 정착지들을 주재하는 자들은 새로운 계급의 정치적·경제적 모험 사업가들로서, 국가 권위의 제약에서 완전히 풀려난

이들은 무장 폭력 집단을 구성하고 공동체 전체에 폭력으로 약탈을 일삼아 큰 이익을 취하고 있다. 이러한 새로운 폭력 사업가들은 초국가적 연계를 확립하고, 인터넷과 최신 통신 기술을 이용해 어둠의 네트워크를 형성하여 은폐, 사기, 부패, 계략 등을 통해 자신들을 통제하려는 국제 사회의 노력을 패퇴시키고 있다. 조만간 이들 중 일부가 다보스 연례 회의장에도 나타나서 버젓이 자기들의 의제를 들이밀지도 모를 일이다. 그렇게 되면 국민국가의 대표자들과 옹호자들—그때까지 이런 게 남아 있을지도 불투명하지만—은 그 상황을 전혀 이해하지도 못하고 입을 딱 벌린 채 바라보기만 할 것이다.

정부가 잘하는 것

—

이 와중에서 국민국가의 정부가 정말로 잘하는 게 무엇인가에 대한 이야기는 빠져버렸다. 정부가 실제로 잘하는 것들이 **있다**. 자국 국경선을 넘나드는 것은 사람이든 돈이든 재화이든 그것이 국민들의 보편적 이익과 모순되지 않도록 보장하는 일이다. 그런데 약간의 예외가 있기는 하지만, 정부가 이를 포기하는 경우도 있다. 투기 자본이 눈 깜짝할 사이에 국경을 맘대로 넘나드는 것을 허용하였으며, 자본이 나라마다 다른 임금 및 노동 조건 또 법적 제도들을 이용하여 유리한 나라로 돌아다니는 것도 허용하였다 (각국 정부는 지구화라는 호랑이 등에 올라타면서 이런 것을 통제할 권리를 스스로 포기한 바 있으며, 이제 와서 그 호랑이 등에서 뛰어내리는 것은 너무나 고통스러운 일이 되어버렸다). 또 중앙 정부는 도로, 교량, 철도, 전력망, 빠르고 믿을 만한 우편 서비스, 인터넷 랜선 등 전국적 규모의 기간 시설을 구축하고 유지하는 데에도 능력을 발휘한다. 물론 나라마다 정부의 역량이 차이가 난다. 미국 정부는 지금까지 그 능력이 형편없었으며 독일과 대한민국 정부는 아주 뛰어나다. 또 중앙 정부는 초등 교육, 기초적 의료, 기초 과학 연구, 예술 및 문화의 진흥, 역사의 보존 등 자유 시장이 완전히 실패할 수밖에 없기 때문에 자유 시장 옹호자들 대다수는 아예 중요성조차 인정하지 않으려고 하는 영역들에서도 훌륭한 능력을 발휘한다. 원리상 이런 것들이 정부가 잘할 수 있는 것들이며, 다른 모든 정부 활동을 다 합친 것보다 더 큰 기여를 할 수 있는 영역들이다. 하지만 오늘날 전 세계적으로 재정 긴축의 명목 아래에 희생당하고 있는 영역들이기도 하다.

전쟁은 스스로 패배의 길로 들어선다

한때 국민국가의 중요한 활동으로 전쟁을 치르는 능력 즉 외부의 공격에 성공적으로 저항하면서 동시에 새로운 땅을 정복하고 영토를 늘리는 능력을 꼽던 시절이 있었다. 하지만 오늘날의 국가들이 경쟁을 벌이는 대상은 영토가 아니라 시장 몫 그리고 그보다 정도는 덜하지만 시장에 대한 통제력이다. 그 방법으로는 주로 군사력을 통한 간접적 위협이지만, 이따금씩은 직접 군사적 개입이 벌어질 때도 있다. 영토의 수호는 이제 더 이상 정부의 주요한 기능이 아니다. 영토 수호의 측면에서 보자면 오늘날 대부분의 위협은 다른 국민국가에서 오는 게 아니라 테러리스트나 범죄 집단들과 같은 비 국가 조직들로부터 오고 있다. 이 중에서 사실 테러리스트들은 그 위협의 심각성이 가장 덜하지만 그에 비해 과도하게 큰 반작용을 촉발시킬 때가 많다. 왜냐면 이들의 공격은 국민국가가 무슨 대가를 치르더라도 유지하고자 하는 허구, 즉 국가가 거리낌 없이 권력을 행사할 수 있는 이유는 군사적 형태의 폭력에 대해 완벽한 독점을 유지할 수 있기 때문이라는 허구를 무너뜨리기 때문이다. 작은 테러리스트 집단이 소규모의 공격에 성공하여 강대한 군사 제국에 맞서 순전히 상징적인 승리를 거둔다고 해도, 이는 전체의 그림을 마치 다윗과 골리앗의 그것처럼 바꾸어놓아 테러리스트들에게는 엄청난 선전 효과를 안겨주고, 공격을 당한 나라 국민들에게는 모종의 히스테리 발작을 일으키며 때로는 군사적 행동까지 촉발시킨다. 최근 미국이 이라크 및 아프가니스탄에서 벌인 전쟁이 그 예이다. 게릴라전 무기들을 쉽게 구할 수 있게 되었고 여기에다가 게릴라 전쟁과 비대칭전의 전술이 꾸준히 개선되면서, 최고의 정예군이 정복 지역을 통제하는 것도 좌절시킬 수 있는 방법이 많이 생겨났다. 간혹 "오픈 소스 전쟁"이라고 불리는 이 새로운 여러 비대칭전의 방법은 직접적·군사적 대결에서 승리하려는 것이 아니라 적군을 끊임없이 좌절시키는 것을 내용으로 삼으며, 그 비용 대비 효과가 아주 뛰어나다는 것이 입증되었다. 이러한 종류의 군사 작전은 아주 적은 예산으로도 무한정 계속될 수 있지만 이에 맞서는 데에는 어마어마한 비용이 든다. 그리고 서방 국가의 정부들은 이미 깊은 재정 적자에 시달리고 있어서 이러한 비용을 감당하기가 점점 힘들어지고 있다.

아직 재정 때문에 군사 행동의 자유가 제약당할 지경은 아니지만, 기술적·상업적으로는 이미 제약을 받고 있다. 모두는 아니지만 대다수의 국민국가들은 이제 안보 문제에서 다른 나라들에 의존하고 있으며, 무기의 제조와 판매 그리고 군사 기술의 라이선스 등에서 협력하지 않으면 안 된다. 테러리스트 집단들과 비 국가 폭력 행위자들에게 전쟁 물자를 무제한으로 얻을 수 있게 만들었던 지구화와 시장 자유화의 경향은 각국 정부가 조직 및 무기에 대해 갖는 통제력 또한 잠식해온 것이다. 각국 정부는 이러한 집단에 맞서 군사적 경쟁력을 유지하면서도 비용을 삭감하기 위해서 드론 기술에 큰돈을 투자해왔다. 지금까지 66개국이 다양한 종류의 무인 공습 플랫폼을 제공받아왔으며, 제공한 나라들은 주로 미국과 이스라엘이었다. 드론 기술의 두 가지 측면이 중요하다. 첫째, 전쟁의 주요한 목적은 상대방이 무기를 내려놓도록 설득하는 것이다 (강제하는 것이 아니다. 이는 너무나 큰 비용이 들어가기 때문이다). 하지만 드론을 사용하는 군사 작전은 암살에 해당하며, 이는 상대방으로 하여금 복수를 위해 무기를 들도록 설득하는 효과적인 수단이 된다. 드론이 누구를 죽이는지는 알 수 없지만, 그 드론 공격에 대한 보복으로 누가 죽게 되는지는 알 수 있을 때가 많다. 이 때문에 드론은 갈등을 종식시키는 데에는 거의 무용지물이며, 오히려 그것을 확전으로 이끌어 영구화시키는 데에는 대단히 뛰어난 물건이다 (왜냐면 드론으로 공격할 목표물의 선정에서 실수를 피할 수가 없기 때문이다). 둘째, 드론 기술이 오픈 소스가 되는 것은 시간문제이며, 상대쪽도 이 기술을 손에 넣게 될 것이다. 그렇게 되면 이 기술은 테러 집단들이 비대칭전을 수행하기 위한 최고의 신무기가 될 것이며, 그 기술로 국민국가들을 끊임없이 괴롭히면서도 스스로를 완벽히 은폐하여 전혀 잡히지도 않게 될 것이다.

여기에 또 고려할 사항이 있다. 핵무기와 항공모함과 같은 대형 무기들이 이제는 현실적으로 거의 무의미해졌다는 사실이다. 핵무기 폭발은 고사하고 핵사고조차 야기할 만한 배짱을 가진 이는 아무도 없으므로, 방사능을 견뎌낼 수 있는 잔뜩 녹슨 방공호만 파놓으면 이것으로 무서운 자태를 뽐내며 무기고에 보유한 대륙간탄도미사일 못지않은 핵억지 기능을 갖춘 셈이다. 항공모함은 이제 중국의 "항모킬러 미사일

ASBM: anti-ship ballistic missiles"과 러시아의 초음파 어뢰들로 인해 쉽게 공격당하는 만만한 봉이 되어버렸다. 기계화 보병은 그것을 가동할 연료의 비용이 계속 올라가고 있어서 그 효과가 떨어지고 있다. 여기에 인터넷을 통한 사이버 전투가 확산되고 있고 그 효과도 점점 커지고 있다는 사실을 더해보라. 인터넷 세계에서는 그 영역의 본성상 그림자 속에 숨은 비 국가 행위자들이 각국 정부를 압도적으로 능가하는 일이 계속되고 있다. 이러한 추세는 모두 국민국가가 앞으로도 성공적으로 전쟁을 수행할 능력을 유지할 수 있을지 의문을 던지게 한다. 조만간 국민국가 또는 그것이 부서지고 남은 잔해조차도 그 존속이 비 국가 행위자들의 의사에 따라 결정되는 날이 올지도 모른다. 이런 비 국가 행위자들이 교육, 의료, 문화 및 역사 보존 등의 섹터에서 국민국가가 유용하다고 판단할 수도 있다. 하지만 국내의 군사적 폭력의 독점을 유지한다든가 세계 아무 곳이나 마음대로 침공하는 등의 능력은 옛날이야기가 될 것이다.

법과 질서의 종언

—

국민국가의 여러 특권 중에서도 가장 소중하고 또 다른 조직이 탐내는 특권은, 어떤 이들이 "법과 질서"라고 부르는 것을 보존함으로써 그 신민들을 서로 최대한 먼 거리로 떨어뜨려놓고 소원한 상태를 유지시키는 것이다. 왜냐면 이렇게 서로 소외된 신민들은 고분고분 말 잘 듣는 존재가 되지만, 집단으로 뭉친다든가 하게 되면 국가의 권위에 도전하게 되어 있기 때문이다. 공동체에 기초를 두었던 예전의 비공식적인 중재 방법과는 달리, 국민국가 시스템은 명시적인 폭력의 위협을 동원하여 일정한 집단이 (정부에 아첨하는 이들이) 나머지 사람들을 착취하고 무시하고 괴롭힐 권리 그리고 그렇게 자기들이 착취당하고 무시당하고 괴롭힘을 당했음을 깨달은 이들이 스스로의 권익을 지키기 위해 일어서지 못하게 막을 권리를 수호해준다. 특히 지독한 예 하나가 바로 영국 내의 대부분의 토지를 약 6천 개 정도의 귀족 가문들이 소유하게 된 과정이었다. 이는 무수히 많은 엔클로저 법률들Enclosure Acts의 유산으로서, 이를 통해 공유지에 살던 주민들은 쫓겨나고 귀족들이 그 땅을 훔쳐 자기 것으로 만들었던 것이다.

12세기 이후로 유럽 전역에 걸쳐 이와 비슷한 과정이 진행되었고, 그 속에서 예전에는 자유로웠던 도시국가들이 (이들은 문화, 사회, 경제 면에서 놀랄 만한 폭발적 발전을 이루어냈으며 이에 견줄 만한 예는 고대 그리스의 도시국가들뿐이었다) 당시 막 나타나고 있었던 국민국가에 의해 무너지고 결국은 파괴당하였다. 국민국가는 본질적으로 로마 가톨릭 교회와 귀족들의 노력을 통해서 역사 속으로 사라진 로마 제국의 국가를 되살리려는 것이었다. 그러자 곧 관습법과 전통에 기초하여 지역의 연대로 뭉친 옛날의 지역 사회들은 파괴당하였고, 중앙집권화된 행정 시스템으로 대체되었으며, 그 시스템이 내거는 "법과 질서"는 사람들 사이에 벌어지는 모든 상호작용에 중재자로 나서고자 했다. 이는 보통 사람들을 노역소와 공장으로 가두어놓거나 새로 정복한 식민지로 쫓아 보내는 등의 방법으로 그들을 억압하고 재산을 빼앗아가는 데에 힘을 기울였다. 하지만 이는 또한 소수의 사람에게는 특혜를 주는 방식으로 돌아갔다. 혜택을 받은 소수의 사람들은 손쉽게 무역과 상업에서의 독점체를 형성하여 터무니없이 어마어마한 재산을 불려나갔으며, 그들의 재산은 오늘날까지 그대로 내려오고 있다.

한 예외가 있으니 스위스이다. 이 나라는 그 연방체와 직접 민주주의를 오늘날까지도 보존하는 데 성공하였다. 왜냐하면 스위스를 구성하는 주들 중 어떤 주도 다른 지역을 지배할 수 있을 만큼 크지 않으며, 도시와 농촌 사이에 어떠한 정치적 쐐기도 박을 수가 없었기 때문이다. 다른 거의 모든 곳에서 그러했듯이, 이곳에서도 주권 국민국가의 출현은 일종의 반혁명이었다. 권력 있는 귀족들은 아무 힘도 없는 농노들에 둘러싸여 자기들의 성채에 안전히 들어앉아 있었으며, 주교들 또한 마찬가지로 아무 힘도 없는 수도승들에 둘러싸여 요새와 같은 승원에 들어앉아 있었고, 이들은 갈수록 자신과 같은 부류를 점점 쓸모없다고 여기는 문명화된 세상에 대해 음모를 꾸미고 복수를 감행하였다. 참으로 아이러니한 일은, 대부분의 사람들이 오늘날 문명이라고 여기는 것은 사실상 이 세습 신분의 농촌 도적떼들과 그들의 종교적 아첨꾼들이 되살려낸 로마 제국이라는 점이다. 이자들은 도시 생활의 큰 중심지들로부터 전혀 환영받지 못하며 그저 황야에 있는 중세의 성채에 들어앉아 농노들이나 짓밟으며 살아오는 자들이니, 결코 문명의 전범이라고 할 수 있는 자들이 아니었다.

처음에는 (그리고 국민국가의 형성이 비교적 최근에 이루어진 곳에서는 오늘날에도) 권력을 현실에서 휘두르게 만들어주는 두 가지 주요한 원천이 종교에 의한 정당화와 폭력에 호소할 수 있는 능력이었다. 좀 더 최근에 오면 국민들이 공통의 정체성을 가지는 것이 점점 더 중요한 역할을 수행하게 되지만, 이는 오로지 각종 국가 및 사회 서비스를 제공하는 맥락 속에서만 효력을 발휘할 수 있다. 공통의 정체성을 부여하는 귀속감은 일정한 공통의 생필품들에 대한 접근권을 통해서만 강화될 수 있다는 것이다. 이를테면 음식, 주거, 의료, 안전, 교육, 노령 연금 등과 같은 것들 말이다. 정체성이라는 게 현실적 효력을 가지기 위해서는

"혜택을 가져다주는 정체성"이 되어야만 한다. 만약 아무런 혜택도 가져다주지 못한다면, 공통의 정체성이란 그 책임자 자리에 앉아 있는 이에 대한 경멸과 무시의 감정만을 낳을 뿐이다. 또한 공통의 정체성을 마구 강조한다고 해서 누가 지도자가 되어야 하는지에 대한 공통의 이해가 저절로 생겨나는 것도 아니다. 따라서 이는 권력의 행사를 증진시키기는커녕 오히려 방해할 수도 있다.

하지만 중앙의 권력이 일단 확립되고 나면 이를 몰아내기란 아주 어려워진다. 일단 지역의 공동체들이 분열되고 파괴당하고 나면, 사람들은 더 이상 서로를 믿지 못하게 된 상태에서 또 전혀 낯선 이들을 상대하지 않을 수 없게 된다. 이렇게 되면 이들은 모두 서로가 서로에 대해 보호를 필요로 하게 된다. 중앙 권력은 안전 기구와 규제 및 사법 관료 기구의 형태를 띠고 있으므로 이러한 상황에서 가장 효과적인 보호 서비스 조직이 된다. 이것이 그 경쟁자들을 억누를 수 있는 힘을 유지하는 한, 기회를 보아 멋대로 폭력을 휘두르는 자들을 제압할 수 있게 된다. 그리고 그 대가로서 이러한 조직된 합법적 폭력 시스템은 영구화된다. 심지어 중앙 권력으로 인해 계속해서 몰락해가는 이들조차도 이 점을 인식하고 있기에 중앙 권력을 지지하게 된다. 중앙 권력이 없을 때 생겨날 상황이 더욱 끔찍하기 때문이다. 실제로 범죄 조직도 제압할 수 없을 만큼 약한 국가가 주민들 입장에서 볼 때 최악의 결과를 낳는다는 점을 보여주는 증거는 아주 많다. 폭력의 독점을 유지할 수 있는 강력한 국가보다 더 못한 것은 물론이며, 심지어 아예 국가가 없는 상태보다도 못한 결과를 낳는 것이다.

국민국가는 근로 대중들이 스스로의 부를 축적하고 자기들의 지역 권력을 되찾는 일을 못하게 막는 것을 예전이나 지금이나 목표로 삼고 있지만, 국민국가가 성숙 단계에 들어서면 그 목표를 달성하는 데 억압, 강탈, 축출 등 물리적 폭력의 기술보다는 법률과 조세라는 좀 더 세련된 방법으로 이동하는 경향이 있다. 국민국가는 자신의 존재를 너무 두드러지게 하지 않으려는 목적에서 이러한 세련된 장치와 제도를 서서히 도입해왔고, 경제가 성장하는 시절에는 이를 통해서도 얼마든지 자신의 목적을 달성할 수가 있었다. 하지만 경제가 성장을 멈추고 비틀거리기 시작하면 국민국가는 갈수록 더 많은 숫자의 주민들을 무일푼 상태로 몰아넣게 된다. 그러면 그런 신세가 되어버린 계급은 법률과 조세를 회피하는 방식으로 대응할 수밖에 없고, 이에 무허가에 불법에다가 비공식적이며 세금도 내지 않는 지하 경제가 팽창하게 된다. 이렇게 되면 또 국가로서는 이를 금지하기 위한 법을 만들어내는 방식으로 대응할 수밖에 없다. 하지만 그런 금지 법령들을 만들어봐야 그것을 실제로 집행할 수 있는 수단과 자원이 없다면 (이게 오히려 일반적인 경우이다), 지하 경제는 없어지지 않고 그저 불법 경제로 되어버릴 뿐이다.

이러한 과정이 계속 전개되다보면, 국가가 비 국가 폭력 행위자들을 배제할 능력을 갖춘 민주주의 기구로서 현실에서 작동하고 있다는 기대는 거의 근거가 사라져버린다. 갈수록 합법적인 방법으로는 생존이 불가능해지는 사람들이 늘어나는 판에 이렇게 경제 안에 기능적인 구멍들이 뻥뻥 뚫려 있다면, 시민들로서는 생존 전략으로서라도 각종 범죄 활동에 종사하게 될 유인이 커진다. 범죄 조직들이 만들어져서 무기를 산더미처럼 축적하고서 경찰의 협조도 확보하고 정치적 영향력까지 돈으로 사들인다. 그다음에는 이 범죄 조직들이 아예 지역의 질서를 유지하고 각종 사회 서비스를 제공하는 역할로까지 손을 뻗친다. 콜롬비아의 메데인, 브라질의 리우데자네이루, 마약 전쟁이 극심한 멕시코 지역들, 그 밖에도 무수히 많은 다른 지역에서 게릴라들과 마약 거래상들은 국가 공직자들 및 정치가들과 협력 관계를 맺고 있으며, 이런 지역은 갈수록 숫자가 늘어나고 있다. 통치 부재 상태의 도심 공간에서 이렇게 무장한 불법 행위자들이 통치를 제공한다는 것은 이제 예외적 상태가 아니라 일반적 상태가 되어가고 있다.

비록 불법 경제는 법적으로 구성된 형태의 국가에 대해서는 위협이 되지만, 막상 불법 경제 내의 다양한 범죄 행위자들은 국가가 붕괴하는 것을 전혀 원하지 않는다. 이들이 원하는 것은 적응과 수용일 뿐이다. 또한 비 국가 행위자에 의한 지역적 통치란 국가의 영구적인 핵심 집단들에게 영향을 주지 않는 한 국가의 존속에 반드시 위협이 되는 것이 아니다. 지배 엘리트들은 보안 시설과 검문소로 담장이 쳐진 주거 지역과 사설 안전 서비스 등으로 국가 서비스를 대체해버릴 수도 있다. 그리고 이러한 상황에서는 비록 엘리트들의 건설적 활동의 범위는 상당히 제한당하게 되지만, 경제 활동에 손상을 입히는 방법을 써서 스스로의 재산을 계속 불려나가는 일은 얼마든지 가능하다. 예를 들어 아주 엄하고 가혹한 경제 정책들을 수립하고 나서 프리랜서 법집행자들을 고용하는 한편, 자기들의 정치적 동맹 세력들에게 사례비를 바치는 범법자들은 선별적으로 보호해주는 방법이 있다. 이러한 전략을 쓰게 되면 기존의 불법 거래들의 영역을 잠식해 들어갈 수 있다는 추가적인 장점도 있으며, 이를 아주 극단까지 밀고 나가면 일정한 종류의 불법 거래들을 정부의 비밀 독점 사업으로 만들 수가 있다.

하지만 이러한 상황 전개는 경제 전체에는 전혀 좋을 것이 없다. 경제 상황이 계속 나빠지다 결국 중앙 권력까지 무너질 경우, 튼튼한 불법 네트워크를 확립해둔 공동체들일수록 파편화되고 공동체 간 유혈 폭력 사태에 휘말리게 될 위험이 더 크다. 일단 이러한 일들이 벌어지면 되돌리는 것은 불가능하다. 어떤 주어진 지역에서 불법적 기술들—밀수 밀매 네트워크의 확립, 공직자의 부패, 범죄 신디케이트, 보호 명목으로 돈을 뜯는 조직들, 높은 수준에서의 기득권 집단 형성 등—이 동원되기 시작하면 불법 경제를 뿌리 뽑는 일은 거의 불가능해지기 때문이다. 이런 나라들 중에는 지금까지 무수히 해외 원조를 받는 나라들도 있지만, 그 돈은 정부로 들어가지 그 정부가 부양하기로 되어 있는 사람들에게로 가는 것은 아니다. 그래서 그 돈은 중앙 권력을 강화하고 불법 경제를 억누르는 데에 쓰이지만, 성과는 거의 거두지 못한다.

일단 중앙 권력이 붕괴하고 나면 지역에 따라서 혼돈 상태로 들어갈 것이며 당분간은 군벌 같은 것이 나타나 합법이든 불법이든 모든 경제 거래를 교란하게 될 것이다. 종국에 가면 새로운 통치 형태가 출현하기 시작한다. 소말리아의 이슬람 법정 연합Islamic Courts Union 같은 통치 세력은 불법 거래자들에게 안전 보장과 안정성을 모두 제공하여 마피아들에게나 일반 사람들에게나 모두 큰 인기를 얻었다. 이러한 통치 세력들은 다른 혜택도 가져다준다. 폭력적인 개인들과 마약 문제 등으로 골치를 앓지만 해결할 방법이 없는 공동체들은 부패하고 별 힘도 못 쓰는 경찰에 의지할 것이냐 아니면 종교 권력이나 지역의 민병대와 같은 비국가 행위자들에 의지할 것이냐의 선택지가 주어질 경우 항상 후자를 선택한다. 한편 민병대들은 보통 내부 성원들을 통제하고 또 자체의 위계 체제를 보존하기 위해서라도 내부의 경찰 조직 시스템과 군법 시스템을 빠르게 확립하게 되어 있다.

국가가 비 국가 폭력 행위자들을 배제할 능력을 갖춘 민주주의 기구로서 현실에서 작동하고 있다는 기대가 빗나간 것과 마찬가지로, 불법 경제에 통치가 없다고 생각한다면 이 또한 오산이다. 불법 경제는 단지 통치의 방법이 다를 뿐이다. 시칠리아의 마피아에 대해서는 많은 연구가 이루어진 바 있으며, 그에 따르면 마피아는 분명히 통치―1차적으로는 보호와 계약의 집행―를 제공한다는 것을 알 수 있다. 이는 결코 유일의 사례가 아니다. 동서고금을 막론하고, 신뢰의 결핍과 공식적 통치의 결핍이라는 두 개의 요소만 갖추어지면 저절로 마피아 서비스 조직들이 생겨나는 것은 하나의 법칙이다. 하지만 이뿐만 아니라 공식적인 통치가 아예 적용조차 될 수 없는 상황은 무수히 많다. 법률과 소유권이 비공식적이고 즉흥적인 방식으로 마련된 곳에서는 갈등 해결과 분쟁 조정 및 화해를 주선할 수 있는 조직이 반드시 필요하며, 그러한 조직은 폭력에 호소할 수 있는 수단을 갖추고 있을 때에만 실질적인 힘을 발휘할 수가 있다.

이러한 전통적인 마피아 서비스들 이외에도, 국가로부터 떨어져 나온 지역들―비공식 정착촌과 수용소, 가건물 빈민촌, 비공식 난민촌, 버려진 도시들과 인근 지역들―을 지배하는 민병대와 여타 비 정부 집단들은 그 역할이 광범위하여 기간 시설 보수 유지, 치안 유지, 심지어 복지 서비스와 도덕적 통치에까지 이른다. 길거리의 질서를 잡는 깡패 집단이라고 해도 효과적이기 위해서는, 그리고 자신들의 안전을 유지하기 위해서는 자기들이 다스리는 주민들에게 정직하고 공정한 존재로 인식되어야만 한다. 주민들이 지지할 수 있는 한계를 넘어서까지 막 나가게 되면 다른 경쟁자가 쳐들어와 자기 구역을 뺏어갈 위험에 처하게 된다. 아예 외부 세력이 들어와서 국민국가를 재구성하고 중앙 권력을 다시 강제하는 등의 일이 벌어지지 않는 한, 이렇게 비 국가적 통치 아래에 있는 지역들은 모종의 정상 상태steady state를 계속 유지하게 된다.

이를 "내구적 무질서 상태durable disorder"라고 부르며, 최상의 경우에는 약한 국가나 거의 죽은 국가 안에서 살아가는 것보다 훨씬 나은 삶을 제공할 수도 있다. 그리고 국민국가를 재구성하려는 외부 세력의 개입 시도 또한 결국 허사로 끝나버릴 것이다. 아래의 각 지역에서 스스로 통치하는 질서가 이미 비 위계적 방식으로 스스로를 강화하고 있다면 중앙의 권력을 강제하는 것은 불가능하기 때문이다. 이러한 영역을 국제정치학의 용어로 비 통치 공간ungoverned space이라고 부르지만, 그 안에서 살고 있는 주민들의 관점에서 보자면 스스로 통치되는 공간self-governed space인 것이다. 이는 난공불락의 철통같은 요새가 되어, 어떤 나라든 자기들의 주권을 여기에 강제하려고 반복해서 침공을 한다고 해도 이를 모조리 견뎌내기도 한다.

복지국가의 종언

—

산업혁명이 남긴 유산의 하나는 자본과 노동의 정치적 양극화이며, 이것이 선진국에서나 개발도상국에서나 또 개발이 멈추어진 나라에서나 모두 지배적인 현실이다. 자본 측에 집결한 정치 세력들은 모두 노동을 하나의 상품으로 다루고자 하며, 그 비용을 낮추려고 기를 쓰는 동시에 임금이 가장 낮은 나라로 생산 시설을 이동할 자유를 요구하고 있다. 이들은 노동자들이 조합을 결성하는 것을 막으며, 일단 결성된 노동조합은 깨어버리기 위해 기를 쓴다. 또 이들은 정부가 노동 시간과 노동 조건을 규제하고 최저 임금을 강제하거나 육아 휴직을 의무화하는 등의 개입을 하지 못하게 막으려고 애를 쓴다. 다른 한편, 노동자들은 노조를 조직하여 자본의 무수한 폭력 진압에 피를 흘리며 용감하게 맞서며 더 나은 임금과 노동 조건을 얻어낼 단체 협상의 능력을 길러왔으며, 그 결과 세월이 지나면서 아동 노동 금지법, 주당 노동 시간 규제, 작업 장 안전 조건 등의 많은 중대한 성과물을 쟁취해왔다.

이러한 노동조합의 전성시대는 1950년대였다. 당시에는 디트로이트 의 자동차 공장 조립 라인의 노동자들이 임금 수입만으로 집도 한 채 자 동차도 한 대 장만하고 아이들을 키우며 편안한 노후까지 보낼 수 있었 다. 그런 시대는 이제 끝났다. 새로 펼쳐질 시대는 항시적인 높은 실업 률, 임금의 정체 심지어 감소, 그리고 노동자 권리와 경제적 안정의 잠 식 등을 특징으로 하는 시대이다. 일자리는 계속해서 임금이 더 싼 나라 를 찾아서 이동하고 있다. 콜 센터 서비스가 인도로 옮겨가면서 고객 서 비스의 질이 낮아졌지만 소비자들도 여기에 익숙해지게 되었다. 그러 자 콜 센터는 다시 필리핀으로 이동하였고, 서비스의 질은 한두 계단 더 떨어지게 되었다. 하지만 소비자들은 선택의 여지가 없다. 처음에 떨어 진 서비스의 질을 올리려면 그만큼 돈을 더 내야 하지만 그럴 돈은 없기 때문이다. 당분간이지만, 이 게임에서의 승리자는 자본을 쥔 자들이다. 이들은 나라마다 돌아다니면서 파괴의 물결 위를 유유하게 헤치고 나 가고 있다. 오늘은 미국과 유럽, 내일은 중국과 인도와 브라질이다. 유 일의 진정한 자본은 사회적 자본이라는 가장 기초적인 지혜가 이제 거 의 잊혀져버렸다.

지금 미국에서는 아직 노동 운동이 그 마지막 전투를 벌이고 있다. 이는 공무원, 교사, 공공 시설과 교통 시설 노동자 등과 같이 지구 반대 쪽으로 하청을 줄 수 없는 직종에서 벌어지고 있다. 여러 나라로 공장 시설을 옮길 수 있는 자본의 능력 때문에 노동의 정치적 힘은 무력화되 었으며, 그 예외는 공공 부문 그리고 국가 통제 아래에 있는 희소 자원을 놓고 경쟁을 벌이는 천연 자원 추출 산업들뿐이다. 이러한 여러 범주의 노동자들 다수는 연금을 잃어가는 과정에 있으며, 이는 불가피한 것으로 보인다. 미국의 연금 부채의 자금 부족분은 1조 달러가 훨씬 넘고 있다. 하지만 이는 주변적인 현상에 불과하다. 미국의 일자리 대부분은 이제 노조가 없는 일자리이며, 시간제 노동, 계약직, 임시직, 프리랜서 등의 일자리는 사회 보장도 없고 수당도 없기 때문이다. 그리고 몇 안 남은 정규직 일자리는 잠자는 시간 빼고는 심지어 휴가 기간에까지도 항상 "온라인" 상태를 유지해야 하는 (그래서 "휴가"를 vacation이 아닌 workation이라는 말로 비꼬아 부르게 되었다) 노력 수준을 요구하므로, 직원들은 금방 번아웃 상태에 빠지며, 무수한 장기적인 정신적 · 육체적 문제들을 안게 된다.

자본과 노동의 오랜 대립은 이렇게 자본 세력에 의한 노동의 완패로 끝나게 되었다. 지구화로 인하여 자본은 노동을 두들겨 패서 다시 무릎을 꿇게 만들 곤봉을 손에 쥔 셈이며, 이제 사회에 대한 착취 그리고 이에 대한 공공연한 반란이 벌어지는 것을 막는 유일한 장치는 모종의 사회 안전망 비슷한 모양이라도 유지하려는 정부의 노력뿐이다. 뼈가 휘도록 일을 해봐야 그 돈으로는 생존조차 불가능한 이들에게는 일하지 않아도 살 수 있도록 누군가 돈을 주어야 하며, 그렇게 할 수 있는 유일한 쪽은 정부이다. 그래서 정부의 사회 복지 지출이 그 어느 때보다도 빠르게 늘어왔다는 것은 놀라운 일이 아니다. 하지만 이제는 그 한계에 도달하여, 한 나라씩 한 나라씩 국채 소유자들이 부채 만기를 계속 연장해주는 대가로 강요하는 긴축 재정의 요구에 굴복하여 사회 복지 지출을 줄여나가고 있다. 이러한 사태에 대해 지금까지 제안된 모든 접근법은, 현존 상태는 어찌되었든 좋은 것이고 가치가 있는 것이므로 마땅히 지켜내야만 한다는 무의식적인 전제를 깔고 있다. 몇 개의 하찮은 승리라도 거두려면 오랜 시간이 걸리게 마련이니, 결연하게 버티면서 현존 상태를 반드시 지켜내야만 한다는 것이다. 우리들 발밑의 땅이 계속 꺼져가고 있는데도 말이다. 하지만 이미 과거의 어느 시점에서인가 국가가 노사 관계에 대한 통제력을 완전히 상실했다는 점을 인정해야 할 것이다. 유럽 연합의 기초가 되는 문서인 마스트리히트 조약은 그 내용에 사회헌장social chapter을 포함하고 있었으며, 여기에서 사람들의 복지를 명시적인 목표로서 소중히 모셔놓고 있었다. 하지만 이는 이미 그 조약이 조인된 1992년 이전부터 낡아 쓸모없는 것이었으며, 그 이후 어떤 회원국도 이를 비준하거나 국내법으로 실행한 적이 없다. 유럽 연합은 심지어 서면상으로조차 그 주민들의 이익에 복무하는 게 아니라는 말이다. 그렇다면 그것은 도대체 누구의 이익에 복무하는 것인가? 어느 시점이 되면 옛날의 진리가 다시 전면에 등장할 것이다. 권력은 폭력을 행사할 의사로부터 나오는 것이지만 단순히 돈 때문에 자기 목숨을 기꺼이 내놓을 사람은 거의 없으며 특히 투쟁해야 할 더 선한 가치와 명분이 있을 때는 더욱 그러하다. 따라서 화폐와 권력은 동일한 게 아니라는 것이다.

이 모든 상황 속에서 궁극적으로 최악의 패배자는 분명히 국가가 될 것이다. 오늘날 선진국으로 분류되는 세계 대부분의 경제 대국들에서 금융 관련 뉴스의 다수는 다음의 한마디로 요약할 수 있다. 이 나라들이 모두 무일푼이 되어가고 있다는 것이다. 이러한 과정을 추동하는 몇 가지 요인이 있다. 첫째는 지구화로 인하여 모든 나라에서 임금이 하향 평준화되고 있다는 것이다. 둘째는 일자리가 사라지고 있다는 것이다. 작업장 안전이나 환경 관련 규제가 없는 저임금 국가로부터는 아예 수입을 막아서 자신들의 일자리를 지킬 수도 있겠지만, 노동자들은 이제 단체 협상 능력이 없기에 그렇게 할 수도 없다. 셋째, 선진국 세계 전반에 걸쳐서 인구의 고령화가 급속히 진행되어 경제 활동 인구는 계속 줄어가고 그들이 부양해야 할 고령 인구는 계속 늘어나고 있다. 여기에다가 어느 나라든 초국적 기업들로부터 조세를 걷을 능력은 거의 없다는 사실까지 감안해보라. 구글과 애플, 아마존과 스타벅스 같은 기업들은 회계사와 변호사를 군대처럼 거느리고서 자기들의 재산을 세금을 낼 필요가 없는 역외 지역에 최대한 쌓아두도록 세심히 살피고 있다. 또 어느 국가이든 금융에 규제를 가할 방법이 별로 없다. 이들은 자기들의 폭증하는 재정 적자를 시장에서 융통할 능력을 계속 보유하려고 금융 시장 규제의 권리를 판돈으로 날려버렸다.

각국 정부는 세금을 매길 수 있는 자기들의 권력만큼은 악착같이 계속 지켜내려고 하지만, 각국 국가의 과세 능력 또한 시간이 지나면서 계속 줄어들어왔다. 사실상 각국 정부는 초국적 조세 도피처를 운영하는 국제 범죄 신디케이트와 암묵적으로 권력을 공유하는 관계에 들어갈 수밖에 없었다. 자본은 국제적 이동성을 가지고 있는 데다 전 세계의 보편적 조세 체제는 존재하지 않으므로 국가가 초국적 기업들에 과세를 하는 것은 거의 불가능한 일이 되었기 때문이다. 물론 이론적으로는 최소한 국내에서만큼은 국가가 여전히 조세를 올릴 수 있는 능력을 보유하고 있지만, 증세를 내거는 정당은 선거에서 패배하는 경향이 있으므로 증세가 실제로 벌어지는 일은 흔치 않다. 또한 지자체든 국가 전체이든 민간 투자자들을 자기 쪽으로 끌어들이기 위해 경쟁하는 처지이므로 판매세이든 부가가치세이든 재산세이든 세금을 올릴 수 있는 능력은 제한당할 수밖에 없다. 현존하는 조세 구조가 계속 유지된다면 (게

다가 초국적 기업들을 끌어오기 위해 흔히 주어지는 감세 혜택은 늘어날 것이다), 조세의 부담은 시민들 그리고 지역의 중소기업들에게 떨어지게 된다. 그러면 시민과 중소기업은 비공식 경제로 도망쳐서 자신들의 실제 거래를 최대한 장부에 보이지 않게 만들 것이며, 이 때문에 조세 기반은 더욱 잠식당하게 된다.

저축도 없고 일자리도 없는 상황이니, 사람들과 국가를 결속시켜주는 유일의 요소로 남은 것은 복지국가뿐이다. 그런데 복지국가까지 이렇게 축소될 경우, 배제당하고 참정권도 사실상 빼앗긴 주민들과 국가를 엮어주는 유일의 고리는 후견주의clientelism와 억압적인 경찰 권력만 남게 된다. 그 결과 주민의 상당 부분은 법적 시스템의 바깥에서 살게 되며, 거기에서 자기들을 부양해주고 보호해줄 지역의 독재자에게 의존하게 된다. 한편 이러한 지역의 비 국가 행위자들은 각종 사회 서비스까지 제공하게 되니 필연적으로 그 지역―그게 비록 몇 개의 블록이나 뒷골목 정도에 불과하다고 해도―의 정치적 권력을 독점하고 그 영토 내의 통제력까지 확보하게 된다. 이렇게 지역 권력체로 커나갈 후보자들은 두 가지 중 하나를 선택해야만 한다. 그 공동체를 대표하여 국가에 관심과 선처를 호소하든가 아니면 아예 국가를 완전히 대체해버리든가. 어떤 경우에는 국가가 이러한 지역의 현실에 대해 선의의 무시benign neglect로 일관하면서 오히려 그러한 지역의 자율과 자치를 정당화해주는 의례적 기능을 수행하는 지혜로운 정책을 통하여 자신의 수명을 좀 더 연장할 수도 있다.

가상 세계의 정치학

—

전 세계에 걸쳐 갈수록 더 많은 국민국가들이 비틀거리다가 쓰러져 죽은 국가의 쓰레기통으로 들어가고 있다. 이와 함께 나타난 최근의 현상 하나는, 긍정적인 정치 변화를 불러올 방법으로 인터넷과 모바일 기술을 치켜세우는 붐이 인위적으로 조성된 것이다. 최근에 벌어진 많은 반란들이 트위터 혁명이니 페이스북 혁명이니 하는 이름을 갖게 되었다 (예를 들어 이란에서 벌어진 반란에도 이런 이름이 붙었다. 하지만 그 문제의 트위터 대부분은 페르시아어가 아닌 영어로 외국인들이 쓴 글들이며, 트위터 계정을 가지고 있는 이란인들의 숫자는 거의 없다고 해도 좋을 만큼 적다는 것이 밝혀졌다). 이집트의 무바라크 체제가 무너지던 당시 구글의 중역이자 사이버 활동가인 와엘 고님Wael Ghonim은 카이로 현장에 있었고 그 자신이 하나의 유명한 이슈가 되었다. 우리는 그래서 이 새로운 기술을 이용하면 이집트 같은 곳에서도 긍정적인 정치 변화를 일으킬 수 있다는 믿음이 생겨나게 되었다. 하지만 한 국민국가 자체가 건재하는 경우에는 (예를 들어 이집트는 여전히 그 나라의 군부에 의해 통제되고 있으며, 이는 다시 여전히 미국의 지지를 받고 있다) 이 인터넷 운동이라는 것도 모두 대개 무용지물이다. 반면 국민국가 자체가 무너져서 죽은 국가의 범주로 넘어간 경우에도 (예를 들어 시리아에서는 레짐 체인지regime change를 일으키겠다는 서방의 노력이 마침내 나라 자체를 전면적인 내란 상태로 몰고 가버렸다) 인터넷 운동이란 대개 무용지물이다. 그 두 가지 시나리오 사이에 무언가 인터넷 운동이 힘을 쓸 수 있는 지점이 있을지도 모르겠다. 하지만 아직까지 발견하지 못했다.

당신이 예를 들어 부당한 전쟁을 미연에 막거나 아니면 중지시키는 등 무언가 중요한 정치적 결과를 성취하기를 원한다고 하자. 당신은 거대한 시위를 조직할 수 있을 것이다. 수십만 명의 사람들이 거리를 행진하며 구호를 외치고 반전 깃발을 휘날린다. 또 신문 지면과 당신의 블로그에 분노로 가득 찬 글을 올려 이 전쟁의 명분이 얼마나 말도 안 되는지에 대해 격정을 토로할 수 있다. 또 당신이 뽑았든 안 뽑았든 모든 국회의원들에게 전화와 이메일과 문자를 보내 전쟁을 중지해야 한다고 주장할 수 있다. 그러면 의원들은 물론 자기들이 노력하고 있으며, 그런 의미에서 기부금 좀 내달라고 답장을 보내올 것이다. 또 당신은 당신의 나라가 하려는 혹은 이미 하고 있는 짓을 생각하면서 구토를 느껴 잠을 못이루고 식욕까지 잃어가며 비분강개할 수도 있다. 이러면 전쟁이 멈춰질까? 슬프게도, 아니다. 이라크 전쟁에 반대하여 거리로 나온 사람들이 얼마나 많았던가? 그게 무슨 결과를 낳았던가? 아무 결과도 없었다.

우리가 알아야 할 것은, "권력자들에게 진실을 말하라"는 구호는 일정한 한계를 가지고 있다는 점이다. 이 구호의 문제점은, 권력자들이 귀를 막아버린다는 사실을 그리고 사람들이 이미 진실을 알고 있고 심지어 그걸로 농담까지 하고 있다는 사실을 무시하고 있다는 것이다. 권력자들에게 무엇을 하도록 혹은 하지 않도록 설득할 수 있을 것처럼 보이지만, 이는 그렇게 할 때 그들이 무언가 유리한 게 있을 때에만 실현된다. 또한 이들은 대중 운동을 자기편으로 끌어들인 뒤 소리 없이 뒤집어버리는 방법을 선택하기도 한다. 그러면 자기들을 반대했을 사람들이보기에도 정당해 보이게 되니까. 하지만 일반적으로 볼 때, 그들 나름대로 자기들 이익이라고 생각하여 시작한 일을 지배계급도 아닌 자들이그냥 말로 떠든다고 해서 그만두거나 방향을 바꾸는 법이란 있을 수 없다. 물론 미약한 체제를 가진 나라들의 경우 국제적으로 인정받는 권력 있는 위치의 유명 인사들이 비판의 목소리를 낸다면 그에 민감하게 반응할 수도 있다. 하지만 똑같은 일이 강력한 체제를 가진 나라에 행해진다면 오히려 반작용만 거세게 작용할 것이다. 이런 나라들은 그런 비판자들을 아무 소용도 없는 짓에 몰두하는 허당으로 몰아가 웃음거리를 만들어버릴 것이기 때문이다.

오로지 수사학만 가지고서 권력자들의 입장에 변화를 가져오겠다는 것은 이를테면 장기를 두고 있는 사람에게 합리적이고 정의롭고 공정한 일을 하려면 당신의 차와 포를 떼라고 설득하여 이기려 하는 것이나 마찬가지이다. 장기에서나 정치에서나 승리를 얻어내려면 당신 적수가 움직일 수 있는 여지를 줄여서 손발을 묶어버려야 한다. 그리고 장기의 경우처럼 정치에서도 당신의 전략을 적수가 알아버린다면 그 전략은 무력화되고 만다. 따라서 당신의 적수와 대화를 트려고 시도한다는 것은, 당신의 게임 전략을 노출시켜 당신의 입지만 약화시키는 확실한 방법일 뿐이다.

권력자들과 맞설 때에는 오히려 장기보다 비밀을 유지해야 할 필요가 더 있다. 장기는 드러내놓고 벌어지는 게임이지만, 권력자들의 입장을 바꾸려는 게임은 비밀리에 진행하는 것이 최상이다. 게임 전체의 판을 바꾸어버릴 사건들은 조직된 것이 아닌 자생적으로 벌어진 우연이거나 사고처럼 보이게 만들어서, 누구의 소행인지를 알아내기 힘들게 하는 게 유리하다. 권력자들은 무슨 일이 있을 때마다 적절한 구실을 붙여 항상 희생양을 찾아내는 일에 능하기 때문에, 그 일과 결부시킬 수 있는 이렇다 할 만한 조직 자체가 전혀 없도록 하는 것이 우리에게 더 유리하다. 조직이 필요할 경우에는 이를 한시적이고 유동적이며 아나키적 성격을 갖도록 하는 것이 가장 좋으며, 무언가 무해하고 하찮은 것을 목표로 하지만 별 효과를 거두지 못하는 조직으로 보이게 만드는 것이 좋다. CIA가 쓰는 용어로 말하자면, 이는 항상 적이 믿고 속아 넘어갈 부인의 논리plausible deniability를 갖추고 있어야만 한다.

그러한 전략은 오로지 인터넷으로부터 완전히 거리를 유지하지 않으면 상상도 할 수가 없다. 네트워크가 그다지 촘촘하지 않았던 예전에는 비밀경찰의 작업이 더 어렵고 노동집약적이었지만, 인터넷으로 모든 것이 바뀌어버렸다. 인터넷에 대고 무슨 이야기든 하게 되면 그게 개인 이메일이든 미출간 문서이든 블로그 포스팅이든 당신이나 다른 누군가에게 불리한 증거로 사용될 수가 있다.

옛날 소련 시절 KGB는 당신의 대화를 엿듣기 위해 직접 당신의 아파트에 출장을 나가서 도청기를 심어놓았다. 이것만 해도 상당한 주의와 노력을 요하는 작업이었다. 집이 비는 시간을 찾아내기 위해서 당신 가족 한 사람 한 사람마다 요원 한 명씩이 따로 붙어서 동선을 파악한다. 다음에 또 다른 요원 한 사람이 망을 보는 가운데 두 명의 요원이 자물쇠를 따고 들어가 가구를 옮기고서 벽지를 아주 깨끗하게 뜯어내고 드릴로 구멍을 뚫고 도청기를 심고 떼어낸 벽지 조각을 다시 풀로 붙이고 감쪽같이 원래 모습으로 만들고 가구를 다시 제자리로 옮긴다. 그다음에는 이 도청기를 통해 들려오는 대화들을 엿들어야 하며, 이를 녹음도 해야 한다. 부피가 큰 릴 테이프 녹음기가 빙빙 돌아가는 밀실에서 테이프가 다 돌아가면 잽싸게 새 테이프를 끼우기 위해 누군가가 또 옆에 지키고 있어야 한다. 마지막으로 또 누군가가 이 테이프들을 모두 들으면서 무언가 수상하고 반역적으로 들리는 말을 찾아낸다. 그리고 이 도청 작전 전체가 아주 사소한 실수로 실패해버리는 경우도 많다. 잘못해서 방문 하나를 잠가버린다든가 재떨이에다가 집주인이 피우지 않는 브랜드의 담배꽁초를 남겨놓는다든가 하게 되면, 감시 대상은 갑자기 조심스러워지게 되고 무언가 중요한 이야기를 할 때면 항상 라디오나 텔레비전을 틀어놓게 된다. 그러다 정말로 무언가 조금이라도 의심쩍은 말들이 발견되는 때에도 엉뚱한 일이 벌어질 수 있다. 감청을 맡은 이가 감시 대상에 동감하는 동조자로 변해버리는 것이다. 왜냐면 그가 엿듣는 감시 대상인 반체제 활동가들은 그의 혐오스런 상관들과는 달리 솔직 담백하고 명예로우며 좋아할 수밖에 없는 사람들임을 알게 되면서 모종의 거꾸로 된 스톡홀름 신드롬이 일어나게 되는 것이다. 그리고 수상한 대화를 결국 적발해낸다고 해도, 그 문제의 내용을 일일이 녹취하는 고된 작업이 남는다.

그 감시 대상의 사회적 연결망을 그려내는 게 필요해질 경우, 그 과정 또한 실로 품이 많이 든다. 전화 통화와 감시 테이프를 일일이 녹취하여 이를 그 아파트에 드나들었던 사람들의 사진 또 감시 대상이 대화를 나누는 사람들의 사진과 일일이 대조해야 한다. 어떨 때에는 핵심적인 관계의 성격을 파악하기 위해서 우편물까지 몰래 뜯어보아야 한다. 그리고 불온한 내용의 문서들이 있을 경우 이들은 보통 타자기로 작성되어 있으므로 일이 더욱 복잡해진다. 모든 타자기의 활자체 견본을 파일로 보관하고 있는 도서관이 따로 있으므로, 여기에 가서 그 문서의 글자체에 나타난 여러 특징들—활자에 살짝 이가 빠졌다거나 줄이 약간 높거나 낮게 되어 있다거나—을 하나하나 대조하여 그 문제의 타자기 주인을 찾아내야만 한다. 그런데 이런 문서들은 무려 먹지를 다섯 장씩이나 대고서 타자를 칠 때가 많으므로, 글자가 너무 흐려서 이러한 주인 찾기도 불가능할 때가 많다.

이를 오늘날의 미국의 상황과 비교해보라. CIA/FBI/NSA/국토안전부는 하나의 거대한 안보 기구를 구성하며, 그 침투력과 범위 모든 면에서 낡아빠진 옛날의 KGB 따위는 초라해 보이게 만든다 (비록 현대 기술의 자동화를 통해 인력은 훨씬 아끼게 되었지만, 효과에 있어서도 KGB를 훨씬 능가하게 되었는지는 의문이다). 옛날에는 미국에 사생활 보호법이라는 것이 분명히 존재했었지만, 이는 이제 새로 만들어진 입법의 결과 사라지고 있는 중이다. 하지만 이렇게 전면적인 사생활 보호법 폐기가 정말로 명시적으로 법률화되고 아니고를 떠나서 최소한 온라인에서의 프라이버시는 이미 사라진 지 오래이다. 이제 정부에서는 당신의 디지털 데이터에 대해 완전한 접근권을 가지고 있을 뿐만 아니라 기소, 재판, 선고 따위의 절차 없이도 무한정 당신을 구금할 수가 있으므로, 법적인 세부 사항이 어떻게 되든 별로 중요하지 않다. 또 당신이 미국 시민인지의 여부도 더 이상 중요하지 않다. CIA와 (이는 오직 외국인들만을 첩보 활동의 대상으로 삼게 되어 있다) FBI 사이의 방화벽은 9/11 이후 사라졌다. 비록 이는 의회가 만든 몇 가지 법에 저촉되는 일이지만, 그렇다고 해서 누가 이를 바로잡을 것이라고 기대하는 것은 어리석은 짓이다.

사람들은 이제 휴대전화, 문자 메시지, 이메일, 페이스북과 트위터 등으로 소통하는 경향이 있으며 이는 모두 디지털 데이터로 저장된다. 사람들 사이의 관계는 페이스북의 프로필, 이메일과 전화를 주고받는 상대를 보면 알 수 있다. 만약 당신의 휴대전화에 GPS 기능이 켜져 있다면 당신의 위치도 아주 정확하게 추적 가능하며, 설령 꺼져 있다고 해도 일단 당신의 휴대전화가 몇 개의 다른 송신탑에 연결되고 나면 그것만으로도 상당히 정확하게 위치를 추적할 수 있다. 이 모든 정보들은 사람이 끼어드는 일 없이 계속적으로 모니터되고 분석되며, 그러다가 무언가 수상한 패턴이 보이기 시작하면 저절로 주의 신호를 보낸다. 아직은 아니지만, 미래의 어떤 시점에는 어떤 사람이 아홉 개 자판으로 알파벳을 누르게 되어 있는 T9 방식으로 문자를 보내다가 자동 완성 기능을 잘못 눌러서 아주 위험한 키워드를 보내게 될 경우 즉시 드론이 날아와 폭격을 때려 온몸이 가루가 되어버릴 수도 있다.

오늘날 전자 상거래가 성행하고 있는 반면, 판매 시스템 대부분의 리테일 포인트는 이제 전산화되어 있고 대부분의 사람들은 현금이 아닌 신용카드·체크카드를 사용하며, 심지어 현금을 사용할 때에는 "적립 카드"를 함께 사용할 때가 많다. 따라서 당신이 구매한 모든 것은 추적이 가능하며, 당신의 구매 패턴을 분석하여 예를 들어 당신의 임신 여부까지 알아낼 수가 있다. 최근의 스캔들이지만, 미국의 타겟Target 체인점은 임신한 사실을 아직 모르고 있던 여성들에게 아기 제품을 할인해주겠다는 제안을 보내는 무례한 행동을 범하였다. 이들은 그 여성들이 최근에 무향취 얼굴크림, 더 큰 사이즈의 브래지어, 다양한 종류의 부드럽고 푹신푹신한 품목들을 구매했다는 것에 기초하여 그러한 분석을 내놓은 것이다.

컴퓨터의 연산 능력이 엄청나게 확장되었기 때문에 이제 강조점은 위반 사례를 찾아내어 법을 강제하는 것에서 어떤 종류든 시스템이 잘 이해할 수 없는 일탈적 행동 패턴이 나타나면 이를 알리는 쪽으로 이동하고 있다. 즉 이제 어떤 특정 법률의 위반 사례들을 찾는 것이 아니라 특이한 행동 패턴들을 수색하는 것이다. 그런 패턴의 예를 들어보자. 당신과 다른 몇 명이 일정한 시간 동안 사이버 세계에서 완전히 자취를 감추는 행동 패턴이 나타날 수 있다. 당신이 어떤 공원으로 걸어가고 있는데 도착 직전에 휴대전화를 꺼버린다고 하자. 그리고 몇 명의 다른 사람들도 똑같은 시간에 똑같은 공원으로 걸어오면서 도착 직전에 모두 휴대전화를 꺼버린다고 하자. 그리고 당신들 중 누구도 그 전에 서로에게 전화나 문자를 보낸 적이 없다고 하자. 자, 이건 분명코 음모가 진행되고 있다는 적색 신호감이다! 공원에 설치된 감시 카메라들로부터 영상을 다운받아 안면 인식 소프트웨어에 돌려 그 얼굴들을 꺼진 휴대전화들과 매치시켜본다. 이제 당신들은 감시를 피하려 드는 자들로 굴비처럼 한 줄로 엮였다. 장래에 (항시적인 "테러와의 전쟁"이 아니라) 모종의 국가 비상 사태가 닥쳤을 때에 이러한 일탈적 행동이 벌어진다면, 드론 비행기가 곧바로 날아와 당신을 제거할 수도 있다. 이 모든 일이 인간의 개입이 없이 완전 자동의 안보 위협 요소 무력화 시스템의 통제 아래에 벌어지는 것이 가능하다. 이는 『캐치 22』와* 같은 상황이다. 인터넷과 거리를 유지하면 분명코 사회적으로 너무 고립되어 아무것도 조직할 수가 없다. 인터넷에 접속하면 당신은 그 즉시 노출된다. 양쪽 모두를 조금씩 할 경우엔 갑자기 아주 수상한 자로 보이게 되며 곧바로 더 많은 감시와 조사를 불러온다.

당신이 좀 더 요령을 피운다면, 익명성에 몸을 숨기고서 인터넷을 사용하는 방법들을 찾아낼 수도 있을 것이다. 우선 노트북 컴퓨터를 현금으로 구입하여 등록하지 않는다. 이러면 MAC 주소가 당신에게 따라붙지도 않는다. 그다음엔 무선 인터넷에 누구나 접속할 수 있는 인터넷 카페로 가거나 다른 곳의 열려 있는 와이파이 커넥션을 몰래 사용한다. 그리고 SSL(HTTPS 프로토콜)을 통해서 미국 관할 바깥의 웹 사이트로 접속하거나 스카이프와 같은 암호화된 서비스를 사용한다. 그리고 토르Tor

---

* 2차 대전을 배경으로 한 미국의 전쟁 소설. 군대와 관료 조직의 비합리성을 풍자하는 내용으로 유명하다. 예를 들어 장학금을 신청하려면 대학 입학 자격증이 있어야 하는데, 대학에 입학하려면 장학금 심사 합격증이 있어야 한다는 부조리한 상황을 일컫는다.

를 사용하여 당신이 접속했다는 것도 익명화할 수 있다. 자, 이제 안심이다. 하지만 잠깐! 혹시 당신은 윈도우즈나 맥 OS X와 같이 시판되고 있는 운영 체제를 쓰고 있는 것은 아닌지? 만약 그렇다면 거기에는 미국 정부의 비밀 요청으로 제조사에서 추가해놓은 "뒷문back door"이라는 게 있게 마련이다. 이 뒷문을 이용하면 누군가가 (반드시 정부 요원이 아닐 수도 있다. 누구든 이를 알고 있는 자라면 사용할 수 있다.) 키 자동 기록기를 몰래 심어놓아 당신의 모든 자판 조작을 포착하여 주기적으로 이를 어떤 서버에 업로드하여 분석할 수가 있다. 이제 어떤 제 3자가 당신의 모든 서신과 소통 그리고 아이디/패스워드 조합들을 알아내게 된다.

당신이 이 시판되는 운영 체제들에 뒷문이 있다는 것을 알고 있다고 하자. 그래서 당신은 소스코드로부터 스스로의 운영 체제를 (일종의 리눅스 혹은 BSD 유닉스) 새로 짰다고 하자. 당신은 이를 초 안전 모드로 가동시키면서 모든 들어오고 나오는 네트워크 연결에 무언가 수상한 게 없는지를 눈에 불을 켜고 살펴본다. 하드 드라이브 또한 암호화하였다. 타인과의 접촉에 관한 어떤 정보도, 패스워드도, 또 그 밖의 어떤 것도 당신의 노트북에 저장해놓지 않았다. 브라우저는 "사적private" 모드로 작동시켜서 브라우징 히스토리가 전혀 남지 않도록 한다. 이제 이 양철판 모자를 쓴* 당신 모습이 아주 매력적으로 보일 것이다. 당신은 어나니머스Anonymous 집단의 일원일 뿐만 아니라 그야말로 익명성의 존재인 것이다! 그런데 당신이 깨달아야 할 것이 있다. 이게 얼마나 당신을

---

*　1970년대에 미국에서 돌았던 소문. 미국 정부가 비밀리에 전파를 보내 모든 미국인들의 생각을 조종하고 있으며, 이를 피하기 위해서는 양철판으로 된 모자tinfoil hat를 써야 한다는 것이다. 그런데 반대로 이 소문이 정부의 음모라는 소문도 돌았다고 한다. 이런 모자를 썼다가는 오히려 더욱 전파에 잘 잡힌다는 것이다.

이상한 사람으로 보이게 하고 있는지 아는가? 핼쑥한 모습을 하고서 모든 웹 주소와 모든 패스워드를 암기해야 할 뿐만 아니라 수상한 것들이 없는지 살피며 눈동자를 계속 빠르게 돌려야 한다. … 당신이 진짜로 무엇을 하는지 모른다고 해도 이런 모습만 보아도 수상하다고 생각하여 당장에 체포하려 들 것이다. 그리고 이쯤 되면 당신은 감시팀의 도전 정신에 불을 지르게 될 것이며, 그들은 자기들의 기술을 더 연마하는 용도로 당신을 집요하게 목표물로 삼을 것이다. 이런 상태에 들어가고 싶은가?

인터넷에서의 익명성은 그 장래가 어둡다. 이미 중국 같은 곳에서는 거의 사라져버렸다. 베이징에 도착하여 스마트폰을 쓰려면 SIM 카드를 구매해야 하고, 그러려면 여권을 제시해야 한다. 이제 그 SIM 카드는 당신의 여권 번호와 결부되어버렸다. 다음으로는 인터넷 카페로 향한다. 이곳에서 인터넷 접근은 자유롭지만 접속하려면 당신의 스마트폰에 문자로 전송된 패스워드를 입력해야 한다. 이제 당신이 인터넷에 접속하여 행하는 모든 일은 당신의 여권 번호와 결부된다. 여기서 익명성을 유지한다고? 내 생각엔 불가능한 일이다.

그리고 설령 당신이 익명성을 유지하는 데 성공한다고 해보자. 그래도 여전히 당신은 현존 상태에 도전하기 위해 효과적인, 하지만 위험이 따르는 비밀 활동을 수행할 반란자 정신을 유지할 수 있을까? 내 추측이지만, 이제 당신은 상당히 온순하게 길든 존재가 되어 있을 것이며, 이 또한 인터넷 덕분이다. 당신은 이제 당신의 인터넷 접근권을 위협할지 모를 일은 전혀 하려 들지 않을 것이다. 클라우드에 들어 있는 모든 음악과 책들, 온라인 게임들, 페이스북 친구들 등등. 이런 것들 없는 삶을 이제는 상상도 할 수가 없는 것이다. 많은 이들에게 인터넷은 또한 섹스를 조달하는 방법이기도 하다. 포르노그래피를 통해 남의 섹스를 즐기든 아니면 함께 잘 상대를 구하든 인터넷을 이용한다. 그리고 내가 지금까지 관찰한 바로 보면, 보통 때에는 반항 정신이 가득한 남자들이라고 해도 섹스를 얻을 기회가 생길 수 있다고 생각하면 아주 유순해진다. (여자들은 어떤 경우에든 남자들보다 더 온순한 경향이 강하다.) 전체적으로 볼 때, 인터넷에는 사람들을 길들이는 효과가 결부되어 있다고 보인다. 사람들은 여전히 분노를 안고 있겠지만, 이는 그저 남의 블로그에다가 악플을 남긴다든가 또는 게시판에서 감정적인 논쟁을 주고받는 것으로 표출되고 끝나버린다.

인터넷 운동Internet activism이라는 것이 있다고 믿는 이들이 많지만, 좀 더 정확한 그 이름은 예브게니 모로조프Evgeny Morozov가 그의 저서 『인터넷 망상The Net Delusion』에서 말한 바 있듯이 "맛이 간 운동Slacktivism"일 것이다. 모로조프는 벨라루스 출신의 활동가로서, 조지 소로스의 열린사회재단Open Society Foundation에서 자금을 지원받아 활동하고 있을 뿐만 아니라 (나는 이 점이 아주 뜨악스럽다), 미국 정부에 외국의 민주주의를 증진시키는 방식에 대해 (이는 똑같은 것들끼리 서로를 비난하는 짓이라 최소한 나로서는 아주 웃기는 주제라고 생각한다) 정책 조언을 하는 데 많은 시간을 보낸다. 그는 미국 국무부가 이란의 블로거들로 하여금 미국 재무부가 수출 금지를 걸어놓은 소프트웨어를 사용하는 훈련을 시키느라 많은 돈을 쓰고 있다든가 하는, 현실의 "흔해 빠진 개판 상태 SNAFUs"들의* 흥미로운 사례들을 나열하고 있다. 하지만 그가 인터

---

*   Situation Normal, All Fucked Up의 머리글자. "언제나 그런 것처럼 오늘도 개판이다"라는 미국 군대 용어.

넷 운동에 관해 주장하는 논점은 아주 중요하다. 이는 너무나 쉽고 위험도 거의 없으며 (물론 이란이나 시리아나 벨라루스 같은 나라에서는 아주 위험하다), 일반적으로 아무 쓸모도 없다는 것이다. 이게 혹시라도 현존 상태에 대한 위협이 될 정도로 커지게 될 경우가 있다고 해도 권위주의 정부, 서방의 대기업, 혹은 양자의 결합을 통해 간단하게 무력화시켜 버릴수가 있다고 한다. 세계 최대의 검열자는 중국과 러시아가 아니라 애플과 페이스북이라는 게 모로조프의 이야기이다. 결국 인터넷 운동이란 사람들의 시간을 낭비하게 만드는 대단히 강력한 장치로서, 억압적 권위주의 체제로 볼 때에는 아주 요긴한 것이며, 외국의 인터넷 초보자들에게는 한 번 빠지면 헤어나오지 못하는 늪지대이며 서방의 정치가들 · 활동가들에게는 헛된 기대를 불러일으키는 망상일 뿐이라는 것이다.

그래도 무언가 의미 있는 정치적 변화를 이룬다는 생각에 여전히 흥미를 갖는다면? 만약 내가 당신에게 부처님처럼 가부좌를 틀고서 얼굴에 천상의 미소를 띤 모습으로 참을성 있게 기다려도 똑같은 결과를 얻을 수 있다고 한다면 무어라 하시겠는가? 물론 황당하게 들리겠지만, 사실은 그렇지 않다. 인터넷은 아주 복원력이 강한 시스템이며, 정보 패킷들이 어떤 장애물에도 막히지 않고 흐르도록 만들게 설계되어 있다. 이는 어느 정도는 자기 조정 능력과 자기 치유 능력을 가지고 있다. 하지만 이는 또 다른 시스템 하나에 의존하고 있는 바, 그 시스템은 전혀 복원력이 없는 시스템이다. 바로 전력망이다. 미국의 전력망은 노후화되어 삐걱거리고 있으며, 이제 그 정전율은 기하급수적으로 증가하고 있다. 이는 계단식 붕괴가 벌어져 아주 작은 실수라도 시스템 전체에 큰 충격을 주는 현상이 벌어지면 아주 취약해진다. 이 시스템을 업그레이드할 수 있는 돈이 없으므로 정전 사태는 계속해서 확산되고 있다. 전력망이 내려앉으면 인터넷 접근도 사라진다. 휴대전화 접근은 그래도 살아 있을 공산이 크지만, 전력망이 죽으면 대부분의 사람들은 휴대전화 등등을 충전할 수 없게 된다. IT 기술은 빛나고 새로워 보이지만, 인터넷 동력의 40퍼센트는 석탄이며 20퍼센트는 원자력이라는 사실은 변하지 않는다.

전력망의 신뢰성이라는 순수하게 기술적인 문제들을 넘어서, 그 전력망을 움직이는 데 충분한 에너지를 어떻게 찾을 것인가라는 문제가 또 있다. 미국의 전력 많은 부분은 석탄에서 나오지만 이는 갈수록 질이 떨어지고 있다. 석탄 생산량은 그럭저럭 일정하지만, 석탄의 에너지 밀도는 시간이 갈수록 계속 감소하고 있다. 증기 기관의 시대를 열었던 무연탄은 이제 거의 사라졌다. 그 대신 쓰이고 있는 갈탄과 아탄은 석탄이라기보다는 흙덩어리에 더 가까울 때가 있다. 어느 시점에 가면 이것들을 캐내서 발전소로 가져가는 데 들어가는 에너지와 거기에서 나오는 에너지를 차감해보면 마이너스가 되고 말 것이다. 이미 저질의 석탄 때문에 발전소의 화로 안에 거대한 찌꺼기 덩어리들이 축적되고 있으며, 이 때문에 발전소 작동이 멈추는 시간이 계속 늘어나며 또 손상을 입는 발전소들도 무수히 많다. 다른 전력원으로 보자면, 노후화된 핵발전소의 다수가 이미 위험한 상태에 있으며, "수압 균열법fracking"을 통한 셰일가스 채취 등의 비열한 방식들은 효과적이지 못해서 우리를 구원해줄 수 없다. 미래에는 어느 한 장소에서 전력망이 작동하는 시간의 양이 계속 줄어들 것이며, 그와 함께 인터넷 접근도 제한될 것이다.

이렇게 전력망이 무너지게 되면 경제적 혼란도 극심해질 것이다. 하지만 감시 시스템의 차원에서 보자면 두 가지 효과는 확실하게 나타날 것이다. 첫째, 옛날 KGB 시절과 마찬가지로 사람들을 감시하고 추적하는 것이 아주 비용이 많이 드는 일이 될 것이다. 둘째, 사람들은 더 이상 온순하게 길든 상태로 머물러 있지 않을 것이다. 지금까지 사람들을 유순하게 만들어주었던 것은 텔레비전과 인터넷의 마법과 같은 빛나는 세계였다. 그들 자신의 삶은 지루하고 회색이며 절망적인 데다가 지루한 일상으로 꽉 차 있지만, 잘 다듬은 근육에 살결 좋은 유명인사들이 최신 패션을 선보이며 살고 있는 천국을 주기적으로 엿보며, 자기들이 제일 좋아하는 소음을 즐기며, 축구 경기를 보고 비디오 게임을 즐기고 레딧Reddit 사이트의 귀여운 동물 사진을 블로그에 올리는 등으로 최소한 꿈의 세계에서 살 수가 있었다. 그런데 이러한 꿈에서 깨어나 자신의 실제 삶의 주변을 둘러보게 될수록 이들은 심각한 분노에 휩싸이게 될 것이다. 이것이 바로 소비에트 시절의 조지아나 불가리아 혹은 러시아 극동 지역 등 심각한 에너지 부족에 시달리는 나라나 지역에서도 항상 최소한 하루에 몇 시간만큼은 그것도 주로 "텔레비전 황금 시간대"인 저녁에 맞추어 전력을 공급할 수 있도록 한 이유였다. 이렇게 하면 주민들은 매일매일 일정량의 허구를 주입받을 수 있게 되며, 이것이 성난 군중들을 억누르기 위해 야간 통행 금지를 강제하고 군대의 24시간 순찰 및 검문을 유지하는 것보다 훨씬 싸게 먹힐 수 있었기 때문이다.

따라서 만약 당신이 정말로 진지한 정치적 변화를 이루어내기를 원한다면, 내가 제안했던 대로 부처님처럼 가부좌를 틀고 앉아 호흡 수련에 정진하라. 또 전자 제품들로 매개할 필요 없는 대인 관계의 기술들을 익히도록 하라. 때가 오면 당신이 이런 기술을 시전할 기회가 차고 넘칠 것이다. 그래서 심각하게 분노에 찬 사람들에게 유용한 무언가를 제시해줄 수 있을 것이다. 또 그때가 되면 누구도 당신을 감시하지 않을 것이다. 감시 스크린에는 한결같이 아무 수상한 동정이 없는 것으로 나타날 테니, 감시를 맡은 자들은 그걸 들여다보다가 지쳐서 집에 가버릴 것이다. 그러면 그들 또한 심각한 분노를 안게 될 테지만, 그들이 화가 나는 대상은 결코 당신은 아닐 것이다.

．

THE FIVE STAGES OF COLLAPSE

．

파슈툰족

통치를 받지 않는 공간들이 전 세계에 여러 군데 있지만, 그중에서도 여러 제국의 무자비한 공격을 오랫동안 굳건히 견뎌낸 지역으로 파슈툰 부족의 지역만 한 곳은 없다. 이들의 지역은 아프가니스탄과 파키스탄 사이의 허술하고 거의 명목에 불과한 국경선에 걸쳐 있으며, 여기에는 와지리스탄Waziristan의 파키스탄 부족 지역도 포함된다. 침략자들 입장에서 보면 이 지역은 보이지 않는, 하지만 결코 무너뜨릴 수 없는 요새로서, 여러 중앙집권 국가들이 자기들의 의지를 강제하려는 모든 시도를 다 견뎌낸 무서운 곳이다. "통치받지 않는ungoverned"이라는 용어는 보통 그렇듯이 이 경우에도 잘못 붙여진 표현이다. 파슈툰 사람들은 대안적인 통치 시스템을 가지고 있으며, 단지 그 규율이 중앙집권적 권력의 수립을 무조건 불가능하게 만들어놓은 형태일 뿐이다. 이들의 숫자는 4백만을 훨씬 넘게 헤아리며, 지구상에 존재하는 가장 큰 민속 집단ethnic group의 하나이다. 이들이 영국, 파키스탄, 소련, 그리고 이제는 미국/NATO의 공세에 보여준 저항 능력은 가장 위대한 반제국주의 투쟁의 이야기 중 하나로 전해진다. 도저히 깰 수 없는 호두 같은 이들의 강인한 힘은 어디에서 나오는 것일까? 이는 흥미로운 질문이다. 그러니 온 세계의 부족들 중에서도 가장 깨기 힘든 호두라고 할 파슈툰족 이야기를 여기에 담아보기로 하겠다.

　그런데 흥미로운 질문이 또 있다. 이렇게 파슈툰족이라는 호두를 깨는 작업이 계속 허사로 돌아가는데, 어째서 그 여러 제국들은 이 지독하게 독립적이고 접근조차 힘들고 거의 아무 가치도 없는 산지를 정복해보겠다고 줄을 서서 인명과 재원을 희생해가며 덤벼든 것일까? 파슈툰족은 그냥 내버려두고 우월한 무기와 무력으로 쉽게 제압할 수 있는 다른 지역으로 뻗어나가는 게 훨씬 쉽지 않은가? 물론 어느 대상을 기필코 정복하여 복속시키고 말겠다는 집착은 결코 새로운 것이 아니며, 선사시대로부터 여러 부족들은 다른 부족들을 계속해서 정복하여 복속시켜왔다. 하지만 지구적 제국들이 출현하면서 새로운 요소 하나가 들어왔던 것으로 보인다. 완벽한 독립에 대한 완벽한 불관용이 그것이다. 지구 위의 어떤 지역이든 그게 아무리 작은 지역이 되었든, 다른 국가들과 조약 등의 국가 간 법적 관계로 구속된, 국제적으로 인정된 국가에 귀속되어야만 한다는 것이다. 이 지구적 정치 질서는 이제 정치적 지도 위에 단 하나라도 공백 지역이 존재하는 것을 용납하지 못하게 된 것이다. 모든 인간 집단은 최소한 협상 테이블—여기서는 물론 항상 가장 강력한 (혹은 그렇다고 생각하는) 국가가 우위를 점한다—에 앉아서 법적 구속력을 갖는 문서들에 서명을 하도록 강제할 수 있어야 한다는 것이 지상명령이다. 그런 공백 지역이 존재한다는 것 자체가 전체 시스템의 존속에 위협이 되며, 그 지역을 제거하기 위해서 그 지역의 가치나 위협의 크기와는 전혀 걸맞지 않는 엄청난 노력을 기울이는 것도 그 때문이다. 거대한 대제국은 마치 우주의 외계인처럼 들이닥쳐서 "너희들의 지도자를 데려오라"고 말한다. 그런데 만약 지도자 따위가 존재하지 않는다면, 그리고 이 특정 부족이 지금까지 발전시켜온 대외 정책이라고는

"우리를 내버려두고 어서 꺼져라"가 전부라면, 필연적으로 오해가 생겨날 수밖에 없고 양쪽 모두에게 좋지 않은 결과가 나오게 된다. 비 통치 지역에 들어가서 그 현지 주민 중 하나를 앞잡이로 임명하여 법적 구속력이 있는 서류에 서명하게 함으로써 그 지역을 하나의 국민국가인 듯 삼는 작전은 결코 현실에서 작동할 수 없다.

어떤 지역의 밑바닥에 그 지역 특유의 통치 시스템이 있고, 그 성격이 비 위계적이며 자기 강화적이며 탈집중화되어 있다면, 그리고 오로지 외부로부터의 위협이 있을 때에만 하나로 뭉치는 강력한 전통이 있으며 또 모든 부당한 죽음에 대해서는 (예를 들어 미국의 프레데터 드론의 폭격으로 가족 중 누가 죽었다든가) 반드시 보복한다는 똑같이 강력한 전통이 존재한다면, 그 지역에는 어떤 국가이든 권위를 강제할 수가 없을 것으로 보인다. 이것이 바로 파슈툰족의 경우이다. 까마득한 옛날부터 영원의 미래까지 이들을 지배하는 행동 규율은 파슈툰왈리Pashtunwali— "파슈툰족의 방식"—이다. 파슈툰왈리를 따르는 이유는 훌륭한 파슈툰이 되기 위해서이다. 그리고 훌륭한 파슈툰이란 바로 파슈툰왈리를 따르는 것이다. 이렇게 파슈툰왈리는 스스로를 강화시켜나가는 논리를 갖추고 있으며, 어떤 파슈툰이건 파슈툰왈리를 따르지 않는다면 다른 파슈툰의 협조를 확보할 수가 없다. 그렇게 되면 명이 아주 짧아지기 십상이다. 여기서 공동체로부터의 파문이란 바로 사형 선고에 해당하는 것이 보통이기 때문이다. 파슈툰족 사이에서는 사람의 생존권이라는 개념 따위는 존재하지 않는다. 특별한 이유가 없는 한, 누군가를 지금 당장 여기서 죽인다고 해도 전혀 안 될 것이 없다. 이건 지나치게 가혹한 윤리가 아니냐는 생각이 든다면, 이곳이 디즈니랜드가 아니라는 점을 상기하라. 말할 필요도 없이, 파슈툰족은 사회 진보니 경제 발전이니 하는 것들로 꾀어낼 수 있는 사람들이 아니다. 왜냐면 그런 것들은 파슈툰왈리의 목적이 아니기 때문이다. 파슈툰왈리의 목적은 파슈툰왈리를 영원히 보존하는 것이며, 이 점에 있어서만큼은 파슈툰족은 대단히 아주 대단히 뛰어나다.

파슈툰족은 사회 구조로 볼 때, 지도자가 존재하지 않는acephalous 사회의 하부 유형의 하나인 환절적segmentary 사회라고 분류된다. 주요한 권력의 담지자는 장로들maliks이며, 이들 각각은 한 지역의 부족장khan으로 복무한다. 하지만 이들의 지도자로서의 지위는 항상 유동적이며, 그 부족의 이익을 우선으로 삼아 행동할 때에만 그 지위도 인정된다. 모든 의사결정은 합의에 기초하고 있으므로 전부가 통일된 행동을 할 수 있는 범위는 심하게 제한되어 있다. 하지만 외부로부터의 위협에 직면하게 되면 파슈툰족은 한 사람의 독재자를 임명할 수 있으며, 그 위협이 소멸할 때까지 그 독재자에게 절대적인 충성을 바치게 된다.

파슈툰왈리의 핵심 개념들은 다음과 같이 정의할 수 있다. 우선 명예nang란 파슈툰왈리가 침해될 때에는 언제든 행동에 나서야 한다는 것을 뜻한다. 그 결과가 무엇이 되든 말이다. 따라서 스스로의 명예를 지키기 위해서라면 거짓말과 살인까지도 허용된다. 복수badal란 신체에 상해를 입거나 재물의 손해를 입었을 때에 "눈에는 눈"의 원칙에 입각하여 행동하는 것을 뜻하지만, 유혈 사태를 피하기 위해 배상금 지불이 허용된다는 것이 결정적으로 중요하다. 죄인을 감금한다는 것은 어떤 경우에도 용납될 수 없는 정의롭지 못한 짓이라고 간주된다. 이는 복수의 과정을 복잡하게 만들 뿐만 아니라 배상금 지불을 아예 가로막으므로 정의가 실현되는 것에 훼방을 놓는 짓이라고 여겨지는 것이다. 아프가니스탄에서 대규모의 극적인 죄수 탈옥 사건들이 종종 벌어져왔던 것이 바로 이 때문이다. 이때마다 감옥 시설에 대해 군사 작전식의 공격이 벌어져서 수백 명의 수감자들이 풀려나곤 했다. 하지만 감옥을 공격한 이들의 목표는 죄수들을 단순히 풀어주는 것이 아니라 나중에 죽여버리든가 아니면 이들로부터 배상금을 뜯어내는 것이다. 환대nanawatai의 법에 따라, 파슈툰족 사람들은 누구든 도움을 청하면 그 사람을 반갑게 맞아 피난처를 제공해야 한다. 그 때문에 그 사람은 손님으로 머무는 동안은 모든 위험으로부터 완벽히 안전하게 보호받아야만 한다. 그러다가 그 사람이 일단 문지방을 넘어가서 더 이상 손님이 아니게 되면 누구든 그냥 심심풀이 삼아 저격할 수도 있다. 사후 공범이나 공무 집행 방해 같은 도망자를 숨겨주지 못하게 하는 법률은 아무 의미가 없으며, 이런 법을 집행하려고 들었다가는 자동적으로 보복badal을 불러오게 된다.

파슈툰족의 지역적 통치체는 지르가jirga라고 불리며, 이는 특별한 일이 있을 때에만 소집된다. 그것의 뿌리는 아테네 민주주의까지 거슬러 올라가며, 어떤 학자들은 심지어 그보다 더 오래된 것이라고 주장하기도 한다. 여기에 참가하는 이들은 둥그렇게 원을 그리고 앉도록 자리를 배정하며, 모두가 발언권을 갖는다. 회의를 주재하는 이는 없으며, 이는 파슈툰왈리의 눈앞에서 우월한 자는 아무도 없다는 원리에 따른 것이다. 결정은 다수의 합의로 이루어진다. 지르가의 결정에 불복하는 자에게는 살인과 방화가 공식적으로 허용된다. 중요한 점은 지르가에서는 자기 의사를 남이 대변하는 것이 허용되지 않는다는 점이며, 이는 대의제 민주주의라기보다는 직접 민주주의에 가깝다. 또한 지르가는 그 전에 맺었던 어떤 협정이든 무효로 돌릴 수 있는 권리를 보유하므로, 파슈툰족과 조약에 기초한 국가 간 법적 관계를 맺는 것은 불가능하다. 마지막으로, 파슈툰왈리를 따르는 자만이 지르가에 참여할 수 있으며, 모든 국외자들은 자동적으로 배제된다.

이를 생각해보면 어째서 파슈툰족을 지배하고자 했던 모든 제국들이 파슈툰왈리를 골치 아픈 문제로 여겼는지를 알 수 있다. 이제 그 제국들이 시도했던 바의 길고도 복잡한 역사적 기록을 짧게 살펴보자.

제국들, 코가 깨지다
—

파슈툰족과 처음으로 얽혔던 근대의 제국은 영국이었다. 영국은 천진난만하게도 인도 형법Indian Penal Code을 이들에게 그대로 강제하려 들었다. 파슈툰족은 이 법을 정의로 인정하기를 거부했으며, 그 결과 큰 규모의 유혈 사태가 벌어졌다. 그러고 나서 영국인들은 이 지역에 사법 시스템을 강제하려는 시도는 포기하고, 대신 행정적 수단에 호소하였다. 국경 폐쇄 정책Closed Border Policy을 통하여 평원에 사는 파슈툰 부족들과 산지의 파슈툰 부족들을 갈라놓으려고 했던 것이다. 이러한 정책 변화는 유혈 사태를 전혀 막지 못했고, 결국 30년 후 폐지되었다. 나중에 가면 영국인들도 별 수 없이 파슈툰의 부족 법률을 인정함으로써 적응을 꾀하지 않을 수 없었다. 하지만 이미 늦었고, 이들은 엄청난 인명 희생을 치르고 나서 파슈툰족을 파키스탄인들에게 넘겨주고서 추한 꼴로 도망갈 수밖에 없었다. 파키스탄인들 또한 대개는 적응 정책을 시행하였다. 파슈툰족의 압도적인 지배 아래에 시작된 탈리반 운동도 파키스탄은 인정하였다. 하지만 이러한 파키스탄의 파슈툰 자치 인정은 2001년 9월 11일 이후에 크게 변하였다. 파키스탄은 동맹국인 미국에 대해 최소한의 협조를 하지 않을 수 없었으며 (이러한 협조 관계는 오늘날에는 거의 사라졌다), 그래서 파슈툰족에 대해서도 무언가 권위를 강제하는 척이라도 하지 않을 수 없었던 것이다.

소련은 브레즈네프 독트린에 따라 세계적인 반동적 반혁명의 경향에 맞서 사회주의를 수호한다는 빗나간 노력을 하는 와중에 어쩌다 보니 아프가니스탄으로 잘못 쳐들어오게 되었다. 소련은 모종의 억압적 전략을 통하여 이 지역의 다양한 종교적·민속적 정체성을 뿌리 뽑으려고 들었다. 잠깐 동안은 이러한 전략이 도시 지역에서는 먹히는 듯했고 소련의 통제력도 강화되는 듯했지만, 그동안 파슈툰족 저항 세력은 수도인 카불을 둘러싼 산지에 강력한 요새들을 확립하였다. 소련은 또한 아프가니스탄과 파키스탄의 국경 지역에 융단 폭격을 퍼부어 무인지대를 창출하려고 했다. 하지만 그 와중에서 큰 실수를 저질렀다. 대규모의 난민 위기를 만들어냈으며, 국제 여론과 지지가 소련의 적들에게 커다란 동정을 보내기 시작한 것이다. 그리하여 이들이 당시 오사마 빈 라덴과 긴밀한 공조 관계에 있던 CIA의 도움으로 스팅어대공미사일을 손에 넣게 되자 소련인들은 공습을 감행할 능력까지 점차 잃게 되었다.

소련은 또 파슈툰족의 마음을 얻는 쪽으로도 많은 노력을 기울였지만, 이 또한 황당한 실패로 끝나고 말았다. 파슈툰왈리는 이에 대해 가장 미적지근한 파슈툰족들조차도 소련의 군사 행동에 대해서는 반드시 보복해야 한다는 것을 촉구하였다. 소련은 몇몇 장로들을 협박과 뇌물로 한편으로 만들 수 있었지만, 그러한 장로들은 곧바로 지지자들에게서 버림을 받았다. 소련은 이 지역에서 아무런 진전도 보지 못하였고 정복에 성공하겠다는 정치적 의지마저 상실하게 되어, 결국 1988년 철수하였다. 아무런 이익도 보지 못한 채 비용만 잔뜩 치른 전쟁이었다.

미국은 (그리고 약간의 NATO 부대들) 지금 소련의 실험을 그대로 되풀이하는 과정에 있고, 결과도 대단히 비슷하다. 이 점을 잘 보여주는 흥미로운 사실 하나가 있다. 2012년 3월 18일, 미국이 억지로 세운 아프가니스탄 정부의 대통령인 하미드 카르자이Hamid Karzai는 (파슈툰족 출신이지만 파슈툰왈리의 배교자임이 분명하다) 미국인들이 "사탄의 행위"에 골몰하는 "악마들"이라고 비난한 바 있다. 그런데 이에 대한 미국인들이 보인 즉각적 대응은… 아무 말도 또 아무 행동도 않는 것이었다. 그러고 나서 미국은 몇 명의 말빨 좋은 미디어 단골 "전문가들"을 내세워서 아프가니스탄 전투가 여전히, 잠재적 가능성으로, "선한 전쟁"이라고 떠들어댔다. 이것을 보면 아프가니스탄에 대한 미국의 침공이 어떤 결과를 가져올지도 예측이 가능하다. 미국인들은 이런 일이 전혀 벌어지지 않은 척 할 것이다. 이에 대해 꼬치꼬치 물으며 답변을 강요당하면 이런저런 소리로 미혹시키려 들 것이다. 하지만 그곳 현장에서 무슨 일이 벌어지는지에 대해 미국이 더 이상 알지도 못하고 또 신경도 쓰지 않는다는 것은 아는 사람은 다 알고 있는 사실이다. 미국은 처음에 오사마 빈라덴을 잡겠다는 미혹에 빠져서 (뉴스를 믿는다면, 오사마는 파키스탄의 한 군사학교 건물 옆에서 조용히 살고 있었다) 어쩌다 보니 아프가니스탄으로 밀고 들어갔다. 만약 웬 비행기들이 마천루 건물에 충돌하는 일이 다시금 벌어진다면, 또 다른 어떤 지역이 "폭격을 당하여 석기 시대로 돌아갈" 것이다.

효과적인 접근법

—

파슈툰족과 건설적인 방식으로 관계를 맺는 것은 쉬운 일이 아니지만 불가능한 일도 아니다. 시절이 좋았을 때 파키스탄은 거의 성공한 적도 있었다. 파슈툰족이 기꺼이 감사하며 받아들이는 선물은 몇 가지 없지만, 파키스탄은 이를 풍부하게 베풀어주었다. 또한 파슈툰족에게 발언의 기회를 주고 많은 이들이 경청하면서 그들에게 참여자라는 느낌을 심어주었다. 또한 파슈툰족을 영원한 이웃으로 여겨 관계의 시간 지평을 무제한으로 열어놓았고, 전통적 유대와 장기적 관계를 구축해나갔다. 파키스탄인들은 권위가 정당화되지 않은 상태에서 강제로 질서를 잡으려 하면 반드시 실패한다는 것을 이해하고 있었고, 또한 파슈툰족에게 권위란 반드시 내부에서부터 나와야 하며, 자율적이고 탈집중화된 상태를 유지해야만 한다는 점도 깨닫고 있었다.

이러한 수용 노력이 성공을 거둘 수 있었던 이유의 한 부분은, 파키스탄이 약한 국가였고 동원할 수 있는 자원도 제한되어 있었다는 데 있었다. 하지만 지구적 규모에서 경략을 행하는 무적의 군사 제국들이 존재하는 한 (제발 이런 날이 하루 빨리 끝나기만을 빌 뿐이다), 그런 제국들이 때가 되면 하나씩 파슈툰족에게 덤벼들었다가 코가 깨지고 물러나는 일이 반복될 것이다. 이런 일이 반복되면 나중의 제국들은 교훈을 얻어 그런 실수를 피해갈 것이라고 생각할 수도 있겠다. 하지만 여기에 우리가 기억해두어야 할 단순한 원리 하나가 있다. 위계적으로 조직된 인간 집단의 지성이란 그 크기에 반비례하게 되어 있다는 것이다. 무적의 군사 제국들은 그 엄청난 크기의 결과로 아주 멍청하다. 그래서 그 어떤 교훈도 결코, 결코 배우는 법이 없다.

4장

사회 붕괴

4단계 사회 붕괴. "이웃들이 당신을 돌보아준다"는 믿음이 사라진다. 이 권력의 진공 상태를 자선 기관이나 그 밖의 여러 집단 등 지역의 사회 기관들이 메우게 되지만, 자원이 바닥나거나 내부 갈등으로 실패하게 되는 일이 벌어진다.

금융, 정부, 지구적 상업 등이 붕괴하면서 여러 사회 제도들도 함께 우리를 저버리고 있다. 선진국에서도 갈수록 사회적 생산에서 배제되는 이들이 늘어나고 있다. 이들은 다양한 종류의 배급이나 이런저런 허드렛일로 연명하고 있으며, 갈수록 커져가는 비공식 경제에서 어쩌다 수입 좀 챙길 일은 안 생기는지 기다리며 사는 신세이다. 개발도상국에서 벌어지는 국제적 투자의 패턴은 갈수록 지역 주민들을 그들의 생존에 필요한 여러 자원과 단절시키는 방향으로 가고 있다. 초국적 기업들이 토지를 매점해버리고 이를 수출용 환금 작물을 생산하는 산업형 농장으로 바꾸어버리고 있기 때문이다. 그 결과 농업 생산에서 일시적인 이득이 나타나기는 하지만, 그 대신 지역 주민들이 전통적으로 토지와 관계 맺었던 방식이 파괴되는 결과를 낳고, 토양의 고갈과 침식이 벌어져 비옥도가 낮아진다. 해마다 점점 더 많은 몫의 자본이 점점 더 적은 수의 사람들 손에 집중되어가지만, 그와 동시에 각국 정부들은 세계에 걸쳐 갈수록 점점 더 힘이 약해지고 있어서 그러한 부의 집중에 기반이 되는 소유권 보장이 점점 어려워지고 있다. 일단 정치적 혼란이 벌어져 사적 소유권을 수호하는 데 들어가는 비용이 너무 많아지면, 그렇게 서면으로 또 각종 증서의 형태로 축적되어 있는 부는 가치가 크게 줄어들 것이다.

내가 보기에 사회 붕괴란 엘리트들이 해결할 수 있는 정치·경제·기술적 문제가 아니라 문화적 문제이다. 세계에는 하루 1달러 미만으로 생존하는 수십억 명의 사람들이 있지만, 이들 중 많은 사람들이 선진국 사람들 다수—그들을 도우려고 기를 쓰는 국제 원조 기구 및 비정부 기구에서 일하는 이들도 포함—에 비해 더 즐겁고 걱정 없으며 성취감을 누리는 행복한 삶을 살고 있다. 삶에 대한 기대와 가치관이 다르면 가난한 나라의 가난한 사람들이라 해도 여유롭고 사회적이며 풍부한 삶을 즐길 수 있다. 그리고 그보다 훨씬 더 좋은 조건에서 살고 있는 부자 나라의 많은 이들이라고 해도, 끊임없는 정신적·육체적 고갈과 불면증에 시달리는 고독하고 가난한 삶을 살 수가 있다. 지금은 지구상의 모든 이들이 조금씩 갈수록 가난해져가고 있는 때이니만큼, 가난한 나라가 선진국 사람들의 삶을 배울 때가 아니라 부자 나라에 살고 있는 이들이 자기들 바깥세상 사람들이 어떻게 살고 있는지를 배워야 할 때이다.

사회적 차원의 실패를 다루기 위해 고안된 현존하는 메커니즘들은 이러한 사태를 정상이 아닌 예외상태로 다루도록 되어 있다. 따라서 사회 전체가 무너지는 것을 막아줄 안전망이란 애초에 존재하지 않는다. 국제 원조, 자선, 재난 관리, 평화유지군, 군사적 개입 등등은 모두 개별적이고 국지적인 제한된 위기를 다루도록 고안된 것들이므로, 전 세계적인 차원에서 지속적이고 가속적인 붕괴가 벌어지고 있는 상황에서는 쓸모를 갖기 힘들다. 인간 집단을 그 본래 살던 곳에서 쫓아내는 힘들은 정치적 혼란, 지구화가 빚어낸 경제적 혼란, 급속한 기후 변화로 야기된 주거지 파괴 등 다양하다. 이렇게 쫓겨난 집단들이 국제적으로 여기저기를 덮치는 것을 피해갈 수 있을 만큼 고립된 장소는 지구상에 거의 없다. 이러한 습격이 불가피하다고 보는 이들 중에는 아예 멀리 떨어진 지역에 온갖 장비와 물품을 다 갖춘 "종말의 피난처doomstead"를 세우는 식으로 대응하기도 한다. 이는 소수의 사람들에게는 대책이 될 수 있을지 모르지만, 그들 이외의 사람들은 아예 안전한 **장소**를 찾겠다는 생각 자체를 포기하고 대신 안전한 삶의 **방식**을 발견하는 작업에 집중하는 게 나을 것이다. 다른 이들과 손잡고 힘을 모아서 말이다.

공동체 계획의 여러 한계
—

선한 의도를 가진 계명된 사람들로 이루어진 한 집단이 있다고 하자. 그래서 이 집단이 사회 붕괴를 버텨낼 수 있는 안전한 장소를 건설하려 한다고 하자. 먼저 예비 조직 및 계획 활동을 마친 뒤 이들은 멋진 일에 착수한다. 공동체 차원의 텃밭 및 농경지를 만들고 또 직거래 시장을 연다. 정부와 지자체에 로비를 벌여 공공 교통, 자전거 전용 도로와 보행자 도로 등을 개선한다. 카풀 제도를 도입하고 오래된 불량 주택들을 보수하여 겨울과 여름에도 쾌적하게 만들며 또 새로이 짓는 집들에 대해서는 좀 더 엄격한 건설 표준을 적용한다. 풍력 발전 지대를 만들고 또 공공 건물마다 태양열 발전 패널을 설치하며, 자연발효 위생 화장실과 고효율 전구의 사용을 장려한다 등등등. 이 모든 조직 활동들이 벌어지면서 이웃들이 서로 더 자주 만나게 되자 (아마 그때 처음으로 얼굴을 보게 되었을 수도 있다), 서로의 공통의 이해를 발견하게 되면서 친해지고 급기야 우정까지 나누게 된다. 이렇게 이웃들이 서로를 알면서 잘 지내게 되자 서로를 돌보고 신경을 쓰게 되며, 이에 안전도 개선되고 범죄는 크게 줄어든다. 이렇게 이 공동체가 긴밀한 유대를 맺으면서 분위기도 외양도 바뀌게 되자 이것이 사람들에게 바람직하게 여겨져 유행을 타게 되며, 이에 교육 수준과 경제적 수준이 높은 이들이 이 마을에 살겠다고 이주해온다. 이렇게 이 마을이 크게 개선되었다는 소식은 곧 널리 퍼지게 되고, 이 공동체는 여행객들의 메카가 되며, 급기야 값비싼 옷 가게와 소품 가게와 레스토랑이 마구 들어서게 된다.

이렇게 되면 바람직하지 못한 분자들은 치솟는 집세 때문에 이 동네에서 밀려나게 되며, 근처의 좀 못난 동네들로 야반도주 식으로 쫓겨나게 된다. 하지만 이들은 별로 개의치 않는다. 이들 다수는 무시와 괴롭힘과 빈곤, 굶주림, 교육 기회의 결핍, 알코올 및 마약 중독, 폭력, 우울증 등을 대대로 물려받으며 살아온 이들이다. 이들은 워낙 여러 문제들을 안고 살고 있기에 삶이 좋아져봤자 거기서 거기일 뿐이다. 그러니 사랑스런 이들과 재능 있는 이들 사이에 괜히 끼여 어울리려 애를 쓰면서 멋진 인생을 사는 척 해봐야 스트레스만 더 받게 될 뿐이다. 밑바닥 인생이라는 게 이상하게도 마음을 달래주고 편하게 해주는 면이 있는 법이며, 어떨 때는 하루 종일 온갖 시름과 걱정을 잊고 즐길 기회들도 있다. 바쁘게 살아가는 돈 많은 이들의 동네에서는 꿈도 꾸지 못할 방식으로 말이다.

이제 이들이 몰려 살게 된 못사는 동네는 당연히 여러 문제를 안고 있는 지역이 된다. 가난한 이들은 높은 범죄율을 피할 도리가 없지만 경찰은 두려워하는 게 일반적이다. 스스로의 경험상 경찰이라는 자들은 자신과 같은 이들을 돕기보다는 괴롭힐 것이며, 작은 건수만 있어도 체포하여 감방으로 보낼 것이며, 혹시 불법 이민자이기라도 했다가는 포박하여 강제 출국시키려 들 것임을 알기 때문이다. 또한 이들은 지역의 갱단 조직원들과 마약상들 주변에서는 조심해야 한다는 것도 배운다. 이런 동네에서는 공식적 경제의 일자리가 거의 없으므로, 이들은 비공식적인 현금 기반의 일자리를 구하며 지하 경제의 일원이 된다. 안전을 보장하기 위해서는 여러 사람들이 뭉치는 수밖에 없으니 이들은 인종과 민속 집단에 따라 스스로를 조직하며, 자기들 공통의 이해를 추구하기 위해 마피아를 조직하여 하나 이상의 불법 혹은 반합법 활동을 지배하려고 분투하게 된다. 이런 동네의 아이들은 이렇게 위험하고 폭력적인 환경에서 자라나기 때문에 어린 나이에도 아주 거칠며 눈치도 대단히 뛰어나다. 그래야만 위험한 상황을 피해 유유히 헤쳐나갈 수 있을 뿐만 아니라 폭력을 써야 할 순간도 제대로 파악할 수 있으니까.

붕괴 시나리오가 진행되면 이 두 공동체 모두가 해를 입게 되지만, 그 정도와 방식은 아주 다르다. 두 공동체가 모두 영어권 국가 안에 있다고 하자. 영어권 국가들에서는 보통 자유 시장이 모든 문제들을 저절로 풀어준다는 비합리적인 신앙이 지배하고 있으며, 심지어 석유와 같은 결정적인 공급품들을 확보하는 문제들도 자유 시장에 맡겨야 한다고 믿는다. 따라서 이런 나라들에서는 어느 시점이 되면 연료 공급의 교란이 필연적으로 발생한다는 것은 충분히 예상할 수 있다. 일단 이 두 공동체 모두에 연료 공급이 끊기게 되면 (물론 일정량의 연료는 여전히 암시장에서 구할 수 있겠지만 그 가격을 감당할 수 있는 사람은 극소수가 된다), 모든 것들이 함께 끊어지게 된다. 모든 수준에서 공급과 유지 보수가 불가능해지면서 전기도 끊어지게 되고, 상수도를 가동시키는 시설도 멈추게 되며, 하수구는 역류하며 (화장실 사용 불가), 쓰레기 트럭이 다니지 못하여 쓰레기 더미가 쌓이게 되며, 이에 쥐, 파리, 바퀴벌레가 창궐하게 된다. 위생 상태가 악화되면서 콜레라, 세균성 이질, 장티푸스 등이 다시 나타나 확산된다. 의료 시스템 또한 연료가 없으면 앰뷸런스, 상수도, 전기 등이 없어 마비되며 또 석유 화학에 기초한 의약품들과 일회용품들이 끊어지면서 병원도 작동을 멈추게 된다. 이런 것들이 모두 사라지게 되면 생존한 주민들은 이제 최선을 다해서 서로를 돌볼 수밖에 없게 되고 사망자가 나오면 알아서 매장해야만 한다. 정부와 시청의 여러 서비스들과 함께 경찰서도 기능을 멈춘다. 각별히 중요한 시설들이야 군대 혹은 민간 보안 서비스 업체에서 경비를 서겠지만, 인구 대부분은 스스로 알아서 하도록 내버려진다.

이러한 사태가 터졌을 때 그 효과는 두 공동체 사이에 크게 다르게 나타난다. 첫 번째 공동체는 여러 비상 사태에 더 잘 대응하도록 장비를 갖추고 있다. 이곳의 사람들은 위기를 대비하여 식량, 물, 연료의 공급을 준비했을 뿐만 아니라 핵심 시설들에는 비상용 발전기와 태양열 발전기를 갖추어놓았고 일련의 비상 사태의 대응 매뉴얼까지 마련해놓았다. 하지만 이 동네는 애초에 무척 부유했던 곳이므로 이렇게 급작스럽게 더럽고 빈곤하며 혼란스런 상태로 들어가게 되면 이는 단순한 충격을 넘어서는 것이 된다. 또 이들이 비교적 부유하고 필수 공급품들도 넘치게 가지고 있으니 근처의 여러 절박한 공동체들에서 도움의 요청이 밀려들게 되며, 이를 무시할 경우에는 강탈자들의 집중적인 공격 타겟이 된다. 주민들은 우호적이고 협조적인 경찰의 보호 속에서 안전한 삶을 즐기던 이들이기에 이렇게 폭력에 폭력으로 맞서야 한다는 생각에 전혀 익숙지가 않다. 그렇다면 분위기가 험악해지는 것을 피하기 위해 공급품들을 내줄 것인가 아니면 여기에 맞서 공급품들을 지킬 것인가 사이에서 현실적인 균형을 맞추기 위해 머리를 짜야 하건만, 이들의 대응은 대개 아무 짝에 쓸모없는 정책 토론이나 벌이게 될 가능성이 더 높다. 이들은 법의 테두리 안에서만 활동하는 데 익숙할 뿐 아니라 지하의 범죄 세계와는 연계가 거의 없다. 하지만 이제 식료품이나 조리에 쓸 연료와 의약품 등의 생필품 다수를 얻을 수 있는 유일한 길은 범죄 세계뿐이다. 설상가상으로 이 공동체의 성원들은 다시 서로 소원한 관계가 된다. 이들의 친교와 우정은 평화롭고 문명화된 법질서에서의 사회적 행위로 형성된 것이었다. 그런데 이제 쓰레기통을 뒤지고 강탈, 성매매, 암시장 거래, 범죄자들과의 협조 등으로 살아갈 수밖에 없는 상황이 오면 이들은 더 이상 서로를 예전에 알던 모습으로 받아들일 수 없게 되며, 힘겹게 통합된 공동체는 또다시 개개인들과 핵가족들로 해체되고 만다. 이웃들이 계속해서 함께 일하는 경우가 있다고 해도 그들 간의 유대는 약할 가능성이 높고, 그 기초는 염치, 상호 혜택, 개인적 동정심 등과 같은 이타적 관념들일 가능성이 높다. 이런 것들은 그 반대편에 있는 혈연 공동체나 부족 혹은 폭력 조직에서처럼 "살고 싶으면 그렇게 해야 한다"는 명쾌한 지상명령과는 전혀 거리가 먼 것들이다.

두 번째 공동체는 이미 어려움에 익숙해져 있으므로 그렇게까지 극적으로 추락할 필요는 없으며, 폭력, 빈곤, 불결이 지배하는 세상으로 신속하게 이행할 수 있다. 붕괴 이전에도 불법 활동이 지배적이었으니 암시장 경제로의 이행도 순탄하게 이루어진다. 주민들은 원래부터 경찰의 보호에 의지한다는 생각에 저항감을 가지고 있었으니 길거리에서 경찰이 사라진 모습에 오히려 안도감을 느끼며, 그 전에는 비밀리에 수

행해야 했던 비공식적 불법 활동의 다수가 이제 공개적 자리로 터져나온다. 이제는 경찰이 체포니 압수니 하면서 휘젓고 다니지 않게 되었으니 지역의 범죄 집단들은 좀 더 안정적 환경에서 사업을 벌이면서 주변 동네들을 공공연한 자신들의 영역으로 경계선을 설정할 수 있게 되며, 그 덕에 불필요한 폭력도 회피할 수 있게 된다. 아이들은 길거리를 어슬렁거리면서 낯선 이가 나타나면 졸졸 따라다니다가 틈이 나면 강도짓도 벌이는 버릇이 이미 있었으니, 동네에 조직적인 침략이 벌어질 때에는 이를 알리는 조기 경보 시스템으로 기능하게 된다. (믿을 수 있는 현지인이 붙지 않는 한 외부인들은 이런 동네에 얼쩡거리지 않는 게 좋다. 무시무시한 소문들이 많다.) 마지막으로 불법 마약 거래가 도처에서 행해졌다는 것은 곧 이 공동체가 이미 잘 훈련된 간부급 암시장 거래자들을 키워냈다는 것을 뜻하며, 이제 공식적 상업이 붕괴한 상황에서 이들이 다종다기한 업종으로 퍼져나가 모든 종류의 상거래를 장악할 수가 있다. 이들은 국제 마약 마피아와 여러 커넥션을 두고 있는 바, 이 마피아들은 조직도 탄탄하고 중무장을 하고 있다. 이러한 이들과의 커넥션이 있으면 사람들을 국경선—국가가 붕괴하면서 이제는 아주 숭숭 뚫려 있는 상태이다—을 넘나들면서 이동시키고 또 밀수품을 운반하는 등의 혜택이 생긴다. 만약 그 마약 마피아와의 유대가 충분히 튼튼하면 마피아 두목이 그 공동체를 아예 자기 조직의 보호 아래에 있는 마을이라고 명시적으로 선언하기도 하며, 그렇게 되면 이제는 권력도 위신도 사라진 옛날의 지배 계급은 쫓겨나고 그 자리에 새로운 귀족정이 자리 잡게 된다.

새로운 규칙들

—

마을 만들기와 같은 공동체 조직 활동은 아주 멋진 일이다. 우리들 중 일부는 이런 활동을 우리의 남은 삶을 근심 걱정 없이 유쾌하게 보내는 방법으로 여기기도 한다. 게다가 여기에서 나오는 유용한 부수 효과로서, 개개인들에게 값진 여러 기술 훈련을 제공한다는 점도 있다. 하지만 붕괴 사태에 대비한 공동체를 준비하는 데는 거의 아무런 도움이 되지 못한다. 당신과 당신의 아이들 입장에서 보자면 안전하고 서로를 돌보는 우호적인 환경 속에서 살아가는 게 약육강식의 정글 같은 곳에서 포식자들과 씨름하며 생존을 위해 몸부림치는 것보다는 당연히 훨씬 좋은 일일 것이다. 하지만 인류라고 해서 자연의 여러 법칙으로부터 자유로운 것이 아니다. 늑대의 숫자가 줄어들면 양들은 숫자도 많아지고 더 뚱뚱해지며 뒤뚱거리게 마련이다. 공동체 조직 활동이 갖고 있는 문제의 핵심은, 붕괴 이후의 상황을 견뎌내고 살아날 확률이 높은 공동체는 붕괴 이전의 상황에서는 한마디로 누구도 살고 싶어 하지 않는 공동체라는 것이다. 이는 불법이 판치며, 삶은 편안함과는 거리가 멀고, 안전도 보장되지 않는다. 제정신인 사람 누구도 여기에 얼씬도 하고 싶어 하지 않는다.

붕괴 사태를 준비하는 데서 가장 중요한 요소는, 사회가 작동하는 규칙들에 신속하고도 철저한 변화를 강제로 관철시킬 계획을 마련하는 일이다. 비상 상황이 벌어지게 되면 그 전에는 실효성을 갖던 규칙들, 법률, 규제 등이 전혀 비현실적인 표준, 도저히 달성할 수 없는 명령, 비합리적인 제약 같은 것들로 변하여 우리의 삶을 위협하는 것들로 그 본질이 변하게 된다. 따라서 여기에 순종하거나 이를 강제로 집행하려 고집한다면, 운이 좋아봐야 사람들이 꿈쩍도 않는 상태가 벌어지며 운이 없으면 폭력적인 갈등만 유발하게 된다. 규칙을 바꾸는 현행의 방식은 로비, 숙의와 심사, 입법, 사법적 판단 등을 포함하는 바, 이는 시간이 오래 걸릴 뿐만 아니라 큰 비용이 드는 여러 활동들을 포함하고 있어서 시간도 자원도 없는 상황에서는 작동할 수가 없다. 복잡한 시스템들에서 복잡성을 제거하는 방식들 중 파괴적이지 않은 방식은 극히 드물다. 게다가 물질적 구성물들로 이루어진 시스템들은 스스로 알아서 무너지게 되지만, 법적 틀이라는 시스템은 심지어 국가가 좀비가 되어버린 상태에서라도 사람들에게 그릇된 희망과 기대를 불어넣어 그들을 여전히 자신의 노예 상태로 만드는 방법으로 스스로를 영구화할 수가 있다. 그러니 생존하고자 하는 이들을 위한 절차라는 것은 당연히 옛날 규칙들을 보편적으로 무시하고 살아나가면서 새로운 규칙들을 만들어내는 수밖에 없지만, 이 과정에서 아수라장이 나타나고 숱한 인명 살상도 벌어지게 된다. 가장 좋은 시나리오는 옛날의 규칙들이 신속하고 확실하게 망각되는 것이다. 꼭 필요한 변화를 이루는 데 전체의 공공 여론이 큰 장애물이 되지는 않을 것이다. 문제는 모든 수준에 포진하고 있는 기득권 이익 집단들일 것이다. 정치 계급, 금융 엘리트, 전문직 결사체, 재산 소유자, 기업 소유자, 그리고 법률가가 그들이다. 이들은 모든 국면마다 변화를 가로막기 위해 전력을 다할 것이다. 이들은 사회에 대한 자신들의 장악력을 절대로 그냥 놓는 법이 없으므로 미리 이들의 작전을 예측하여 무력화시키기 위한 계획을 마련하는 것이 가장 좋다. 붕괴 이후에도 존속할 수 있도록 이행기를 살아남는 공동체를 그리면서 마을 만들기 등 공동체 조직 활동에 참가하고 있다면, 다음의 구별이 절대적인 중요성을 갖는다는 점을 명심하라. 그 공동체는 옛날 규칙들로 작동하는

가 아니면 새로운 규칙들로 작동하는가? 옛날의 규칙들은 현실에서 작동하지 못하게 되겠지만, 새로운 규칙들이라고 해서 꼭 작동하라는 법이 없으며 그게 어떤 규칙이냐가 절대적으로 중요해진다. 그 새로운 규칙들에 대해 미리 깊이 생각해볼 필요가 있을 것이며, 붕괴 이전에라도 비상 대비 훈련 같은 식으로 슬쩍 위장하여 한 번 시험해볼 수가 있다.

하지만 또 하나 명심할 것이 있다. 당신이 최선을 다해 짜낸 모든 계획들이 다 실패로 판명난다고 해도, 시간, 공간, 공통의 이해가 주어지고 너무 심하게 억압하지만 않는다면 공동체는 스스로를 재생시키게 되어 있다는 사실이다. 산업 경제가 계속해서 축소되고 일자리가 없어지게 되면 점점 더 많은 사람들이 이 소비주의의 우주 바깥으로 밀려나게 되며, 감당할 수 없이 시간이 남아돌게 될 것이며, 자기와 상황이 비슷한 다른 이들과 다시 적극적인 관계를 맺기 시작할 것이다. 이들의 여러 가지 필요욕구는 동일한 것이거나 상호보완적인 것일 때가 많으므로, 이들은 다양한 형태의 한시적 집단과 비공식적 집단들을 형성하게 될 것이다. 우리 모두가 서로를 돕기 위해 할 수 있는 일은 실로 무궁무진하게 많다. 하지만 그 전에 먼저 반성할 일이 있다. 우리는 지금까지 압도적으로 전문화되고 엄격히 규율화되고 상업화된 삶의 방식을 고집하고 있으며, 이것이 공동체를 파괴하는 데에 혁혁한 공헌을 하였다. 이러한 삶의 방식은 이제 그만두어야 한다.

사회를 되찾자

—

사회가 무너지는 것은 여러 가지 형태를 띤다. 우선 교육 시스템을 보자. 우리의 교육 시스템은 최신의 유행을 따라 학생들에게 시험 치는 훈련을 시키며 (이는 실용적으로 쓸모가 있거나 시장에서 먹히는 기술이 아니다) 그다음에는 직업 훈련을 시키려 들지만, 많은 경우 그 직업은 미래에 심지어 지금도 존재하지 않는 것들일 때가 많다. 교육이 성취할 수 있는 최상의 결과물은 교육받은 인격체이며, 이는 곧 인문학과 기초 과학에 두루 능한 사람이다. 하지만 이런 것이 이제는 전혀 쓸모없는 사치품 정도로 여겨지고 있다. 그 결과 기본적인 문자 해독 능력과 수리적 능력조차 갈수록 낮아진다. 영어권 국가들에서 기능적 문맹률은 무려 50퍼센트에 달하고 있으며, 사람들은 모국어조차 쓰는 법과 읽는 법을 배우지 못하여 사회에 합류할 수 없어 범죄자가 되며, 죄수들은 계속 늘어만 가며 감옥으로 터지도록 밀려든다.

사방에서 코미디 같은 일들이 벌어지고 있다. 무슨 대가를 치르든 경제 성장을 계속해야 한다고도 한다. 삶의 표준은 최고급 제품과 서비스를 살 돈이 없으면 기초적 필요조차 충족이 불가능하도록 한없이 높아만 간다. 모든 이들이 이방인과 외국인을 신뢰하고 의존해야만 한다고 강제로 요구하는 극단적인 몰인격적 상호의존 상태가 벌어진다. 지구적 금융 시스템은 또 모든 이들에게 노후 연금이든 투자든 가진 저축을 모조리 털어 도박을 하도록 강요하고 있다. 이 합법적 도박 시스템은 작은 지역에서 개개인들이 지는 리스크를 중앙의 시스템 차원의 리스크로 합치도록 설계되어 있으며, 조만간 전체 경제 시스템을 무너뜨리고 말 것이다.

이 모든 코미디의 결과로, 경제적으로 발전되고 인구가 밀집한 지역의 대부분에서 인간관계는 상업적인 고객 서비스 패러다임으로 왜소화되고 말았다. 부모와 조부모가 아이들을 키워주고 아이들은 자라서 노년에 들어선 그들을 돌본다고 하는 세대 간의 계약—이는 사실 인간이라는 종이 진화하면서 갖추게 된 특징이다—은 대부분 무너지고 말았다. 소외가 극심하여 사람들 사이의 대화란 안전하다고 간주되는 주제들에 대해 미리 대본이 정해져 있는 말들을 주고받는 과정으로 변하였고, 사람들이 사는 장소나 또 함께 어울리는 사람들이나 모두 덧없이 변해가기만 한다. 지역의 고유한 문화는 사라지고, 인기는 높지만 금방 없어져버리는 문화 상품에 불과한 것들이 그 자리를 메우는 일이 꾸준히 벌어진다.

이런 꼴들을 보면서 많은 이들이 자연스럽게 보이는 대응 방식은 그냥 사회를 등지는 것이다. 하지만 우리는 사회적 동물이며, 작고 긴밀한 유대를 가진 집단의 일부가 될 때에만 건강을 유지할 수가 있다. 이런 상태를 향유하는 사람들이 있지만 이는 소수에 불과하며, 대부분의 사람들은 쇼핑, 스포츠, 연예인, 인터넷 등 상업적 문화가 내놓는 중독성만 높은 짝퉁 문화로 대충 때우며 살 수밖에 없는 형편이다.

이렇게 우리의 바로 주변에서 무너져 내리고 있는 사회에서 빠져나오면서도 외톨이가 되는 것을 피할 길은 없을까? 부족 하나를 맨땅에서 시작하여 새로 만들어내는 방법은 없을까? 아마 이는 불가능한 일일 것이다. 사실 무언가를 맨땅에서 시작한다는 것 자체가 잘못된 생각일 때가 많다. 이미 존재하고 있는 여러 사회 제도의 파편들을 다시 찾아와서 재활용하고 새로이 목적을 부여하는 편이 훨씬 더 나은 생각이다. 사회가 붕괴한다고 해도 그 문화까지 사라지지는 않는다. 최소한 즉각적으로는 말이다. 그 문화는 흔히들 말하는 역사의 쓰레기 하치장으로 밀려나게 된다. 다른 수가 없다면, 이 하치장이라도 가서 뒤져야 한다. 그 속에서 수많은 보석 같은 아이디어들을 재발견하고 또 재생할 수 있을 것이다.

조직 원리로서의 종교

—

이런 일을 달성하는 데 도움이 되는 제도로 어떤 것들이 있을까? 오늘날 무너져버린 사회뿐만 아니라 그 이전에도 무너졌던 무수히 많은 사회보다 훨씬 더 오래된 까마득한 옛날부터 내려온 제도가 있다. 바로 종교 제도이다. 종교의 여러 제도들을 불구대천의 적으로 삼았던 사회들은 헤아릴 수 없이 많았지만, 그 사회들은 다 사라졌으며 종교 제도들은 오늘날에도 살아남았다. 게다가 이 종교 제도들은 다른 모든 사회 제도들이 무너진 상황에서 모종의 생존 메커니즘을 제공하는 일이 여러 번 반복해서 나타난 바 있다.

서로마 제국 붕괴 이후의 도시 로마는 많은 연구가 이루어진 바 있는 사례이다. 장엄한 제국의 중심지였던 로마는 이제 교황이 사는 늪지대로 전락해버렸다. 야만인들은 목욕탕과 분수대를 파괴해버렸지만 물을 끌어오는 송수로aqueduct는 그대로 두었고 물은 계속 흘러 들어왔다. 그 송수로 때문에 로마는 물바다가 되었고 결국 몇십 년 뒤에는 말라리아가 창궐하는 늪지대가 되고 말았다. 로마시의 광장은 염소가 풀을 뜯는 곳이 되었고, 그곳의 장엄한 건물들의 장식 벽면은 대리석을 뜯어내는 채석장이 되었으며 석상들도 같은 목적으로 박살이 났다. 그다음에는 건물 자체에 불을 질러 싹 태워서 그걸로 석회 반죽을 만들어 교회와 수도원을 세우는 데 사용하였다. 그 뒤에 나타난 것은 종교가 지배하는 시대였고, 이는 결국 신성 로마 제국으로 모습을 나타내게 된다. 신성 로마 제국은 신성하지도 않았고 로마와도 관련이 없었고 제국도 아니었다는 점이 무수히 지적된 바 있지만, 종교가 지배적 역할을 했으므로 이는 모든 이들 심지어 지배자들조차 따라야 하는 규칙들을 정할 수가 있었다. 한 예로 일요일과 성찬식이 있는 날에는 전투가 허용되지 않았고, 교회나 수도원 또한 성스러운 피난처로 취급되어 이곳에서도 전투가 허용되지 않았으며, 또한 성스러운 장소로 여겨진 교회 소유 토지에서도 마찬가지였다. 그 결과 몇 세기에 걸친 오랜 세월 동안 전쟁은 아주 규모가 작은 한심한 뮤지컬 비슷한 것이 되고 말았으며, 다치는 사람들의 숫자도 많지 않았다. 이 시대의 마지막 메아리는 1차 대전 중에 있었던 크리스마스 임시 휴전이었다.

인간 사회의 여러 제도 중에서 특히 종교가 갖는 독특한 점은 그 편재성遍在, ubiquity이며, 또 구획화compartmentalization의 결여이다. 모든 문화는 어떤 형태로든 후자를 특징으로 삼는다. 세속 세계는 항상 여러 가지 전문성에 따라 특화된 분야로 나뉘게 마련이다. 대학을 생각해보라. 경영학, 신문방송학, 경제학, 정치학, 사회학, 심리학 등등등. 그리고 이 각 학문은 스스로의 관심사에 철저한 제한을 두고 있다. 이에 비하면 종교는 총체적 시스템으로서, 인간 존재의 모든 측면을 아우르고 있다. 게다가 종교는 (권력의 자리에 앉게 될 경우) 세속적 세계에도 여러 제한을 가할 수가 있다. 특히 종교의 관점에서 볼 때 해롭거나 쓸모없다고 판단되면 그러한 부분들을 거부할 수가 있다. 종교는 또한 사회적으로 부과되는 각종 의무에서 자신을 면제해달라고 요구하여 이를 얻어내는 놀라운 능력을 가지고 있으며, 상당한 정도로 그 스스로의 자체적 법률을 가지고 있다.

그러다가 역경의 시기가 오면 종교의 역할이 커지는 경향이 있다. 이민자들, 추방자들, 디아스포라 공동체 등은 교회, 이슬람 사원, 유대교 사원, 힌두교 사원 등을 통해 결집할 때가 많다. 이러한 경향은 보통 상황이 좋아지면 줄어들지만, 그 제도들 자체는 절대로 사라지지 않으며,

다시 힘든 시기가 찾아오면 큰 힘을 발휘하게 된다.

종교라는 주제는 지뢰밭과 같아서, 잘못 건드렸다가는 거의 모든 이들의 감정을 상하게 만든다. 종교적 체험이 없이는 인간이 된다는 것의 진정한 의미를 절대로 알 수 없다고 말하거나 종교적 체험을 무시하면 자기 스스로가 타고난 비합리성을 무시하고 억압하게 된다고 말한다면, 무신론자 쪽에서 기분 나빠할 것이다. 하지만 그렇게 종교적 체험을 무시하는 것은 불필요할 뿐만 아니라 위험한 행동이다. 종교란 우리의 비합리성에 방향을 부여하여 넓고 안전한 길로 인도하기 위해 있는 것이니까.

다른 한편, 종교인들 쪽에 대고서 당신들의 믿음은 인간 육체의 생리학에 기초를 두고 있으며 유아기 두뇌 발달의 패턴과 관련이 있다고 말하면 확실하게 비위를 상하게 할 것이다. 신의 전지전능함이란 우리가 유아기 때에 한계라는 관념 자체를 모르고 자신이 전능하다는 환상 속에 살았던 경험이 옮겨온 것이며, 지옥의 개념 또한 그 원천이 유아기 시절의 분노에 있다고. 이브가 아담의 갈비뼈로 만들어졌다든가 아테네 여신이 완전 무장을 하고서 전투 준비를 갖춘 채 제우스의 머리에서 떨어져 나왔다든가 하는 종교적 신화들은 유아기에 갖게 되는 왜곡된 육체의 이미지가 투사된 것들이라고. 신들도 가족이 있으며 기독교인들이 기도할 때에 아버지와 아들의 이름을 들먹이게 되는 것은 아마도 가장 뛰어난 수컷의 자식들만 선호하는 영장류의 태생적 경향에서 나온 것이리라고. 아기들이 말을 배우고 자아를 발전시키면서 사회화되면, 이들이 상징 이전 단계에 가졌던 충동들은 억압된다. 하지만 이러한 억압은 절대로 완전할 수가 없으며, 자아가 손상을 입게 되면 이러한 충동들이 다시 표면에 떠올라 정신병적 망상으로 나타나게 된다. 종교는 이러한 망상을 전혀 합리화하려 들지 않으면서도 사회적으로 받아들일 수 있는 방식으로 표출하여 처리하는 보다 안전한 방법을 제공한다. 종교는 인간의 영혼이 과도한 긴장 상태에 몰렸을 때를 위해 반드시 필요한 안전 밸브인 것이다.

내가 볼 때에는 무신론 또한 완벽하게 유효한 신앙—혹은 신앙의 시스템—이다. 누구든 무언가 믿어야만 한다. 왜냐면 우리의 두뇌는 무언가 믿도록 되어 있으며, 전혀 설명이 있을 수 없는 일들에 대해서도 스스로 설명을 만들어내는 환각 상태에 빠지기도 한다. 이는 금융 시장에서 일반적으로 벌어지는 일로서, 아무런 이유 없이 가격이 오르내리는 경우라도 여기에 꼭 설명과 의미를 부여하는 일이 벌어진다. 누구든 모종의 창조 신화를 믿고 있다. 무신론자들의 창조 신화는 빅뱅 이론이라는 것으로, 이를 따르는 이들은 127억 5천만 년 전 우주가 나타났다고 믿고 있다. 아니면 이 세계를 그냥 어떤 신이 단 6일 간에 만들어내고 하루 쉬었다고 믿을 수도 있다. 더글러스 애덤스Douglas Adams가* 이야기한 우글라Oogla족은 우글라 나무에 살면서 우글라 땅콩을 먹고 사는 사람들인데, 픽시 거인Giant Pixie이 재채기를 했을 때 (이는 거대 재채기Big Sneeze로 알려지게 되었다) 우주가 창조되었다고 믿는다. 우리는 믿지 **않는** 것이 불가능하다. 우리의 두뇌가 현실과 부닥쳐서 일으키는 무수한 인지 작용들을 걸러내는 데 믿음을 사용하게 되어 있기 때문이다. 우리의 모든 인지 작용과 가치 판단은 우리가 믿고 있는 것에 기초를 두고 있다. 그리고 우리의 여러 믿음은 대부분 우리가 아직 어려서 어른들 이야기를 따지지 않고 곧이곧대로 믿던 시기에 들은 이야기들에 기초한다.

---

* 『히치하이커를 위한 우주 여행 안내서』의 저자.

그중에는 이상한 이야기들도 있다. 예를 들어 사람들은 미국의 교외에 있는 부동산이 계속해서 가치를 가질 것이라고 믿는다. 거기로 차를 몰고 오가는 일이 영원히 가능할 것이라고 믿기 때문이다. 따라서 대부분의 문제를 대할 때 합리성을 견지하는 일이 아주 중요하다. 이성이 우리를 저버릴 때에는 신앙이 상당히 도움이 되지만, 그것으로 이성을 대체해버리는 것은 결코 좋은 일이 아니다.

신학과 우주 물리학과 유머 소설과 SF 소설은 그것을 행하고 쓰는 당사자들 입장에서는 서로 완전히 다른 것들이지만, 나머지 99.9퍼센트의 우리 인류에게는 이것들 중 무엇을 믿을까의 문제일 뿐이다. 우리는 가지가지 신앙 거리가 차려져 있는 거대한 샐러드 바로 가서 우리 접시에 무얼 담을지를 결정할 뿐이다. 각각의 신앙을 행하는 이들은 우리의 선택을 제한하려고 노력하지만 (이들은 결국 서로서로와 경쟁하고 있으며, 사람들의 신앙을 확실하게 독점할 것을 영원히 꿈꾸는 이들이다), 결국 그중 어떤 신 혹은 신들을 선택할지 아니면 우리의 상에 맞추어 새로운 신을 만들어낼지는 모두 우리 스스로에게 달려 있는 일이다. 이단적 신앙은 재미지다! 얼마나 재미진 일이면 그런 것을 못하게 막으려고 말뚝에 묶어 불태워 죽이기까지 했겠는가. 따라서 정치적으로 볼 때 여러 다양한 신들이 이 신앙 시장을 지배하고 독점하지 못하도록 막는 것이 대단히 중요해진다. 특히 가톨릭과 이슬람을 주의할 것!

종교적 신앙이라는 게 무엇인지로 되돌아가보자. 전문가가 아닌 우리들에게 과학이든 종교든 다양한 창조 신화들이 그저 서로 다른 이야기들일 뿐이며, 무슨 증거 따위가 있는 게 아니라 **믿음**으로 받아들이는 것들일 뿐이다. 하지만 단지 텔레비전을 시청하는 게 아니라 당신 스스로가 어떤 역할을 맡는 유형의 이야기가 있다. 역사적으로 빅뱅이 다시 벌어진 적은 없다. 우주의 탄생을 축하하기 위해 그 생일날에 양성자 · 중성자 · 전자를 작은 빅뱅 통에 예쁘게 포장하여 선물하는 일은 내가 아는 한 없었다.

종교적 신앙은 우리에게 모종의 연관을 제공한다. "종교religion"라는 말 자체가 다시 연결시킨다는 뜻의 라틴어 religere에서 온 말이다. 종교는 우리에게 어떤 역할을 할지를 가르쳐준다. 과학적 믿음은 연구 주제를 주고, 견본을 주며, 우리가 아직 젊고 몽상을 즐긴다면 위대한 과학자가 되어 노벨상을 받는 꿈까지 안겨준다. 말할 것도 없이 과학은 그 나름의 쓸모가 있다. 이는 또한 우리에게 경외감을 불러일으킨다. 힉스 입자를 ("신의 입자"라는 별명이 붙었다) 발견한 강입자 충돌기는 90억 달러가 들어간 7마일에 이르는 터널로 이는 실로 경외감을 불러일으키는 과학적 실험이다. 그런데 사람들에게 경외감을 불러일으키는 훨씬 더 싼 방법들이 있을 뿐만 아니라, 사람들에게 각자의 역할까지 부여하는 방법이 바로 종교인 것이다. 게다가 상황이 안 좋을 때는 여러 가지 더 많은 역할까지 떠넘길 수가 있다.

종교가 지닌 최소 기능을 열거하자면, 어떤 성직자가 묘사한 대로 "태어날 때, 짝지을 때, 저 세상으로 갈 때Hatch'em, match'em and dispatch'em"이다. 태어난 아기에게 성수와 성유로 세례를 주고, 성인이 되면 결혼시키고, 죽을 때가 되면 임종 의식을 베풀어주는 것이다. 종교가 할 수 있는 최대의 기능을 보자면 여러 수도원의 네트워크가 행하는 바를 보면 된다. 농사와 건축을 감독하고, 상업을 규제하고, 정치를 통제하며, 전쟁을 제어하며, 교육을 제공하며, 의학적 치료를 베풀며, 그 밖에도 사람들에게 온갖 조언을 내놓는다. 이 대표적인 예로 중세 유럽 그리고 중국 침략 이전의 티베트를 들 수 있다.

종교 조직들은 민간 조직들을 다스리는 통치의 규칙들에서 열외 대접을 받는 오래된 전통이 있다. 조세, 노동법, 토지 사용법에서도 종교 조직들은 특별 대접을 받으며, 심지어 법 집행 일반에서도 느슨한 적용 대상이 된다 (북미 지역에서 성직자들의 아동 성추행을 막기 위해 로마 가톨릭이 즉시 폐쇄되었어야 옳았지만 그렇게 되지 않은 이유도 이것이다). 의학 치료를 믿지 않고 기도만으로 질병을 다스릴 수 있다고 믿는 "크리스천 사이언스 교도들Christian Scientists"이 매사추세츠 주에서 모든 이들에게 보편적으로 적용되었을 의료 보험인 "롬니케어Romneycare"에서 면제된 것도, 또 도시였다면 아동보호법에 당장 걸렸을 행태를 아미시 교도들이 펜실베이니아 농촌에서 계속할 수 있는 것도 바로 이 때문이다. 텍사스 웨이코Waco에서 "다윗의 가지Branch Davidian" 분파가 FBI에 의해 쫓겨났던 것은 예외처럼 보이지만 사실은 그렇지 않다. 불법 무기를 쌓아놓고 미성년 여성들을 가두어놓고 임신시키는 등의 짓까지 벌였으니 결국 정부가 가장 무능하고도 무식한 방법으로 박살을 내기는 했지만, 그전에 온 미디어가 들고 일어나서 온통 난리를 치고 정부 안에서 온갖 논의가 다 벌어져야만 했었다.

개인숭배cult는 특히 골치 아픈 문제이다. 정치권력이 건드리기를 두려워하기 때문이다. 특히 미국인들은 뭔가 아주 모호하게라도 종교 비슷한 냄새만 풍겨도 이와 대결하는 것을 회피하는 DNA를 가지고 있다. 정치적인 대결은 오래 가지 않지만 종교란 다양한 원한과 미신을 품고 있으므로 거의 세대를 물려가면서 오래 지속될 수 있다. 또한 종교는 병자, 노약자, 가난한 이들을 돌보는 일을 떠맡으므로 정부가 자기들의 업무를 하는 데에 (정직하게 말하자면 자기들의 업무를 하지 **않도록**) 도움을 준다. 상황이 나쁠 때에는 여러 기능을 수행하는 데 가장 유리한 것이 종교 조직들이다. 싫든 좋든 간에 종교 조직들은 영구적 위기의 기간 동안에 대안적인 삶의 장치들을 창출할 가장 역량이 뛰어난 조직임이 드러난다.

종교 기관들은 지속가능성이 뛰어날 뿐만 아니라 짓밟혀도 끈질기게 살아나는 복구력이 있다. 이는 무수히 많은 여러 문화, 제국, 문명들이 명멸하는 가운데에서도 종교 기관들은 살아남았다는 데서 풍부한 증거를 찾을 수 있다. 종교가 존속하려면 자연과 균형을 이루는 삶을 반드시 내세워야 한다. 비록 모든 인간사와 마찬가지로 종교에서도 힘과 권력과 권모술수가 난무하기는 하지만 그래도 (완전히 맛이 간 상태가 아니라면) 종교는 세속 조직들보다 더 사람들에게 도덕적 갱생의 도전을 내놓을 여지가 많다.

특히 미국이라는 사회의 맥락에서는 종교의 사회적 기능이 각별히 중요하다. 세계의 다른 나라들에서는 양심적 무신론이라는 것이 얼마든지 도덕적일 수 있고 심지어 지나칠 정도로 양심을 강조하기까지 한다. 무신론 자체가 그 어떤 형이상학적·초자연적인 외적 힘에도 의지하지 않으면서 스스로의 도덕과 윤리를 창출해내려는 것이기 때문이다. 하지만 미국은 종교적인 이유에서 세워진 나라이며, 종교적 차이점에 대한 정치적 관용은 그 어떤 자유보다도 신성한 것으로 여겨지고 있다. 지금 미국에서는 시민들의 여러 자유가 계속 침식당하고 있고, 아무도 건드리지 못하는 금융/정치 엘리트들이 법 위에 군림하고 있으며, 모든 수준에서 사기 행각이 무사통과로 자행되고 있다. 이러한 상황에서 법 체계를 통해 이런 모순들에 도덕적으로 도전하겠다는 것은 전혀 소용없는 짓이다. 또 그와 동시에 종교적 자유는 미국의 정치가들이 깎아내리기가 대단히 어려운 것임이 판명될 것이다. 종교적 자유를 조금이라도 건드리는 시늉이라도 했다가는 바로 몰락이다. 만약 정말로 종교적 자유를 제한하고자 한다면 먼저 무기 소지 권리부터 없애야 할 것이다.

내가 여기에서 어느 한 종교의 특정 사항들로 깊게 이야기를 들어가지 않는다는 점에 주목하라. 나는 그냥 대충 모호하게 신앙이라는 단어를 사용했으며, "영성spirituality"이라는 단어를 쓰는 것은 자제하였다. 내가 하려는 말은, 종교 기관들 및 전승들 중에는 정말로 세상의 거의 모든 것들을 다 이겨내고 살아남는 것들이 있다는 것이다. 또 지금 우리의 사회는 해체되고 있으며, 정치 시스템은 부패하고 개혁불능으로서 수많은 이들의 삶을 망치고 있으며, 경제는 갈수록 점점 더 많은 사람들을 극도의 빈곤으로 몰아넣고 있다. 우리는 어째서 이미 이긴 싸움을 또 해야 하는가? 종교 제도들은 이미 정치 제도들과 전투를 벌여 합리적인 휴전 조약을 성립시킨 바 있으며, 정치가들은 이 휴전을 깨기를 두려워한다. 이는 합당한 일이다. 맨땅에서 시작할 이유는 없다. 이미 가지고 있는 것으로 작업해나가도록 하자.

자선의 기부

—

다양한 종류의 종교 기관들은 특히 미국의 경우 정부의 감독과 억압을 벗어나는 데 유리한 위치를 차지하고 있다. 그래서 사회 전반이 무너지는 와중에서도 대안적인 삶의 장치들을 따로 유지하고 또 창출할 수 있다. 다양한 종류의 자선 기관들도 이런 특징을 지니는데, 그들 중 다수는 종교 기관이기도 하다. 앞에서 내가 이미 지적한 바 있듯이, 자선과 기부 등 다양한 형태로 개인이 자기 돈을 베푸는 것은 그 본인을 즐겁게 하기 위해 고안된 것일 뿐이다. 이는 감사의 감정이나 보답하고픈 욕망을 불러일으키기는커녕 분개, 의존 상태, 자기들이 남으로부터 무언가 받는 것을 당연한 권리로 여기는 말도 안 되는 태도 따위만 자아내게 된다. 자선, 협잡, 강탈은 동일한 연속선 위에 있는 것들이다. 폭력의 위협으로 뒷받침되는 특권에 기초한 권력 관계 내에서 벌어지는 변태적 동기의 교환 행위라는 점에서는 모두 동일하며, 모습만 다르게 나타나는 것들일 뿐이다. 결코 보답할 수 없는 선물이란 모종의 모욕이나 폭력이다. 자선이란 사실은 모종의 강제된 위선 행위이다. 우위를 점한 자들이 상상할 수 있는 가장 모욕적인 방식으로 도움을 베푸는 척하는 일종의 지배 시스템인 것이다.

하지만 국가가 모든 거래에 세금을 매기면서도 자선 기부만 예외로 면제해주는 환경에서라면, 자선 조직들이 거의 규제가 없어 거추장스런 일을 피할 수 있는 합법적인 교환 형태를 제공하며 이를 통해 사람들 사이에 충성과 신뢰를 구축할 수 있다. 이러한 일이 벌어지려면 자선 행위가 인격적이고 개인적인 것이 되어야 한다. 이를 기관이 중간에 나서서 매개하게 되면 법적 요건들 때문에 표면적인 서면상의 관계가 되고 만다. 그래서 자선이라는 일은 두 사람 혹은 두 가족 사이에서 문서화되지도 않고 거의 구두로조차 나타나지 않는 암묵적인 계약이 되어야만 한다. 그냥 내게 남는 것을 무언가 필요로 하는 익명의 사람과 나눔으로써 선행을 한다는 가볍고 피상적인 방식이 아니라, 인간과 인간이 맺는 관계 자체의 일부가 되어야만 하는 것이다. 한쪽에서는 다른 쪽에게 가능한 어떤 방식으로든 지원을 하겠다고 서약하며, 반대쪽에서도 **스스로가** 할 수 있는 어떤 방식으로든 지원을 하겠다고 서약한다. 이러한 관계를 구축하는 데는 시간이 걸리지만, 스스로 발 벗고 나서서 도움을 주는 단순한 활동으로 시작하여 그냥 도움을 주는 대상으로서의 피상적인 관심 이상으로 그 사람에게 관심을 갖게 되는 일로 이어질 때가 많다. 아마도 여기에서 가장 어려운 일은, 사회적으로 승인받은 역할을 (즉 자선으로 무언가를 베푸는 일) 하면서도 또 동시에 스스로 그냥 친구의 한 사람으로 행동하는 것 사이에 균형을 잘 지키는 일일 것이다.

어떠한 사회인가?

—

사회 붕괴를 다루는 이번 장은 다른 장에 비해 짧다. 그만한 이유가 있다. 사회 붕괴 이후에 일어날 일은 당신에게 달려 있기 때문이다. 사회가 존속하다가 마침내 사라져버린다. 일련의 제도들, 공통의 행동 규범, 법률(폭력을 통해 집행되는), 별개의 삶의 장치들과 서면상의 부(이 또한 폭력으로 수호된다)에 신성하게 모셔진 일련의 계급적 특권 등으로 유지되는 사회를 생각해보자. 여기에 단 한 달 동안 전기가 나간다고 해보자. 그리고 그 뒤에는 연료가 없어 교통 수단이 마비되고 소비재를 얻을 수 없는 사태가 이어진다고 해보자. 그렇게 되면 그 사회 안에 유지되던 위에 열거한 여러 가지 제도들은 모두 무의미한 것이 되어버린다. 이제 그 사회는 어디에 있는가? 하! 사라져버렸다. 아마도 영원히.

그런데 바로 이런 상황이 벌어지게 되면 그때부터 사람들이 자발적으로 모이고 서로를 돕기 위해 스스로를 조직하기 시작한다. 사실 사람들은 위급 상황이나 위기 상황에서 가장 훌륭한 모습이 되고 또 남에게 가장 도움을 주려 하며, 다른 이들을 같은 목적에 동참시키는 데에도 최고의 능력을 발휘한다. 하지만 그 전에 일괴암적인 단일의 실체라고 보였던 사회라는 거창한 덩어리가 해체되어야 할 것이다. 아마도 영원히.

그리고 그보다 훨씬 보잘것없지만 실용적이고 지역적인 형태로, "여러 사회들"이 재구성될 것이다. 이러한 여러 사회들이 서로 합쳐서 더 큰 무언가로 발전할지 또 어느 정도로나 그렇게 될지는 실제 상황에 따라 결정될 문제이다. 그러한 작고 소박한 사회들은 그냥 한 부부나 한 가족 혹은 두어 가족일 수도 있고, 거기에서 시작하여 커져갈 수 있다. 전체는 부분의 총합보다 크다. 이 논리는 강력하며 필연적인 것이다. 그리고 사람들을 고립시키고 파편화시켜 몰인격적 질서를 강제하는 국가가 개입에 실패할 때마다 이러한 과정은 자발적으로 벌어지게 된다. 이 장은 본의 아니게 종교적인 어조를 띠게 되었으니, 결론도 종교적인 분위기로 맺는 것이 좋을 듯하다. 예수님은 분명코 노련하고 뛰어난 아나키스트 조직가였던 분이었으니 그분의 말씀을 들어보자. "두세 사람이 내 이름으로 모인 곳에는 나도 그들 중에 있느니라." (마태복음 18장 20절)

로마

어린 시절 레닌그라드 교외의 초등학교에서 3학년과 4학년을 보낼 적에 나는 만나기 힘든 짝을 우연히 만나게 되었다. 우리는 같은 교복을 입고서 나란히 앉아 한 짝으로 붙은 책상을 나누어 썼다. 자리는 선생님이 정해주는 것이었다. 아이들이 말을 잘 듣게 하기 위해서 교사들은 품행이 방정한 남자 아이들은 여자 아이들과 짝을 지어주었고, 특별히 말썽을 피우는 몇 명은 교사만 볼 수 있는 뒷자리에 앉혔다. 이 아이들은 물건을 집어 던지거나 갑자기 큰 소리로 떠들거나 싸움을 시작하거나 하는 등의 행동을 하면 교실 밖으로 쫓겨나서 나머지 시간 동안 춥고 컴컴하고 바람이 윙윙 부는 복도에 서 있어야 했다.

나는 당시 우리 할머니가 주로 홈스쿨링으로 가르쳤기 때문에 이러한 학교의 틀에 적응하기가 힘들었다. 학교에 출석을 해도 두어 주 후에는 코를 심하게 훌쩍이거나 요란한 기침 소리를 냈고, 그러면 부모님은 학교에서 나를 끄집어내어 다시 시골집으로 요양을 보냈다. 할머니는 학교에서 내준 숙제에 신경을 쓰지 않았다. 내 숙제는 교육부에서 우리 학년에 적합한 것으로 제작한 모든 교과서들을 처음부터 끝까지 다 읽고 암기한 후 각 장마다 끝에 수록된 연습 문제를 풀어오는 것이었다. 나는 크게 지루함을 느끼지도 않고 하루에 서너 시간씩 꼬박꼬박 학교

공부에 집중하였고, 그다음에는 스키나 썰매를 타러 가기도 하고 강아지랑 들판을 뛰어다니며 놀았다. 그렇게 한 달 정도가 지나 완전히 회복하여 학교로 복귀하면 칠판 앞에 나가서 모든 질문에 척척 대답하였고, 이 때문에 교사도 반 아이들도 지독히 약 올라하곤 했다. 그다음 서너 주가 지나면 또 기침이 시작되고, 이 주기가 반복되었다.

이렇게 교실 안팎으로 계속 드나드는 나에게 앉기 좋은 자리가 있을 리 없었고, 결국 교실 뒷자리의 밀려난 어둠의 자식들과 섞여 앉게 되었다. 나는 이미 책을 다 읽어서 대답을 다 알고 있었기에 수업에 집중할 필요도 없었으므로 잠시를 가만히 있지 못하고 항상 무언가 다른 짓을 하고 있었다. 하지만 나는 체구도 작고 교실 맨 뒤에 앉아 있었는지라 선생님은 쉽게 나를 무시하였다. 좀 지나자 나는 너무 지루하여 정신이 오락가락한 나머지 자리에 앉은 채 막 아무 소리나 질러대기 시작하였고, 그러면 곧 벌을 받았다. 내 옆자리에는 수업 내용을 전혀 이해하지도 못하고 신경도 쓰지 않는, 공부를 포기한 어둠의 자식들이 앉아 있었고 이들은 내게 계속 싸움을 걸어왔다. 그러면 나도 바로 여기에 거칠게 맞섰고, 이것 때문에 또 벌을 받았다. 이런 식의 학교 생활이 계속되었다.

이 문제로 골머리를 앓던 불쌍한 우리 선생님의 머릿속에 마침내 번쩍하고 좋은 생각이 떠올랐다. 나는 교실 완전히 맨 뒷자리에 있는 키가 크고 말이 없는 어떤 친구 옆에 앉도록 자리가 다시 배정되었다. 이 친구는 수업 중에 선생님이 이름을 부르는 법도 전혀 없었고 또 쉬는 시간에도 아무와도 이야기하지 않았다. 그는 최소한 나보다 세 살이 많았고, 학교 공부를 전혀 하지 않아 몇 년이나 유급되었다. 그는 그냥 들어와서 자리에 앉아만 있었다. 책이나 쓰기 도구 등은 전혀 건드리지도 않고 그저 가만히 앉아서 마치 고양이가 어항을 바라보듯 선생을 바라보는 게다였다. 그의 알 수 없는 차분한 분위기가 내게도 전염되어 나의 분위기도 좋아졌다. 나는 맨 뒷자리에 앉아 있었으니 사실상 보이지도 않는 존재였고, 다른 책을 읽든 뭘 끄적거리든 몽상에 빠지든 내 마음대로였다. 그 소년은 (혹시 이미 어른이었는지도?) 내가 마음에 들었던 것 같다. 내게 먼저 말을 거는 일까지는 하지 않았지만, 아주 가끔 가다가 선생님이 내 이름을 부를 때면 허리를 쿡 찔러서 내게 알려주었다. 수업에 집중하지 않는다고 벌 받고 망신당할 위기에서 여러 번 나를 도와준 것이다.

그러던 어느 날 그가 내게 정말로 말을 걸었다.

"음, 너희 할아버지가 러시아 문학 교수라며?"

"응, 맞아." 내가 대답했다.

"우리 사람들은 책을 좋아하지 않아."

"너희 사람들이라니? 그게 누군데?" 내가 놀라서 물었다.

"치가네Tsygane." 그는 알 수 없는 미소를 지으며 말했다. 집시를 뜻했다.

"책을 안 읽으면 어떻게 지식을 얻어?" 내가 물었다.

그는 자기 머리를 가리키며 말했다. "우리는 모든 걸 다 기억한다."

나는 시험 삼아 책에 나오는 놀라운 일들에 대해 몇 마디 해보았다.

"그거 다 거짓말인 거 몰라?"

내가 이번에는 누가 봐도 사실이 아닌 것들에 대해 몇 마디 해보았다. "됐어, 그만 해!" 그는 귀찮다는 듯이 말했다. 그걸로 끝이었다.

그 이후로도 우리가 서로 할 이야기는 별로 없었지만, 우리는 쉬는 시간을 함께 보내곤 했다. 딱히 뭐 할 일도 없으니 그냥 곁에 서서 빈둥거릴 수밖에. 쉬는 시간마다 막간을 이용하여 사슬에서 풀려난 바보 천치들이 악머구리처럼 떠들고 날뛰는 교실 한복판에서 그 소년은 마치

고요의 섬처럼 조용했다. 더욱이 그와 함께 있으면 아무도 감히 나한테 덤비거나 개기는 놈이 없었다. 아이들뿐만 아니라 교사들도 그를 두려 워했고, 그를 완전히 무시하는 것이 가장 안전하다고 여겼으며, 이게 바 로 그가 원하는 것이기도 했다. 그는 조용히 자기 때를 기다리고 있었던 것이다. 그의 수백만에 달하는 동포들 모두가 1천 년 이상의 시간 동안 계속 그렇게 해야 했던 것처럼.

그러던 어느 날 그를 학교 밖에서 만나게 되었다. 우리는 같은 아파 트 빌딩—소련 시절의 콘크리트로 지은 다 똑같이 생긴 콘크리트 빌 딩—에 그것도 같은 층에 살고 있었고, 입구와 계단이 달랐을 뿐이다. 아파트의 여러 입구에는 원래 문 위에 숫자가 쓰여 있었지만 그게 다 지 워진 지 오래라서 왼쪽부터 몇 번째라는 식으로 세지 않으면 착각하여 다른 입구로 들어가기 일쑤였다. 나는 학교에서 집에 올 때 울퉁불퉁한 공터를 가로질러서 아파트 앞으로 오면 보통 우리 집 입구 앞의 벤치에 항상 앉아 있는 어떤 할머니를 보고서 집을 찾아오곤 했다. 그런데 하필 이면 그날 그 할머니가 무슨 이유에서인지 한 칸 왼쪽의 입구로 옮겨 앉 아 있었던 것이다. 나는 그녀를 지나쳐서 엘리베이터를 타고 우리 집이 있는 층에 내려 우리 집 대문이 있는 곳을 두들겼다.

문을 열고 나온 것은 나의 집시 짝꿍 친구였다.

"너 뭐야, 여기서 뭐해?"

그의 질문에 답하기 위해서 나는 그의 아파트 안으로 들어가야만 했 다. 왜냐, 러시아인들에게는 문지방을 사이에 놓고서 대화를 행하는 것 이 금기이기 때문이다. 그렇다고 해서 대답을 하기 위해 그 물어본 사 람더러 문지방 밖으로 나오라고 요구할 수도 없는 일이다. 러시아인들 에게 문지방 너머로 누군가 질문을 한다는 것은 곧 그 사람보고 들어오라고 초대하는 것과 마찬가지이다. 그러자 나는 그 친구의 많고 많은 형제 자매들에 의해 몸수색을 당했다. (대체 몇 명이었는지 셀 틈도 없었다.) 내 주머니에 아무것도 없다는 것을 알자 그들은 모두 실망했다. 그러자 바로 그의 어머니가 부엌에서 너무도 당당히 나오더니 나보고 아파트 밖으로 나가라고 명령하셨다. 나중에 알게 되었지만, 내가 러시아인들의 금기를 지키기 위해 한 짓은 그들의 금기를 어긴 짓이었다. 집시들은 가조Gadjo(즉 집시 이외의 사람)를 자기들 집에 들이게 되면 마리메mahrime(부정 탄 상태)가 생겨난다고 믿는다. 러시아인인 나의 귀에는 그래서 가조라는 말이 항상 "해충"이라고 들렸다. 어쩔 수 없이 가조(경찰이거나 학교 공무원 등)를 집에 들여야 하는 경우 집시들은 마리메를 피하기 위해서 집에다가 특별한 가조용 의자를 둔다. 여기에는 그 방문한 가조 이외에는 아무도 앉지 않는다. 만약 그 가조 방문객에게 음식을 대접해야 하는 경우에는 접시를 따로 쓴다. 그리고 나중에는 그 접시를 박살내어 내다 버린다. 그 가조가 사용한 포크나 나이프가 있으면 모두 함께 버린다.

그리고 얼마 안 있어서 그들이 답례로 우리 집을 방문했다. 우리 어머니는 집에 혼자 있다가 노크 소리를 들으셨다. 밖에는 집시 여인이 한 사람 서 있었고, 물을 한 잔 가져다 달라고 했다. 그러면 그녀가 우리 어머니의 운명을 점칠 수 있다는 것이었다. 어머니는 흥미가 생겨서 바깥에 그 집시 여인을 세워둔 채로 물을 한 잔 떠다가 주었다. 집시 여인은 물잔을 받고 그 위로 손을 흔들었다. 그러자 물 안에 보기 싫은 검은 무언가가 나타났다. 그다음에 그 집시 여인이 한 손을 공중에서 흔들며 큰 소리를 질렀다. 그 순간 복도에서 대기하고 있었던 몇 명의 다른 집시들이 나타나서 그 집시 여인과 함께 우리 아파트 안으로 밀고 들어와 방마다 흩어져 샅샅이 뒤지기 시작했다. 하지만 실망스럽게도 그들은 집 안에 책 말고는 별게 없다는 것을 알게 되었다. 그들은 부엌에 있는 차 한 봉지를 가지고 급히 떠나버렸다. 그게 다였다. 그중 한 명은 우리 어머니의 지갑을 낚아챘지만, 우리 어머니가 쫓아가서 너희들 아주 다 물고를 내버린다고 협박하자 곧바로 지갑을 내려놓고 도망가버렸다.

나중에 알고 보니 이는 상당히 전형적인 집시들의 수법이었다. 한 사람이 노크를 하고 아무 의심도 없는 집 주인이 나와 문을 연다. 그러면 포대기에 싼 아기를 문지방에 내려놓고서 우르르 집 안으로 쳐들어가는 것이다. 도둑질을 하기는 하지만 항상 별로 대단치 않은 물건들이며, 폭력을 쓰는 법은 절대 없으며, 혹시라도 폭력을 쓰겠다는 위협이 있거나 정부 당국자와 대면해야 하는 일이 있으면 항상 잽싸게 도망친다. 러시아인들도 보통 정부 당국자들을 끌어들이는 것은 꺼리므로 (오늘날까지도 경찰은 보통 "늑대인간들"이라고 불린다) 이러한 위협은 보통 빈말에 불과하다. 그럼에도 불구하고 집시들에게는 효력을 갖는다. 집시들을 크게 위협적인 존재라고 보는 이는 아무도 없다. 시시한 도둑질과 사기치는 헛소리, 거짓말을 늘어놓을 뿐이니까. 간혹 이들이 아이들을 유괴한다는 혐의를 받을 때도 있지만, 이는 잘못된 것이다. 집시들은 절대로 그런 짓을 하지 않는다. 가조 아이를 들여놓았다가는 마리메가 덮칠까 두렵기 때문이다.

이들은 누구인가?

—

이 지점에서 궁금해질 것이다. 집시들은 도대체 누구인가? 이들에 대한 정확한 정보는 그다지 찾기 어렵지 않지만, 그럼에도 이들을 둘러싼 오해가 널리 퍼져 있다. 학술 도서관에 가보면 이 집시 "문제"에 대한 민족지와 언어학적·사회학적 분석들을 내놓는 책들이 서가 한 면에 가득하다. 어떤 도서관에 가보면 아예 서가 하나 전체가 튼튼하게 제본된 학술지《집시 연구*Études Gitanes*》—내 생각에는 집시라는 "문제틀 problématique"을 놓고 지나치게 많은 정보를 담고 있다—한 질 전체로 꽉 차 있기도 하다. 영어로 된 보다 얇은 논문 몇 편을 이 책 말미의 참고문헌에 수록해두었다. 이 정도 정보만으로도 우리의 목적에는 충분할 것이다.

영어 명칭인 집시Gypsy와 프랑스어의 지탄Gitane은 모두 "이집트인 Egyptian/Egyptien"에서 온 말이지만, 집시들이 이집트와 관련 있을 가능성은 전혀 없다. 슬라브어와 독일어의 명칭인 Tsygane/Zigeuner는 "불가촉천민"을 뜻하는 그리스어에서 왔을 가능성이 높고, 이는 실제로 진실에 상당히 가까운 명칭이다. 이 사람들은 정확한 시기는 알 수 없지만 인도에서 나온 사람들이며, 그다음에는 페르시아, 그리스, 아르메니아와 그 밖의 다른 나라들을 통과해갔다. 이는 그들의 언어인 로마니 Romani에 페르시아어, 그리스어, 아르메니아어에서 차용한 어휘들이 있는 것으로 보아 명백하다. 이들은 자기들끼리는 <u>스스로를 로마Roma</u>라고 부른다. 그리고 가제들Gadje(이는 가조의 복수형이다)과 상대할 때에는 자신들의 민속적 정체성을 애매하게 만들기 위해서 갖은 노력을 다하는 게 보통이다. 이들은 인구 조사에서도 잡히지 않지만, 연구자들은 러시아 연방에 살고 있는 이들의 숫자를 대략 1백만 명 정도로 추산하고 있으며, 미국에서는 1백만을 훨씬 넘는 것으로, 그리고 전 세계적으로는 무려 1천 2백만 명 정도로 추산하고 있다. 이들은 유럽 전체에 광범위하게 퍼져 살고 있으며, 특히 불가리아, 루마니아, 발칸 국가들, 이탈리아, 프랑스, 스페인 등에 살고 있다.

역사상 로마는 항상 떠돌이 민족이었으며 유럽 전체 그리고 오늘날에는 북남미에도 전체에 퍼져서 살고 있다. 비록 경제적으로는 자기들이 살고 있는 나라의 사람들에게 의존하고 있지만, 사회적으로는 그들과 완전히 분리 상태를 유지하기 위해 항상 많은 공을 들인다. 로마라는 정체성은 **내부적 정체성**으로서, 바깥세상에는 밝히지 않는다. 이 공동체는 성원들을 태어나서 죽을 때까지 돌보며, 로마가 된다는 것은 하나의 생래적 권리로서 양육과 사회화를 통해 더욱 강화된다. 로마들은 가조 아이를 데려다 키우는 법이 없다. 로마 가족과 통혼 관계를 맺거나 로마 공동체의 삶에 참여하는 것은 가능하지만, 로마가 되는 것은 불가능하다. 그러한 통혼 관계에서 태어난 아이들의 경우에만 양육 방식에 따라 로마가 될 수 있다.

이들의 언어인 로마니는 비록 기록이 되어 있기는 하지만, 로마들 자체에는 그 영향이 거의 없다. 이들은 계속해서 철저히 구전의 전승을 고집하고 있다. 이들 사이에서 구전으로 내려오는 이야기들은 창조 신화를 포함하여 실로 내용이 풍부하다. 종교적 전통은 느슨하게 기독교에 바탕을 두고 있으며, 순수하게 구전에 의존하는 내부적인 법적 시스템도 갖추고 있다. 로마들 사이에서는 문해력과 부 및 지위는 반비례 관계를 맺고 있어서 가장 부유한 자들 사이에서는 글을 읽을 줄 아는 이들이 거의 없다. 글을 읽을 줄 아는 이들은 가제들과 서신을 주고받거나 여러 문서나 신분증을 위조하는 등의 천한 지위의 역할을 맡게 된다. 모든 것을 그냥 머릿속에 기억해두는 풍속 때문에 로마들은 기억력이 대단히 뛰어날 뿐만 아니라 날카롭고도 명징한 정신을 가지고 있고, 이는 모두 도둑질, 거짓말, 사기 등에 대단히 큰 도움이 된다. 무식한 교육학자들로서는 도저히 상상할 수 없는 이점인 셈이다. 미국의 계관 시인 로버트 핀스키Robert Pinsky는 이렇게 말할 것이다. "이건 아주 중요한 일이니 적어 놓지 **말아라!**"

레닌의 말을 흉내 내어 표현하자면, "집시 오믈렛을 만들고자 한다면, 계란 몇 개는 훔칠 각오를 해야 한다." 로마들을 규정하는 가장 중요한 특징이 있다면, 그들의 무자비한 소매치기, 사기 치기, 말도둑질, 밀렵 등으로, 이들은 이를 모두 고급 기술의 경지로까지 승화시킨 바 있다. 아이들은 아주 어린 나이부터 도둑질과 구걸하는 법을 배운다. 심지어 강아지들도 어디에선가 무얼 훔쳐오면 상을 준다. 푸줏간에서 고기를 훔쳐오면 아주 좋지만, 다른 농장의 울타리를 뚫고 들어가 발각되지 않고 무언가를 죽여서 가지고 돌아와도 상을 받게 된다.

하지만 로마들도 일을 한다. 보통은 남녀에 따라 나누어지는 쿰파니아kumpania라고 불리는 팀에서 일을 하지만, 어떨 때에는 가족에 따라 일을 하기도 한다. 이들의 전통적인 직업으로 점치는 일과 말 거래 등이 있지만, 또한 고물상과 같은 다양한 재생 활동에도 종사하며 또 지붕 보수와 도로 포장과 같은 몇 가지 건설 작업도 한다. 또한 이들 중에는 뛰어난 기술자들도 많다. 아마도 가장 중요한 사항으로 로마들이 뛰어난 음악가라는 점을 들어야 할 것이다. 음악은 이들의 가장 중요한 자기표현 수단으로서, 이들은 자기들이 통과한 나라들 중 다수에서 새로운 음악 장르가 생겨나도록 영감을 제공했다. 개중 잘 알려진 로마 음악가는 재즈 기타리스트인 장고 라인하르트Django Reinhardt이다. 러시아에서는 로마들이 집시 로망스라는 인기 있는 장르를 만드는 데 일조하였다. 영화감독 토니 가트리프Tony Gatlif는 1993년 프랑스 다큐멘터리 〈안전한 여행Latcho Drom〉에서 로마 음악의 역사를 자세히 다루었다. 가장 최근의 유명한 로마 음악은 고란 브레고비치Goran Bregović의 앨범 〈집시들을 위한 샴페인Champagne for Gypsies〉일 것이다. 그와 그의 집시 밴드 "결혼식 장례식 밴드Wedding and Funeral Band"는 유럽 전체에서 대단한 인기를 몰고 있다.

로마들은 자기들을 둘러싼 사회의 특정 요소들만을 체계적으로 선별하여 받아들이거나 거부한다는 이들의 전반적인 전략에 맞추어, 프롤레타리아가 되는 것을 거부하고 임노동과는 절대적으로 거리를 유지한다. 로마 중에서 가장 천한 거지도 자영업 사업가이다. 또 이들은 누구를 고용하지도 않는다. 게다가 이들은 혼자서 일하는 법이 없고 항상 쿰파니아를 이루어 일한다. 여기에서 벌어들인 모든 것은 rom baro, "큰 남자(혹은 여자)"에게 바쳐지며, 그러면 이는 성원들 사이에 공평하게 분배된다. 로마들은 간혹 가제들을 쿰파니아에 받아들일 때도 있다. 이들은 가조의 법률은 완전히 무시하고 사는 사람들이니 전과자들도 기쁘게 받아들인다. 특히 감옥 생활을 알차게 하여 잘 배워온 전과자들을 반긴다. 이들을 받아들이는 것은 네트워크를 확장하는 값진 기회일 뿐만 아니라 이 직종에서 새로운 기술들도 배울 수 있는 기회이기 때문이다.

로마 사회는 여러 단위로 구성되어 있다. 우선 라사rasa가 있고(이는 로마 전체를 가리킨다), 나치아natsia가 있고(최근에 거쳐온 나라), 비차vitsa가 있고(부족), 파밀리아familia가 있다(확대가족). 라사에는 다시 몇 개의 하부 범주들이 있지만, 그 구별은 전혀 깔끔한 것이 아니며 그러한 범주의 주된 목적 자체가 로마들과 가제들을 분리하는 것이라고 보인다. 나치아는 사회적으로 비교적 중요성이 덜하지만, 다른 나라에서 온 로마들은 처음에는 서로 말하는 로마니 방언들이 다르다. 그러다가 서로 말이 합쳐지면서 각자의 출신국에서 온 언어의 어휘들도 일정하게 흡수하게 된다. 중요성은 비차가 훨씬 더하다. 같은 비차에 속하는 이들은 언제든 서로 함께 도와야만 한다는 의무를 수행해야만 하기 때문이다. 로마들은 또 다음과 같이 말하기를 즐긴다. "우리 로마들은 절대로 돈 때문에 사이가 멀어져서는 안 된다." 내가 생각하기로 여기서의 "우리 로마들"이란 같은 비차에 소속된 로마들을 말한다. 파밀리아는 사회적인 동시에 경제적 단위이기도 하며, 3세대 혹은 4세대가 함께 산다. 여기에는 입양된 아이들, 모든 며느리들뿐만 아니라 사위들도 일부 포함된다. 고아가 된 아이들은 보통 조부모들이 데려다 키우며, 조부모들이 이혼할 때가 되면 서로 손자 손녀들을 데려가겠다고 싸울 때가 많다. 쌍둥이가 태어나면 한 명은 다른 곳으로 (주로 이모나 삼촌에게) 입양된다. 쌍둥이를 함께 키우는 일은 건강한 게 아니라고 여겨지기 때문이다.

벌어온 모든 것들은 한데 모아 가족의 연장자에게 (남자일 수도 여자일 수도 있다) 넘겨지며, 그러면 그 연장자는 이를 각자의 필요와 공에 따라 분배한다. 로마들은 나이가 들면 지위와 권위가 축적되며, 가부장 혹은 가모장의 말은 곧 각 파밀리아를 다스리는 법률이 된다. 연장자들에게 존경을 바치는 것을 통해 전체 파밀리아의 응집과 안녕이 유지된다. 형식적인 금융 제도, 연금, 퇴직금, 경찰의 보호, 정부의 각종 서비스 등이 전혀 없는 상황에서는 이러한 파밀리아의 응집과 안녕이 반드시 필요하다. 이 연장자들은 또한 돈을 함부로 경박하게 쓸 가능성이 훨씬 적다. 이들이 꼭 지혜로워서 그런 것이라기보다는 어느 정도 자연스러운 일이다. 사람이 나이가 들면 이런저런 유혹도 필연적으로 적어지고 약해지며 빈도수도 줄어들며, 대신 자식들과 손자 손녀들에게로 관심이 옮겨가게 된다. 이러한 전략은 또한 많은 갈등을 피하게 해준다. 연장자들에게는 사람들이 자연스럽게 고개를 숙이며, 연장자들이 서로 간에 주먹 싸움을 벌일 가능성은 거의 없다. 따라서 벌어질 수 있는 최악의 사태라고 해봐야 두 명의 노친네가 남들이 안 보는 곳에 숨어서 언성을 높이는 게 전부이다. 갈등은 그걸로 해결이다.

법률과 정치

—

하지만 한 비차 내에서 또 비차와 비차 사이에 심각한 갈등이 벌어질 수 있으며, 또 실제로 벌어지기도 한다. 이러한 상황에 대비하여 로마들은 스스로의 법률 시스템을 가지고 있으며, 그 근간을 이루는 것은 입으로 전해져온 법률 체계이다. 어떤 갈등이 벌어졌을 때 이를 법적으로 해결하는 첫 번째 단계는 디와노diwano 즉 연장자들로 이루어진 사법 회의를 소집하는 것이다. 디와노가 일단 결정을 하면 더 이상의 절차 없이 당사자들이 자발적으로 그것을 집행하는 것이 대부분이다. 만약 그렇지 않을 경우 그다음 절차는 사법 평의회라 할 크리스kris가 소집된다. 이는 누구나 발언할 수 있는 공개 집회의 형태를 띠며, 회의를 주재하는 것은 몇 명의 판사이며, 결정을 내리는 것은 몇 명의 배심원이다. 이들은 모두 모인 사람들에 의해 선출된다. 크리스가 내린 결정 또한 자발적으로 집행된다. 그래도 그렇게 되지 않을 때에는 불복하는 쪽을 범죄자로 몰아 고발하여 체포시킨다 (이게 로마들이 가조의 사법 기관에 의지하는 유일한 경우이다). 그렇게 된다고 해도 체포된 이들이 실제로 법정에 서는 일은 없다. 범죄자로 몰아 고발한 이들이 그 고발을 거두어들이거나 그냥 사라져버리기 때문이다. 하지만 경찰에 체포를 당한다는 모욕만으로도 사람들을 복종하게 만들기에 충분하다.

하지만 그 이외에 로마들과의 모든 공식적인 대결과 갈등은 항상 정부 당국이 시작한다. 대부분의 정부 당국자들은 로마들을 소소한 골칫거리 정도로 여긴다. 작은 범죄, 부랑, 쓰레기 버리기 등등. 이들은 그들의 유목민적 생활 방식과 제대로 된 서류가 없다는 데에 눈살을 찌푸린다 (신분증, 운전면허증, 세금 영수증, 보험 가입증 등. 설령 가지고 있다 해도 가짜로 판명난다). 이들은 전적으로 현금만 사용하여 살아가는 사람들에게 의구심을 품는다. 교육학자들은 로마 아이들을 학교로 보내지 않는 것에 못마땅해하며, 어거지로 학교로 보낸다고 해도 읽거나 쓰는 법을 배우지 않겠다고 앙탈을 부려 문제를 일으킨다. 하지만 이들 대부분은 로마들을 굳이 기소하여 감옥으로 보내지 않고서 상대하는 쪽이 싸게 먹힌다는 것을 알게 된다. 하지만 여기에 아주 극적인 예외가 몇 가지 있다. 이를테면 나치는 이들을 유대인들과 함께 섬멸하려 했으며, 옛 소련의 경우 대규모 투옥 그리고 유랑의 완전 금지를 발동하였고, 프랑스인들의 경우 대규모 축출의 수단을 발동하였다. 하지만 로마들은 워낙 꾀와 책략이 많고 적응을 잘하는 데다 내부적 응집력도 강하고 출산율도 높아서 (아주 어린 나이부터 아이를 낳는다) 항상 다시 힘을 회복한다.

　정부 당국과의 공식적인 대결이 벌어질 때 이에 대처하는 로마들의 전략은 도망, 흩어지기, 사라지기 등이며, 이러한 전략의 성공 여부는 이들이 다른 장소에 정착할 수 있는 능력에 달려 있다. 이들의 첫 번째 방어선은 우선 자기들의 정체성을 숨기는 것이다. 로마들은 모두 이름이 세 개가 있다. 첫 번째 이름은 태어날 때 어머니가 정해주는 이름이지만, 아이가 철이 들어서 이 이름을 누구에게도 어떤 경우에도 발설해서는 안 된다는 것을 이해하기 전에는 가르쳐주지도 않는다. 이렇게 로마로서의 정체성을 유지한다는 것은 곧 모종의 음모에 가담한다는 것이다. 두 번째 이름은 로마니어로 지어진 이름으로서, 이는 철저하게 파밀리아와 비차에서만 사용된다. 로마들이 서로를 부르는 이름이 이것이다. 이는 가제들에게는 절대로 발설해서는 안 된다. 마지막으로 가제들과 상대할 때에 부르는 이름이 있다. 로마들이 잘 사용하는 특정 성들이 있다. 영어 사용권 국가들의 경우, 애덤스, 로버츠, 윌리엄스, 스미스 등이 흔히 쓰이는 이름이다. (이 이름들이 정말로 성은 아니다. 왜냐면 이 이름들은 파밀리아와도 아무 상관이 없고, 부부가 꼭 같은 성을 쓰는 것도 아니며, 아이들에게 전해지는 것도 아니기 때문이다.) 이렇게 로마 한 사람마다 비밀 이름 (이는 우리들 누구도 알 길이 없다), 루슬란Ruslan이나 젬피라Zemfira와 같은 로마니 이름, 그리고 밥 애덤스니 캐시 스미스니 하는 가조 이름을 가지고 있다. 가조 이름은 사는 장소가 바뀌면 계속 바뀌게 된다. 방문하는 장소마다 다른 성을 사용하는 것이 로마들의 일반적 관행이다. 만약 가조 당국자들이 로마 한 사람을 놓고 법적인 수사를 진행하려면, 우선 그가 살았던 여러 장소들로부터 물질적 증거들을 모아야 하며 그를 그 장소마다 끌고 다니며 이 사람이 맞냐고 직접 확인을 거쳐야 한다. 혹시라도 그의 신병을 확보해놓지 않았다면 그 로마는 이미 사라져버렸을 가능성이 크다. 그러고는 다시 돌아오지 않을 것이며, 돌아온다고 해도 다른 이름과 모습으로 돌아올 것이다. 그러면 또 이 거위 뒤쫓기의 법석은 원점에서 새로 시작되어야 한다.

정부 당국과 맞닥뜨렸을 때 이들이 사용하는 두 번째 방어선은 자신들을 벌레만도 못한 존재로까지 비하하는 공손한 태도이다. "우리는 글도 모르는 가난한 이민자들이에요. 그냥 아이들을 기를 수 있는 안전한 장소만 있으면 좋겠어요." 운운. 남자들은 지독하게 주눅 든 표정을 하며 여자들은 과도하게 혹사당하며 사는 척을 한다. 그러다가 특정 장소에서 퇴거하라는 협박을 받으면 (이것이 보통 당국자들이 가장 좋아하는 전략이다) 이들은 시간을 끈다. 그러다가 갑자기 사라져버린다. 이 사라져버리기가 이들의 세 번째 방어선이다. 이들 무리 전부가 한두 시간 안에 이동할 준비를 마칠 수가 있다. 로마들은 숙의를 한답시고 시간을 끌거나 감상에 젖어 헤매는 법 없이 순식간에 집단적 결정을 내리고 이를 비밀에 붙이는 능력을 배양한다. 혹시 이들이 여행 일정을 미리 가지고 있는 경우라 하더라도 이는 철저하게 비밀에 붙여진다. 로마들은 미리 계획을 짜는 것을 노골적으로 죄악시하기 때문이다. 관료화되고 글자를 쓰는 가조 사회는 계획과 소통을 우상시하며 준비, 조정, 공적 토론, 공식적 승인 등을 거쳐야만 움직일 수가 있지만, 로마들은 하나의 집단으로서 상황 변화에 따라 순식간에 방향을 바꿀 수가 있다.

당국자들이 로마들 한 사람 한 사람을 개인적으로 상대하는 게 아니라 전체를 하나의 집단으로서 정치적으로 상대하는 경우가 있다. 이런 접근으로 그들의 지도자나 대표를 찾기도 하는데, 이는 또 다른 형태의 헛발질로 이어진다. 우선 당국자들은 "집시 왕"에게 인도된다. 이들은 스스로 그 역할을 선택한 자들로서, 주로 지위가 낮아 아무 할 일이 없는 이들이다. 이 "왕"은 로마 여인과 결혼한 가조일 수도 있고, 처가댁에 얹혀사는 "집안 롬house Rom"일 수도 있고 둘 다일 수도 있다. 이 사람은 뭔가 권력 있는 인물로 대접받으니 기분도 좋고 또 그러면서 동시에 가조 이방인의 시간을 허비하게 만드는 일도 즐길 수 있으니 기꺼이 스스로를 "왕"이라고 칭하며 나서는 것이다. 하지만 진짜 권력은 "큰 사람rom baro"에게 있다. 이 또한 스스로를 그렇게 선택한 개인이기는 하지만, 그게 누구인지의 정체는 가조 이방인들에게는 절대 누설되는 법이 없다.

아이들과 결혼

로마 아이들은 부족의 생활에 버젓한 일원으로서 아주 전면적으로 참여한다. 이들은 파밀리아와 쿰파니아의 정치적·경제적 생활에 직접 참여하면서 어른들로부터 또 서로에게서 배우며 자란다. 영아들은 중요하게 여겨지지 않는다. 모든 로마들은 명목상 기독교인들이며 (흥미로운 것은 로마니 언어에서 신을 부르는 이름은 "데벨Devel"이며, 신을 부를 때에는 "데블라Devla!"라고 한다는 점이다), 모두 다 세례를 받지만 기독교명을 선택하는 것은 중요하게 여겨지지 않는다. 일단 세례를 받게 되면 아이들은 청소년이 되어 제 2차 성징이 나타날 때까지 부정 타는 것과 관련된 여러 금기로부터 풀려난다. 이들이 제 2차 성징을 보이기 시작하면 또한 모든 성적인 금지로부터도 풀려난다. 로마 성인들은 아이들의 성 문제를 이야기 주제로 삼는 것을 금기 사항으로 삼기 때문에 아이들이 2차 성징을 보일 때까지 외면하면서 아이들이 욕을 입에 담고 자라든 변태가 되든 말든 내버려두지만, 여자 아이들은 혼전순결을 지킬 것을 요구받는다. 이러한 문화적 특징이 아마도 어째서 로마들에게 정신분석이 그토록 불필요한 일인지를 설명해줄 것이다.

이러한 독특한 방치 상태는 결혼할 때가 되면 끝이 난다. 신부는 첫날밤을 보통 신랑이 아닌 시어머니와 보내는 것이 전통이며, 이때 시어머니는 신부가 성행위를 제대로 하기 위해 알아야 할 사항들을 폭포수처럼 쏟아놓으며, 여기에는 마리메(부정 타기)를 피하기 위해 지켜야 할 온갖 금기 사항들도 포함되어 있다. 극악한 경우에는 신랑도 똑같은 일을 당하게 된다. 로마들은 간혹 품행이 무절제한 자들이라는 평판을 얻기도 하지만 (심지어 어떨 때는 스스로를 이국적이고 음탕한 이미지로 짐짓 꾸미기도 한다), 이렇게 금기 사항이 많다보니 사실은 상당히 정숙한 생활을 할 수밖에 없고, 혼전순결도 지켜지는 경향이 있다. 로마 소녀들은 간혹 매춘부인 척하고서 짐짓 교태를 부리기도 하지만, 이는 사기극일 뿐이다. 거기에 홀려서 고객이 넘어오면 갑자기 로마 남자가 나타나서 왜 남의 딸 혹은 여동생을 함부로 욕 보이냐고 험악하게 들이대며, 로마 소녀는 갑자기 흑흑 울면서 불쌍한 척을 한다. 결국 그 고객은 죗값으로 탈탈 털리게 되며 성적으로 아무런 재미도 보지 못한다. 결국 로마 소녀들과 가제 아재들이 실제로 성행위를 벌이는 일은 결코 없다.

아이들도 정치적으로 써먹을 때가 많다. 앞에서 말한 바 있듯이, 이들은 갓난아기 때부터 남의 집에 쳐들어갈 때 상징적으로 문을 열어놓게 만드는 도구로 쓰일 수 있다. 나이가 들면 이 아기들도 구걸과 스파이질을 배울 뿐만 아니라, 어른들이라면 무례하고 모욕적이겠지만 아이의 입에서 나오면 귀엽고 예쁜 종류의 질문들을 배운다. 공무원이 나타나서 가족을 퇴거시키려 하면 어린 아이들을 한 떼거리 풀어놓는 것이 상당히 효과적이다. 어떤 아이들은 거의 두 발로 걷지도 못해서 다른 아이들이 질질 끌고 다녀야 한다. 이런 아이들이 우르르 몰려와 공무원 앞길을 막고 소매 자락과 바짓가랑이를 붙들고서 닭똥 같은 눈물을 흘리며 "아저씨, 제발요, 우리 쫓아내지 말아주세요!"라고 울부짖는 것이다. 물론 그 와중에서도 이 아이들은 솜씨 좋게 그 공무원의 지갑과 손목시계를 노린다. 그러다가 공무원이 지갑이나 손목시계를 잃어버렸다는 것을 알아차리면, 아이들은 열심히 주변에 흩어져서 그 물건을 금방 "찾아준다". "여기 있네요, 떨어뜨리셨나봐요!" 이런 대접을 받고 나면, 대부분의 공무원들은 이런 인간들을 퇴거시키는 일이라는 게 자기들의 쥐꼬리만 한 월급을 받으면서 할 일이 아니라는 것을 곧 깨닫는다.

그래서 결국 전달하라는 통지장—계고장, 법원 명령서, 소환장, 정리 명령장, 영장, 퇴거 명령서, 그 밖에 가조 법률가들의 터무니없는 상상력의 소산인 문서들—이나 전달하고 재빨리 사라지며, 로마들은 또 그 문서를 곧바로 불태워버린다. 로마 여자들은 당국자들이 나타나면 한결같이 조용하고 공손하며 유화적인 태도를 유지하면서 오래도록 세파에 시달려 어쩔 줄을 모르는 엄마의 역할을 하며, 상황에 대한 통제력을 유지하기 위해 자기들 입장에서 할 수 있는 일을 한다. 공무원들이 이런 상황에서 할 수 있는 최대한이라고 해봐야 몇 명의 로마 남자들을 체포하여 잠깐 동안 유치장에 넣어두는 것이다. 로마 남자들은 감금 상태를 서로 도와가며 묵묵히 참아내며, 모범적 품행으로 곧바로 풀려난다. 그러는 동안에 여자들은 혼자서 아이들을 키우는 일을 계속한다. 로마 사람으로.

로마 소녀들은 생리를 시작하면 즉시 결혼이 가능하다고 간주된다. 하지만 약혼식과 결혼식 사이에는 상당히 오랜 시간차가 있다. 약혼식은 상당히 정교한 예식이며 여기에서 신랑 쪽 가족은 "신부값daro"으로 상당한 양을 지불하며, 그 대부분은 결혼식에 쓰인다. 결혼식은 약혼식보다 더 정교한 예식으로서, 며칠 간이나 계속된다. (최근에 로마들이 자신들의 거창한 결혼식을 유튜브에 올려놓았다. 정말 흥미로웠다.) 결혼 직후 "어린 아내"—"보리bori"라고 불린다—는 시댁의 일원이 되며, 아이를 낳기 전까지는 수습생/인턴 신분으로 시어머니의 명령 아래에 있게 된다. 첫 아이를 낳아야 비로소 "정식 부인romni"이 된다. 하지만 로마들 사이에서 결혼한 부인은 "어린 아내"이든 "정식 부인"이든 궁극적으로는 그 아버지의 통제 하에 있는 존재로서, 아버지는 만약 결혼이 원만치 않거나 또는 자기들 파밀리아에서 딸이 일할 필요가 있으면 딸을 다시 불러갈 수가 있다. 하지만 일단 결혼이 성사되면 어떤 경우에도 "신부값daro"은 반환이 안 된다. 이혼과 재혼은 비공식적인 일들이며, 절대로 가조의 법정을 끌어들이는 법은 없다. 이혼할 경우 아이들은 어느 쪽 부모에게든 갈 수 있으며 조부모에게 갈 수도 있다. 초혼은 통과 의례로서 치러지지만, 그 이후의 결혼식은 그렇지 않다.

부

대부분의 경우 많은 로마들은 아주 가난한 모습을 하고 있다. 낡은 차나 트럭과 그것으로 끄는 캠핑카와 등에 지고 있는 옷 말고는 아무것도 가진 게 없는 모습이다. 하지만 이들 중 다수는 대단히 부유하다. 이들은 보석류 등속으로 부를 축적한다. 약혼식이 성사될 경우 신부값은 수십만 달러를 오가며, 그 뒤의 결혼식은 며칠 동안 계속되는 성대한 잔치판으로 벌어진다.

일부 로마들은 유랑 생활을 그만두었으며, 그중 부유한 자들은 성대한 궁궐을 지어 크리스털, 손으로 짠 양탄자, 값비싼 가구와 석상, 최신 전자 제품 등으로 꽉 채워 살기도 한다. 불가리아, 루마니아, 여타 발칸 나라들에서는 이러한 부유한 로마들이 확고하게 자리를 잡아 더 이상 어디로 또 옮겨 다녀야 한다는 걱정을 하지 않게 되었고, 또 자신들의 부를 거리낌 없이 으스댄다. 하지만 대부분의 다른 장소에서는 이동 생활을 계속하며 자신들의 부를 숨겨놓는다.

많은 로마들은 볼썽사나울 정도로 덕지덕지 보석류 장신구를 달고 있다. 그리고 이들이 체포되어 유치장에 들어가게 되면 이것들을 모두 벗어서 봉투에 넣어 감옥 금고에 보관시킨다. 이 내용물들의 가치를 평가해본 간수들이 몇 명 있거니와, 이들은 그 가치가 몇십만 달러에 달하는 것을 발견하고 놀라곤 한다. 그 장신구 보석류는 순금과 백금에다가 커다란 다이아몬드, 루비, 에메랄드가 박혀 있는 것들이다. 로마들은 은행이나 그 밖의 어떤 가조 기관들과도 전혀 관계를 맺지 않으려 하는 데다 또 언제나 이동해야 하는 신세이니, 자기들 순 재산의 대부분을 몸에 지니고 다니는 것이 상당히 합리적이라고 볼 수 있다.

분리주의

—

로마들은 항상 자기들을 별개의 집단으로 유지해야 한다는 강박적 충동이 있기 때문에 내부 영역과 외부 영역을 아주 철저하게 구별하여 유지한다. 전자는 깨끗하고 아무런 오염이 없도록 유지하는 한편 후자는 가제들이 지배하도록 내버려두는 영원히 오염된 지역이라고 간주하는 것이다. 내부 영역의 순수성을 통제하기 위해 정교하게 마련된 여러 관습과 금기들이 있고, 그게 집일 수도 있고, 캠핑카일 수도 있고, 텐트일 수도 있지만, 이는 보통 문지방에서 멈춘다. 어떤 로마들은 자기네 뒤뜰을 온통 쓰레기 바다로 만들어서 이웃들과 당국의 짜증을 불러일으키기도 한다. 마찬가지로 이들은 또 자신들이 머무는 야영지마다 엉망으로 만드는 것으로 알려져 있기도 하다. 하지만 그 내부 영역도 팽창하는 일이 가능하며 특히 로마들이 일정한 땅뙈기를 자기들 것이라고 주장할 때마다 그러한 일이 벌어진다. 만약 이들이 일정한 장소에서 자기들 집단 전체가 머물고 싶은 만큼 머물 수 있다는 것을 알게 되면, 이들은 자발적으로 그 장소를 깨끗이 청소한다. 왜냐면 내부 영역은 각자 주거의 문지방에서부터 야영지 테두리까지 펼쳐진 공간이기 때문이다.

이러한 내부/외부의 구별은 이들의 야영지가 원형을 이루는 경향이 있다는 데서도 나타난다. 대부분의 야영장에서는 캠핑하는 이들에게 최대한의 프라이버시를 제공하려고 노력하는 반면, 로마들은 이를 일부러 파괴해버리며, 담장 같은 게 있으면 부수거나 아예 불태워버린다. 이들은 함께 야영할 때 모든 이들이 다른 이들을 모두 다 볼 수 있도록 위치를 잡으려고 하며, 절대로 커튼을 치는 법이 없다. 하지만 가제들과 함께 살 때에는 항상 커튼을 내려놓는다.

이렇게 내부 영역에서 사생활을 제거하는 것은 내부적으로나 외부적으로나 안전 보장을 위한 조치이다. 내부적으로 볼 때, 만약 모두가 모두에 의해 감시되고 있다면 누구든 규율을 어기는 즉시 처벌을 받게 된다. 외부적으로 보면, 어떤 위협이 나타나든 그걸 보는 눈도 많고 또 서로가 다 시야에 들어 있는 데다 소리 지르면 다 들리는 거리 안에 항상 있으므로 함께 대처하기가 쉽다. 이들은 바깥에서 뻔히 보이는 장소를 선택하는 경향이 있다. 수풀 속 깊은 곳의 으슥한 장소가 아니라 큰 도로의 길가와 같이 직접 노출되어 있는 장소를 선호하는 것이다. 그들은 공중의 반감에 노출될 때가 아니라 오히려 그것으로부터 숨을 때 위험해지는 것이다. 이렇게 로마들은 숨지 않는다. 그들은 **그들의 정체성을** 숨길 뿐이다. 이 때문에 그들은 항시적으로 외적인 역할을 바꾸어야만 하며, 이 때문에 내적으로는 위험할 정도의 비현실적 감각과 자기 비하의 감정이 생겨날 수 있다. 이들은 이러한 것들과 싸우고 스스로의 내적 자아를 지켜내기 위해 자신들의 집단적 통합을 강화하는 일련의 예식들을 치르게 된다. 이들의 무수히 많은 오염 관련 금기 사항들은 모종의 일관된 우주관의 일부이며, 실용적인 기능이 있다기보다는 자신들이 외적인 오염에 노출되어 있다는 것을 끊임없이 일깨워주기 위해 고안된 모종의 상징적인 장치이다. 가장 큰 위험을 막는 통과 의례는 출산과 죽음이다. 여성의 생리 또한 오염이 아주 강한 것으로 여겨진다.

로마들은 또한 음식에 대해서도 정교하고 오래된 일련의 금기 사항을 준수한다. 음식은 식자재 상태에서 항상 새로이 만들어야 하며, 음식을 먹는 식탁은 음식 이외의 물건을 올려놓는 일 없이 항상 본원적 상태를 유지해야만 한다. 화분이나 조각상은 괜찮지만, 열쇠고리나 핸드폰을 놓게 되면 마리메 즉 부정을 타게 된다. 각인이 사용한 접시와 포크, 나이프 등은 모두 따로따로 씻을 뿐만 아니라 다른 수건으로 말려야 한다. 깨끗한 행주는 빨랫줄에 따로 모아 말리며, 이것이 곧 로마인들의 집단적 순수성을 알리는 깃발의 역할을 한다. 음식을 만들 때는 반드시 앞치마를 두르지만, 이는 음식이 옷에 튀는 것을 막는 게 아니라 상징적 의미에서 몸이 음식을 오염시키는 것을 막기 위함이다. 그리고 당연한 이야기지만, 가장 오염이 심한 존재는 가제들이다. 함께 식사를 하게 되면 가조 손님은 특별한 의자에 앉혀지며, 여기에는 누구도 앉지 않는다. 그 손님이 식사에 사용한 접시는 나중에 부수어진다.

로마들은 상체와 하체를 철저하게 구별한다. 상체는 깨끗한 것으로 여겨지며 (특히 머리. 그리고 입술에 키스하는 것은 얼마든지 허용된다.), 하체는 오염시키는 것으로 여겨진다. 로마 남자들은 웃통을 벗고 돌아다닐 때가 많지만, 아무리 찌는 더위에도 짧은 바지는 절대로 입지 않는다. 로마 여자들은 가슴을 다 드러내고 춤을 추거나 공개적으로 수유를 하지만, 치마는 꼭 무릎 아래로 내려오게 되어 있으며 남자 앞에서는 다리를 꼭 모으고 꿇어앉는다. 빨래에 쓰인 물과 용기들은 설거지에 쓰인 것들과 섞어서는 안 되며, 몸에 쓰는 수건으로 그릇의 물기를 닦아내서도 안 된다.

로마들이 스스로의 소중한 독자성을 유지하기 위해 전체 집단 차원에서의 강박 증세라는 대가를 치르고 있다고 할 수 있다. 하지만 가만히 생각해보면 이게 특별한 일은 아니다. 개인 차원에서 볼 때는 심각한 정신 증세를 앓고 있는 이들이 많지 않지만, 민속 집단, 정당, 여러 형태의 경제 (시장 경제이든 계획 경제이든), 나아가 민족 전체 등에서는 심각한 정신 증세가 나타나는 것이 너무나 일반적인 일이기 때문이다. 이 점에서 보면, 인류 전체의 시점에서 볼 때 로마들이 보이는 증세는 정도가 심할지는 몰라도 특별한 것이라고 할 수는 없다.

"집시다움"

—

어느 특정 지역이나 국가에서 로마들이 번성하느냐 아니면 사멸하느냐는 "집시다움"이라고 할 만한 것들에 대해 그 사회가 어떤 환경을 조성하느냐에 달려 있다. 실제로 나치 독일에서처럼 이들을 유대인들과 함께 인종 청소의 희생물로 삼았을 때에는 거의 절멸하다시피 했다. 그런데 미국에서는 항상 잘 지낼 수 있었으니, 이곳에서는 민족이 다양한 데다 사람들도 이동성이 심하고 게다가 방랑 생활이라는 것 자체가 일반적인 삶의 방식으로 용인되니 이들도 잘 섞일 수가 있었던 것이다. 하지만 최근 들어 미국에서도 극단적인 관료화가 이루어지고 또 도처에서 감시가 제도화되면서 이들도 여러 문제를 겪고 있을 것이다. 이들은 자기들을 레바논 사람들이라고 말하곤 한다. 자기들의 정체를 숨기고 혼란을 불러일으키려 한다면 참으로 현명한 선택이다. 레바논 사람들은 하나의 민족이라고 말하기도 힘들며 그렇다고 민속 집단ethnic group이라고는 더욱 말할 수 없기 때문이다.

로마들은 예전의 동유럽 공산주의 국가들에서는 거의 번성하지 못하였다. 여기에서는 여행이 금지된 데다가 모두가 공장에서 노동을 하도록 강제되었기 때문이다. 하지만 소련이 붕괴한 이후에는 로마들의 운명에 놀랄 만한 변화가 생겨났고, 수많은 로마들이 빠르게 큰 재산을 긁어모아 호화판 궁전을 세울 정도였다. 전체적으로 볼 때 로마들은 엄격하게 통치되고 규제되는 사회에서는 잘 번성하지 못하며, 혼란스럽고 해체되어가는 사회에서는 번성한다. 후자의 경우 경제에 빈 틈새가 많아 그 틈을 이들이 채우고 또 금세 빠져나가는 일이 가능하기 때문이다. 따라서 붕괴가 벌어지는 기간 동안 그리고 그 이후의 기간 동안 모두 로마들이 번성할 것이라고 예측하는 것은 충분히 합리적인 일이다. 또한 붕괴의 시나리오는 다양하지만, 어떤 경우에든 로마들의 여러 관행 중 몇 가지를 채택한 유랑 집단은 그렇지 않은 집단보다 더 잘 살아나갈 것이다.

5장

문화 붕괴

5단계 문화 붕괴. 인간의 선한 마음에 대한 믿음이 사라진다. 사람들은 "친절, 베풂, 배려, 애정, 정직성, 환대, 연민, 나눔" 등의 능력과 가능성을 잃어버리게 된다. 가족은 해체되며 개개인으로 원자화된 사람들은 희소한 자원을 놓고 경쟁을 벌인다. 이제 "내가 하루 더 살려면 네가 오늘 죽어야 한다"가 새로운 행동 원리가 된다.

"문화"라는 말은 사람에 따라 전혀 다른 뜻을 갖는다. 어떤 이들은 그저 교향악 연주회나 미술 전시회 같은 "문화 행사"를 떠올린다. 어떤 이들은 문학과 시각 예술, 그 밖에 여타 형식을 갖춘 순수 예술을 여기에 포함시킨다. 하지만 또 어떤 이들은 이 말에 국민적 자부심이라는 색안경을 끼우기도 하며 (즉 보다 포괄적이고 고차적인 의미에서의 "문화 Culture"), 위대한 "문화적 성취"라든가 "문화적 기념비들"을 이야기하기도 한다.

　문화에 대한 이렇게 다양한 접근법은 모두 아주 흥미진진하며 특히 포괄적·고차적 의미에서의 문화 붕괴는 각별히 흥미로운 주제이지만, 이는 우리의 논의에서 최우선으로 다루어야 할 주제는 아닌 듯싶다. 대신 우리는 문화에 대한 최소주의 접근법을 취하여 다음의 질문들에 답하도록 하자. 생리학적으로는 인간의 신체를 갖추고 있다 해도 그 존재를 우리가 (비록 아주 모호하고 문제가 많은 단어이지만) "정상적"인 인간으로 기꺼이 인정하려면 최소한 어느 만큼의 문화가 필요한가? 인류가 인간성을 유지하며 존속하는 데 필요충분한 문화적 요소들은 어떤 것들인가? 문화, 과학, 경제, 사회에 걸친 모든 분야에서 사람들이 발전과 개발에 집착하는 경향은 온 세계에 퍼져 있지만, 그러한 모든 발전과 개발이 자연 환경에는 부담이 되며 이미 지속가능한 수준을 넘어선 지 오래라는 불편한 진실은 모두 외면하려 한다. 그리고 우리 후손들이 생물학적으로 생존할 확률을 높이기 위해 개발과 발전을 어느 만큼이나 규모를 줄여야 하는가 하는 문제도 사람들은 웬만해서는 잘 토론하려 들지 않는다.

개발과 발전은 다량의 천연 자원을 필요로 한다. 담수와 식량과 같은 생태시스템의 자원은 물론 화석 연료와 광물과 같은 천연 자원도 필요하다. 여기에다가 기후 변화로 야기되고 있는 여러 기상 관련 재난이 계속해서 크게 증가하고 있다는 점까지 고려해보라. 그렇다면 복합 사회 그리고 그에 따라오는 복합 문화를 유지하는 데 필요한 여러 재료들의 부족 사태에 우리가 직면하고 있다는 점이 분명해질 것이다. 하지만 우리는 우리가 가진 모든 것을 "개발과 발전"에 올인한 상태이다. 좀 더 에너지 효율성이 높은 신규 기술부터 재생 에너지에 대한 투자를 거쳐 새로운 치명적 질병과 싸우기 위한 백신과 의약품에 이르기까지, 우리는 자연에 맞서서 전면전을 수행하고 있다. 그 와중에 우리가 까맣게 잊고 있는 사실이 있다. 우리가 무엇을 하건 또 아무리 강력한 투쟁을 벌이든 극적인 승자는 항상 자연이라는 것이다. 좀 더 현명한 접근법은 자연이 스스로의 길을 가도록 내버려두고 나서 그러한 야생 상태를 그나마 최대한 생존가능한 것으로 만들어나갈 각오를 하는 것이다. 또 우리가 자연에 요구하는 게 아니라 우리의 환경이 우리에게 요구하는 바에 기초하여 우리 스스로 진화 혹은 퇴화의 길을 갈 각오를 하는 것이다.

이렇게 접근해본다면 문화에 대해 훨씬 단순한, 하지만 유용할 뿐 아니라 절대적으로 필요한 정의를 얻을 수 있다. 문화란 사람들이 서로 대면하여 관계를 맺는 방식 그리고 자신들의 식견에 근거하여 자신들을 둘러싼 물리적 세계와 직접 상호작용을 맺는 방식을 더한 것이라고 말이다. 그렇다면 그러한 방식 안에 과연 친절, 관대함, 배려, 애정, 정직, 친절, 자비, 자산 등과 같은 요소들이 나타나게 될까? 만약 그렇다고 한다면, 사람들이 그러한 오랜 미덕을 베푸는 범위는 또 어디까지인가? 자기 자신? 핵가족? 확대가족? 씨족? 부족? 다른 부족들? 주변의 생태 시스템 전체? 내가 열거한 미덕의 목록은 콜린 턴불Colin Turnbull의 저서에서 가져온 것이다. 그가 아프리카의 이크Ik족에 대해 저술한 저서에 따르면, 그들의 경우 이러한 미덕 대부분이 거의 완전히 사라졌다고 한다. 이크족의 경우는 아주 흥미롭기 때문에 이 장의 말미에서 사례 연구로 자세히 다루고자 한다. 턴불은 이크족에 대한 자신의 연구에 근거하여 더 큰 주장을 펼치고 있다. 이러한 인간적 미덕들이 서구 사회에서 거의 파괴된 상태이지만, 그러한 미덕의 부재 상태는 금융, 상업, 정부 등과 같은 몰인격적인 제도들에 의해 잠시 은폐되고 있을 뿐이라는 것이다. 그런데 만약 금융 붕괴, 상업 붕괴, 정치 붕괴, 사회 붕괴가 줄줄이 벌어진다면 그 여파로 우리도 이크족과 같은 상태가 되는 것일까? 만약 그렇게 된다면 차라리 죽어버리는 게 낫지 않을까? 콜린 턴불은 우리 대신 이 두려운 질문을 용감하게 파고 들어간 사람이다. 그리고 그가 내놓는 대답을 보면 소름이 끼치지 않을 수 없다.

문명 세계란 차가운 세계이다. 그 시민들은 이론적으로는 스스로를 돌볼 줄 아는 이들인 양 으스대지만, 실상을 보면 순전히 금융, 상업, 정부와 같은 몰인격적 서비스들 덕분에 생존을 유지하고 있는 존재들이다. 그렇다면 이러한 몰인격적 서비스들이 사라져버린다면 어떻게 될까? 우리는 과연 그때 인간성에 의지하여 살아남을까? 아니면 이크족의 길을 가게 될까? 사회는 우리로 하여금 턴불이 열거한 따뜻한 미덕들을 오로지 가족과 친구들 사이에서만 실천하도록 허용하며, 소수의 아주 목가적인 (혹은 인위적인) 상황에서만 이웃들에게도 실천하는 경우가 있을 뿐이다. 하지만 이는 어디까지나 시작일 뿐이며, 여기서부터 우리는 이 따뜻함의 원을 계속 확장하여 우리에게 소중한 사람들 그리고 우리를 소중히 여기는 사람들을 점점 더 많이 그 안으로 포함시킬 수 있다.

이 따뜻함의 원 밖에는 신뢰라고 하는 더 큰 동심원이 있다. 사람을 섣불리 믿었다가 너무 큰 위험을 당하는 일을 피하기 위해, 사람들은 자잘한 것부터 시작하여 다른 이들과의 신뢰를 쌓기 시작할 수 있으며, 이런 식으로 그 신뢰의 원을 점점 넓혀갈 수 있다. 어떤 사람이 믿을 만하다는 게 판명되면 그 원 안으로 포용하면 되고 그렇지 않다면 원 밖으로 배제한다. 신뢰란 포용일 뿐만 아니라 그와 똑같은 만큼 (우리가 위협적이며, 명예심이 없으며, 성미가 맞지 않거나 믿을 수 없다고 생각하는 이들을) 배제하는 것이기도 하다. 믿는다는 것은 곧 항복한다는 것을 뜻하며, 그 신뢰의 원 밖에는 불신의 전투장이 펼쳐지게 되고, 여기에서 사람들은 조금이라도 신뢰를 서로에게 얻어내기 위해 위험과 고역을 무릅쓴다. 하지만 이렇게 더 큰 신뢰의 원을 구축하기 위해서는 먼저 그보다 더 큰 동심원인 인정recognition이 확립되어 있어야만 한다. 문명 세계에서 넘쳐나는 미묘한 정신적 폭력의 한 유형은, 아예 누군가의 존재 자체를 인정하지 않는 행동에서 나타난다. 사람들을 지나칠 때 인사말이나 눈맞춤 따위를 하지 않고 지나치는 게 더 안전하다고 생각하는 이들이 많다. 만약 당신이 완전히 무표정하고 멍한 얼굴과 눈빛으로 그렇게 한다면, 제대로 얼굴을 쳐다보면서 "너는 내게 투명인간이야"라고 대놓고 말해서 분위기를 험악하게 만드는 것보다는 안전할 것이다. 하지만 만약 당신이 "나는 당신을 보고 있으며, 당신은 나쁜 사람이 아니라고 생각합니다"라는 느낌의 표정을 하고 있다면, 심지어 "나는 당신의 존재를 인정합니다"라는 느낌의 표정으로 그 사람을 본다면, 정반대의 효과가 나타날 것이다. 우선 폭력이 벌어질 가능성은 즉시 줄어들 것이다. 스벤 린드크비스트Sven Lindqvist는 유럽 식민주의의 유산을 다룬 그의 놀라운 저서 『모든 짐승들의 씨를 말려라Exterminate all the Brutes』에서 폭력을 쓰게 되면 서로를 알아볼 수가 없게 된다는 충격적인 관찰을 내놓는다. 적극적이든 수동적이든 공격을 행하는 자는 낯선 자가 된다. 하지만 그 반대도 마찬가지이다. 공격자라고 해도 일단 자신의 존재를 인정받게 되면 계속 공격적인 태도를 유지할 필요가 크게 줄어든다.

인간과 다른 동물들

—

인간의 아기는 생물학자들이 흔히 "극단적 만성성extreme altriciality"이라고 부르는 특징을 가진다. 즉 스스로를 돌볼 수 없는 상태로 태어날 뿐 아니라 상당 기간 동안 그런 상태에 머물러 있다. 따라서 다른 동물들 심지어 다른 영장류들과 비교해보아도 놀라울 정도로 긴 기간 동안 (최소한 3년) 부모의 돌봄이 있어야 비로소 자율적으로 기능하는 데 필요한 행동들을 습득할 수 있다. 걷고, 말하고, 먹고, 서로 소통하는 등의 활동을 다른 동물들은 대부분 본능으로 깨치는 데 반해 인간의 아기는 이를 배워야만 한다. 아기들은 여기저기 돌아다니는 방법도 배워야 하며, 감정을 이해하는 법도 배워야 하며, 다른 이들과 관계 맺는 법도 배워야 한다. 그리고 이러한 배움의 과정 모두가 하나의 문화가 성립하기 위한 최소한의 요소들이므로, 이런 것을 배우지 않고서는 인간의 통상적인 발달 과정 자체가 완성될 수 없다.

가끔 버려진 인간의 아기를 늑대나 곰 같은 다른 동물들이 기른 이야기를 접할 때가 있다. 부모를 잃은 인간 아기들이 동물들의 가정에 입양되면 일정한 지점까지는 잘 자란다. 이들은 직립 보행 능력을 기르지 못하고 네 발로 걸어 다닌다. 언어를 사용하지 못하고 다른 동물처럼 신호만 주고받을 수 있다. 이들은 보통 정상적이라고 간주되는 다양한 기본적 인지 능력도 결여되어 있다. 그런 능력들은 여러 상징의 사용을 요구하는 바, 이는 발전 단계의 결정적 국면에서 언어를 습득하는 맥락 속에서만 배울 수 있는 것이기 때문이다. 이렇게 인간 세상에서 야생으로 버려진 아이들이 과연 스스로 자기들끼리 새로운 아이들을 낳고 기를 수 있는지는 분명하지 않다. 결국 이러한 예는 미래에 인류가 다시 야생 상태로 버려졌을 때 존속할 수 있을지를 예측하는 좋은 모델은 못 되는 듯하다. 결정적으로 빠진 요소는 바로 다른 인간과의 접촉이다. 이것이 없다면 인간이 가지고 있는 육체적·인지적 능력들은 피어나지 못한다. 하지만 이것이 지적하는 사실도 분명히 있다. 우리 모두 결국은 동물일 뿐이라는 것이다. 어머니가 되어줄 사람이 없다면 최소한 생리학적 수준에서는 개나 돼지도 대리모가 되어줄 수 있다. 여기에 일정량의 인간적 접촉이 있어서 약간의 문화가 (최소한의 의미에서의 문화가) 전달된다면, 충분히 깨어난 인간이 나타나게 된다.

몇 살 먹은 어린 아이가 동물들에 의해 길러진 사례도 있다. 우간다의 존 세뷰냐John Ssebunya는 그의 아버지가 어머니를 죽이는 것을 보고 숲속으로 도망쳤다. 사람들은 그 아이가 살아남지 못할 것이라고 생각했지만, 한 무리의 원숭이들이 그를 3년간 돌보아주었다. 1996년 모스크바에도 비슷한 경우가 있었다. 네 살배기 이반 미슈코프Ivan Mishukov는 알코올 중독으로 풍비박산이 난 집에서 도망쳐 2년 동안 길거리에서 구걸로 살아가다가 한 무리의 개들과 친구가 되었고, 결국 그 개들의 우두머리가 되었다. 이 개들은 길고 추운 겨울밤에도 그를 따뜻하게 해주었고 또 누구도 덤벼들지 못하게 곁을 지켜주었다.

비록 극단적인 경우들이기는 하지만 이는 정상적 패턴이 거꾸로 뒤집힌 상태로서, 우리가 이미 알고 있는 사실 하나를 건드린다. 인간이 개, 고양이, 닭, 돼지, 오리, 거위, 앵무새, 염소, 당나귀, 말, 원숭이 등등 인간 아닌 동물들을 가족 구성원으로 포함하는 일은 얼마든지 벌어질 수 있는 정상적인 일이다. 그런데 인간 아닌 동물들의 가족에 인간들이 구성원으로 포함되는 일은 영 정상적이라고 느껴지지 않는다. 하지만 그럴 이유가 있는가? 두 가지 패턴 중에서 어느 쪽이 미래의 지배적 현실이 될지 어떻게 장담하겠는가? 그냥 우리가 인간이라서 인간에게 유리한 쪽으로 편견을 갖고 있는 게 아닌가? 가축 무리를 이끌고 여기저기 이주하고 있는 사람은 동물 사회의 일원인가 아니면 인간 사회의 일원인가? 가까운 곳에 다른 인간들이 없다면 이 질문은 순전히 학문적인 것이 되어버린다. 수렵이든 유목이든 농업이든 다른 생물 종들이 생존해야만 가능한 일이다. 지금 인류가 광범위하게 행하고 있는 관행은 다른 생물 종들과의 통합이나 협동이 아니라 그들에 대한 지배, 착취, 기생이다. 그리고 이러한 관행이 너무나 심하게 환경을 파괴하므로 다른 종들을 전례 없는 속도로 절멸로 몰고 가고 있을 뿐만 아니라 우리 스스로의 생존마저 의심스럽게 만들고 있음이 입증되고 있다. 우리가 이러한 공멸 대신 공생을 이루기 위해 노력한다면 어떻게 될까?

우리가 다른 생물 종에 대해 우월감을 느끼는 이유는 우리가 언어와 상징 기호의 논리를 사용할 능력을 가지고 있기 때문이다. 이 책을 읽고 있는 것을 보니 당신은 사람임에 분명하다. 언어는 우리에게 가지가지의 수량과 척도를 정밀하게 세고, 계산하고, 기억하고, 전달하는 능력을 가져다준다. 이는 또한 당장 눈앞에 있지 않은 사물들도 가리킬 수 있게 해주고, 심지어 현실에 존재하지 않는 사물들과 상황들까지도 묘사할 수 있게 해준다. 또 여러 사건들 사이의 인과 관계를 결정하고, 정식화하고, 가설을 검증할 수 있게 해준다. 언어는 또한 도구, 옷, 주거, 그 밖의 여러 인공물들을 만들어내는 절차를 발전시키고 전수할 수 있도록 해주며, 이를 통해 우리의 여러 신체적 한계를 극복할 수 있게 해준다. 이 모든 것들을 합쳐보면 인간은 집단적으로 볼 때 그 어떤 동물보다도 강하고 빠르고 더 물리적으로 위협적인 능력을 가지게 된다. 하지만 이는 양날의 칼이다. 우리가 핵발전소를 세웠다가 멜트다운이 벌어져 피폭을 당하는 것도, 수천 개의 핵무기를 축적함으로써 순식간에 멸종되어버릴 위기에 처하게 된 것도, 또 우리의 화석 연료와 화학 산업 제조품으로 대기와 대양을 오염시켜 지구상의 모든 생명체들에게까지 위협을 가하게 된 것도 모두 언어 때문이니까. 최종적으로 분석해볼 때 만약 인간이 언어를 발전시키지 않았더라면 인류는 물론 지구상의 모든 생명체들이 훨씬 더 안전한 세상에 살고 있었을 것이다. 아마도 언어가 가져다주는 지식을 극단까지 활용했다가는 그저 어리석은 자살의 가능성과 위험만 더 높아질 것이다.

생리적으로도 인지 능력으로도 완전히 정상이지만 언어가 없는 인간들이 존재한다. 이는 아주 어린 시절의 결정적 기간 동안 언어에 노출되지 않았을 때 보통 나타나는 결과이다. 아이들은 노출되는 환경에서 언어를 심지어 여러 언어들을 습득할 능력을 가진 채 태어나며, 이러한 습득은 거의 대부분 자동적으로 벌어진다. 어떤 문화권에서는 영아들에게도 계속 이야기를 주고받는다. 다른 문화권에서는 영아들이 중요치 않고 흥미롭지도 않은 존재로 여겨져 거의 대부분 무시당한다. 아이들의 생리학적 필요는 충족시켜주지만, 이들과 의사소통을 시도하기 위한 노력은 거의 기울이지 않는 것이다. 하지만 영아들의 압도적 다수는 어떻게든 말하는 법을 배우게 된다. 농아들의 경우 서로 소통하기 위해 스스로 수화 시스템을 발전시키며, 여러 명으로 구성된 농아 공동체에서는 (심지어 두 명이라고 해도) 소아 특수 조어idioglossia라고 알려진 현상을 통하여 그들 사이에 모종의 언어가 자생적으로 생겨난다. 쌍둥이들은 자기들끼리만 통하는 언어를 발전시킬 때가 있으며, 이는 비밀 언어 의존 장애cryptophasia라고 불린다. 요컨대, 인간에게 있어서 언어란 저절로 벌어지는 현상이다.

이는 놀라운 일이 아니다. 인간은 태어날 때부터 서로 통신망으로 연결되어 있는 것처럼 보이기 때문이다. 이른바 "언어의 보편적 특성들language universals"에 대한 연구 문헌이 상당수 나와 있지만, 이는 아주 논란이 많고 골치 아픈 주제로 과학이라기보다는 철학에 더욱 가까워 보인다. 논란 없이 자명한 언어의 보편적 특성들은 몇 가지 되지 않는다. 첫째는 음절화syllabification이다 (즉 아기들이 저절로 하는 옹알이). 음성으로 발화되는 모든 언어들은 음절로 구성되어 있다. 음절은 여러 음소로 구성되어 있으며, 음소는 다시 하나의 모음 혹은 복모음 그리고 그 앞뒤에 붙는 하나 이상의 자음으로 구성되어 있다. 두 번째는 단어라고 불리는 것들의 존재이다. 두뇌에는 어휘를 다루는 일을 맡은 특정 부위가 존재한다 (베르니케 영역Wernicke area). 이 부위에서의 병변은 베르니케 실어증Wernicke's aphasia을 야기한다. 단어들을 혼동하고 잊어먹을 뿐만 아니라 의미를 감지하고 전달하는 능력을 상실하는 것이다. 세 번째는 구절의 존재이다. 두뇌의 또 다른 영역이 있어서 (브로카 영역Broca's area) 여러 개의 단어들을 조합하여 구절과 문장을 만드는 것이다. 이 영역에서의 병변은 브로카 실어증Broca's aphasia을 야기하는 바, 이는 문장을 뒤죽박죽으로 만들고 문법적 오류를 일으키는 경향인 문법상실증agrammatism으로 나타난다. 하지만 언어의 보편적 특성들에 대한 대부분의 논의는 이러한 자명한 보편적 특성들에 대한 논의는 회피하고 대신 통사론syntax이라는 좀 더 추상적인 문제를 중심으로 삼는 듯하다. 통사론의 대가인 노엄 촘스키는 자타가 공인하는 이른바 보편 문법Universal Grammar의 강력한 옹호자이지만, 그도 최근에는 자신이 만들어낸 것이 그저 잠재적 가능성일 뿐 어떤 특정 언어에서는 실현되지 않을 수 있음을 인정한 바 있다.

언어의 한계

—

언어의 보편성을 강조해오던 촘스키가 자신의 주장에 제한을 가할 수밖에 없게 된 계기가 있었다. 그것은 아마존강 유역에서 수렵 채집 생활을 하고 있는 한 소규모 집단의 언어인 피라항어Pirahã에 대한 최근의 연구였다. 피라항어는 아주 특이한 언어이다. 그 언어는 형식이 전혀 없어서 휘파람, 속삭임, 콧노래 등으로 전달해도 의미가 전혀 상실되지 않는다. 문법적으로는 상당히 복잡하고 동사 어미가 많아 다양하고 넓은 범위의 의미들을 전달할 수 있지만, 가장 두드러진 특징으로는 반복 순환 능력recursion이 결여되어 있다는 점이다. 즉 "이것은 잭이 세운 집에 있었던 엿기름을 먹어치운 쥐를 잡은 고양이다"와 같이 여러 개의 문장을 결합할 수가 없다는 것이다. 반복 순환 능력이야말로 촘스키가 주장하는 보편 문법의 핵심 요소로 간주되는 것이므로, 어떤 이들은 이를 피라항어가 완전한 언어가 아니라는 것을 뜻하는 증거라고 여기기도 한다. 즉 무한히 많은 문장을 만들어낼 수가 없으며, 만들어낼 수 있는 구절의 조합도 뚜렷이 제한되어 있다는 것이다. 또 다른 주목할 만한 특징은, 전달되는 정보의 원천이 누구인지를 화자와 청자가 모두 알고 있는 구체적인 개인으로 밝혀야만 한다는 것이다. 이를 위해 아예 특정한 집합의 동사 어미가 사용된다. 이것 때문에 선교사들이 들어가도 피라항어를 쓰는 이들에게는 전도가 불가능하다. "마태가 말하기를 예수 가라사대…"라는 문장이 아예 성립할 수가 없으니까 언어 자체가 기술적으로 성경 이야기를 전혀 전달할 수 없도록 만들어져 있기 때문이다. 마지막으로, 피라항어로는 숫자를 셀 수가 없다. 이들도 다른 부족들과 교역을 할 때 사기당하기 싫으니까 숫자 사용법을 배우기를 간절히 원하지만 전혀 배우지를 못한다. 양을 나타내는 단어는 하나뿐인 것으로 보이지만, 이는 "조금"이라는 뜻도 "많이"라는 뜻도 될 수가 있으며, 그 둘 사이의 어느 정도의 양인지는 목소리 톤을 미묘하게 조절하여 나타낸다. 이들은 계산 능력도 있을 가능성이 높지만, 계산은 디지털이 아닌 아날로그의 형식으로 이루어진다. 그런데 이렇게 언어에 여러 한계가 있건만 피라항족은 아무 걱정 없이 잘 살고 있는 작은 부족으로 서로 행복하게 어울리며 자신들의 삶을 즐기고 있다.

피라항어에 대한 이러한 최근의 여러 발견으로 인해 워프 가설Whorfianism이라고 불리는 언어 상대주의의 주장들이 다시 살아나고 있다. 이는 이 가설을 주창한 미국의 언어학자 벤자민 리 워프Benjamin Lee Whorf의 이름에서 온 것으로서, 그는 언어의 여러 범주들이 우리의 인식의 범주들을 결정한다는 (이는 강한 버전으로, 오늘날에는 틀린 것으로 철저하게 입증되었다) 혹은 영향을 준다는 (이는 약한 버전으로, 여전히 논쟁이 계속되고 있다) 생각을 주창하였다. 이미 피라항어가 나타나기 전에도 이 약한 버전을 지지하는 여러 경험적 증거가 존재하였다. 여러 언어들은 발화 내용의 모호성을 제한하고 사유와 표현 모두에 일정한 자동적 정밀성을 부여하기 위해 여러 구별을 보여주는 일정한 의무적인 문법적 표지들을 기초로 삼게 되어 있다. 이를테면 수(복수/단수), 시제(과거/현재/미래), 성(여성/남성/중성), 직접/간접 화법, 가정법, 조건법, 동사의 완료형/미완료형 등등. 그런데 이는 통계학적 효과의 성격이 더 강하다. 만약 남에게서 들은 이야기라면 누구에게서 들었는지를 반드시 나타내야 하는 언어가 있다면, 사람들은 일상생활에서 떠도는 풍문과 증거가 분명한 정보를 구별할 가능성이 더 높다. 하지만 설령 그런 장치가 없는 언어를 쓴다고 해도, 일단 사람들에게 풍문과 증거가 있는 정보의 차이를 설명해준다면 누구든 그것을 이해할 것이고 그에 입각하여 행동을 결정할 것이다.

강한 버전의 워프 가설은 일반 원리의 차원에서는 어느 정도 폐기된 상태이다. 한 언어의 경계선을 정할 방법이 없기 때문이다. 반면 보편 문법 이론은 어떤 언어에서든 만들어낼 수 있는 문장의 숫자가 무한대이며 따라서 모든 언어는 무한히 많은 의미들을 표현할 수가 있다고 전제한다. 그런데 피라항어는 이러한 논리를 산산조각 내어버린다. 만약 어떤 수렵 채집 생활을 하는 종족이 언어가 "불완전"하며 그 언어로 표현되지 않는 모든 현실의 것들을 깡그리 무시하면서도 얼마든지 멀쩡히 잘 살아가고 있다면, 언어는 이론적 방식으로가 아니라 직접적으로 관찰 가능한 방식으로 분명히 인식 과정을 결정한다고 볼 수밖에 없다. 게다가 그런 언어가 하나 존재한다는 것은 곧 그런 언어나 방언 혹은 개인어idiolect가 얼마든지 더 존재할 수 있다는 것을 뜻한다. 그리고 이런 언어를 사용하는 이들은, 과도한 교육으로 과도한 고민을 떠안고서 살아가는 이들의 지친 영혼과 달리, 그런 것들 대부분을 전혀 의식하지도 못하는 축복 속에서 생물학적으로나 사회적으로나 멀쩡히 잘 기능할 수가 있는 것이다.

게다가 이제 언어란 그 완전한 논리적 잠재력이라는 모종의 추상적이고 무시간적 의미에서가 아니라 모국어 사용자들이 자기들끼리 또 자기들의 환경에 대응하여 자생적으로 입에서 토해내는 실제의 발화라는 차원에서 보면, 그 범위가 피라항어처럼 정해진 구절들의 축적에서부터 언어학 학술지의 알아먹기 힘들고 현학적인 학문적 문장에 이르기까지 실로 다양할 가능성이 높아 보이기 시작했다. 하지만 이 뒤죽박죽의 언어 상태에 언어학자를 한 사람 집어넣으면 상황은 바뀐다. 그 언어학자는 보편 문법의 원리들과 조응할 만한 대답을 모국어 사용자로부터 끌어내려고 애쓸 것이며, 그렇게 하는 가운데 그림 전체를 바꾸어버리기 때문이다. 대부분의 모국어 사용자들은 보편 문법을 지지할 만한 대답을 내놓도록 훈련할 수 있다. 하지만 이는 호랑이를 불붙은 굴렁쇠를 뛰어 통과하도록 훈련시키는 것과 마찬가지로, 설령 그런 일이 성공한다 하더라도 그들이 자연적 환경에서 보이는 언어 행태와는 아무런 닮은 점이 없다는 사실은 변하지 않는다.

피라항어는 포르투갈어에서 아주 제한된 부분집합을 사용하여 외부인들과 어느 정도 소통할 능력을 가지고 있다. 이들은 포르투갈어의 문법을 배우려는 노력은 전혀 하지 않으며, 그냥 포르투갈어의 낱말만 가져다 쓸 뿐 언어는 그대로 피라항어를 사용해서 말한다. 이러한 종류의 언어는 피진pidgin이라고 불리며, 공통 언어가 없는 집단들 사이에서 자생적으로 발생한다. 피진 언어는 교역 등의 특정한 영역으로만 그 사용이 제한되며, 표현의 힘은 결여되어 있다. 이는 그 불완전성이 뚜렷하며, 이를 모국어로 사용하는 사람은 아무도 없다.

예외가 있다. 피진 언어를 제 1언어로 사용하도록 배운 아이들 집단이 간혹 있으며, 이 경우에는 그 피진 언어를 하나의 완전한 언어로 전환시키는 것 말고 다른 선택의 여지가 없다. 이러한 과정은 무수히 많이 벌어진 바 있으며, 혼성화creolization라고 불린다. 그리고 그 결과물은 혼성어creole language이다. 비교적 잘 알려진 오늘날의 예로는 아이티 혼성어Haitian Creole(프랑스어에 기반)와 카보베르데 혼성어Cape Verdean Creole(포르투갈어에 기반)가 있다. 하지만 사실 프랑스어와 스페인어와 같은 로망스 언어 대부분은 혼성어로 출발한 언어들이다. 즉 정복자 로마인들이 현지의 부족민들과 소통하기 위해 라틴어를 기반으로 만들었던 피진어들에서 파생된 언어들인 것이다. 영어는 바이킹족의 여러 번에 걸친 침략과 노르만인의 정복의 결과 불완전하게나마 피진어로 또 혼성어로 되어 그 문법의 많은 부분을 없애버렸고 어휘도 약 80퍼센트가 프랑스어 어휘로 대체되어버렸지만, 일정량의 불규칙 동사와 몇 가지 문법적 잔재들—보통 혼성어에서는 나타나지 않는 현상—을 그대로 가지고 있다. 피진어로 또 혼성어로 바뀌는 과정에서 많은 양의 문법과 어휘가 없어지게 된다. 언어학자들은 모든 혼성어가 그 자체로 완전한 언어라는 자신들의 주장을 뒷받침하기 위해 여러 예들을 보통 죽 늘어놓는다. 하지만 나 자신의 관찰과 경험에 기초해보았을 때, 비록 많은 이들이 정치적으로 올바르지 못하다고 생각하겠지만, 기꺼이 다음과 같이 말하고 싶다. 혼성어들은 실제의 일상적 사용 패턴에서 대단히 제한적인 언어이다. 혼성어들은 단순하고 제한적이며 배우기도 쉽다. 복잡한 사유 과정이나 미묘하고 색깔 있는 사유와 성찰 따위가 소중한 에너지의 낭비일 뿐인 환경에서는 이렇게 자생적으로 형성된 언어들이 안성맞춤일 것이다.

최근 몇십 년간 급속한 경제적 지구화, 문화적 동질화, 인터넷의 광범위한 침투 등으로 인해 새로운 피진어 형성의 물결이 전 세계를 휩쓸었다. 이제 세계에서 공용으로 쓰이는 사실상의 피진어는 문법이 파괴된 영어 즉 브로큰 잉글리시Broken English이다. 전 세계에 걸쳐 아이들은 브로큰 잉글리시를 듣고 말하며 성장하며, 이를 자생적으로 다양한 피진어와 혼성어로 전환시켜서 자기들끼리 사용하고 있다. 그들 중 일부는 나중에 좀 더 온전한 형태의 영어를 배우기도 하지만, 지구적 경제의 쇠퇴 과정이 가속도가 붙으면 그러한 교육의 기회들이 줄어들 것이라고 보아야 할 것이며, 영어를 기반으로 한 피진어와 혼성어가 다양하게 생겨나서 세계의 여러 지역에서 출현할 것이다. 이러한 혼성어들이 어느 정도나 온전한 언어의 자격을 갖추게 될지 그리고 그 언어의 여러 한계들로 인해 그 언어 사용자들의 인지 능력이 어떤 영향을 받게 될지는 경우에 따라 다르게 결정될 것이다.

구전된 기억

언어의 가장 중요한 쓰임 중 하나는 여러 내러티브를 기억하는 데 있다. 모든 문화에는 이야기꾼의 전통이 있다. 이는 그냥 한 사람이 (보통 노인) 이야기하고 한 무리의 사람들이 (보통 젊은 사람들) 그걸 듣는 의례처럼 단순한 형태를 띠기도 하지만, 또한 음악에 맞추어 장편 서사시를 읊으면서 여기에 춤이나 인형극이나 그림자극이 수반되는 형태를 띠기도 한다 (그림자극은 특히 효율성이 높다. 인형 자체도 만드는 데 거의 돈이 들지 않고, 납작하기 때문에 싸서 가지고 다니기도 편하고, 무대라고 해봐야 커튼과 조명만 있으면 된다. 그런데 숙련된 솜씨를 발휘하면 그 결과는 대단히 강렬한 효과를 낳을 수 있다). 이런 것들은 문화적 지식이 노인들에게서 젊은 이들에게 전달되는 여러 형태들이다. 우리에게는 이게 놀라운 것일 수 있지만, 문자 이전의 사회에서는 이러한 서사시 낭송을 경청하는 경험은 각별히 중요한 것으로 여겨졌다. 그래서 심지어 청중의 최소한 일부는 그 텍스트 전체를 나중에 낭송할 수 있도록 몽땅 암기하라는 괴로운 책임을 맡기까지 했다.

쓰기가 나타나고 확산되면서 기억에 대한 부담은 많이 덜어졌다. 수많은 이야기들은 이제 기억이 아니라 종이가 떠맡게 되었다. 하지만 불행한 사실 하나는, 종이는 기억만큼 튼튼하고 오래가지 못한다는 사실이다. 우리가 알고 있는 가장 오래된 이야기들—신화와 서사시—은 수천 년 동안 세대와 세대를 걸쳐 구전되어 오다가 비로소 기록된 것들이다. 오늘날에는 소리 내지 않고 읽는 묵독이 일반적이지만 이는 아주 나중에야 발달된 기술이며, 아주 오랫동안 기록물의 용도는 기억이 가물가물하는 공중 앞에서 그 내용을 큰 소리로 낭독하는 것이었다. 심지어 사람들은 혼자서 읽을 때에도 입술을 움직이며 읽었다. 하지만 활용하지 않는 능력은 곧 시들어 사라지는 법. 읽고 쓰는 능력이 생기면서 당연하게도 사람들의 기억 능력은 돌이킬 수 없을 정도로 손상을 입게 되었다. 컴퓨터와 계산기가 나타나면서 사람들의 암산 능력이 떨어진 것과 비슷하다. 워드 프로그램의 맞춤법 교정 기능 때문에 사람들이 컴퓨터 도움 없이 쓸 수 있는 능력이 대부분 사라진 것도 그러하다. 검색 엔진으로 쉽게 정보를 찾을 수 있게 되었으니, 사람들이 정보를 머릿속에 담아두는 양도 줄어들었다. 그 패턴은 항상 동일하다. 목발을 짚고 걷기 시작하면 곧 절름발이가 되는 것이다.

글자를 쓰게 되면서 생겨난 두 번째 아주 해로운 결과는, 정보의 양은 정말로 걷잡을 수 없이 폭발적으로 늘어났지만 지식의 양을 증가시키지는 못했다는 것이다. 왜냐면 이 정보에 접근할 수 있게 된 사람들이 그것을 머리에 담아두고 기억하는 양은 점점 더 줄어들게 되었기 때문이다. 산더미 같은 법전들, 과학 등의 연구 분석 보고서들, 공학적 설계 도면 등등으로 인해 우리는 어떤 의사결정을 할 때마다 어마어마한 양의 지식을 동원하여 그것을 기초로 삼게 되었지만, 그러한 양의 지식은 누구 한 사람의 머리에 들어갈 수 있거나 이야기꾼 한 사람이 일생 동안 떠든다고 해도 다 풀어낼 수 있는 것이 아니다. 대부분의 사람들은 이제 더 이상 지식을 소유하고 있지 않으며, 단지 정보를 전달하고 있을 뿐이다. 정보 과잉이 가져오는 역설적 효과는, 모든 이들이 혼동과 무지 속에서 허우적거리게 되며 가면 갈수록 더 무력한 상태로 내몰린다는 점이다. 기술이 개선되어감에 따라 그 전까지 사람의 손으로 행해지던 여러 정보 처리 기능들은 자동화될 것이며, 쓸모없는 하찮은 정보들이 파편화된 채 산더미처럼 쌓여 우리 정신의 숨통을 꽉 막아버릴 것이다.

글자 문화에 방점을 두지 않고 구전의 전통을 성실하게 유지하는 쪽을 선택한 부족들은 여러 이점을 누리고 있다. 입으로 전달이 가능한 법전과 판례에 기초하여 법 제도를 만들게 되면 사법 시스템의 크기 자체가 자동적으로 일정한 한계 내로 제한되게 된다. 법을 잘 모르는 사람들의 숫자가 일단 충분한 수준에 달하면 그것 자체가 법을 어기는 유효한 변명거리가 되며, 법률이 어느 수준 이상으로 애매해지면 사람들은 아예 무시해버린다. 케케묵은 철자법에 맞추어 읽고 쓰는 법을 아이들에게 가르치기 위해 혹은 글자로 기록된 지식더미를 유지하고 복제하기 위해 소중한 자원을 낭비하는 일은 결코 생기지 않는다. 이들이 계약이나 협정 혹은 조약 등을 맺을 때에는 그 내용을 서면으로 쓰는 일이 없다. 그래서 그런 것들의 유용성이 사라지게 되었을 때에도 소리 없이 폐기하기가 쉬워진다.

최근 몇십 년 동안 우리 정보의 많은 부분은 (이를 지금도 "지식"이라고 부르는 경우가 많지만 이는 아마 잘못일 것이다) 디지털 미디어로 이주한 상태이다. 옛날에는 두뇌에 담겨 있었던 정보가 그다음엔 종이로 그다음엔 플라스틱으로 움직여간 셈이다. 이 플라스틱 자체는 아주 오래가는 물질이며, 화학 폐기물의 작은 분자들로 남아 수백 년간 버티면서 자연 환경을 망칠 것이다. 하지만 그 유의미한 수명은 불과 몇 년일 뿐이다. 금이 가거나 찌그러지거나 긁히거나 하면 방금 전까지도 유용한 제품이었던 플라스틱 조각은 당장 쓰레기 조각이 되며, 그 전에 사용된 적 있는 플라스틱이라면 더 가치를 잃는다. 플라스틱 조각 위에 미세한 자기화magnetization나 레이저를 이용하여 홈을 파 코드화된 정보를 넣으면 그다지 내구성이 좋지 못하며, 정보가 기록된 매체가 판독불능이 되면 기록으로만 보존할 수 있는 "지식"은 그 엄청난 양이 흔적도 없이 사라지게 된다. 설령 데이터를 안전하게 보관할 수 있다고 해도 더 큰 문제가 또 있다. 정보 기술은 전력을 엄청나게 잡아먹는 짐승이며, 그 전력은 대부분 석탄, 천연가스, 디젤을 태우거나 농축 우라늄에서 나온다. 이는 또 희소하고도 금방 고갈되어버리는 광석들, 희토류, 그 밖의 광물질들에 의존하고 있다. 게다가 전기 공급의 안정성 여부에도 크게 좌우되지만 오늘날 세계의 많은 부분에서 이렇게 안정적으로 전기가 공급되는 지역은 점점 사라지고 있다. 이는 또한 자주 반복되지만 거의 예측이 불가능한 종류의 혼란 상태에 아주 취약하다. 예를 들어 태양 표면에서 큰 폭발이 한 번만 벌어져도 인류의 집단적 기억은 깡그리 사라질 수가 있다.

구전 문화에서 기록 문화를 거쳐 디지털 문화로 넘어온 긴 여정의 끝은, 건전지가 죽어버린 스마트폰을 움켜쥐고 어쩔 줄 몰라 하는 수많은 인간 집단일 위험이 있다. 그래서 자기들이 어디 있는지도 모르고, 이 사람이 누군지도 모르고, 심지어 점심을 어디에서 먹을지도 몰라서 쩔쩔 맨다. 이들은 매일 수백만 비트씩 쏟아지는 정보의 물량을 소화하는 법을 배운 바 있지만, 그 대부분의 정보는 무의미하거나 현실과 관련이 없는 것들이며, 그 정보들 중 스스로 기억하는 것은 거의 없다. 왜냐면 그럴 필요가 없기 때문이다. 정보는 항상 손가락 끝에 있으니까.

어떤 지식의 묶음을 영원히 살아 있게 만드는 최상의 방법은 그것을 아이들에게 가르치는 것이다. 만약 그것이 이야기라면 거기에 리듬을 부여하고, 압운을 맞추고, 멜로디를 입혀라. 그러면 어린 아이들의 정신은 마치 스폰지처럼 그것을 빨아들여서 스스로 전체 모두를 재생할 것이다. 기계적 암기도 필요 없다. 만약 그것이 자연 세계에 대해 알아야 할 사실들이라면, 아이들을 직접 자연으로 끌고 나가서 냄새도 맡고 씹어 먹어도 보면서 스스로 알아서 이해하도록 하라. 이게 무슨 풀이고 무슨 꽃인지는 그렇게 해서 가르쳐야 그 이름과 그 모습, 냄새, 맛, 소리 등을 연결시켜 오래가는 종합 기억으로 만들어낼 것이다. 아니면 연필과 종잇조각을 움켜쥐고 액정 화면을 쏘아보며 단추나 누르며 무수한 시간을 씨름하며 보내게 만들 것인가? 그리고 세상을 직접 이해하지도 못하면서 조금 있으면 없어져버릴 기술에 의존한 채 몸소 할 줄 아는 것은 하나도 없는 무력한 존재로 만들 것인가? 우리에게 필요한 기술은 바로 우리 머릿속에 있다! 우리 아이들에게 그것을 사용하는 법을 가르치는 것이 옳지 않은가?

지식 더미를 보존하는 차선의 방법은 그것을 아이들이 쉽고 빠르게 읽고 쓸 수 있는 방식의 기록으로 만들어 보존하는 것이다. 현재의 영어 철자법은 여기에 자격미달이다. 이는 체계도 없으며 그냥 암기하는 수밖에 없다. 단어들을 이루는 철자들의 소리는 제멋대로이며 둘 사이의 관계는 아주 희미할 뿐이다. 영어 교육의 이러한 단순 암기 과정은 학교라는 공식 시스템에서 약 10년이 걸린다. 이탈리아어, 베트남어, 러시아어의 철자법은 2년을 배우면 끝이라는 사실을 생각해보면 이는 실로 어처구니없는 시간 낭비가 아닐 수 없다. 영어 사용 국가들에서 기능적 문맹률은 이미 대단히 높고 갈수록 더 높아지는 추세다. 그러니 아직 전력이 고갈되지 않았고 또 정보도 디지털 형태로 얻을 수 있는 동안에 빨리 누군가가 쓸 만한 대안적 시스템을 만들어 이 문제를 해결하도록 촉구해야 할 때이다. 이 해결책은 언어학, 소프트웨어 공학, 오래가는 중성지 인쇄 등의 지식을 총동원해야 마련할 수 있을 것이다.

고립된 인간

—

인간은 개인들로서가 아니라 집단을 이루어 생활한다. 이는 인간의 모든 문화에 보편적으로 나타나는 바이며, 그러한 가장 공통적인 집단 유형은 바로 가족이다. 물론 가족이라고 해도 문화에 따라 그 형태는 실로 다양하다. 수백 명을 헤아리는 이들이 단일의 경제 단위를 이루어 살아가는 큰 씨족으로부터, 명절이 되어도 가장 가까운 핏줄조차 1년에 한 번 볼까 말까 하는 도시의 1인 가구들까지. 또한 가족 간의 유대는 소멸하고 대신 대학 동창 모임, 클럽, 갱 조직 등등의 다른 유형의 결사체들이 그 자리를 메우는 상황도 무수히 많이 벌어진다.

현대의 고도로 발달한 산업 사회에서는 사람들이 거의 완벽한 외톨이로 살아가는 것이 가능해졌다. 인간 역사의 대부분에 걸쳐서 이러한 선택지가 주어진 적은 거의 없었다. 이제 개인들은 일정하게 전문화된 기능적 직업에 복무하면서 그 임금으로 모든 재화와 서비스를 구매하므로 다른 사람들과의 관계란 오로지 재미와 오락으로만 제한하는 삶을 살 수 있게 되었다. 사실 국가의 관점에서 보자면, 사람들이 이러한 모습의 삶을 사는 것이 아주 이상적이다. 이런 사람들은 무얼 하든 무얼 쓰든 다 추적하여 세금을 물리기가 아주 쉬우니까. 또 이런 이들은 국가를 위협할 만한 종류의 결사체들을 만들 가능성도 별로 없다. 외톨이들은 문제를 일으켜봐야 일회성 사건으로 끝날 뿐 그 이상의 타격을 주지는 못한다. 왜냐면 조직 특히 국가에 대한 반대 활동을 하는 조직은 성원들 사이의 신뢰를 요구하는데, 외톨이들로 꽉 찬 사회에서는 타인들끼리의 연결이 너무 약해서 조직이 불가능하기 때문이다. 국가 기구를 운영하는 기술 관료들은 기술이 발달하면 궁극적으로 이 외톨이들을 로봇이나 컴퓨터 프로그램으로 대체해버리는 것을 꿈꿀 수 있다. 물론 시민들도 학교 교육과 훈련, 제대로 된 종류의 행동 강화를 통해서 로봇이나 컴퓨터 프로그램처럼 움직이도록 찍어낼 수가 있고, 그렇다면 굳이 비싼 돈을 들여가며 업그레이드하는 일도 피할 수 있을 것이다. 인간 신체를 가진 로봇들은 하루 20시간 주 7일 일을 시킬 수가 없고, 음식도 먹어야 하며, 휴식 시간과 휴가도 주어야 하며, 게다가 나중에 어떤 형태로 잘라야 할지 고민하는 골치 아픈 문제까지 있다. 하지만 한 가지 중요한 장점이 있다. 이들은 스스로를 재생산하는 놀라운 능력이 있으므로, 제조할 필요가 없다는 것이다.

하지만 또 다른 문제가 있다. 그 아이들을 공장 사육 스타일로 양육하여 국가의 일꾼으로 만들어내려고 해봐야 결과가 신통치 않다는 것이다. 이런 목적에서 좋은 결과를 내는 것은, 뜻밖에도 기술적으로 진보된 현대 산업 사회가 완전히 구식이라고 간주하는 확대가족이다. 아버지와 어머니만 있는 핵가족은 최소한 어느 정도의 도움과 지원이 없으면 아이 한 명도 키우기가 힘들게 되어 있다. 그런 도움과 지원은 삼촌과 이모 그리고 할아버지 할머니가 주는 것이 보통이었다. 친구들 및 이웃들을 잘 활용하면 확대가족의 대체물 같은 것을 조직할 수 있지만, 이렇게 하는 것이 자연에 어긋나는 일이라는 점은 이해할 필요가 있다. 왜냐면 할머니라는 제도 자체가 인간의 진화 과정에서 벌어진 적응의 산물이며 인간의 재생산 전략의 필수적 일부이기 때문이다. 영장류 중에서 폐경을 경험하는 것은 우리들뿐이다. 보통 자연은 재생산 능력을 희생시키는 것을 아주 꺼려하며 다른 동물 종의 암컷들은 일생 동안 계속 난자를 생산해낸다. 따라서 폐경이라는 현상이 나타나게 된 데에는 진화 과정에서의 압력이 존재했었던 것이 틀림없다. 여성 한 사람이 비록 출산 능력을 잃게 되지만, 그 대신 딸이 낳은 아이를 돌보아 생존 가능성을 높인다면 그러한 상실을 보상하고도 남는 것이다. 이 문제에 대한 최근 연구로 볼 때, 통계적 결과로나 또 압도적 분량의 일화적 증거들로 보나 이는 분명한 사실이다. 할머니들의 도움으로 자라난 아이들이 훨씬 더 좋은 결과를 맺는다는 것이다.

그렇다면 우리는 상당한 확신을 가지고 이렇게 말할 수 있다. 인간 문화에서의 정상적인 패턴은 최소한 3세대를 아우르는 확대가족이라고. 물론 경제·사회적인 여러 압력 때문에 이상적인 것은 말할 것도 없고 정상적인 삶의 모습도 가능치 않을 때가 많다. 노골적으로 개인들을 선호하며 핵가족조차도 그저 마지못해 인정하도록 구조가 짜인 사회, 그래서 확대가족을 유지하는 데는 거의 혹은 전혀 추가적 지원을 제공하지 않는 사회에서는 이러한 이상적 혹은 심지어 정상적인 인간적 삶의 장치들조차 대단히 유지하기 힘든 일이 되고 만다. 하지만 여기서 우리가 이해해야만 하는 점은, 이것이 곧 자연에 대한 도전이라는 것이다. 확대가족―이는 개인이나 국가보다 더 오래되었을 뿐만 아니라 생물학적으로도 더 가치가 있다―을 필수적인 인간 사회의 제도로서 부양하고 지지하지 않는 사회는 그렇게 하는 사회보다 더 나쁜 결과를 가져올 수밖에 없으며, 일정한 스트레스가 주어졌을 때 제일 먼저 무너지게 될 것이다. 그 논리는 아주 단순명료하다. 인간은 확대가족이라는 더 우월한 재생산 전략을 진화시켜왔다. 이러한 우월한 재생산 전략을 따르는 이들은 번성할 것이며, 그를 따르지 않는 이들도 잠깐은 번성할 수 있을지 몰라도 이는 어디까지나 실험실과 같은 이상적인 조건 하에서만 가능한 일이다.

당분간은 돈이 많은 사람들뿐만 아니라 하루 종일 일해야 겨우 먹고 살 수 있기 때문에 도무지 아이들을 돌볼 시간이 나지 않는 이들도 아이들을 위하여 유모, 가정교사, 전문 돌보미 등 직업적인 돌봄 노동자들을 고용하는 수밖에 없다. 그 결과 심리학자 캐시 맥마흔Kathy McMahon이 나와의 대화에서 "모범 전쟁 포로"라고 묘사했던 유형의 아이들이 나오게 된다. 순종적이고, 양가감정으로 꽉 차 있으며, 소외된 인간들이다. 이렇게 아이들을 키우는 방법을 선택한 이들은 전혀 모르는 익명의 고아들의 행복을 위해서 돈을 내는 것이나 마찬가지이다. 낯선 사람들에게 낯선 사람들을 키우라고 돈을 내는 것으로 동일한 결과가 나오게 되니까. 또 이는 아주 외롭게 늙어가도록 고안된 대단히 노동 집약적인 방식으로 보인다.

가족의 우선성

—

오늘날에는 확대가족의 우선성이라는 생각을 낯설게 느끼는 이들이 많겠지만, 이것이 아주 최근까지도 완벽하게 상식적이고 당연한 것으로 여겨졌다는 사실을 상기할 필요가 있다. 지구상 대부분의 나라들은 불과 몇 세대 전만 해도 왕실이라는 하나의 가족에 의해 통치되었다. 그 가족은 분명히 확대가족으로서, 자신들 혈통의 순수성을 악착같이 지켜낼 뿐만 아니라 다른 왕가와 가치 있는 동맹을 만들기 위해 정략결혼을 맺으면서 최대한 많은 귀족 칭호를 축적하려고 기를 썼다. 물론 왕정이라고 하면 오늘날 완전히 끝장난 케케묵은 정부 형태라고 느껴질 수 있겠으나, 사실상의 소군주정들은 오늘날 대단히 정기적으로 계속 다시 나타나고 있다. 어떤 나라들에서는 이러한 소군주가 대통령이라고 불린다. 그 대통령은 종신제 대통령이며, 그가 죽으면 그 장남이 그다음

대통령으로 선출된다. 시리아의 하페즈 알아사드와 그 아들 바샤르 알아사드가 좋은 예이다. 사담 후세인도 우다이Uday와 쿠사이Qusay라는 아들이 있었으니, 만약 미국 침략군에 의해 죽임을 당하지만 않았더라도 그런 왕조를 이루었을 것이다. 군주정이란 인류가 진화하면서 익힌 사회적 특질의 한 부분으로 남아 있는 한 끊임없이 되풀이될 수밖에 없다. 더욱이 이는 하나의 순환 주기의 일부이다.

인간들은 대규모의 복합 사회를 발전시키는 경향이 있지만, 이런 사회가 생겨나면 그다음에는 모두 무너진다. 사람들은 사회를 매개로 하여 보다 더 큰 어떤 전체에 귀속되어 있다는 건강한 심리학적 의미를 얻게 되지만, 사회가 무너지면 그러한 큰 의미들도 모두 상실하게 되며, 이는 윌프레드 비온Wilfred Bion이 『여러 집단에서의 경험 등 논문집 Experiences in Groups and Other Papers』에서 묘사한 바 있는 일정하게 일관된 증상들을 야기하게 된다.[25] 지배 문화를 통해 모종의 귀속감을 얻는 일이 불가능해지면, 인간의 정신은 언어 이전의 상태로 퇴행하게 된다. 이 상태에서는 사회적 생활을 하는 다른 고등 동물들과 공통된 태생적 하의식적 본능들이 인간 정신을 지배하게 된다. 사람마다 상황과 성격에 따라서 비온이 묘사한 바 있는 세 가지 주요한 충동들 중 한두 가지에 의해 그 행동이 지배당하게 되며, 조만간 사회 전체에도 동일한 일이 벌어진다.

공격적인 젊은 남성의 경우, 귀속 집단이 없다는 고립감은 지독한 불안과 위험의 감정을 낳게 되며, 이는 그 교감 신경에 직접 영향을 미치게 된다. 이렇게 되면 어떤 동물이든 더욱 공격적으로 행동하게 되며, 인간이라는 동물의 경우 돌멩이를 모으고 막대기를 찾아 날카롭게 다듬거나 반자동 공격 무기와 다량의 탄약을 구할 수 있는 기술과 금융에 몰입하게 된다. 그 최종적 결과물로서, 전사로서의 사고방식과 정신 상태가 자생적으로 발전한다. 이는 모든 문화에 보편적으로 나타나는 현상으로서, 스스로의 가치를 전투에서 입증하고자 하는 욕망, 죽음을 우습게 보는 태도, 그리고 에밀 뒤르켐이 "이타적 자살"이라고 불렀던 것에 대한 경향 등이 생겨나게 된다.

이러한 패턴은 호메로스 서사시의 영웅들, 몽고 정복자들, 일본의 사무라이, 기사도 시절의 유럽 기사들, 폭력이 판치던 1990년대 모스크바의 산적들과 폭력 조직 등에서 똑같이 나타난다. 명예 규칙code of honor에 따라 영웅적인 폭력 활동을 자행함으로써 무의미성으로부터 의미를 창출해내는 것이다. 폭력의 통과 의례를 거침으로써 엘리트 집단에 들어가는 위업을 달성하며, 여기에서 집단에 대한 충성심과 귀속감이 생겨난다. 미국의 총기 숭배는 이러한 사태 전개를 강력하게 암시하는 전조 현상이며, 간헐적으로 벌어지는 총기 난사 사건들은 그 개별적 사례들이다. 이러한 경향은 모종의 대중적 현상으로까지 발전할 가능성도 있다. 만약 그렇게 된다면, 현재의 지배 계급은 씨가 마르게 될 것이며 귀족 계층의 형성 과정은 새롭게 시작될 것이다.

스스로를 약하고 취약한 존재라고 느끼는 이들의 정신을 장악하는 두 번째 하의식적 충동이 있다. 이 하의식적 충동은 강력한 주인님과 같은 아버지 캐릭터를 찾아내어 거기에 달라붙고 싶어 하는 유아기적 욕망이다. 미국의 경우 이러한 충동이 표출되는 형태는, 눈에 보이지 않지만 전능한 지도자를 갖춘 조직 종교에 집착하는 경향이다. 자기가 어떤 지도자의 종으로서 복무하고 있다는 환상에다가 이 세상의 모든 일들이 범인들은 알지 못하는 그 지도자의 뜻에 따라 지배되고 있다는 생각까지 결합되면, 각자 느끼고 있는 무력감과 소외감에서 생겨나는 불안은 크게 줄어든다. 자신이 선택한 신적인 지도자를 추종하기를 거부하는 자가 있다면 말로 심지어 물리적으로 공격해야 한다. 이것이 자신의 집단에 귀속되지 않은 자들을 배제함으로써 단결심, 충성심, 귀속감을 창출하는 방법이다.

마지막으로 영장류 심리학에 뿌리를 둔 세 번째 하의식적 충동이 있는데, 이것에 영향을 받는 것은 여성이 압도적으로 많다. 모종의 우월한 개인들의 집단을 상상 속에서 그려낸 후 그 집단의 환심을 사기 위해 스스로를 한 등급 떨어지는 여성으로 상정하려는 충동이다 (또는 한 등급 떨어지는 남성으로 상정하는 아주 슬픈 경우들도 있다). 이를 통해서 귀속감을 얻는 것이 목적이다. 이는 아직 태어나지 않은 무언가 멋진 것의 출현을 기대하는 것으로 모습을 드러낸다. 그것은 최고의 남성과 최고의 여성이 성공적으로 짝짓기를 행하여 태어나게 될 것이다. 그래서 이는 텔레비전 프로그램들과 마트의 계산대 앞 판매대의 타블로이드 신문을 매개로 한 유명인사들에 대한 숭배로 모습을 나타낸다. 하층 계급 여성들은 부유하고 유명한 이들이 벌이는 광대짓을 너무나 재미나게 추적한다. 누가 결혼을 하며, 누가 이혼을 하며, 또 가장 중요한 것으로, 누가 임신을 했는지 등. 왜냐면 그 실리콘과 보톡스로 온몸을 채운 머리 빈 섹시녀들bimbos이 언젠가 우리의 새로운 구세주를 낳아줄 것이라고 생각하기 때문이다. 어처구니없이 들리겠지만, 이들의 귀속감이란 자기들보다 우월하다고 생각하는 인간들의 삶에 대리적으로 참여하는 데서 온다고 볼 수 있다.

이 세 가지 충동이 역사에 걸쳐 얼마나 순조롭게 또 반복해서 서로 결합되었는지를 살펴보면 그 전개는 정말 놀랄 만하다. 1막. 우리의 영웅께서는 자신에 맞서고자 하는 모든 자들에 맞서 무기를 들고, 전투마다 승리를 올리며, 모든 이들이 그의 깃발 아래에 구름떼처럼 몰려든다. 2막. 우리의 영웅께서는 날뛰는 산적이었지만 신으로부터 기름부음을 받으면서 순식간에 그리고 자동적으로 임금님으로 변신하시고, 이에 사람들은 환호하며 "황제 만세!"라고 외친다. 옵션도 있다. 그 산적은 신으로 모셔질 수도 있고 그를 기념하여 신전이 세워지기도 한다. 물론 그 엄청난 비용은 공공의 주머니에서 나온다. 3막. 그 기름부음을 받은 산적은 신부를 취하며, 이들이 함께 결혼식장으로 들어가면 수많은 여인들이 우우 몰려들어 그 두 사람의 발밑에 꽃을 뿌리고, 두 사람에게 신성한 후손이 생겨날 것을 애타게 기다린다. 4막. 그 산적은 죽고, 그의 자손들은 막가는 놈들이 되어 서로 싸운다. 이에 사람들의 귀속감은 완전히 무너진다. 그래서 그다음 영웅/산적이 나타나 전왕의 자손들을 싹다 죽여버리고, 새로운 순환 주기가 반복된다.

이러한 순환이 영원해지는 이유는 이게 단 하나의 가족의 이야기가 아니라는 것 때문이다. 최초에 귀속감을 제공하는 것은 하나의 가족이지만, 이 가족은 곧 무너진다. 그리고 여러 단계를 밟아 나가다가 다시 돌아오는 것은 하나의 가족이 아니라 여러 가족들의 이야기이다. 이 여러 가족들은 함께 뭉치기도 하고 떨어져나가기도 하지만, 그 과정에서 가족은 가족으로 유지된다. 이렇게 가족은 사회의 축소판으로 볼 수 있고, 혹은 사회를 일종의 메타 가족으로 볼 수가 있다. 이러한 논리를 따라가면 아주 급진적인 결론이 나온다. 즉 가족이 바로 사회이며, 그보다 큰 집단들은 모두 환상에 불과하다는 것이다. 인간 생존의 맨 밑바닥으로 가보면, 개인도 없고 국가도 없다. 오로지 가족만이 있을 뿐이다. 만약 가족이 사라진다면, 인간이라고 볼 수 없는 무엇인가만 있게 될 것이다. 아니면 아무것도 존재하지 않든가.

·

THE FIVE STAGES OF COLLAPSE

·

이크족

이크Ik족의 사례는 우리에게 극단적인 생존의 이야기이자 정말로 조심스러운 이야기를 전해준다. 너무나 극단적이라서, 우리가 과연 이렇게까지 하면서 생존할 가치가 있을까라는 의심이 들기도 한다. 우리가 이크족에 대해 알고 있는 것은 모두 한 권의 책, 하지만 아주 총체적인 정보를 담고 있는 『산 사람들*The Mountain People*』에서[26] 나온 것이다. 이 책을 쓴 사람은 영국의 인류학자 콜린 턴불Colin Turnbull로, 이크족과 함께 2년간 생활한 경험을 바탕으로 이 책을 저술하였다. (이하 모든 미주의 출처는 이 책이다.) 당시 이크족의 숫자는 약 2천 명 정도였고, 수단과 (이제는 남수단이 되었다) 케냐와 접경한 우간다 북부 지역에 거주하였다. 이들이 사는 작고 일시적인 촌락들은 키데포Kidepo 야생 생물 보호 구역과 케냐와 접경한 고산 지대의 급경사면 사이에 여기저기 흩어져 있었다.

턴불의 저서는 학계에서 널리 읽히기는 했지만, 그의 동료 인류학자들은 그의 저서가 극단적이며 편견에 차 있다고 본다. 그보다 조금 시간이 흘러 이크족을 관찰했던 베른트 하이네Bernd Heine는 턴불의 저서가 도움이 되지 않았다고 한다. 게다가 하이네가 갔을 때 이크족 사람들은 턴불이 자기들을 어떤 식으로 묘사했는지를 이미 알고 있었고, 이에 대해 상당히 분개하고 있는 상태였다. 하이네의 말에 의하면 그가 관찰했던 것은 턴불의 기록과는 너무나 달라서 그는 가끔 자신이 "전혀 다른 사람들과 상대하고" 있다고 생각할 지경이었다고 한다. 이는 금융학에서 인류학에 이르는 모든 사회과학 분야에서 과학성이라는 것이 허무한 이야기가 된다고 하는 재귀성reflexivity의 원리를 너무나 잘 보여주는 예라고 할 것이다. 즉 관찰 활동은 그 관찰되는 대상의 행위를 바꾸어버린다는 것이다. 턴불도 이크족에 대해 편견을 가지고 있었을 수 있지만, 그 뒤를 이은 연구자들이 만난 이크족은 턴불에 대해 편견을 가지고 있었으며 턴불 때문에 자기들이 달갑지 않은 악명을 가지게 된 것을 의식하고 있었다. 그래서 그에 대한 대응으로 외적으로 관찰 가능한 행동 방식을 바꾸어버렸던 것이다. 어찌 되었건, 사실 나로서는 턴불의 저서를 감정과 편견이 가득한 하나의 허구로 받아들이는 게 나을 수도 있다. 하지만 그럴 수는 없다. 턴불이 그 책을 관찰이 아닌 순전한 상상에 기대어 썼다고는 도저히 생각할 수 없기 때문이다. 만약 그렇다면 턴불이라는 사람은 정말로 구역질 나는 인간이라는 이야기가 될 수밖에 없다. 객관성과 편견에 대한 여러 논쟁이 있다고 하더라도, 턴불이 문화적 퇴행과 생물학적 생존에 대한 아주 독특하고도 설득력 있는 이야기를 내놓고 있음은 틀림이 없다.*

---

*   인류학 역사에서 가장 논란이 심했던 대중적 서술 중 하나가 여기서 논의되고 있는 턴불의 저서이다. 턴불의 저서에 대해 비판적인 관점을 원하는 독자들을 위해 문헌을 소개해둔다. 첫째는 저자도 언급하고 있는 하이네의 논문이다. Bernd Heine, "The Mountain People: Some Notes on the Ik of North-easter Uganda", *Africa: Journal of the International African Institute*, 1985, 55(1), pp.3-16. 또 다음을 보라. John Knight, "'The Mountain People' as Tribal Mirror", Anthropology Today, December 1994, 10.6 pp.1-3.

이크족은 누구인가?

—

이크족은 독종의 개인주의자들이다. 이들은 명민하고 모험심이 강하며, 실용적이면서 절대 감상에 빠지는 법이 없고, 살아남기 위해 재치와 운수를 총동원한다. 이들은 자식들에게도 아주 어린 나이 때부터 자립심과 자유로운 모험심을 심어준다. 이들은 사생활을 소중히 여기며, 사적 소유를 철저하게 지킬 뿐만 아니라 빚이 있으면 아주 양심적으로 갚아버린다. 이들은 혁신적이며, 다양한 생산물과 서비스를 이웃에게 제공함으로써 소득을 늘려나간다. 집단적인 사회적 지출은 생존에 필요한 최소한의 수준으로까지 줄여버렸다. 이 때문에 사람들이 보통 절멸할 수밖에 없을 것이라고 여기는 상황에서도 능히 생존해나간다.

이크족은 언어로 보나 민속적·문화적으로 보나 고립된 집단이다. 이들의 언어인 이치토트어Ichietot는 그 지역의 어느 언어와도 관련이 없으며, 황당하게도 고전 시대의 이집트 중왕국 시대의 언어와 관련이 있다. 항시 땡볕에 노출되어 있으므로 이들의 피부는 주변의 아프리카 부족들과는 달리 검은색이 아니라 붉은색이다. 도대체 어떻게 해서 고대 이집트인들의 소집단이 이 동아프리카 지역에 정착하게 되었는지는 아무도 정확히 알 길이 없다. 헤아릴 수 없이 많은 세대에 걸쳐서 이들은 오늘날 우간다, 남수단, 케냐로 각각 떨어져나간 넓은 지역에 걸쳐 계절마다 순환적으로 이주하면서 수렵 및 채집 생활을 영위해왔다. 하지만 이들이 항상 자기들의 고향이라고 간주했던 곳은 그 고산 지대의 급경사 지역이다. 이크족은 자신들을 "산 사람들Kwarikik"이라고 여기며, 가축떼를 몰고 평원을 돌아다니면서 그 우유와 피로 생활을 꾸려가는 근처의 유목민들과 스스로를 다르게 구별한다. 이렇게 산을 거주지로 삼는다는 것이 이크족을 하나의 집단으로 묶어주는 정체성이다. 디딩가 Didinga, 도도스Dodos, 투르카나Turkana 등 느리게 살아가는 이웃의 유목 민들과는 달리, 이들은 눈치가 빠르고 잽싸다. 이들이 성스럽게 여기는 역사적 정체성은 케냐의 루돌프 호수Lake Rudolf를 향해서 뻗어 있는, 고 원 지대보다 수천 피트 위로 펼쳐진 급경사 지대에 파놓은 일련의 동굴 들 안에 있다. 이 동굴들에는 의식에 사용하는 물건들이 있으며, 그것들 을 장식하고 있는 그림 문자들은 이집트 상형문자와 관련되어 있을 가 능성이 있다. (턴불은 훗날 짧은 기간 동안 다시 이 지역을 방문했다가 이 그 림 문자들과 마주쳤지만, 자세히 연구할 수는 없었다.) 이크족의 정체성은 그들의 고산 지대의 각박한 고향과 긴밀히 엮여 있으며 턴불의 추측에 따르면 이들은 물과 음식이 없어 죽어가는 한이 있더라도 절대로 그 정 체성을 버리지 않을 것이라고 한다. 하지만 그가 곧 알게 된 것은, 그것 이외에는 모든 것이 다 협상과 거래의 대상이라는 점이었다.

이크족은 그야말로 붕괴 이후의 사회가 어떤 모습일지를 보여주는 뛰어난 예이다. 이들은 한때 아무 걱정 없이 수렵 채집 생활을 영위하 며 살았던 종족이었고, 그들이 옛날에 누렸던 행복은 이크족이 잠깐 고 향을 떠나 몰래 국경선을 넘어 수단으로 들어가서 방랑하며 수렵을 행 하는 (수단의 아랍인들은 대단히 적대적이므로 이는 상당한 위험을 수반한다) 생활에서 어느 정도 엿볼 수 있다. (아마도 이제 남수단이 독립하여 아랍인 들이 사라졌으므로 이크족도 귀환 작전을 좀 더 용이하게 펼칠 수 있을 것이 다.) 재앙이 닥친 것은 1958년 영국 식민 정부가 그들의 주요한 수렵 지 역이었던 키데포 계곡Kidepo Valley에 접근불허를 선포했을 때였다. 우간 다가 독립한 이후 그 지역은 키데포 계곡 국립공원으로 지정되었고, 자 체적인 경찰서도 생겨났다. 이 경찰들은 장총으로 무장하고서 이 국립

공원에서 "밀렵"을 행하는 (즉 수렵으로 가족의 생계를 이으려고 애쓰는) 이크족이 보이면 즉시 발포하라는 명령을 받았다. 이크족은 이제부터 농사를 지으라는 명령을 받았지만, 또 국립공원 근처에서는 안 된다는 조건이 있었다 (여기에서는 이크족을 막도록 파견된 경찰들이 스스로 풍성하게 농사를 지었다). 대신 가파른 불모지의 산기슭으로 가서 농사를 지으라는 것이었다. 그 결과 이크족은 간헐적으로 덮치는 기근의 희생물이 되었다.

기근은 간헐적이었지만 또 3년이나 4년에는 반드시 한 번씩 벌어진다는 규칙성도 있었다. 그리고 기근이 덮칠 때마다 이크족의 문화도 한 꺼풀씩 벗겨져 나가게 되었다. 그러한 효과는 이들의 언어에도 뚜렷이 나타나고 있었다. 이들의 언어에서 유쾌한 것들과 미묘한 것들을 지칭하는 말은 모두 사라졌으며, 그 여파를 턴불 자신도 느낄 정도였다고 한다. 이치토트어의 가장 흔한 인사말은 "밥 줘!Brinji ngag!"가 되었고, 이에 대한 표준적인 대답은 "밥 없어!Bera ngag!"가 되었다. 그러면 그다음에 바로 나오는 말은 "그럼 담배 줘!Brinji lotop!"이다. 담배는 굶주림의 고통을 달래주는 효과적인 진통제였다.

이들은 기억할 수조차 없는 까마득한 옛날부터 이 지역의 동물들을 사냥하면서 인구가 늘지도 환경을 파괴하지도 않으면서 자연적인 균형을 유지하며 살아왔건만, 과연 이들의 삶보다 동물들의 이익을 우선하는 것이 공공 정책의 관점에서 옳은 일인지는 분명히 의문스러운 일이다. 이들은 이제 "무리를 지어 앉아 옛날에 자기들이 맘껏 사냥을 하던 곳이었지만 지금은 국립공원이 된 지역을 멍하니 쳐다보고 있다. 사람들이 죽어 나가는 가운데 동물들을 보존해야 한다고 명령을 내린 자들이 도대체 어떤 놈들인가라고 물으면서."[27] 또한 그때까지는 하나로 연결되어 있었던 사냥 지대를 새로 생겨난 탈식민주의 국가들끼리 쭉쭉 찢어서 국제적으로 인정된 국경선으로 만든 것도 이들에게는 치명적이었다. "수렵 채집 생활에서는 이동성이 필수적이며, 여기저기 떠도는 삶의 방식은 사람들이 간혹 생각하는 것처럼 자의적이고 무목적적으로 헤매고 다니는 것이 결코 아니다."[28] 이크족과 같은 수렵 채집 부족들이야말로 원래 최고의 자연 보존가들이었다는 것이다. "과도하게 많이 사냥을 하는 것은 중대한 범죄의 하나로 간주되었고, 신의 명령을 어기는 대죄의 성격을 갖는 것으로 여겨졌다. …"[29]

방랑 생활의 이동성은 단지 한 지역에서의 과도한 수렵이나 채집을 피하기 위한 것 말고도 그보다 훨씬 더 큰 중요성을 띠고 있다. 이를 통해 인간관계가 재정비되고 또 여러 갈등이 더 커지기 전에 사라지게 만들 수 있기 때문이다. 이동성 덕분에 권위의 위치는 끊임없이 이동하며, 이 때문에 권위주의를 지향하는 그 어떤 운동도 불가능해진다. 대신 여자들과 남자들 사이의 평등주의, 협동, 평등이 보존된다. 여자들이 모아 온 채소와 작물은 남자들이 잡아온 사냥감과 똑같이 중요하다. 비록 남자들은 주로 사냥을 하고 여자들은 주로 채집을 하지만, 사냥감을 잡기 위한 그물을 설치하고 또 수풀을 때리면서 짐승을 몰아내는 일 등은 두 집단이 협력한다.

이크족은 방랑 생활을 하는 수렵 채집 부족으로서, 그 사회의 형태 또한 유동적이며 그들의 가족 구조도 바로 그러한 유동성과 자유를 반영하고 있다. 이들은 가족을 으뜸가는 거주 공동체로 삼는다. 친족을 부르는 명칭들은 혈통에 따라서가 아니라 현재의 책임과 우정에 따라 붙여진다. 어떤 성인이든 부모로 간주되며, 또래는 모두 형제로 간주된다. 그런데 친족에 대하여 이렇게 이동의 자유에 기초하여 나타난 사회적 태도가 문제를 일으킬 때가 있다. 그 이동의 자유가 사라지게 되면 그 즉시 가족 또한 사라지게 된다는 점이다.

친절, 너그러움, 사려 깊음, 애정, 정직성, 환대, 연민, 자선 등은 기본적인 인간의 미덕들이지만, 수렵 채집 생활을 하는 부족에게 이것은 미덕 이전에 집단의 응집을 보장하기 위한 필수물이다. 수렵의 무리를 하나로 묶어 유지해주는 것은 이런 요소밖에는 없기 때문이다. 이러한 미덕들은 과연 풍족한 상황에서나 누릴 수 있는 과분한 사치품들일까? 아니면 단지 생존과 안전을 보장하기 위한 메커니즘일 뿐일까? 이크족의 경험이 우리에게 보여주는 바, 한마디로 모든 것이 부족한 극단의 상황이 펼쳐지게 되면 이러한 미덕들은 내팽개쳐지게 된다. 그러지 않았다가는 분명한 재앙과 파멸과 절멸이 덮쳐오게 되기 때문이다.

이크족은 아마도 계속 이동 생활을 하는 동안에는 그렇게 극단적인 어려움을 거의 혹은 전혀 경험하지 못했을 것이다. 그저 필요한 만큼만 취하면서 살다가 조건이 바뀌면 또 이동하는 식으로 살았으니까. "농부들의 경우 한 해 뼈 빠지게 일하여 얻은 결과물이 하룻밤 사이에 파괴되는 것이 얼마든지 가능하지만, 대부분의 수렵 생활자들의 경우에는 아무리 많은 것을 잃는다고 해봐야 내일이면 다 회복할 수가 있다. 이것이 수렵 생활자들이 초자연적인 악마나 동티에 대해 그다지 두려워하지 않는 경향이 나타나는 부분적인 이유이다. 이들은 진보에 수반되는 다양한 정신 증세들에 시달리지 않는 개방된 삶을 산다."[30] 하지만 이러한 좋은 삶이 갑자기 끝장이 나버렸고, 이것이 이크족의 문화에 가져온 결과는 파괴적인 것이었다. "이크족은 다른 모든 수렵 생활자들과 마찬가지로, 산과 바람과 비와 자기들이 사냥하는 짐승들과 채집한 야생 과일들과 똑같이 자연 세계의 일부였을 것임에 틀림없다. … 하지만 이들이 작은 구석배기에 갇혀버리게 되자 이 세계는 잔인하고 적대적인 무엇인가로 변해버렸고, 이들의 삶에서는 **사랑이 사라지고 그 자리를 잔인함이 메우게 되었다.**"[31] (강조는 인용자). 하지만 이들은 절멸하지는 않았다.

사회 붕괴의 귀결

이크족을 정착 생활로 강제로 몰아넣는 역할을 한 우간다의 공직자들과 경찰들은 이크족을 이렇게 묘사했다. "골칫거리에다, 정직하지 않고, 도저히 속을 알 수 없고, 사기를 잘 친다". 이런 표현은 모두 적절하다고 해야 할 것이다. 왜냐면 이크족은 거짓말과 사기를 일종의 경쟁적 스포츠로 행하게 되었고, 누군가에게 거짓말을 하여 믿게 만드는 데 성공한 다음에야 비로소 진실을 말하는 이들이 되었기 때문이다. 이크족 사이에서 정직성이란 다른 사람들을 속이기 위한 노력을 성실히 행하는 것을 뜻하게 되었다. "이들도 여전히 사람은 동료들과 함께 나눌 줄 알아야 한다는 구닥다리 옛날의 관념을 알고는 있지만, 이들은 항상 개인의 이익을 다른 모든 것보다 우선시하며, 제각각 몰래 챙길 수 있을 만큼 최대한 챙겨서 도망가야 한다고 생각한다."[32] 무언가가 존재한다는 것을 알지 못한다면 그게 자기 것이라는 생각도 할 수가 없다. 따라서 이크족은 가지가지의 일들과 물건들을 숨기거나 아예 잘못된 정보를 흘려 연막을 쳐서 유효한 정보에 대한 타인의 접근을 제한하는 데 갖은 노력을 기울인다. 이크족 마을의 주거 지구는 여러 동심원을 그리는 목책들로 이루어져 있고 그 목책들에는 작은 개구멍들이 있는데, 그것이 만들어진 의도는 외부의 적을 막기 위한 것이라기보다는 가장 가까운 이웃들로부터 서로를 지키기 위한 것이다. 이들은 가장 믿지 못하는 이들을 가장 가까운 이웃으로 두고 사는데, 그래야만 항상 감시를 할 수 있기 때문이다.

턴불의 묘사에 따르면 이크족은 심리학적으로 정상이며, 서로 적응도 잘할 줄 아는 사람들이며, 자살의 성향은 눈곱만큼도 없다고 한다. 그리고 그 절박한 상황 속에서도 유머 감각을 잃지 않는 모습은 정신적으로 건강하다는 표지라고 볼 수 있다. 이들은 "남의 커다란 불행은 나의 조그만 행복"을 뜻하는 독일어인 "샤덴프로이데Schadenfreude"라는 말에서 "스스로의 불행에서 얻는 재미"를 뜻하는 "젤프스트샤덴프로이데Selbstschadenfreude"라는 표현을 새롭게 만들어냈다. "내가 제일 괴로웠던 것은 그들의 웃음소리였고, 뭔지는 모르지만 마땅히 있어야 할 무언가가 빠져 있다는 느낌이었다. 예를 들어 남자들은 디di(마을 옆에 있는 노천광으로, 사방이 잘 보인다)에 앉아서, 어떤 아기가 석탄으로 때는 불에 홀려 불길 쪽으로 기어가는 모습을 잔뜩 기대에 차서 숨죽이고 바라본다. 그러다가 그 아기가 빼빼 마른 손을 그 불타는 석탄더미에 쑥 집어넣는 순간 남자들은 기뻐 날뛰며 행복한 웃음을 터뜨린다. 좀처럼 아기에게 정을 주지 않는 이크족이 그나마 부모의 애정을 보이는 아주 드문 순간이 이럴 때이다. 그 아기의 엄마는 자기 아이가 이렇게 많은 사람들을 기쁘게 했다는 것에 의기양양한 모습으로 아기를 불에서 떼어낸다."[33] 다른 예도 있다. 시력을 잃은 한 이크족 남자가 하이에나 시체의 썩은 고기라도 좀 먹어보려고 손을 내밀었다가 다른 사람들한테 신나게 짓밟히는 일이 있었다. 그런데 그 남자는 이 상황이 너무나 재미있다고 여겨 배를 쥐고 웃어댔다고 한다.

이렇게 소름 끼치는 웃음의 특별한 경우들을 제외하면, 턴불은 이크족들 사이에서 아무런 감정도 감지하기가 어려웠다고 한다. 그들이 감정을 표현할 때에는 가식적으로 꾸며낸 형태를 취한다고 한다. 그리고 그 형태는 순간순간의 상황으로 결정되며, 그 속에서 모두가 자기 개인의 이익과 관계되어 있을 때에만 그렇게 감정을 표현한다는 것이다. 이크족은 "기분 따위도 없고, 그저 냉혈한처럼 생존해나갈 뿐이며, 그 누구에게도 해가 가는 것도 좋은 일이 생기는 것도 바라지 않는다."[34] 이크족에게 선이란 곧 음식이다. 선한 사람은 곧 잔뜩 먹어서 배를 불린 사람이다. 이제는 더 이상 **좋은 일을 행한다**doing good라는 개념은 전혀 존재하지 않으며, **좋은 상태에 있다**being good라는 개념만이 존재한다. 이 선한 상태란 곧 배불리 먹어 살이 잔뜩 찐 상태를 뜻한다.

이크족의 생활은 힘든 때를 대비하여 아끼고 비축하는 것과는 아주 거리가 멀다. 이들의 유일한 저축이라는 것이 있다면, 곧 그들의 몸뚱이에 저장한 지방뿐이다. 이렇게 몸의 지방을 불리는 일에 아주 뜨거운 열정을 가지고 매진하고 몰두하며, 눈앞에 음식이 나타나면 무엇이든 게걸스럽게 먹어치운다. 그들의 음식 공급이 얼마나 불확실한지 그리고 그것을 저장할 방법도 얼마나 제한되어 있는지를 생각해보면 이는 비합리적인 일이라고 할 수도 없다. 이들은 농사를 지으려 하지만, 4년에 1년 꼴로 심한 가뭄이 찾아오며, 그나마 좀 상황이 나은 해라고 해봐야 한두 개의 밭에서 무언가 소출이 나오는 정도이다. 그런데 만약 2년간 연속으로 가뭄이 계속되면 이는 어김없이 기근으로 이어지며, 이는 아무리 비축을 해두더라도 피할 수 없는 일이다. 그 결과 이크족은 곡물 수확에 의지하는 법이 결코 없으며, 여기에 자기들의 에너지를 쓰는 일도 없다.

이크족은 아사 지경에 가까이 가는 일도 많기 때문에 항상 더 많은 식량을 얻기 위해 분주히 주변을 살핀다. 심지어 걸을 수도 없을 정도로 과식을 하고 나서 찍 늘어져 있는 풍요의 시간에도 계속 음식이 어디 있는지를 찾아낸다. 이크족도 다 함께 모이는 기회—보통 디di에서 모인다—가 있지만, 이는 보통 침묵 속에서 이루어지는 행사이다. 모두가 산 아래를 바라보면서 무언가 죽은 생물이 없는지를 눈에 불을 켜고 계속 훑는다. 그러면 무언가 뜯어먹을 게 생긴다는 이야기니까. 예를 들어 독수리가 원을 좁히면서 하강 비행을 한다면 무언가 있다는 이야기이며, 또 밀렵에 성공한 자들이 어딘가에 숨어서 몰래 불을 피우는 연기를 발견할 수도 있다. 이런 것들을 포착한 이들은 음식을 얻기 위해 그 즉시 벌떡 일어나서 내리막 경사길을 뛰어 내려간다.

밀렵을 나간 이들은 잡은 동물의 고기를 함께 사냥에 참여한 이들과도 나누지만, 그걸 알고 슬쩍 나타난 이들에게도 고기를 나누어준다. 하지만 그 밖에는 그 고기를 아무와도 나누지 않으며 심지어 자기 가족들도 예외가 아니다. 옛날의 도덕적 규율의 잔재가 있기 때문에 이크족 또한 무얼 먹고 있는 동안 누군가 갑자기 나타나면 좀 들어보시라고 음식을 권해야 한다. 그래서 이들이 무얼 먹을 때는 혼자 숨어서 먹으려고 기를 쓰며, 고기가 있으면 가급적 후딱 구워서 재빨리 먹어치운다. 남자들이 사냥을 할 때나 여자들이 채집을 할 때나 모두 혼자서 하며 먹을 것을 집으로 가져오는 법 없이 각자 따로 먹는다. 그래야 서로 나누어 먹는 것을 피할 수 있으니까. 아이들은 원숭이들을 지켜보다가 그들이 반쯤 먹고 버린 대추를 재빨리 주워 먹으면서 연명하는 법을 배운다. 노인들은 시간이 갈수록 음식을 찾는 능력이 줄어들기 때문에 굶주리면서 서서히 죽어간다. 심지어 음식이 풍족한 기간에도 굶어 죽는 사람들이 있지만, 이는 오직 나이든 이들에게만 벌어지는 일이다.

악행으로 잘 산다

—

옛날의 사냥터는 빼앗겼고, 이동은 제한당했고, 농사는 사실상 불가능하다. 이런 상황이니 이크족은 쇄신을 할 수밖에 없는 형편이었다. 그래서 이들은 다른 인근 부족들에게 가축 노략질cattle raiding을 부추기고 사주하며 도움까지 준다는 수지맞는 생각을 짜냈다. 이들은 모든 인근 부족들의 동태와 동선을 감시할 수 있는 자리에 대충 집을 지어 전략적으로 자리를 잡으며, 이를 통해 유목 부족들과 그 가축떼의 움직임을 낱낱이 알게 된다. 다음으로 이들은 가축떼 노략질을 계획하는 쪽에 그 정보를 넘기고서 장물의 일부를 넘겨받기로 한다. 그래서 이크족 자체는 전혀 가축을 키우지 않지만, 그들의 주거 지역에 보면 보마boma라는 것이 있을 때가 많다. 이는 훔쳐온 가축을 남들이 보는 눈으로부터 잠깐 숨겨두기 위해 목책으로 둘러친 영역이다. 이크족은 이렇게 해서 자기들에게 맡겨진 가축의 일부를 몰래 잡아먹기도 한다. (유목 부족들은 종교 의식의 일부로서 이외에는 가축을 도살하는 것이 금기로 되어 있다.) 그러고 나서는 그 가축이 그냥 병에 걸려서 죽은 것이라고 우긴다.

이 지역의 가축떼 노략질은 대부분 투르카나족과 도도스족 사이에서 벌어졌다. 투르카나족은 자신들이 살던 곳에 가뭄이 닥칠 때마다 케냐로부터 국경을 넘어왔다. 이들은 다량의 장총과 탄약을 가지고 오지만 절대로 발포하지는 않으며, 그저 이크족이 소유한 물웅덩이에서 가축떼에 물을 먹이고 키데포 국립공원에서 풀을 뜯게 한다. 한편 우간다 경찰들은 숫자에서나 화력에서나 한참 밀리므로 무력감 속에서 이들이 하는 짓을 방관할 수밖에 없으며, 그저 백주에 활개를 치고 다니지 못하도록 총을 겨누고 조준을 잘하고 있을 뿐이다. 도도스족은 투르카나족과의 직접적 갈등을 회피하지만, 투르카나족과 마찬가지로 기회가 되면 다른 부족의 가축떼를 몰고 도망쳐버린다. 그렇게 하는 가운데에 두 부족 모두는 이크족의 도움을 받는다. 이크족은 항상 정보와 무기를 들고 나타난다. 정부의 금지 명령에도 아랑곳하지 않고 이크족은 창과 칼을 제작하여 두 부족에게 공급하며, 그것도 양쪽 모두에 동시에 그렇게 할 때가 많다. 그래서 이크족 마을은 어떤 특정 시점에서 양쪽 어느 쪽을 돕느냐에 따라 두 쪽으로 나뉘기도 한다. 이크족은 뛰어난 대장장이로서 숯을 굽고 석기를 사용하여 철제 무기를 만들어낸다. 이는 이크족 사람들이 서로 협동하는 몇 개 안 되는 활동 중 하나이다 (집을 짓고 목책을 쌓는 것이 다른 예이다). 하지만 이때에도 이들은 서로 멀찍이 떨어져서 자기 작업에만 집중하며, 말을 나누거나 눈 마주치는 것도 서로 피한다.

무너진 사회가 유지되는 것은 무엇 때문인가?

—

여기에서 참으로 풀기 어려운 수수께끼가 나온다. 자기들의 고향인 산악 지역에 강하게 연결되어 있다는 것 말고, 이크족을 하나의 사회로 묶어주는 것은 도대체 무엇인가? 함께 비참함을 나누면서 위안을 얻고자 함인가? 아니면 서로를 못 믿으니 서로를 계속 감시할 필요가 있어서 그런 것인가? 턴불은 결국 대답을 찾아냈다. "함께 일하는 유일한 동기는… 다른 누군가의 불행을 즐길 기회가 올지 모른다는 신나는 가능성이었다."[35] 이크족 사람들 사이에 협동을 촉발시키는 핵심 요소는 바로 남의 불행은 나의 행복이라는 "샤덴프로이데"였다. 이들이 밀렵을 하거나 음식 혹은 건설 자재를 모으는 등의 협동 작업을 하는 경우, 그 협동을 작동시키는 힘은 앞에서 말한 "샤덴프로이데" 이외에 질투, 의심, 악다구니 등이었다. "채워야 할 위장을 가진 사람들은 모두 저마다 의 경제적 이해 관계를 가지고 있으며, 협동이란 그저 각자 철저히 자기 이익이라고 의식하는 바를 추구하기 위한 장치에 불과하다."[36] 외부인 들과의 갈등이 벌어질 때에도 같은 부족이라고 뭉치고 연대하는 것이 전혀 없다. 부족 간의 분쟁이 벌어지면 이크족은 재빨리 열성적으로 자 기들끼리 원수가 되어 싸움을 벌인다. 이러한 싸움은 경찰이나 국가 권 력이 끼어드는 법 없이 항상 지역에서 알아서들 해결을 본다.

이크족 사람들 사이의 가장 강력한 계약의 형태는 "니오트nyot"이다. 이는 해체할 수 없는 일생에 걸친 상호 부조의 서약으로서, 이를 맺으 면 서로를 돕는 일을 거부할 권리가 없게 된다. 이는 말로 협약을 맺고 비공식적으로 선물을 교환함으로써 이루어지며, 분쟁을 해결하는 흔한 방식이기도 하다. 하지만 다른 모든 경우에서와 마찬가지로, 이크족은 심지어 자기들의 "니오트"에 대해서도 자기들이 가지고 있는 것을 숨기 기 위해 온갖 거짓말을 다한다. 안 그러면 나누어 먹어야 하니까.

때로는 어떤 분쟁 하나를 해결하기 위해 이크족이 집단 전체로서 서 로에게 호소를 하는 경우가 있다. 이때 집단의 판단에 기초가 되는 것은 "문제가 된 행동의 성격보다는 그 행동이 벌어진 정황"이다.[37] 법과 정 의를 실행하는 순간조차도 이크족의 행동을 이끄는 원칙은 무엇보다도 자기들 각자의 개인적·이기적 이해 관계이다. 하지만 이크족 사이에 서 갈등과 분쟁을 해결하는 가장 흔한 방식은 알아서들 각자 사는 곳을 다른 마을로 옮기는 것이다. 이크족 마을은 기껏해야 3년이나 4년 정도 지속되는 게 보통이다. 집도 허접하게 대충 지으며, 시간이 지나면 사람 들의 똥더미로 둥그렇게 둘러싸이며 온갖 해충이 들끓게 된다. "지붕에 는 꿈에 나올까 두렵게 생긴 흰색 바퀴벌레 등 온갖 벌레들이 득실거려

지붕 자체가 거의 살아 움직이며, 밤에 자고 있으면 지붕 속의 뱀들이 허물을 벗고 그게 막 뚝뚝 떨어지기도 한다. 온갖 것들이 쉭쉭거리고 부스럭거리는 소리는 항상 들리는데 그게 바퀴벌레인지 이인지 그 밖에 무슨 벌레인지 짐승인지는 아무도 모른다."[38] 이렇게 주거 환경을 어설프게 만들어놓았기에, 이크족은 사람이든 무엇이든 싫은 무언가가 이웃에 있으면 언제든 갈라서서 새롭게 집단을 이루고 새로 시작할 수 있는 기회를 충분히 자주 누린다는 것이다.

건설 자재를 모으고 목책과 집을 짓는 작업 등은 이크족이 무언가 공동 노동이라고 할 만한 것에 제일 근접하는 경우이지만, 이 또한 겉모습뿐이라고 한다. 이크족에게도 선물과 제사에 바치는 음식 따위의 제도가 있기는 하지만 절대로 이타적 목적으로 시행되는 법은 없으며, 오로지 상대에게 의무를 씌우는 수단으로만 사용된다. 이렇게 해서 상대방에게 의무를 쌓아놓고서 필요할 때가 되면 그걸 갚으라고 요구하는 것이다. 그런데 선물을 받아서 걸머지게 되는 의무란 그것을 받아들이지 않음으로써 무산시켜버릴 수도 있다. 실제로 선물을 받아서 이익만 취하고 의무는 회피할 수 있는 그런 상황을 연출해내기 위해 대단한 천재성이 발휘된다. 별로 자주 쓰이는 것은 아니지만 효과가 확실한 수법을 들자면, 선물을 받자마자 음식을 내놓아서 그 선물로 인해 생겨나는 의무를 바로 털어버리는 방법이 있다. 이크족은 음식이라면 절대로 거부할 수가 없으니까.

세 살 때 쫓겨난다

—

어쩌면 당신은 이크족이 최소한 자기 자식들에 대해서는 어느 정도 이타주의를 보일 것이라고 생각할 수도 있다. 물론 이 또한 생물학적인 동기에서 나온 것이고 궁극적으로는 이기적인 것이지만. 그런데 이런 생각은 아주 순진한 것으로 그렇게 생각하는 사람은 크게 실망을 할 것이다. 이크족 엄마들은 투덜대면서 아이들을 돌본다. 아기 포대에 넣어 업고 다니면서 젖도 먹이지만, 전혀 부드럽게 다루지는 않으며 아이들이 울면 웃어젖힌다. 이들은 식량 채집 활동을 하는 동안에는 아이들을 땅바닥에 내려놓는데, 만약 표범이라도 나타나서 아이들을 물어가면 아주 기뻐한다. 왜냐면 표범이 잔뜩 배를 불리고 곯아떨어졌을 터이니 쫓아가서 그놈을 잡아먹을 수 있을 것이기 때문이다. 이렇게 그다지 양육과는 먼 관계조차도 곧 끊어진다. "아이들을 '집 밖으로 내보내면' 그 뒤에는 집 안에서 자는 게 허용되지 않는다. 이는 보통 세 살 때이며 아무리 늦어도 네 살 때에는 쫓겨난다."[39] 말할 필요도 없이, 이 때문에 아이들은 부모들에게 친밀감을 갖지 않는다. 오히려 부모들이 나이 들어 서서히 굶어 죽는 모습을 보면서 아주 즐거워한다.

일단 "집 밖으로 쫓겨나면", 그 아이는 혼자서는 생존할 가능성이 없으니 별 도리 없이 다른 쫓겨난 아이들과 무리를 지어 산기슭을 어슬렁거리면서 뭐라도 먹을 게 없는지를 뒤지고 다닌다. 연령에 따라 두 개의 집단이 있다. 어린 집단(세 살에서 일곱 살까지)과 그보다 나이가 많은 집단(여덟 살에서 열두 살까지)이다. 이 두 집단은 서로 마주치지 않으려고 애를 쓴다. 좀 더 정확히 말하자면, 어린 집단 쪽에서 나이든 집단을 피하는 것이다. 왜냐면 괜히 마주쳤다가는 보통 어린 집단이 모은 식량을 몽땅 빼앗기고 흠씬 두들겨 맞게 되니까. 그런데 이렇게 피해 다녀도 나이든 아이들은 어린 아이들 것을 무자비하게 빼앗아버리며, 그래서 어린 아이들은 특히 혼자서 잡히는 일이 없도록 최선을 다한다. 턴불이 전하는 한 남매의 이야기를 들어보자. 여동생은 이틀이나 꼬박 걸려서 숯을 한 무더기 구워냈다. 이를 경찰서에 가져가서 죽 한 그릇과 바꾸어 먹을 생각이었다. 하지만 오빠가 나타나서 그 숯이 들어 있는 가방을 낚아챘을 뿐만 아니라 그 과정에서 여동생을 흠씬 두드려 팬다. 그는 그러면서 이 상황을 아주 즐거워했지만 여동생은 그렇지 못했다. 아마도 그녀가 아직 이크족 특유의 "젤프스트샤덴프로이데"를 충분히 기르지 못했기 때문일 것이다.

이 두 또래 집단들 중 하나에 입회하는 과정 그리고 나중에 쫓겨나는 과정은 아주 중요한 통과 의례이며, 두 과정 모두 집단의 폭력적인 협박을 수반한다. 어떤 아이가 그 집단 중 하나에 들어갈 때에는 가장 어리고 힘도 약하고 또 쓸모도 없는 성원이므로, 나머지 성원들에게 계속해서 두들겨 맞는다. 하지만 그 아이는 다른 선택의 여지가 없으므로 계속 그 집단에 붙어 있는다. 축출이 벌어질 때에는, 그 집단의 가장 나이가 많고 힘이 센 성원을 갑자기 나머지 모든 성원들이 둘러싸버리며, 이에 다른 선택의 여지가 없이 결국 쫓겨난다. 각 또래 집단 안에서의 여러 관계는 제한적인 경쟁에 기초하며, 이를 통해 아이들은 다른 이들과 마찰을 빚지 않는 한에서 자기 개인들의 이익을 극대화한다. 또래 집단 안에서 아이들은 일시적이나마 우정 관계를 키우지만 결국 이 또한 깨질 수밖에 없으며, 이것 자체가 하나의 통과 의례로서 어린 이크족 아이들에게 우정이라는 것의 가치가 무엇인지를 똑똑히 가르쳐준다. 이치토트어로 친구에 해당하는 단어 bam은 모종의 조롱의 어조를 담고 있다.

모든 아이들처럼 이크족 아이들도 놀이를 하지만, 그들의 게임은 거의 모두 음식 아니면 섹스와 관련되어 있다. 더 어린 또래 집단 아이들은 진흙으로 파이를 만들고 이를 조약돌로 장식하고서 그걸 먹는다. 나이든 또래 집단 아이들은 더 작고 약한 아이들을 장난감 창과 돌팔매로 사냥하는 놀이를 한다. 나이든 또래 집단에서는 성적 관심이 또한 중요한 역할을 하며, 더 어린 성원들은 나이가 많은 성원들에게 성적인 봉사를 제공함으로써 우정을 얻어낸다.

나이 많은 또래 집단에서 축출된 이후에는 아무런 통과 의례도 없는 것으로 보인다. 이크족에게도 한때 결혼이라는 제도가 있었고, 이는 약탈혼이라는 아주 초기의 전통을 취하고 있었다. 젊은 신부는 밤에 목책 밖으로 대변을 보러 나가는데 이때 신랑과 그 공모자들이 그녀를 납치하여 자기들 마을로 끌고 온다. 그녀가 훌쩍이며 울기만 하면 그녀의 가족도 그냥 쫓아가는 시늉만 하고 만다. 하지만 그녀가 비명을 지르면 그녀의 가족은 싸움을 벌여 그녀를 되찾아야 한다. 여기에 일정한 금기 사항들이 있다. 피를 흘려서는 안 되며, 사돈집을 방문해서는 안 된다. 하지만 턴불이 머물렀던 두 해 동안에는 이크족 마을에 결혼식이 없었다고 한다.

그 대신 이크족 소녀들은 일단 나이든 또래 집단에서 쫓겨난 뒤에는 성매매로 들어서는 것이 보편적이었다고 한다. 성을 사는 고객들은 이크족 중에도 있고 또 지나가는 가축떼 모는 이들 중에도 있다. 하지만 이 소녀들은 열여덟 살이 넘으면 더 이상 매력적이라고 여겨지지 않아 버려지게 되고, 그녀들의 성매매 이력도 금세 끝나게 된다. 드물지만 이크족 소녀들 사이에 협동이 벌어질 때도 있다. 두 명의 소녀가 힘을 합쳐 가축떼 모는 이들의 캠프로 "꼬시러 가는" 것이다. 그들은 성매매 일을 무척 지루하게 여기지만, 집단 성행위를 벌이게 되면 더 재미있을 뿐만 아니라 "샤덴프로이데"의 기회가 더 많기 때문이다. 이러한 우발적인 성행위 말고 좀 더 제도화된 형태의 성관계도 있다. 이크족 여성들은 값진 상품으로 간주되며, 다른 부족에서 온 여행객들에게 "부인들"로 물물교환된다. 여자들은 그러한 "결혼"을 한 번 겪을 때마다 목걸이를 하나씩 더 두름으로써 자기의 지위를 과시한다. 어떤 이크족 소녀들은 "그런 목걸이 때문에 거의 질식할 지경"이었다.[40]

이크족 남자들이 아내에게 가치를 부여하는 다른 방법이 있다. 마을의 한 노인은 자기의 병든 아내를 위해 받아온 약을 팔아버렸고, 그녀가 죽었을 때에는 자기 주거 구역의 담벼락 안에다가 몰래 매장하였다. 이웃들에게 장례식 성찬을 베푸는 것을 피하는 것도 목적이었지만 더 중요한 목적은 계속해서 약을 받기 위해서였다. 나중에 이게 발각되었을 때에도 그는 전혀 부끄러운 기색을 보이지 않았다. "그에게 아내는 살아 있을 때보다 죽은 다음에 훨씬 더 큰 가치가 있었다."[41] 나중에는 정부의 기근 구제 식량까지 그녀 몫으로 타냈고 말할 것도 없이 이를 자기가 먹었다. 이를 통해 그는 더 뚱뚱해졌고, 이크족의 가치에 의하면 뚱뚱한 사람이 선한 사람이니, 더 선한 사람이 될 수 있었다.

과거에는 이크족에게도 이혼 제도가 있었다고 한다. 이혼 절차의 시작은 가시덤불의 가지로 아내를 때리는 의식으로 시작된다. 이크족에게는 피를 흘려서는 안 된다는 금기가 있으므로, 일단 아내가 피를 흘리게 되면 결혼은 무효가 되며 아내는 친정의 거주 구역으로 돌아가서 오두막 바깥의 땅에서 잔다. 또 사돈집을 방문하면 안 되는 금기가 있었으므로 이는 이혼이나 별거의 경우 갈등이 더 심해지는 것을 피하는 데 상당히 유용했다고 한다. 하지만 턴불이 이곳을 방문했을 당시에는 이혼이란 아무렇게나 이루어지는 비공식적인 방식을 취하고 있었다고 한다. 사람들에게 널리 알리는 것도 없이 그냥 한쪽이 다른 쪽을 버리는 단순한 형식이었다는 것이다.

그런데 그렇게 해도 아무런 후환이나 반작용이 없다는 것이 놀라운 일이다. 수렵 채집 생활을 하는 이들이 복잡한 법령 시스템이나 판례법을 가졌으리라 기대할 수는 없지만, 그래도 옛날에는 이크족 또한 힘을 합쳐서 기초적 도덕률을 지키기 위해 노력하던 때가 있었다고 한다. 이들은 살인, 근친상간, 간통 등을 저지르면 범죄자를 불타는 화로에 집어던져서 죽였다고 한다. 이렇게 하면 피를 흘리지 말라는 금기를 범하는 것을 영리하게 피할 수 있으니까. 하지만 턴불이 본 모습은, "간통은 거의 누구나 행하는 보편적인 관행이었고, 이는 어떤 의미에서는 가족이라는 저 쓸모없고 기능도 멈춰버린 단위를 파괴하는 작업을 완성하기 위해서 고안되고 기능하는 장치였다."[42] 그가 관찰한 바에 따르면, 이크족 사이에서 벌어지는 성적 활동은 대부분 두 가지였다. 자위 행위 아니면 간통.

이크족 남자들 입장에서는 여성과의 교접을 통해 몸을 푸는 것을 어렵게 만드는 요소가 있으니, 모든 이크족 여자들은 성행위를 벌이면 음식이든 돈이든 대가를 요구한다는 사실이었다. 대부분의 이크족 남자들은 둘 다 갖고 있지 않았다. 여기에 더해 이크족 남자들에게 상식으로 통하는 견해를 보자면, 자위 행위 쪽이 힘이 덜 들기 때문에 그 남은 힘으로 음식을 찾으러 다닐 수 있다는 것이다. 하지만 나이가 들고 또 여러 기근을 견디어 내다보면 나중에는 성적 활동을 벌일 에너지가 점점 줄어들어 완전히 없어져버리고 만다. 턴불의 추측으로는, 이들은 대변을 보는 일과 정액을 사정하는 일을 아무 차이가 없는 대단치 않은 일로 본다고 한다. 쓸모없는 물질을 몸 밖으로 배출하는 문제로 말이다.

위와 같은 것들을 고려해볼 때, 턴불은 참으로 도발적인 결론에 도달하고 있다. "이크족의 사례가 말하는 바는, 가족이란 우리가 흔히 생각하는 것처럼 기초적이고 근본적인 단위가 아니며, 생물학적인 의미를 제외하고 나면 사회적 생활의 필수적인 전제 조건도 아니라는 것이다."[43] 그리고 이러한 아주 제한된 생물학적 의미로 보자면, "어느 제한된 시간적 길이 안에서 경제적 관점에서 볼 때 가장 이상적인 가족은 남편과 아내뿐이며 아이들은 포함되지 않는다."[44] 왜 아이들은 들어가지 않는가? "아이들은 거의 늙은이들만큼 혹은 그들과 똑같이 쓸모가 없다. 생식 활동을 하는 집단이 생존을 유지하는 한 아이들은 언제든 더 낳을 수가 있다. 따라서 [죽도록 내버려두는] 순서는 늙은이가 제일 먼저이며 그다음은 아이들이다. 그렇게 하지 않는다면 이는 집단 전체를 자살로 내모는 일일 것이다. 이렇게 말해서 유감이라고 해야 하겠으나, 이크족은 결코 자살 따위를 생각할 사람들이 아니다."[45]

게다가 이러한 가족 생활의 결핍에는 필연적인 이유가 있다. "이 사람들의 삶에서 보면 가족이니 정서니 사랑이니 하는 사치품들을 둘 자리가 전혀 없다. 항상 굶어 죽기 직전의 조건 속에 살고 있는 이들에게 그러한 사치품은 곧 죽음을 뜻한다. 이미 죽은 사람, 약한 사람, 늙은 사람에게 그런 사치를 베풀다가 자기가 죽는 것처럼 어리석은 일이 또 있을까? 이렇게 되면 인간에게는 기초적인 가치들이라는 것이 있다는 우리의 암묵적인 생각이 심한 타격을 받게 된다. 미덕이라는 관념 자체가, 심지어 선이라는 관념 자체가 타격을 받는 것이다."[46] 이크족은 우리에게 인간적이라는 게 도대체 무슨 의미인지를 묻지 않을 수 없게 한다. 또한 그들이 내놓는 대답이란 실로 우리가 듣고 싶지 않은 이야기이다. 인간적이라는 것은 사치품이며 필수품이 아니라는 것이다. 하지만 더 나쁜 사실이 있다. 우리가 인간이기를 멈추었을 때 그렇다고 해서 짐승이 되는 것도 아니다. 이크족의 문화는 그토록 저급으로 강등당했지만 그들은 여전히 이치토트어를 말하고 있었다. 이들은 인과 관계를 논리적으로 구성할 수 있고, 서술적 기억과 묘사적 기억과 의사 소통 능력을 가지고 있고, 도구도 사용할 줄 알았다. 이로 인해 다른 동물들보다 훨씬 앞서갈 수 있었다. 인간들이 인간이기를 멈춘 뒤에도 동물이 되지는 않는다. 이들은 인간 이하의 생물학적 기계 안에 들어 있는 톱니바퀴들이 되는 것이다. 그들 개개인을 비난할 수는 없다. 그러한 비인간성의 잠재성은 우리 모두에게 있는 것이니까. 하지만 기초적인 인간의 생존 전술들이 어떤 것인지를 살펴보면, 다른 짐승들이 인간에 비해 더 인간적이라는 생각이 들지 않을 수 없다.

"다 죽여라!"
—

어떤 인류학자가 흥미롭고 독특한 부족을 연구하느라 2년간이나 함께 생활을 해놓고 나서 숲 밖으로 나오자마자 이 부족을 불태워 죽여야 한다고 선언하는 것은 대단히 드문 일이다. 물론 콜린 턴불이 꼭 그렇게 말한 것은 아니지만, 그가 쓴 보고서의 권고 사항은 이크족을 작은 소집단으로 분해하여 자기들 고향에서 먼 우간다의 다양한 장소로 흩어서 재정착하도록 해야 한다는 것이었다. 하지만 그 스스로 말하고 있듯이, 이크족은 자기들 고향을 버리느니 차라리 굶어 죽고 목말라 죽는 쪽을 선택할 것이므로, 그런 식의 이주는 곧 사형 선고와 같은 것이다. 어쨌든 그의 처방은 무시되었다. 내 추측으로, 그의 동료 인류학자들과 우간다 당국자들은 턴불이 이크족과의 경험에서 트라우마가 생긴 것으로 의심했던 것 같다. 조지프 콘래드의 소설 『어둠의 심장Heart of Darkness』에 나오는 커츠Kurtz의 경우처럼, 턴불이 제시했던 방법은 아마도 말도 안

되는 것으로 여겨졌을 가능성이 높다. 하지만 이크족에 대해 그토록 예리한 관찰과 그토록 강력한 비판적인 결론에 도달할 수 있는 위치에 있었던 이는 턴불이 유일하다.

하지만 턴불은 여기서 더 나아간다. 그는 우리 모두가 내면에 조금씩 이크족처럼 될 잠재적 성격을 가지고 있음을 지적하며, 실제로 선진국 세계의 사람들이 점점 더 이크족과 닮아가고 있음을 관찰한다. "이러한 사실들을 내가 지나치게 비판적인 방식으로 해석하고 있다고 우길 수도 있겠지만, 이러한 사실들이 암시하고 있는 방향 자체는 너무나 분명하며, 이크족에게 그랬듯이 인류 전체에게 영향을 줄 것은 바로 이러한 방향성이므로 이것이 정말로 중요한 문제이다. … 우리 사회에서 벌어지고 있는 여러 변화의 증후는 우리가 정확히 이러한 방향을 지향하고 있음을 보여주고 있다."[47] "이크족의 사례는 우리가 그렇게도 뻐겨대고 으스대온 인간적 가치들이라는 게 결코 인간성 자체에 본질적으로 내재한 것이 아니며, 사회라고 불리는 독특한 생존 형태에만 결부된 것에 불과하고, 그 모든 가치들은 그리고 심지어 사회 자체마저도 얼마든지 없어도 되는 사치품에 불과하다는 것을 가르쳐준다."[48]

턴불이 겪어야 했던 경험의 성격상 그는 불편부당하게 한 걸음 물러서 있는 관찰자로서가 아니라 한 명의 참여자로 행동할 수밖에 없었다. 왜냐면 서서히 굶어 죽어가고 있는 이크족과 함께 살아가는 가운데 그 스스로의 인간성 자체가 시험대에 오른 상황이었기 때문이다. 그는 그들을 돌보려고 시도해보기도 했지만, 죽어가는 이들을 돌보아 며칠 더 살려둔다고 해봐야 아무 소용도 없는 짓임을 곧 깨닫게 된다. 사람들이 서로를 돌보고 아끼던 옛날의 좋았던 시절만 떠올리게 할 뿐 그래서 그들의 고통을 덜어주기는커녕 더 악화시킬 뿐이기 때문이다. 이러한 상황에서는 사랑이란 곧 고통일 뿐이다. 이를 깨닫고 나자 그는 곧 자기도 자기 방식으로 위선을 행하고 있다는 사실을 잠자코 받아들일 수밖에 없었다. "그 당시 나는 우리가 '인간적'인 일들을 행하는 게 옳은 것이라고 확신했었다. 맞다. 어떤 면에서는 옳았다. 우리는 그저 우리가 우월한 존재라는 생각을 확인함으로써 우리의 삶을 우리에게 더 안락한 것으로 만들고 있었을 뿐이다."[49] 그는 그들에게서나 자신에게서나 인간성 자체가 썰물처럼 빠져나가는 것을 바라보는 가운데, "인간성을 유지한 마지막 이크족"을 발견하기도 했다.[50] 그녀는 이크족 마을로 되돌아가는 것보다는 우간다의 감옥에 갇혀 있는 쪽을 더 원했기에, 석방되자마자 다시 감옥으로 가기 위하여 즉시 경찰 한 사람을 공격하였다.

이크족의 이야기를 그저 교훈적인 이야기 정도로, 다시 말해 이런 일이 없도록 미연에 방지하자는 (방지할 수 있다면, 무슨 대가를 치러서라도) 이야기 정도로 받아들이면 마음은 편할 것이다. 하지만 만약 이크족의 이야기라는 게 통제불능의 상황이 되면 필연적으로 벌어지게 되는 이야기라고 한다면 어떨까? 즉 이게 모종의 완전한 상태를 나타내는 것이라면? 이크족이 만들어낸 이 무자비한 생존의 시스템을 심지어 더 완벽하게 더 무자비하게 만드는 일이 가능하다면? 그래서 우리 모두가 서로서로를 "오로지 단 하나의 기본권 즉 생존의 권리만을 가진 개인들로 취급하여 인간이 이제 인간은 고사하고 동물도 아닌 그냥 완전히 식물이 되어"버린다면?[51] 이크족의 이야기는 이런 일이 실제로 가능하다는 것을 상당히 분명히 입증하고 있다. "이크족은 인간이 사회 없이도 살아갈 수 있다는 것을 보여주고 있다. … 이들은 인간적 사회를 없애버리고 그 자리에 인간 감정 따위는 전혀 고려하지 않는 오로지 생존만을 위한 시스템을 구축해놓은 것이다."[52]

여기에 나와 당신이 익숙하게 마주해야만 하는 윤리적 딜레마가 있다. 내가 이 글을 쓰는 시점에 지구상에 살고 있는 6,973,738,433명의 인간들이 목숨을 부지하기 위해서 모두가 이크족과 비슷하게 되는 것이 과연 가치가 있는 일일까? 아니면 우리가 인간의 모습을 간직할 수 있도록 해줄 문화를 보존하기 위해서 가능한 한 많은 사람들이 죽어 없어지는 게 더 나은 일일까? 턴불은 그렇게 공허한 기계와 같은 생존에 아무런 가치도 없다고 본다. "선함이라는 게 없다면 … 악함이라는 것도 없다. 사랑이 없다면, 증오도 없다. 따지고 보면 아마도 이것이 진보인지도 모른다. 하지만 이는 또한 공허함이기도 하다."[53] 이는 아주 어려운 선택이며, 정말 이런 때가 온다면 하늘의 자비로 안락사 같은 것이 우리 모두에게 닥치는 게 더 낫지 않을까? 이크족에게도 그 시점이 그다지 멀지 않을 수 있다. "다행히도 이크족은 숫자가 많지 않아 2천 명 정도에 불과하며, 그나마 지난 2년간 그 숫자가 크게 줄었다. 그래서 나는 그저 이들이 과거와 마찬가지로 철저하게 고립된 상태 속에서 완전히 절멸하는 날까지 살아가기를 바랄 뿐이다."[54] 과연 우리 인류에 대해서도 똑같은 것을 바랄 수 있을까? 우리는 아마 벌써 그러고 있는 듯하다. 왜냐면 "우리의 시대는 가족에 대한 헌신이라는 감정에 있어서도 또 사회적 책임이라는 감정에 있어서도 이크족으로부터 기대할 수 있는 바와 거의 비슷한 모습을 보이고 있지만, 그럼에도 불구하고 우리의 시대에 인류가 절멸하는 일은 없을 것이라고 스스로에게 말하고 있으니까."[55]

우리가 만약 언젠가 이크족처럼 되어버린다면, 그것을 어떻게 스스로 알 수 있을까? 아니면 단지 우리가 워낙 부유하여 그러한 사실을 숨겨올 수 있었을 뿐, 혹시 이런 일이 이미 벌어진 것은 아닐까? 서양인들은 자식들을 세 살 때 "내보내지"는 않는다. 우리는 이들을 어린이집과 유치원으로 보낼 뿐. "이크족이 가족의 책임을 개인에게 떠넘겼다면, 우리는 국가에 떠넘겼을 뿐이다."[56] 이크족은 노인들이 그냥 굶어 죽게 내버려두지만, 우리 사회의 노인들은 국가에 의해 음식을 제공받으며 고독 속에서 서서히 굶어 죽도록 허용된다. 만약 국가가 사라진다면, 우리에게는 무엇이 남는가? 우리의 세대 간 계약은 여전히 유효하게 지켜지고 있는가? 아니면 우리의 사회란 "우리가 노년에 들어 어린 시절을 회상하기 위해 벌이는 놀이와 같은 것"이 되었는가?[57]

인간성을 유지하는 열쇠는 인간의 생애 주기를 영원히 지속해나가는 것이며, 그 주기에는 아이들과 할아버지 할머니들이 들어 있다. "아주 어린 아이들과 아주 나이 많은 이들은 한 가지 큰 믿음을 공통으로 가지고 있으니, 그것은 연속성에 대한 믿음이다. 즉 미래에 대한 희망이며 그와 똑같은 정도로 과거에 대한 희망이기도 하다." 이크족에게는 이러한 생애 주기가 부서져버렸다. "오늘날의 이크족 노인은 모두 다세 살 때 집에서 쫓겨났던 이들"이며, 결국 그렇게 수천 년을 이어온 연속성의 믿음과 희망이 이들에게서는 완전히 끊어져 있다. "이제 현존하는 이크족의 시스템은 완전히 한 세대의 주기를 돌았으니 이제는 가만히 두어도 영원히 지속될 것이다. 이는 우리가 '인간성'으로 알고 있는 것을 뿌리까지 뽑아버렸으며, 이 온 세계를 인간이 생존 이외에는 심지어 스스로에 대한 돌봄도 하지 않는 차가운 진공 상태로 바꾸어버렸다."[58]

우리는 결코 이크족과 같이 되는 일이 없게 하겠다고 말할 수는 있다. 그런데 그 정확한 의미는 무엇인가? 서구 사회는 "법을 유지할 준비가 되어 있는 강제력의 존재를 통해서만 그리고 평등하게 엄격한 형법 체제를 통해서만 질서를 유지해올 수 있었다."[59] 하지만 이크족은 "인간이 기본적으로 갖는 이기심이라는 것 즉 인간이 다른 모든 이들 이전에 자기 개인이 먼저 생존하고자 하는 자연적인 결의를 가지고 있다는 것을 받아들이고 이를 인정하였다. 이를 그들은 인간의 기본적 권리라고 간주하였고, 최소한 다른 이들이 능력껏 그러한 권리를 추구하는 것을 범죄화하거나 비난하지 않고 받아들이는 품위 있는 자세를 보였다."[60]

우리가 이크족처럼 되는 것을 막아주고 있는 것은 국가이다. 하지만 만약 국가가 실패하거나 해체되면 어떻게 될 것인가? 그때는 무엇이 우리를 구원해줄까? 아마도 사랑? "우리는 생존에 사랑이 필수적이라는 생각을 소중히 간직하고 있지만, 이크족의 경험은 우리에게 그 생각을 검증해볼 기회를 제공하고 있다."[61] 턴불은 사랑을 찾아보기 위해 이크족 사회를 뒤지고 다녔지만, 그 흔적조차 찾지 못하였다. "만약 [사랑이] 이크족 사이에 존재하지 않는다면, 이는 곧 인류 전체도 사랑—이것이 사치품이든 환상이든—을 잃어버릴 수 있다는 것을 뜻하며, 오늘날 서구 사회의 상태 자체가 바로 그러한 상실이 가능한 것을 넘어서 불가피한 것으로 만들어버릴 만한 상황이라는 것을 뜻한다. 과정은 이미 시작된 것이다."[62]

다음과 같이 결론을 맺자. 문화 붕괴가 벌어져도 우리는 생존할 수 있으며, 이크족은 그게 어떻게 가능한지를 보여준다. 원한다면 이들의 경험을 바탕으로 당신의 생존 매뉴얼을 준비할 수 있을 것이며, 그게 싫으면 그냥 될 대로 되게 내버려둘 수도 있다. 이들의 경험이 보여주는 바는, 이러한 종류의 생존이 차라리 멸종하느니만 못한 운명일 수 있다는 점이다. 어떤 대가를 치러서라도 이루어야 할 생존 따위는 없다. 어차피 살든 죽든 그 대가는 똑같이 당신의 생명이니까.

후기

•

　이 책을 읽는 고된 여정이 끝났다. 이제 당신의 "다음 행보"는 무엇일까? 지금쯤은 당신도 이 책이 우리가 무엇을 해야만 한다고 촉구하는 책도 아니며, 이렇게 하지 않으면 큰일 난다고 겁을 주는 책도 아닐뿐더러, 심지어 무엇이 옳다고 주장하는 책도 아니라는 것을 알아차렸을 것이다. 이 책은 아무런 의도나 주장하는 바가 없다. 단지 붕괴가 일어날 것이라는 전제 하에, 그것이 다섯 개의 국면으로 펼쳐질 것이라고 보아 상당한 양의 연구에 근거해 그 과정을 분석한 것이다. 그리고 그 결론은, 다섯 개의 국면마다 거기에서 생존하고자 한다면 서로 다른 종류의 적응 및 수용 노력이 필요하다는 것이다.

　이 책은 우리가 학교에서 또 사회화 과정에서 그 일부로 익히게 된 대부분의 관념들에 대해 도전하는 긴 여정이었다. 우선 이 책은 적절히 사회화된다는 것의 의미가 무엇인지를 묻는다. 지금 도처에서 붕괴의 여러 증후들이 명백하게 나타나고 있는데, 적절히 사회화된 사람이라면 이를 마땅히 무시해야 한다는 말인가? 그다음으로는 금융적으로 안전하다는 것의 의미를 묻는다. 낯선 이들이 당신에게 숫자가 적힌 종이를 건네준다고 해서 과연 당신은 당신의 경제적 미래에 대해 안전하다고 느껴야 할까? 또 이 책은 경제 활동에 참여한다는 것의 의미를 묻는다. 당신이 믿지 못하는 낯선 이들과 사업과 거래를 함께 한다는 것이 과연 그렇게 좋은 생각일까? 또한 이 책은 애국자가 된다는 것의 의미를 묻는다. 국기, 국가, 몇 가지 건국 신화만 적당히 꾸며내면 당신의 정체성과 거기에 대한 귀속감을 만들어내기에 충분한 것인가? 그래서 당신은 그 집단을 위해 또 그 집단은 당신을 위해 서로 기꺼이 목숨을 바칠 수 있단 말인가? 이 책은 사회의 일부가 된다는 것의 의미를 묻는다. 우리는 모두 서로 형편이 좋을 때만 서로 친한 척하다가 삶이 힘들어지면 등을 돌려버리는 친구들인가? 사회라는 것은 여유가 있을 때에만 즐기는 게임과 같은 일종의 사치품에 불과한 것인가? 이 책은 나아가 심지어 인간적이라는 것의 의미를 묻는다. 우리가 동물보다 훨씬 못한 존재가 되려면 문화가 어느 정도까지 타락하고 저질화되어야 하는 것일까?

이러한 질문과 탐구의 여정에서 나는 당신이 흔히 만나기 힘들 등장인물들을 소개하였다. 당신은 금융이 정치라고 주장하면서, 금융 회사들을 박살내고 거기에 묶여 있었던 숙련 노동자들을 방출시켜 경제 성장을 일으키고 국가 경쟁력을 높인 아이슬란드 정치가를 만났다. 또 러시아 마피아에 대한 이야기도 있었다. 그 이야기는 결국 최고 무적의 폭력 조직은 러시아 국가로 판명되었다는 해피엔딩으로 끝났다. 또 당신이 만난 파슈툰 부족민들은 철통같은 미덕의 의식을 가지고 있어서, 어떤 제국주의 침략자들이 쳐들어오든 그 목에 악착같이 매달려서 결국 숨통을 조여버리고 만다는 것도 보았다. 또 당신은 집시들을 만났다. 이들은 아득한 옛날부터 한결같이 방랑 집단으로서의 별개의 정체성을 지켜왔으며, 자기들의 생활 방식을 악착같이 지켜내고 거기에 뿌리를 박은 채로 자기에게 열려 있는 가능성들을 포착해내는 놀라운 감각을 가지고 있었다. 마지막으로 당신은 이크족을 만났다. 이들은 우리에게 모든 것을 희생하고서라도 생존한다는 것은 죽음보다 못한 운명일 수 있다는 불편한 진실과 대면하게 만들었다. 내 추측이지만, 아이슬란드인들을 제외하면 여러분 중에 붕괴에서 생존하는 꿀팁을 얻겠다고 이들을 칵테일과 안주를 차려놓고 기꺼이 집으로 초대하겠다는 사람은 없을 것이다. 또 당신이 러시아 마피아들, 탈리반 행동 대원, 집시, 이크족 등에게서 놀라운 생존의 지혜를 얻었다고 해도 이를 직장의 커피 자판기에서 동료들에게 맘껏 자랑하며 떠들어댈 것 같지도 않다. 만약 그런 짓을 했다가는, 붕괴 이전의 사회에서 붕괴에 대한 철저한 이해를 뽐내봤자 왕따가 되고 끝날 뿐이라는 점만 뼈저리게 느끼게 될 테니까.

만약 당신이 이 책의 많은 부분에 공감한다면 그리고 이 책에 나와 있는 아이디어 다수를 체득한다면, 붕괴 이후를 염두에 둔 모종의 비밀스러운 스스로의 정체성을 발전시켜 나갈 수 있다. 마치 집시들의 내부적 정체성처럼 말이다. 당신은 모종의 사회적 독자파로 변해갈 수도 있다. 이를테면 스스로를 캐시 스미스라고 부르면서 가조 이웃들에게서 컵케이크를 선물로 받으면 고맙다고 웃으며 받지만, 곧바로 뒤돌아서서 집을 더럽히지 않기 위하여 즉시 쓰레기통에 처박아버리는 집시 여인 젬피라처럼 말이다. 어떤 때에는 당신의 비밀 정체성이 누설되기도 한다. 예를 들어 전화 상담원과 통화하면서 나는 당신을 개인적으로 알지 못하니 당신과 계속 일 이야기를 할 수가 없다고 말해서 그 상담원을 놀라게 할 수도 있다. 또는 선거 때 열성적인 선거 운동원에게 정치가들은 다 똑같은 것들이라고 생각하기 때문에 아예 투표를 하지 않을 것이라고 말해서 그 사람을 놀라게 할 수도 있다. 그러다가 당신과 똑같은 생각을 하고 있으며 당신과 주파수가 일치하는 누군가를 만나면 아주 재미있을 것이다. 내가 당신에게 이런 생각을 전달했던 것처럼 누군가가 그 사람에게도 똑같은 생각을 전달했을 수 있지만, 그렇다고 해서 바로 그 사람을 자동적으로 신뢰해도 되는 것일까? 그래서는 안 된다. 신뢰는 말이 아닌 행동에 기초하여 생기는 것이다.

그런데 그렇다면 당신이 나를 믿어야 할 이유는 있는 것일까? 내가 당신에게 줄 수 있는 보장은 그저 내가 어떤 사실도 의도적으로 꾸며내지 않았다는 것, 그리고 이 책을 쓰기 위해 나름대로 굉장히 세심하게 연구 작업을 진행했다는 것뿐이다. 하지만 이 또한 그저 말일 뿐이다. 올바른 답은, 당신 스스로 생각해야 하며, 당신의 생각에 근거하여 행동해야 한다는 것이다. 그리고 만약 그게 당신에게 도움이 된다면, 당신 스스로를 믿는 법을 배워야 한다는 것이다. 내가 하고자 하는 바는 단지 당신이 그러한 방향으로 스스로 나아가도록 슬며시 부드럽게 밀어대는 것뿐이다. 만약 그렇게 밀어댔을 뿐인데 당신이 쭉 앞으로 나아간다면, 당신은 정치가들과 훈계자들—우리들 머릿속에 특정한 생각을 집어넣고자 하는 모든 이들—의 입장에서는 위험한 괴짜 족속으로 보이게 될 것이다. 독자적으로 생각할 능력이 있는 사람 말이다. 장담하건대, 당신이 가지게 된 새로운 힘들을 당신이 신뢰할 수 없는 이들로부터 비밀로 숨겨야 한다는 것을 그 과정에서 깨닫게 될 것이다.

내 생각이지만, 이 책의 메시지를 내면화하고 그것에 근거하여 행동하는 이들의 숫자가 가급적 많아진다면 큰 도움이 될 것이다. (순전히 이기적인 관점에서 볼 때, 그렇게 되면 더 좋은 이웃들이 늘어나게 될 테니까.) 하지만 그렇게까지 큰 기대는 접을 생각이다. 대부분의 독자들은 이 책을 그저 나의 여러 견해들을 모아놓은 흥미로운 모음집 정도로 여길 것이다. 하지만 그렇다고 해도 그중 하나의 아이디어는 여전히 그들에게 전염될 가능성이 있다. 즉 붕괴란 어떤 대가를 치러서라도 회피해야 할 악몽의 시나리오가 아니라, 밀물이 들어왔다가 썰물이 나가는 것처럼 인간 역사에 필연적으로 나타나는 정상적인 그리고 바꿀 수 없는 한 부분이라는 것이다. 비록 세상을 바라보는 우리의 시야에서 붕괴라는 것을 은폐하려는 경향이 광범위하게 퍼져 있지만, 이는 아주 좋게 말해서 우리의 적응을 가로막는 짓일 뿐이다. 내가 지금까지 독자들로부터 받아온 반응에 근거해서 볼 때, 이 책에서 아주 큰 도움을 받을 이들이 소수 있을 것이다. 하지만 나는 또한 이 책이 많은 수의 사람들에게 아주 작은 도움이라도 되기를 바란다.

내가 이 책을 쓴 목적은 무언가 도움이 되기 위해서였다. 이 책이 존재하게 된 이유는 하나뿐이다. 바로 사람들의 요구가 있었기 때문이다. 내가 붕괴를 주제로 첫 번째 글을 썼던 것은 대략 6년 전이지만, 그 당시만 해도 내가 이 주제로 활발한 (돈은 안 되지만) 집필 활동과 강연 활동을 시작하게 될 줄은 꿈에도 몰랐다. 그런데 그런 일이 실제로 벌어졌고, 나의 가족은 분통을 터뜨렸다. 그러다 어떤 지점을 지나고 나자 그만둘 수도 없게 되었다. 그랬다가는 너무나 많은 이들을 실망시키게 될 것이니까. 하지만 솔직히 말하자면, 내가 정말로 글을 쓰고 싶은 주제들은 따로 있다. 요트, 바다에서 생활하는 가족들, 자연과 투쟁하여 살아남는 기술, 해변 지역 재개발 (가옥들을 해상에 떠다니게 만들 필요가 있다!) 등이다. 아마 그 가운데 여기저기 약간의 사회 논평도 들어가겠지만, 이렇게 목가적인 환경에 묻혀 행복하게 살아가는 사람들에게 벌어지는 재미난 이야기들이 주요한 초점이 될 것이다. 하얀 모래와 야자수를 배경으로 삼아 점심 거리 해산물이 우글거리는 파란 터키옥 석호에다가 닻을 내리고 살아간다… 그림이 막 떠오르지 않는가! 아마 상상이 가겠지만, 아무리 환상적으로 뛰어난 책이라고 해도 붕괴라는 주제를 다룬 책보다는 이런 책들이 훨씬 잘 팔린다. 그러면 당신은 궁금해할 수도 있다. 작가로 나가려면 그런 쪽으로 갔어야지 이게 뭐냐고. 그건 당신 때문이다. 이 책은 당신을 위해서 쓴 책이다. 그러니 고마워하라. 만약 이 책이 마음에 들지 않는다면, 내 다음 책을 기다려달라. 그 책에는 뜨거운 소금내가 실린 바닷바람이 불어올 것이며, 날치가 날아다니고, 코코넛이 뚝뚝 떨어질 것이며, 거기에서 벌어지는 붕괴란 무지갯빛 영롱한 거품이 백사장을 덮치는 파도의 붕괴뿐일 것이다. 아마 당신에게 그 책이 더 마음에 들 듯싶다. 하지만 한 가지만 분명히 말해두고자 한다. 붕괴가 벌어져도 삶은 계속되어야만 한다. 당신에게도 또 나에게도.

옮긴이의 글

•

서구 특히 미국 문화에서 특징적으로 나타나는 흐름 중 하나로 "생존 주의자들survivalists"을 들 수 있다. 모종의 재앙으로 현존 문명이 붕괴하는 암울한 상황이 다가오고 있으며 이에 대비하여 생존의 기술을 익혀야 한다고 믿는 이들을 말한다. 물론 이들 중에는 그저 좀비 영화나 공상과학 영화에 탐닉하는 가벼운 수준에서부터 산간 벽지에 두꺼운 벽의 지하 방공호를 마련하고 몇 년 치 식량과 지하수 물길을 확보하고 수렵과 옷감 제작 등 각종 원시적 생존 기술을 연마하는 매니아 수준까지 다양한 이들이 포진하고 있다. 하지만 이것이 하나의 무시할 수 없는 큰 흐름을 이루고 있으며, 대중 문화는 물론 정치 사회 심지어 지성계에까지 힘을 발휘하는 하나의 담론이 되어 있음은 분명하다.

이 책은 문명의 붕괴에 대한 이야기 그리고 그 속에서 살아남는 방식들에 대한 조언을 담고 있으므로 분명히 이러한 흐름에 속하는 책이라고 할 수 있다. 게다가 저자가 저명한 사회과학자나 역사가는커녕 학계와는 거리가 먼 인물이라는 점 때문에 이 책을 그저 일부 매니아들과 '덕후들'의 도서 시장을 겨냥하여 공상과학 영화 같은 소리를 늘어놓도록 기획된 책이라고 생각할 이들도 있겠다. 하지만 이 책은 여기저기 나타나고 있는 위기의 증후들을 나열하면서 붕괴가 다가오고 있다고 공포감을 조성하는 선정적인 책이 아니다. 그리고 붕괴가 언제 어떤 식으로 나타날 것이라고 예측하는 미래학 흉내를 내는 책도 아니다. 어찌 보면 이 책은 도대체 누구를 위해서, 왜 쓴 책인지 의아할 정도로 잔잔하고 차분하게 우리의 현대 산업 문명의 이곳저곳에다가 메스를 들이대고 있는 사회 에세이처럼 보이기도 한다.

나는 이 책에 매료되었다. 독자들도 그렇게 되기를 빈다. 그래서 이 책이 나를 매료시켰던 바 몇 가지를 간략하게 이야기하여 독서의 길잡이 역할을 하려고 한다. 저자는 학계의 사회과학자가 아니므로 이 책은 역자가 볼 때에도 너무나 단순하고 일면적인 논리를 펴기도 하고 또 도저히 받아들일 수 없는 주장을 내놓기도 한다. 하지만 전체로 볼 때 이 책은 지금 그 어떤 사회과학자들의 저서도 감히 내놓지 못하는 거대한 지평의 시야와 깊은 차원의 혜안을 담고 있다. 이 점을 독자들이 십분 음미할 수 있기를 바랄 뿐이다.

사회과학의 붕괴

이 책에서 다루지 않고 있는 붕괴가 사실 하나 더 있다. 바로 사회과학의 붕괴이다. 비단 경제학만이 아니라 사회과학 전체가 예측 능력은 물론 원인 분석과 정책 입안에 있어서도 심각한 무능력을 노정하고 있어서 현실적으로 무용지물이 되어가고 있다. 1968년 혁명이 터졌을 때 예측과 분석은커녕 가장 충격을 받았던 것은 사회학자들이었고, 소련이 몰락했을 때 가장 충격을 받았던 것은 바로 소련학자들이었고, 2008년 경제 위기 당시 가장 충격을 받았던 것은 경제학자들이었고, 도널드 트럼프 당선에 가장 큰 충격을 받았던 것은 정치학자들이었다. 21세기 세계의 산업 사회는 생태 위기와 불평등 심화를 필두로 하여 갈수록 더 많은 문제들에 봉착하고 있건만 유효한 해결책은 나오지 않고 있으며 심지어 그러한 문제들이 어째서 벌어지고 있는지에 대해서조차 분명한 분석이 없는 경우가 허다하다.

어째서 이렇게 되었을까? 이미 1898년 미국의 정치경제학자 소스타인 베블런은 경제학이 18세기 자연법 사상의 미신에 붙들려 "진화론적인" 차원의 과학이 되지 못하고 있음을 한탄한 바 있다. 120년이 지난 지금에도 그 문제는 해결되지 않았을 뿐만 아니라 오히려 경제학 이외의 다른 사회과학 분야로도 그러한 문제가 확산되고 말았다. 사회과학은 비가역적인 역사적 과정 속에 있는 사회라는 시스템을 다루기 때문에, 모델을 설정하고 실험을 통하여 이를 검증해나가는 자연과학의 방법을 사용할 수 없다. 하지만 이러한 자명한 사실은 20세기에 들어 완전히 무시되었고, 사회과학은 "과학성 제고"라는 미명 아래에 계속해서 자연과학을 모사하는 유사 과학주의에 휘말리게 된다. 그 결과 사회과학은 아무런 선입견 없이 사회 현실의 정확한 묘사에서 출발하여 일정한 패턴을 발견해나가는 대신 일정한 논리적 구조에 따라 추상적 모델을 구성해나가는 방법으로 경도된다. 하지만 제대로 된 실험이 불가능하다는 자명한 사실 때문에 이러한 모델들은 검증도 논박도 사실상 불가능하다. 실증적 작업이란 그래서 사실상 그렇게 미리 짜여 있는 기존의 모델들을 "입증"하는 데에 유리한 데이터만 일방적으로 모으는 작업으로 전락하는 경우가 태반이다. 그래서 그 모델들은 사실상 "사회가 이러한 메커니즘으로 작동한다"는 서사narrative가 되고 만다. 여기에서 그 모델들을 낳은 모태에 묻어 들어 있는 온갖 가지의 전제와 선입견들 preconceptions이 사회과학의 옷을 입고 진리처럼 행세하는 사태가 벌어진다. 사회가 일정한 법칙에 따라 운동한다는 생각, 일정한 기능을 수행하는 논리에 따라 조직된다는 생각, 궁극적 목적에 해당하는 이상적 상태를 지향하며 나아가게 된다는 생각, 여러 힘들의 평형 상태equilibrium가 정상적 상태라는 생각 등이 그런 것들이다.

그래서 사회과학은 이미 벌어진 일들을 놓고 그런 일들이 왜 벌어졌으며 어떤 의미가 있으며 그래서 어떻게 해야 하는지를 두고 한바탕 일장훈시를 늘어놓는 말잔치가 되고 말았다. 더 심각한 문제는 그 이야기라는 것이 진절머리가 날 정도로 항상 똑같은 천편일률이라는 데에 있다. 미래의 예측은 고사하고, 상황과 사건의 정확한 원인 분석과 효과적인 대책 마련은 기대할 수 없고 사실 별로 기대하는 사람들도 없다. 이제는 길거리의 장삼이사와 삼척동자도 사회과학자들이 무슨 말을 할지를 다 흉내 낼 수 있는 지경에 이르렀다.

이러한 막다른 골목을 빠져나오는 방법 중 하나는 근본 전제를 획기적으로 바꾸어버리는 것이다. 『캉디드』의 볼테르처럼, "우리의 세상은 전혀 이상적으로 또 합리적으로 작동하는 게 아니다"라는 전제를 그냥 받아들이는 것이다. 인간 사회는 생태계의 일부분으로서, 숲과 늪지대와 개미집과 벌집처럼 여러 생명체들과 자연적 요소들이 끊임없이 상호작용하면서 생겨나는 복잡계의 질서일 뿐이다. 따라서 다른 우주와 자연의 다른 시스템들과 마찬가지로 변성할 수도, 정체할 수도, 완전히 바뀌어버릴 수도, 또 아예 소멸하고 붕괴해버릴 수도 있다는 모든 가능성을 다 열어놓고 있는 그대로의 변화의 과정을 관찰하면서 그렇게 축적된 데이터를 가지고 조심스럽게 일정한 패턴들을 찾아나가는 방법이다. 그렇다면 '붕괴'라는 것의 가능성에 대해서도 완전히 열려 있어야 한다. 옛날 마르크스주의자들처럼 합법칙성의 귀결로서의 '붕괴Zusammenbrochen'를 말하는 것이 아니다. 그러한 법칙 자체의 소멸이라는 의미에서, '한꺼번에 모든 것이 내려앉는 상태collapse'를 말하는 것이다.

이 책의 저자는 스스로를 사회과학자라고 부르지 않는다. 그것이 큰 장점이 된다. 저자는 그래서 바로 이러한 의미의 '붕괴'의 가능성을 전면적으로 열어놓는다. 그것이 정말 벌어질지에 대한 분석이나 벌어지면 언제 벌어질지에 대해 어설픈 예측 따위를 시도하지도 않는다. 벌집과 늪지대와 숲을 관찰하는 생물학자와 같은 시선으로 21세기의 인류가 산업 문명을 영위하고 유지하는 방식을 찬찬히 냉철하게 기록하고 묘사할 뿐이다.

현대 산업 문명의 해부

인간 두뇌의 구조가 포유류 이전부터의 진화 과정을 담고 있듯이, 이 책에서 보여주는 붕괴의 다섯 단계 또한 현대 산업 문명이 성립되는 역사적 과정의 단계를 그대로 담아 보여주고 있다. 대략적으로 볼 때 호모 사피엔스의 출현을 전후로 문화적 단계가 나타났으며, 농경 혁명을 기점으로 사회 조직의 형태가 다양해졌으며, 근대 이후에는 국민국가가 세계 질서를 규정하는 기본 단위가 되었으며, 국민국가의 출현과 밀접한 인과 관계를 가지고 국내와 국제를 아우르는 세계 시장이 생겨났으며, 세계 시장의 발전은 곧 전 지구를 둘러싸는 자본 및 금융 시장의 지배를 가져오게 되었다. 이는 인간 두뇌의 뇌간, 구피질, 신피질이 그러하듯 먼저 생겨난 층위를 토대로 하여 그 위의 층위가 형성되는 구조를 가지고 있다. 인간은 윤리적 삶Sittlichkeit을 포함한 문화적 의식이 있어야만 비로소 즉자적 생물체를 벗어난 인간이 될 수 있으며, 그러한 문화적 존재로서의 인간이 토대가 되어야만 각종 다양한 사회 조직이 나타날 수가 있으며, 그러한 문화적·사회적 조직이 토대가 되어야만 법과 질서를 내세운 국민국가가 나타날 수 있으며, 그러한 국민국가를 토대로 할 때에만 국내적·국제적 상업 질서가 나타날 수 있으며, 안정적인 상업 질서가 확립될 때에만 비로소 지구적 금융 질서라는 것이 나타날 수가 있게 된다는 것이다.

여기에서 이 책이 지적하는 근본적인 질문이 있다. 이러한 다층적 질서의 조직 원리는 안정인가 아니면 끝없는 팽창인가? 저자가 현존 산업 질서의 붕괴를 필연으로 보는 이유는 바로 후자임이 자명하기 때문이다. 뇌간과 구피질과 신피질을 하나의 안정된 질서로 통합하고 명확한 경계선을 그을 줄 아는 이들은 부처가 되고 신선이 될 수 있다. 하지만 이러한 두뇌의 힘을 무한히 팽창하고자 했던 일본 만화 주인공 아키라는 결국 괴물보다 더 끔찍한 존재가 되어 세상과 자신을 파멸로 '붕괴'시키고 말았다. 근대 이후에 성립된 국민국가, 세계 시장, 지구적 금융은 모두 무한한 자본 축적, 경제 성장, 국력 신장이라는 것을 지상명령으로 삼는 존재들이다. 이러한 무한 성장이라는 것이 과연 가능한가? 저자의 다양한 논의를 통해서 현대 산업 문명이 필연적으로 붕괴로 가게 될 것이라고 보는 가장 근본적인 근거는 바로 그것이 이러한 무한 성장을 원리로 삼고 있다고 보기 때문이다. 1장에서 저자가 우주 제국의 예를 통해 보여주고 있듯이, 자연과 생태는 멱법칙power law에 근거한 무한 팽창의 논리를 결코 따라잡을 수가 없다. 에너지도 자원도 또 인구를 포함한 자연 환경이 결코 그러한 팽창을 용납할 수가 없게 되어 있다.

따라서 이러한 시스템은 절대로 지속가능하지 않으며, 언젠가는 붕괴할 수밖에 없음이 논리적 필연이라는 관점이다. 그래서 남은 문제는 그러한 붕괴가 그 다섯 개의 층위 중 어디까지 미칠 것이냐일 뿐이다. 여기서 저자는 이에 대한 성찰과 사색을 다양한 수준과 층위로 펼쳐낸다. 수리적 추론과 역사적 경향처럼 추상 수준이 높은 이야기뿐만 아니라 인간 세상의 이런저런 구석배기에서 벌어지는 실로 놀랄 만한 구체적 사례들까지 종횡무진으로 들이대면서 그 붕괴의 양상을 입체적으로 그려낸다. 금융이나 상업의 붕괴는 이미 빈번하게 벌어지고 있는 일이며, 국민국가의 붕괴 또한 드물지 않게 벌어지고 있다. 그리고 사회적 차원과 문화적 차원의 붕괴도 시리아에서 아이티에서 또 서울의 후미진 모텔방과 PC방에서 거시적·미시적으로 벌어지고 있는 일이다. 자본 축적, 경제 성장, 국력 신장을 무한히 추구하는 것을 아예 조직 원리로 삼고 있는 현대 산업 문명은 필연적으로 붕괴의 경향을 띨 수밖에 없다.

여기서 예민한 질문이 나온다. "지속가능한 성장"이란 과연 가능할까? 문제는 그 "지속가능"이라는 것이 과연 무한한 자본 축적과 무한한 경제 성장과 무한한 국력 신장이라는 원리를 폐기한다는 것을 뜻하느냐에 달려 있을 것이다. "지속가능한 성장"이란 혹시 "지속가능한 선에서" 그 세 가지를 계속해서 무한히 추구하겠다는 이야기일까? 저자는 그렇게 보는 것 같다. 그러한 무한 팽창은 금융과 상업과 국민국가의 본성에 묻어 들어 있는 것이기에 이를 바꾸는 것은 불가능하다고 보는 듯하다. 따라서 그는 현재의 붕괴 위기를 극복하겠다고 이루어지는 여러 움직임에 대해 침묵하거나 얼핏 냉소적인 태도를 비치고 있다. 그가 보기에 붕괴란 거의 필연적인 것이다. 어느 단계에서 어느 규모의 붕괴가 벌어질 것인가가 문제일 뿐이며, 그때 어떤 일이 벌어질 것인지를 미리

인지하고 각자 어떻게 준비할 것인지를 고민하는 게 유일한 할 일이라는 것이다.

"지속가능한 성장"이라는 국제 사회민주주의의 해법까지 이렇게 걸어차다니. 저자는 대책 없는 비관주의자일까? 그럴지도 모르겠다. 하지만 저자 나름의 해법이 없는 것이 아니다.

위계제냐 아나키즘이냐

이 책을 꿰뚫는 저자의 관점은 위계제 대 아나키즘이라는 것이다. 저자는 표트르 크로포트킨을 설명하면서 자신의 대안적 관점을 제시하고 있다. 현대 산업 문명이 붕괴로 치달을 수밖에 없는 이유는 그것이 부와 권력의 무한 팽창을 원리로 삼는 위계제로 조직되어 있기 때문이다. 그렇다면 그러한 붕괴를 막을 수 있는, 또 막상 붕괴가 벌어졌을 때 그것을 대체할 수 있는 원리는 위계제가 아닌 모든 이들이 평등하게 수평적으로 연대하고 관계 맺을 수 있는 아나키즘일 수밖에 없다.

여기에서 저자의 미묘한 관점이 드러난다. 인간이 본성적으로 수직적인 위계제를 좋아하지 않는다는 것이다. '보스는 있을 수 있지만 보스의 보스의 보스의 명령까지 복종하고 싶지는 않다.' 문화적 단계와 사회적 단계의 인간 사회는 그래서 최소한 아나키즘의 원리가 속속들이 배어 있게 되어 있지만, 국민국가와 세계 시장과 지구적 금융은 그렇지 않다. 따라서 후자의 세 층위가 붕괴하는 것은 필연적인 경향이며, 여기에서 그 빈자리를 메울 대안적 질서는 아나키즘의 원리 즉 모든 이들이 수평적인 관계를 맺는 방식으로 마련되어야 한다는 것이다. 은행이 무너지고 중앙은행의 화폐가 사라진다면 사람들은 스스로 발행한 차용 증서와 신용 기구를 사용할 수도 있고, 중앙 집권적인 상업 및 유통 질서가 붕괴한 상황이라면 수평적이고 호혜적인 선물과 물물교환의 방법을 사용할 수 있다는 등이다. 그래서 저자가 정말로 두려워하는 지점이 있다. 인간이 이 아나키즘의 수평적 질서라는 조직 방식조차 구사할 수 없을 정도로 붕괴가 심화된 상태이다.

역자가 보기에 저자는 오히려 낙관주의자에 가깝다. 금융 붕괴나 상업 붕괴 따위는 얼마든지 벌어질 수 있고 실제로 벌어져온 일이므로 거기에서 살아남는 일도 전혀 불가능한 것이 아니라고 본다. 국민국가 단계에서의 붕괴는 심각한 일이지만 그에 대한 대책이 세워질 가능성이 높으며, 사회 단계에서의 붕괴 또한 분명히 인간의 선택과 노력 여하에 따라 얼마든지 재생이 가능하다고 믿는다. 하지만 만약 인간이 이러한 수평적인 아나키즘 질서의 감각조차 상실할 만큼 끔찍하게 '탈문화'된다면? 턴불의 이크족 연구는 학문적으로는 많은 논란이 있지만 저자는 학술적 연구가 아니라 단순히 여행기 차원에서 이 책을 사용하고 있으며, 이를 통해 진정한 붕괴 즉 인간이 갱생과 자생적 질서 창조의 가능성을 완전히 잃은 상태를 묘사하고 있다. 그는 이 경우에는 생존 자체를 포기하는 게 더 나을 수 있다고 강하게 암시하고 있다.

역자가 번역한 다른 책 『도넛 경제학』에 나오는 한 장면이다. "지속 가능한 성장"을 찬양하는 한 국제회의장에서 어느 용감한 활동가가 물었다. 그게 정말 가능하다고 생각하느냐고. 질문을 받은 불쌍한 인사는 또 솔직하게 답했다고 했다. "나도 몰라요. 하지만 그게 가능해야만 하니까 가능할 겁니다." 여기서 생각나는 대화가 있다. 다이어트 중으로 저녁을 굶은 친구에게 배 안 고프냐고 물었더니 나온 대답은 이랬다. "응, 살 빼야 되니까 배 안 고파."

괴로운 현실을 도피하기 위해 당위와 현실을 뒤섞는 이런 짓은 하지 말자. 우리 지구적 산업 문명의 현 상태는 우리가 생각하는 것보다 훨씬 끔찍할지도 모른다. 그래서 '붕괴'는 피할 수 없는 일인지도 모른다. 하지만 이 책이 전하는 낙관주의적 메시지가 있다. 설령 그러한 '붕괴'가 벌어진다고 해도 세상의 끝은 아니라는 것이다. 붕괴에는 여러 수준이 있으므로 각 차원에서 개인적으로 또 집단적으로 대처할 수 있는 방법이 없는 게 아니라고 한다. 하지만 이를 위해서는 우리가 살아오던 삶의 방식을 근본적으로 바꿀 용기와 결단력이 있어야 한다. 다른 사람과 더 많은 물질을 지배하여 무한히 잘 나가겠다는 사고방식과 생활방식을 완전히 끊어버리고, 자기 스스로의 삶에 한계를 정하여 그 안에서 자족하면서 다른 이들과 또 자연과 화해하고 즐기고 사랑하는 삶으로 전환하는 것이다.

나는 "지속가능한 성장"이라는 게 가능하다고 믿는 쪽이다. 하지만 그 전제는 어디까지나 방금 말한 방식으로 인류가 전환하느냐 마느냐에 달려 있다. 무한한 부와 권력의 팽창을 원하는 자들이 있는 한, 그리고 그러한 자들의 지배를 우리가 순순히 받아들이는 한, 붕괴는 피할 길이 없다. 그리고 그 붕괴가 어느 단계까지 나아갈 것인가 또한 우리가 얼마나 그러한 지배자들의 팽창 욕망에 계속 순종하느냐가 결정할 것이다. 만약 우리가 지금이라도 평등한 수평적 사회, 욕망을 스스로 지배할 줄 알고 팽창이 아닌 사랑과 협동을 최우선으로 삼는 사회를 건설한다면 붕괴가 벌어진다고 해도 새로운 방향으로 문명을 재건하는 일은 얼마든지 가능할 것이며 오히려 이것이 새로운 사회로 진화하는 결정적인 계기로 전환될 것이다. 이 책 끝에는 저자가 미국 동해안을 배로 오가며 생활하면서 자연 속에서의 삶이 얼마나 아름다운지를 피력하는 부분이 나온다. "지속가능한 성장"이 있다면 바로 그것일 것이다. 자본과 GDP와 국력이 성장하는 게 아니라 인간의 잠재된 욕구와 능력이 자연의 축복 속에서 한없이 성장하는 세상. 오늘 밤 꿈에서는 바닷속 산호초에서 바닷가재를 잡을 것이다.

미주

•

서론 ·

1. Richard Heinberg, *Peak Everything: Waking Up to the Century of Declines*, New Society Publishers, 2007. (한국어판:『미래에서 온 편지』, 부키)

2. Christopher O. Clugston, *Scarcity: Humanity's* Final Chapter, Booklocker.com, 2012.

3. Donella H. Meadows, Jorgen Randers, Dennis L. Meadows, *Limits to Growth: the 30-Year Update*, Chelsea Green, 2004. (한국어판:『성장의 한계』, 갈라파고스)

4. Lucius Anneaus Seneca, *Letters to Lucilius*, n. 91.

5. Nassim Nicholas Taleb, *The Black Swan: the Impact of the Highly Improbable*, Random House, 2007, updated dediton 2010. (한국어판:『블랙 스완』, 동녘사이언스)

6. James Howard Kunstler, *The Long Emergency: Surviving the End of Oil, Climate Change, and Other Converging Catastrophes of the Twenty-First Century*, Grove Press, 2006. (한국어판:『장기 비상시대』, 갈라파고스)

7. Joseph Tainter, *The Collapse of Complex Societies*, Cambridge University Press, 1990.

1장 ·

8. Susan George, *Whose Crisis, Whose Future?*, Polity, 2010, p. 19.

9. David Korowicz, *Trade-Off*, p. 61. feasta.org/wp-content/uploads/2012/06/Trade-Off1.pdf

10. Definition from Wikipedia, see en.wikipedia.org/wiki/Steganography

11. Michael Shuman, *Local Dollars, Local Sense*, Chelsea Green, 2012.

12. This and other quotes are from Adam Taylor"s interview with Grímsson for *Business Insider*, published Apr. 15, 2012; see businessinsider.com/olafur-ragnar-grmsson-iceland-icesave-uk-banks- europe-2012-4

2장 ·

13. Vadim Volkov, *Violent Entrepreneurs: The Use of Force in the Making of Russian Capitalism*, Cornell University Press, 2002, p. 17.

14. Ibid, p. 18.

15. Ibid, p. 15.

16. Ibid, p. 13.

17. Ibid, p. x.

18. Ibid, p. 35.

19. Ibid, p. 30.

20. Ibid, p. 28.

21. Ibid, p. xii.

22. Ibid, p. 22.

23. Frederico Varese, *The Russian Mafia: Private Protection in a New Market Economy*, Oxford University Press, 2001, p. 1.

3장 ·

24. Reprinted in 2012 by British publisher Green Books.

5장 ·

25. Basic Books, 1961.

26. Colin Turnbull, *The Mountain People*, Simon and Schuster, 1987.

27. Ibid, p. 123.

28. Ibid, p. 21.

29. Ibid, p. 25.

30. Ibid, p. 24.

31. Ibid, p. 259.

32. Ibid, p. 101.

33. Ibid, p. 112.

34. Ibid, p. 231.

35. Ibid, p. 241.

36. Ibid, p. 157.

37. Ibid, p. 155.

38. Ibid, p. 199.

39. Ibid, p. 121.

40. Ibid, p. 106.

41. Ibid, p. 86.

42. Ibid, p. 181.

43. Ibid, p. 133.

44. Ibid, p. 134.

45. Ibid, p. 131.

46. Ibid, p. 130.

47. Ibid, p. 289.

48. Ibid, p. 294.

49. Ibid, p. 228.

50. Ibid, p. 271.

51. Ibid, p. 290.

52. Ibid, p. 290.

53. Ibid, p. 286.

54. Ibid, p. 285.

55. Ibid, p. 293.

56. Ibid, p. 235.

57. Ibid, p. 291.

58. Ibid, p. 233.

59. Ibid, p. 182.

60. Ibid, p. 182.

61. Ibid, p. 236.

62. Ibid, p. 238.

찾아보기

•

붕괴의 다섯 단계

1판 1쇄 찍음 2018년 11월 8일
1판 1쇄 펴냄 2018년 11월 15일

지은이 드미트리 오를로프
옮긴이 홍기빈

주간 김현숙 | **편집** 변효현, 김주희
디자인 이현정, 전미혜
영업 백국현, 정강석 | **관리** 김옥연

펴낸곳 궁리출판 | **펴낸이** 이갑수

등록 1999년 3월 29일 제300-2004-162호
주소 10881 경기도 파주시 회동길 325-12
전화 031-955-9818 | **팩스** 031-955-9848
홈페이지 www.kungree.com | **전자우편** kungree@kungree.com
페이스북 /kungreepress | **트위터** @kungreepress

ⓒ 궁리출판, 2018.

ISBN 978-89-5820-558-6   03300

값 25,000원